인·적성검사

2025
고시넷
대기업

3년 연속
베스트셀러
1위*

실제 시험과
동일한 구성의
모의고사

포스코 생산기술직
온라인 인적성검사 PAT
최신 기출유형 모의고사

동영상 강의 WWW.GOSINET.CO.KR

gosinet
(주)고시넷

스마트폰에서 검색 고시넷

www.gosinet.co.kr

최고 강사진의
동영상 강의

수강생 만족도 1위

류준상 선생님
- 서울대학교 졸업
- 응용수리, 자료해석 대표강사
- 정답이 보이는 문제풀이 스킬 최다 보유
- 수포자도 만족하는 친절하고 상세한 설명

고시넷 취업강의 수강 인원 1위

김지영 선생님
- 성균관대학교 졸업
- 의사소통능력, 언어 영역 대표강사
- 빠른 지문 분석 능력을 길러 주는 강의
- 초단기 언어 영역 완성

공부의 神

양광현 선생님
- 서울대학교 졸업
- NCS 모듈형 대표강사
- 시험에 나올 문제만 콕콕 짚어주는 강의
- 중국 칭화대학교 의사소통 대회 우승
- 前 공신닷컴 멘토

PREFACE

정오표 및 학습 질의 안내

정오표 확인 방법

고시넷은 오류 없는 책을 만들기 위해 최선을 다합니다. 그러나 편집 과정에서 미처 잡지 못한 실수가 뒤늦게 나오는 경우가 있습니다. 고시넷은 이런 잘못을 바로잡기 위해 정오표를 실시간으로 제공합니다. 감사하는 마음으로 끝까지 책임을 다하겠습니다.

고시넷 홈페이지 접속 〉 고시넷 출판-커뮤니티 〉 정오표

www.gosinet.co.kr

 모바일폰에서 QR코드로 실시간 정오표를 확인할 수 있습니다.

학습 질의 안내

학습과 교재선택 관련 문의를 받습니다. 적절한 교재선택에 관한 조언이나 고시넷 교재 학습 중 의문 사항은 아래 주소로 메일을 주시면 성실히 답변드리겠습니다.

이메일주소 qna@gosinet.co.kr

CONTENTS 차례

포스코그룹(PAT) 생산기술직 인적성검사 정복

- 구성과 활용
- 포스코그룹 알아두기
- 포스코그룹사의 모든 것
- 포스코그룹(PAT) 생산기술직 개요

권두부록 포스코그룹(PAT) 생산기술직 최신기출유형

- **최신기출유형** ——————————————— 22
  언어이해 | 자료해석 | 문제해결 | 추리 | 포스코 상식

파트1 영역별 빈출이론

01 언어이해 ——————————————— 66
    독해의 원리와 유형
    글의 전개방식
    글의 유형
    다양한 분야의 글

02 자료해석 ——————————————— 80
    응용수리
    자료해석

03 문제해결·추리 ——————————————— 104
    언어추리
    추론의 오류
    수적추리
    도형추리

파트 2 포스코그룹(PAT) 생산기술직 기출유형모의고사

1회 기출유형문제 — 120
2회 기출유형문제 — 162
3회 기출유형문제 — 202
4회 기출유형문제 — 244

파트 3 인성검사

01 인성검사의 이해 — 288
02 인성검사 연습 — 295

파트 4 면접가이드

01 면접의 이해 — 302
02 구조화 면접 기법 — 304
03 면접 최신 기출 주제 — 311

책 속의 책 정답과 해설

권두부록 포스코그룹(PAT) 생산기술직 최신기출유형

- 최신기출유형 — 2
  언어이해 | 자료해석 | 문제해결 | 추리 | 포스코 상식

파트 2 포스코그룹(PAT) 생산기술직 기출유형모의고사

1회 기출유형문제 정답과 해설 — 16
2회 기출유형문제 정답과 해설 — 28
3회 기출유형문제 정답과 해설 — 40
4회 기출유형문제 정답과 해설 — 52

EXAMINATION GUIDE 구성과 활용

1 포스코그룹 소개 & PAT 개요

포스코그룹에서 추구하는 비전, 핵심가치, 인재상 등을 수록하였으며 포스코그룹 주요 그룹사들과 채용절차 및 시험영역 등을 한눈에 파악할 수 있도록 구성하였습니다.

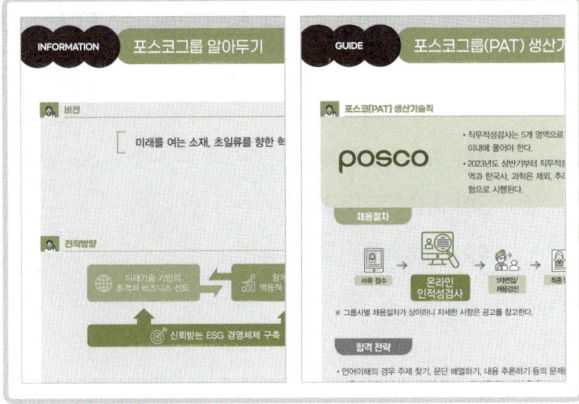

2 PAT 생산기술직 최신기출유형 수록

포스코그룹(PAT) 생산기술직에서 출제된 최신기출유형 반영 문제 총 65문항을 권두부록으로 수록하였습니다. 최신 출제의 경향성을 문제풀이 경험을 통해 자연스레 익힐 수 있도록 구성하였습니다.

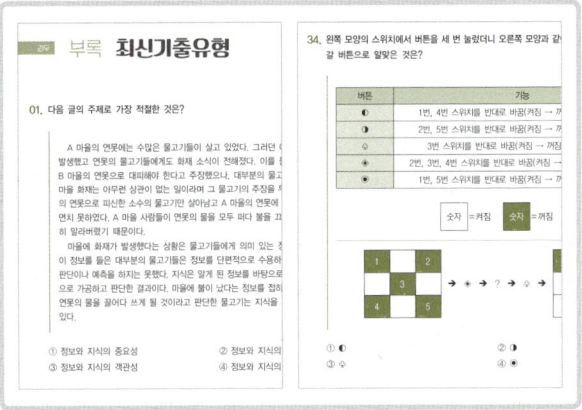

3 영역별 빈출이론

포스코그룹(PAT) 생산기술직의 출제영역 중 언어이해, 자료해석, 문제해결, 추리에서 자주 출제되는 이론을 정리하여 주요 이론과 개념을 빠르게 학습할 수 있도록 하였습니다.

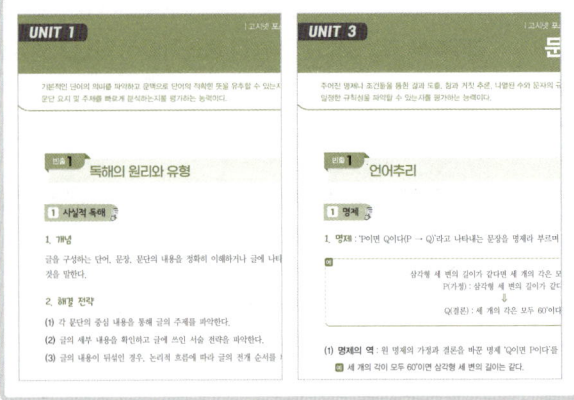

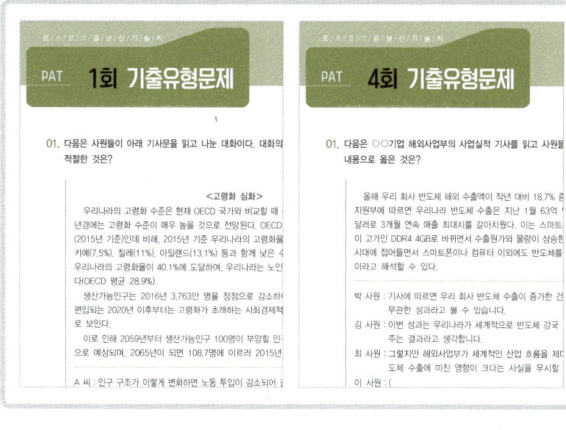

4
기출유형모의고사

최신 기출문제 유형에 맞게 구성한 총 4회분의 기출유형문제로 자신의 실력을 점검하고 완벽한 실전 준비가 가능하도록 구성하였습니다.

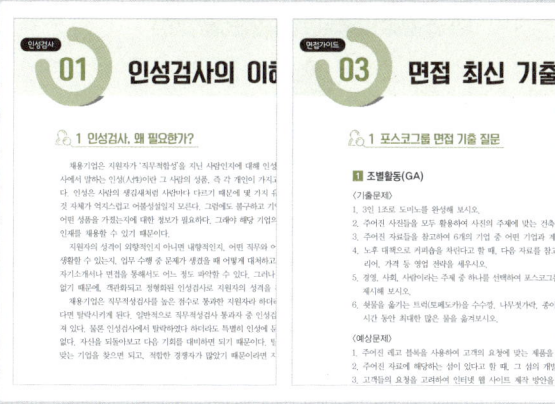

5
인성검사 & 면접가이드

채용 시험에서 최근 점점 중시되고 있는 인성검사와 면접 질문들을 수록하여 마무리까지 완벽하게 대비할 수 있도록 하였습니다.

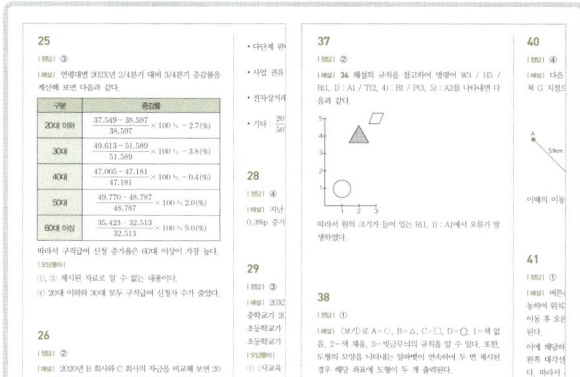

6
상세한 해설과 오답풀이가 수록된 정답과 해설

권두부록 및 기출유형모의고사의 문제에 상세한 해설을 수록하였고 오답풀이 및 보충 사항들을 수록하여 문제풀이 과정에서의 학습의 효과가 극대화될 수 있도록 구성하였습니다.

INFORMATION 포스코그룹 알아두기

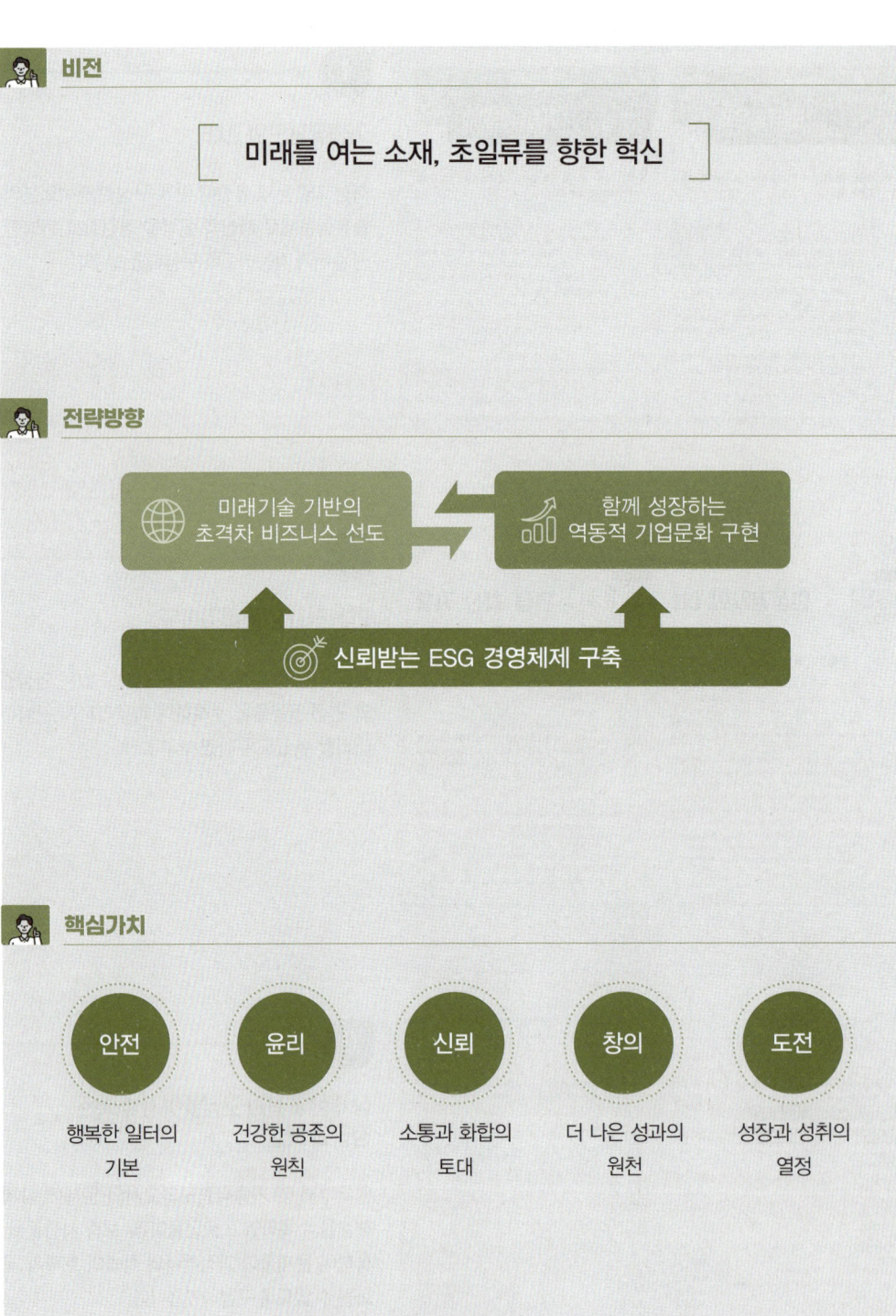

CI

posco

'POSCO'의 다섯 개 알파벳을 'S'를 중심으로 균형적으로 배치해, 내·외부 조화와 화합을 지향하는 기업철학을 상징적으로 표현

 ## 사업영역

■ **핵심사업**

| 철강 | 이차전지소재 | 미래소재 중심 신사업 |

■ **그룹사업**

| 에너지 | 수소 | 건축/인프라 | DX | 물류 |

 ## 인재상

"실천의식과 배려의 마인드를 갖춘 창의적 인재"

'실천' 의식을 바탕으로 남보다 앞서 솔선하고, 겸손과 존중의 마인드로 '배려'할 줄 알며, 본연의 업무에 몰입하여 새로운 아이디어를 적용하는 '창의'적 인재를 지향한다.

INFORMATION
포스코그룹사의 모든 것

포스코

기업소개

- 조강 생산 4,500만 톤 체제를 갖춘 WSD 선정 15년 연속 '세계에서 가장 경쟁력 있는 철강회사'이다. 1968년 4월 포항종합제철주식회사로 창립 후 2000년에 민영화되어 2002년 3월 주식회사 포스코로 사명을 변경하였다. 그리고 2022년 지주사 체제로의 전환 안건이 가결된 이후 3월에 지주회사인 포스코홀딩스가 출범하였고, ㈜포스코는 철강 사업회사로 출범하였다.

비전

- Better World with Green Steel

포스코인터내셔널

기업소개

- 모두를 위한 새로운 미래를 꿈꾸고 고민하며, 그 답으로 글로벌 친환경 종합사업회사라는 아이덴티티에서 찾는다. 80여 개의 글로벌 네트워크와 마케팅 전문역량을 기반으로 에너지, 철강, 식량, 부품소재 등 다양한 분야에서 지속적으로 사업을 확장해 왔으며, 포스코에너지와의 합병을 통해 LNG 전 밸류체인을 완성하며 글로벌 친환경에너지 전문기업으로의 포지셔닝을 마쳤다.

비전

- Green Energy & Global Business Pioneer
  환경 친화적 기술과 글로벌 선도 역할을 통해 지속가능한 성장을 추구한다.

포스코리튬솔루션

기업소개

- 고성능 이차전지 양극재의 핵심원료인 수산화리튬 생산을 위해 포스코홀딩스가 2022년 12월 광양에 설립한 회사이다. 2023년 생산공장 건설을 진행, 이후 시운전을 거쳐 2025년에 준공하여 이차전지소재사업 활성화 및 클러스터 조성에 앞장서고자 한다.

비전

- 친환경 미래사회 구현에 기여하는 글로벌 리튬 솔루션 회사
  Global Lithium Solution Company for a Green Future

PNR

기업소개
- 제철 부산물인 슬러지와 더스트의 자원화를 통해 직접환원철(DRI) 및 성형철(HBI)을 생산하여 POSCO 포항/광양 제철소에 공급함으로써 저탄소 녹색 성장과 그룹ESG 경영의 중추적인 역할을 수행하는 기업이다. 탄소중립 친환경 시대로의 대전환, 기술혁신 가속화 등 급변하는 대내외 경영 환경 속에서 제철부산물 내 Zn제거 효율 향상과 RHF 운영 독자기술 개발 및 Know-How의 내재화를 통해 World Best 부산물 자원화 전문기업으로 지속성장하고자 한다.

비전
- World Best 부산물 자원화로 친환경 미래 구축

포스코이앤씨

기업소개
- 포스코이앤씨(POSCO E&C)는 친환경 미래 사회를 건설하고 業의 한계에 끊임없이 도전한다. 새로운 사명인 이앤씨(E&C)는 에코 앤 챌린지(Eco & Challenge)로, 자연처럼 깨끗한 친환경 미래사회 건설을 의미하는 Eco와 더 높은 삶의 가치 실현을 위한 도전을 상징하는 Challenge의 의미를 담고 있다. 포스코이앤씨는 수소환원제철과 이차전지 소재 생산 플랜트 EPC(Engineering, Procurement, Construction) 경쟁력을 강화할 뿐만 아니라, 신재생에너지 시장을 빠르게 선점하고, 그린 라이프(Green Life) 주거 모델을 상품화하는 등 친환경·미래 성장 사업의 선두 주자로 나아가려 한다.

비전
- 친환경 미래 사회 건설을 위해 業의 한계에 도전하는 혁신 기업

피앤오케미칼

기업소개
- 화학과 에너지소재 글로벌 리딩 컴퍼니 포스코퓨처엠과 기초화학 제품 및 태양광, 바이오 사업 등 다양한 화학제품과 솔루션을 제공하는 OCI가 합작하여 2020년 7월 설립되었다. 반도체 제조공정의 핵심 소재인 "고순도 과산화수소" 제품을 시작으로 이차전지의 음극재용 필수 소재인 고연화점 피치 생산까지 첨단 정밀화학 분야에서 글로벌 소재사업을 위한 새로운 도전을 시작하고 있다.

비전
- 최첨단 정밀화학 소재산업의 글로벌 리더

INFORMATION
포스코그룹사의 모든 것

포스코엠텍

기업소개

철강포장 전문업체로 출발하여 오랜 기간 쌓아온 전문역량을 바탕으로 철강제품 포장과 포장설비 엔지니어링, 철강부원료 생산 분야에서 높은 경쟁력을 발휘해 나가고 있다. 새로운 50년의 성장 기반 마련을 위해 포장설비 R&D 및 판매 기반을 더욱 강화하고, 알루미늄 탈산제 최대 생산과 판매체제 유지, 소결망간광 기술개발과 용융망간 공급 증대 등을 통해 우리의 業에서 최고 경쟁력을 갖춰 나갈 수 있도록 본원 경쟁력 강화 및 사업구조 고도화를 적극 추진해 나갈 것이다.

비전

스마트 Package · 철강부원료 Global Leading Company

포스코와이드

기업소개

1994년 창립 이래 빌딩·시설 운영관리를 시작으로 골프&레저, 실내건축&입주서비스, 환경인프라 등 다양한 형태의 부동산 종합관리 전문서비스를 제공하며 고객과 함께 성장해왔다. 앞으로도 "고객과 함께 성장하는 종합부동산 솔루션 파트너"로서 품격 있는 양질의 서비스로 고객 가치를 제고하고 지속 가능한 미래를 구축하는 데 기여하고자 한다.

비전

고객과 함께 성장하는 종합부동산 솔루션 파트너

SNNC

기업소개

지난 2006년 포스코홀딩스와 뉴칼레도니아의 최대 니켈 광석 수출회사인 SMSP사가 합작 설립한 회사로, 자매회사인 NMC로부터 니켈 광석을 수입하여 스테인리스강의 주원료인 페로니켈(니켈 20%, 철 80%)과 기타 부산물을 생산, 판매하는 국내 최초의 페로니켈 제조 전문기업이다. 니켈광산-니켈제련-스테인리스 제조로 이어지는 세계 최초의 수직적 결합을 통한 성공 모델을 구축, 니켈 제련 사업의 불모지에서 국내 최초로 페로니켈을 생산, 포스코에 공급해 안정적인 원료 확보는 물론 국가 6대 전략광물 확보에도 기여하는 등 페로니켈 제조의 새로운 역사를 만들어가고 있다.

비전

친환경 니켈 소재사업의 Global Leader

포스코플로우

기업소개

- 포스코에서 CTS(Central Terminal System, 대량화물 유통체제) 사업 개시를 시작으로 2003년 1월 포스코와 일본 미쓰이 물산의 합작으로 설립되었다. 국내외 발전사와 시멘트사 등이 사용하는 석탄 및 원료를 국외 원산지로부터 고객들의 공장까지 운송, 하역, 보관, 가공하는 복합 물류서비스업을 수행하고 있다. 또한 2022년 포스코 물류업무의 영업양수를 통해 기존의 CTS사업에 더해 철강 원료와 제품, 부품과 곡물, 천연가스, 각종 건설기자재에 이르기까지 다양한 사업영역을 전문적으로 수행하는 종합물류회사로 거듭났다. 이제 고객에게 적기 운송, 물류비 절감, 안정적인 조업 지원 등의 물류서비스를 제공하여 보다 큰 가치를 드리고자 노력하고 있다. 수익성, 사회적 책임 및 환경을 균형 있게 고려하며, 첨단기술력 및 친환경솔루션을 바탕으로 서비스 지역을 전 세계로 확대해 나가고 있다.

미션

- Value Connector for All

비전

- 친환경, 스마트 물류솔루션으로 물류의 새로운 흐름을 선도하는 글로벌 파트너

포스코A&C

기업소개

- 포스코그룹의 출자사로 건설사업에 필요한 전문기술을 지원하기 위해 설립된 종합 건설 서비스 회사이다. 건축 디자인 서비스, 건설 사업관리 및 유지관리 서비스 등 건설 전반에 걸친 일련의 과정에 대해 종합수행이 가능하며 차별화된 솔루션과 서비스로 최고 품질의 건설을 추구한다. 더 나아가 스마트건설 프로세스와 기술에 대한 끊임 없는 연구와 도전으로 친환경 건설과 건축물 구현에 앞장서고 있다. 이는 건설산업과 그 과정에서 생성되는 탄소발자국을 대폭 줄이고 효율적인 건설을 통해 고객 가치 실현과 환경에 기여하기 위한 포스코A&C의 노력이다.

비전

- SMART A&C, 강하고 지속 가능한 건축 Platform

INFORMATION
포스코그룹사의 모든 것

포스코스틸리온

기업소개
자동차 부품, 가전용품 및 건축자재에 사용되는 도금강판과 컬러강판을 생산하여 국내는 물론 전 세계에 수출하고 있는 표면처리강판 전문기업이다. 1988년 포항철강공단 1단지에 연산 30만 톤의 능력을 갖춘 아연도금강판 및 알루미늄도금강판 생산업체로 설립된 포항도금강판을 모체로 출발하였다. 이후 1999년 3월 1일 컬러강판 제조업체인 포항강재를 흡수합병하고, 1999년 5월 1일 포스틸(現 포스코P&S)의 냉연강판 가공공장을 인수하였으며, 2004년 11월 15일에 #2CGL을 준공하면서 연산 100만 톤 체제의 면모를 갖추게 되었다. 철강시장의 패러다임 변화에 대응하기 위해 환경을 중시하고, 고객과 끊임없는 소통을 통해 발전해나가는 컬러강판 브랜드 '인피넬리' 론칭 및 품질 고도화와 고객 맞춤형 솔루션 개발을 추진하고 있다.

비전
Coasted steel design the future value

포스코IH

기업소개
지식자산 조사 · 분석 · 컨설팅 서비스 전문기관으로서 고객의 지식자산 가치 극대화에 기여한다. 포스코그룹의 기술과 노하우를 권리화하여 보호하고 사업 성공과 지속 가능한 성장을 지원하는 미션을 부여 받고 2017년 6월 탄생하였다. 그룹사 특허서비스를 지원하고 정보리서치 업무를 수행하여 고객의 기술 경쟁력을 강화하는 지식재산 서비스를 제공하고 있다.

비전
지식 Life Cycle 전 영역에서 고객가치를 제공하는 '지식자산 Total Solution' 기업

포스코HY클린메탈

기업소개
경제적 효용가치를 다한 전기자동차용 배터리와 배터리 제조공정에서 발생된 스크랩을 리사이클링 기술을 통해 리튬, 니켈 등 유가금속을 이차전지 소재로 재활용하여 친환경 사업을 영위하는 기업이다. 포스코그룹은 이차전지소재의 원료 채굴, 가공 및 생산에서부터 리사이클링 사업까지 영역을 확대한 Full Value Chain을 구성하여 경쟁력을 극대화하고 있다.

비전
글로벌 LiB리사이클링 업계에서 가장 영향력 있는 기술 선도 기업

포스코퓨처엠

기업소개
포스코그룹 내 가장 오래된 기업으로 1963년 1월 염기성 내화물 생산기업인 삼화화성(주)에서 출발했으며, 1971년 설립된 산업로(爐) 보수 및 축로(築爐) 담당 포스코 자회사인 포항축로와 1994년 합병하면서 내화물 제조에서 시공까지 일관체제를 갖춘 로재 전문회사로 자리매김했다. 포항 및 광양제철소 가동이후에는 제철 제강용 부원료인 생석회 사업에 진출해 국내 최대 생석회 생산능력을 보유하고 있으며, 제철공정중 발생하는 가스(Coke Oven Gas)를 이용한 화성사업, 수소차와 전기로에 사용되는 침상코크스, 피치코크스 사업도 진행 중이다.

비전
친환경 미래소재로 세상에 가치를 더합니다.

포스코MC머티리얼즈

기업소개
2012년 11월 5일, 제철 산업에서 생산되는 콜타르의 고부가가치화를 위하여 포스코퓨처엠의 인프라, 미쓰비시 케미칼의 기술력, 미쓰비시 상사의 마케팅 네트워크 바탕의 '국내 최초 프리미엄 침상코크스 제조 기업'으로 출발하였다. 탄소중립 기조에 따른 철강 및 모빌리티 산업 패러다임 전환에 기여하고 친환경 미래를 만들어가는 전기로의 전극봉, 이차전지의 음극재 등의 핵심원료인 탄소소재 제품을 생산하여 포스코그룹의 친환경 미래 소재 사업 경쟁력 강화에 이바지하고 있다.

성장비전
Global carbon material maker for eco-friendly future
친환경 미래를 만들어가는 글로벌 탄소소재 전문기업

포스코실리콘솔루션

기업소개
이차전지용 실리콘 음극재를 전문적으로 개발 및 생산한다. 2017년 9월 ㈜테라테크노스로 설립되었으며, 2022년 7월 포스코홀딩스㈜가 100% 지분을 인수하면서 현재의 사명으로 변경되었다. 포스코그룹의 이차전지 소재 사업의 일환으로, 실리콘 음극재를 통해 전기차 주행 거리 향상 및 충전 시간 단축 등 차세대 배터리 기술 발전에 기여하고 있다.

비전
포스코실리콘솔루션은 혁신적 SiOx 소재 개발을 통하여 인류의 삶을 풍요롭고 건강하게 만들어 갑니다.

INFORMATION
포스코그룹사의 모든 것

엔투비

기업소개
- 일반자재, 원부자재 및 공사설비 등에 대한 전문성을 바탕으로 고객의 구매 경쟁력과 공급 품질 향상을 제공하는 구매 솔루션 전문회사이다. 2000년 국내 대표 4개 그룹의 공동 출자로 창립하였으며, 현재는 포스코그룹사로서 우리나라 기업의 경쟁력 향상을 주도하는 선도 기업으로 자리매김하고 있다.

비전 슬로건
- 지속가능한 공급망으로 세상에 가치를 더합니다.

포스코휴먼스

기업소개
- 국내 1호 자회사형 장애인표준사업장이다. 지체, 지적, 시각, 청각 등 여러 유형의 장애인을 고용하고 있으며, 고용한 장애직원이 불편함 없이 회사 생활을 잘 할 수 있도록 다양한 지원을 하고 있다.

미션
- 사람을 먼저 생각하며 이웃과 함께하는 기업

비전
- 장애인 표준사업장 롤모델

포스코필바라리튬솔루션

기업소개
- 포스코필바라리튬솔루션은 리튬광석 원료로부터 전기차 배터리용 수산화리튬을 생산하여 판매하는 회사이다. 포스코홀딩스와 호주의 리튬광석 생산기업인 Pilbara Minerals와의 합작법인으로 2021년 4월 23일에 설립되었고, 매년 43,000톤의 수산화리튬을 생산할 수 있으며, 이는 전기차 100만 대분에 해당하는 양이다.

비전
- Powering the Future with Premium Lithium
  프리미엄 리튬으로 미래를 선도합니다.

포스코모빌리티솔루션

기업소개
친환경차, UAM, 드론 등에 사용되는 소재·부품 생산 전문회사로서 모빌리티용 초극박 스테인리스 정밀재, 친환경 구동모터코아, 수소 연료전지 금속분리판과 더불어, 배터리 파우치 소재, 스마트폰 부품 등 친환경 산업을 위한 다양한 제품을 생산하고 있다. 글로벌 NO.1을 향한 열정적 도전으로 고객 가치 창출을 위해 노력하고 있다.

미션
친환경산업 리얼밸류 창출을 통한 지속 가능한 사회 구현에 기여

비전
Global No.1 Mobility & Steel Solution Provider

포스코DX

기업소개
IT, OT 등 기반 기술에 AI, Big Data, Digital Twin, Metaverse, Robot 등 디지털 기술을 융합해 산업 전반의 디지털 전환(Digital Transformation)을 리딩해 나간다. 산업현장에 설치된 센서를 통해 모든 설비와 기계들의 운영 상황을 한 눈에 모니터링하고, 수집된 데이터를 빅데이터로 분석 및 예측함은 물론 AI를 통해 최적의 제어가 이루어지는 스마트팩토리를 구현한다. IT분야에서 확보한 노하우와 기술력을 바탕으로 컨설팅에서 시스템 구축 및 IT아웃소싱에 이르기까지 고객 환경에 최적화된 글로벌 수준의 서비스를 제공한다. EIC 엔지니어링은 Factory Automation 중심의 스마트 제어를 선도하며 전기, 계장, 제어 등을 유기적으로 결합하여 프로세스 자동화를 위한 최적의 솔루션을 제공한다.

비전
미래를 위한 DX 기술로 세상에 가치를 더합니다.

포스코그룹(PAT) 생산기술직 개요

포스코[PAT] 생산기술직

- 직무적성검사는 5개 영역으로 총 65문항이 출제되며 60분 이내에 풀어야 한다.
- 2023년도 상반기부터 직무적성검사는 공간지각, 집중력 영역과 한국사, 과학은 제외, 추리영역은 추가되고 온라인 시험으로 시행된다.

채용절차

서류 접수 → 온라인 인적성검사 → 1차면접/채용검진 → 최종 면접 → 최종 합격

※ 그룹사별 채용절차가 상이하니 자세한 사항은 공고를 참고한다.

합격 전략

- 언어이해의 경우 주제 찾기, 문단 배열하기, 내용 추론하기 등의 문제를 온라인 화면으로 스크롤을 이용하여 풀어야 하므로 사전에 눈으로 문제를 푸는 연습을 한다.
- 자료해석, 문제해결, 추리의 경우 대부분 온라인 시험 전환 이전에도 출제되었던 유형이므로 메모장, 암산을 이용하여 제한된 시간에 문제를 푸는 방법을 미리 연습을 한다.

구성 및 유형

구성	영역	문항 수	시간	출제유형
적성검사	언어이해	15문항	60분	주제, 맥락이해, 언어추리, 문서작성, 언어구상 등
	자료해석	15문항		도표/수리자료 이해 및 분석, 수리적 자료 작성 등
	문제해결	15문항		대안탐색 및 선택 의사결정, 자원관리 등
	추리	15문항		유추/추론능력, 수열추리 등
	포스코 상식	5문항		회사현황, 역사 등

온라인 인적성검사 특징

시험 응시 시 화면

```
┌─────────────────────────────────────────────────────┐
│ 객관식/주관식                      공지사항 | 도움말 | 옵션 │
│                                                     │
│  ○ 객관식 1      ○ 객관식 1                          │
│  ○ 객관식 2      남자 5명과 여자 3명 중에서 4명을 선발하여 팀을 구성 │
│                  하려고 한다. 여자와 남자로 이루어진 팀을 구성하려고 │
│                  할 때, 가능한 경우의 수는?              │
│                                                     │
│                  ○ 65가지                            │
│                  ○ 70가지                            │
│                  ○ 75가지                            │
│                  ○ 80가지                            │
│                                           시간 표시   │
└─────────────────────────────────────────────────────┘
```

시험 장소
응시자 본인 외 다른 사람이 없는 독립된 공간으로, 타인이 노출되는 공공장소, 카페, 도서관, PC방 등의 장소는 불가능하다.

준비물
신분증, 웹캠 1대, 핸드폰 1대를 필수 지참해야 한다.

사전 테스트
시험 전 [사전 테스트 체험]을 진행하여 테스트 환경과 이용 방법을 충분히 체험한 후 본 테스트에 응시해야 한다.

온라인 인적성검사 주의사항

- ☑ 검사 시작 10분 전부터 화장실 이용이 제한되며, 웹캠과 핸드폰 화면이 제대로 송출되고 있는지 확인한다.
- ☑ 프로그램에서 제공한 기능을 제외한 별도의 종이, 계산기, 필기도구는 사용할 수 없다.
- ☑ 영역별 시험 시간 구분이 없으므로 총 제한시간 내에 자유롭게 문제를 풀 수 있다.
- ☑ 아이콘 색으로 나중에 다시 풀 문제를 표시할 수 있다.

고시넷 포스코그룹(PAT) 생산기술직 인적성검사 최신기출유형모의고사

영역별 기출 키워드

▶ 언어이해 : 세부 내용, 추론, 주제 · 중심내용, 의도, 서술 방법, 어휘, 문맥
▶ 자료해석 : 증감 추이, 비율, 증감률, 변화폭, 그래프 작성
▶ 문제해결 : 버튼 · 스위치, 규칙, 소요 시간, 명령어 · 좌표, 자원 선정, 순서도
▶ 추리 : 어휘 관계(상하 관계, 반의 관계 등), 명제 추리, 수열
▶ 포스코 상식 : 포스코그룹 기술, 소재, 브랜드, 경영 · 정책

포스코그룹(PAT) 생산기술직 인적성검사

권두부록 최신기출유형

언어이해
자료해석
문제해결
추리
포스코 상식

부록 최신기출유형

문항수 | 65문항
시험시간 | 60분
정답과 해설 2쪽

01. 다음 글의 주제로 가장 적절한 것은?

> A 마을의 연못에는 수많은 물고기들이 살고 있었다. 그러던 어느 날 A 마을에 큰 화재가 발생했고 연못의 물고기들에게도 화재 소식이 전해졌다. 이를 들은 한 물고기가 옆 마을인 B 마을의 연못으로 대피해야 한다고 주장했으나, 대부분의 물고기들은 물속에 사는 우리와 마을 화재는 아무런 상관이 없는 일이라며 그 물고기의 주장을 무시했다. 결과적으로 B 마을의 연못으로 피신한 소수의 물고기만 살아남고 A 마을의 연못에 남아있던 물고기들은 죽음을 면치 못하였다. A 마을 사람들이 연못의 물을 모두 퍼다 불을 끄는 데 사용하여 연못이 완전히 말라버렸기 때문이다.
>
> 마을에 화재가 발생했다는 상황은 물고기들에게 의미 있는 정보라고 볼 수 있다. 하지만 이 정보를 들은 대부분의 물고기들은 정보를 단편적으로 수용하기만 하고 그에 대해 어떠한 판단이나 예측을 하지는 못했다. 지식은 알게 된 정보를 바탕으로 종합적 사고를 하여 주체적으로 가공하고 판단한 결과이다. 마을에 불이 났다는 정보를 접하고 불을 끄기 위해 사람들이 연못의 물을 끌어다 쓰게 될 것이라고 판단한 물고기는 지식을 가지고 있었던 것이라 할 수 있다.

① 정보와 지식의 중요성　　② 정보와 지식의 위험성
③ 정보와 지식의 객관성　　④ 정보와 지식의 차이성

02. 다음 글에서 필자가 주장하는 바로 가장 적절한 것은?

빌 게이츠는 만약 오늘 새 회사를 차린다면 '책 읽는 AI 컴퓨터' 기업을 만들고 싶다고 했다. 인류의 유산이 축적된 책으로부터 빅데이터를 모으려는 생각이다. 새로운 플랫폼의 탄생이 기대된다. 이처럼 성공할 수 있는 신규 빅데이터 플랫폼의 특징은 방대한 데이터와 함께 편리함과 중독성을 무기로 끊임없이 사용자 스스로가 데이터를 무상으로 제공하는 환경을 만드는 것이다. 이때 소비자의 몰입과 종속 정도가 수거하는 빅데이터의 양과 질을 결정한다. 동시에 개인의 정보 보호벽을 넘을 만한 공동 이익을 소비자에게도 제공해야 하는 숙제도 갖고 있다.

이제 우리 기업들도 빅데이터 플랫폼 확보를 위한 창조적 노력을 치열하게 해야 한다. 다행히 국내 기업들은 세계 선두의 하드웨어 기반 플랫폼을 갖고 있다. 대표적으로 스마트폰, TV, 냉장고, 에어컨, 주방 기기 등 가전 기기뿐만 아니라 글로벌 자동차 기업들도 있다. 이 장치들에 수많은 센서를 설치하고, 생산된 데이터들을 소비자의 동의하에 원격으로 모을 수 있다. 이 기업들이 하드웨어 제품들을 판매하면서 가격을 일부 지원해 주거나 차별화된 인공지능 서비스를 제공하면 그 반대급부로 여기서 생산되는 데이터를 모을 수 있다. 그러려면 경쟁 기업 제품에 비해서 탁월한 기능과 서비스를 가지면 되는데, 이 서비스들은 흡인력을 갖고 있어야 한다. 음성 인식과 영상 인식에 기초한 인공지능 서비스 등이 그에 해당한다. 이렇게 빅데이터를 모아 제품 시장 지배와 더불어 시장 예측, 수요 예측, 신규 서비스 창출, 상품 추천, 맞춤형 광고 등과 같은 추가적이고 차별적인 수익 구조를 창출할 수 있다.

① 추가적 수익 구조를 위해 우리 기업들도 빅데이터 플랫폼을 확보해야 한다.
② 세계를 선도하는 한국의 하드웨어 기반 플랫폼은 우수한 빅데이터 기술로부터 가능해졌다.
③ 우리 기업들도 책 읽는 AI 컴퓨터 기업을 통한 빅데이터 플랫폼을 구축해야 한다.
④ 시장 예측, 수요 예측, 신규 서비스 창출과 같은 차별적 수익 구조를 구축하기 위해서는 하드웨어 기반 플랫폼 구축이 반드시 선행되어야 한다.

03. 다음 글의 서술상 특징으로 적절한 것은?

> H사가 세계 최초로 '선박 인도 1억 GT(Gross Tonnage, 총톤수)'를 달성했다. 지난 8일 울산 본사에서 선박 인도 1억 GT 달성 기념식을 열고 1972년 3월 23일 첫 기공식 이후 드디어 1억을 넘겨 1억 717만 GT의 기록을 세웠다고 밝혔다. GT는 선수(뱃머리)부터 선미(배꼬리)까지에 이르는 선체 내부 및 갑판 위의 브리지 등의 용적을 환산한 단위로, $100ft^3$($2.83m^3$)는 1GT이다. 이번에 돌파한 1억 GT는 지난해 전 세계 총 선박건조량(1억 40만 GT)과 비슷한 수준이다. H사에서는 이 기록이 시내버스 320만 대 규모이자 서울 상암 월드컵경기장 59개에 물을 가득 채운 부피와 같다고 설명했다.
>
> H사는 육상건조, 선박침수, T 도크 등의 새로운 공법을 개발해 건조능력을 지속적으로 확대해 왔으며, 그 결과 현재까지 총 49개국 285개 선주사에 1,805척을 인도할 수 있었다. 선종별로 컨테이너선은 510척, 유조선은 351척, 벌크선은 342척, 정유제품운반선은 124척, LPG선은 109척 순으로 많았다.
>
> 지난 8일 명명식을 가진 선박은 H사 캐나다 시스팬(Seaspan)의 1만 3,100TEU(1TEU는 20피트 컨테이너 1개)급 컨테이너선 '코스코 페이스(Cosco Faith)'호와 H사의 계열사에서 건조한 쌍둥이 선박이다. 세 선박의 명명식이 위성 생중계로 울산과 전남 영암에서 동시에 진행되었다.

① 정확한 장소와 날짜를 언급하여 사건의 현장감을 높이고 있다.
② 시간의 흐름을 강조하는 기법을 통해 극적으로 서술하고 있다.
③ 구체적인 수치를 제시하는 방식을 통해 기업의 업적을 강조하고 있다.
④ 기업의 구체적인 사업내용을 제시하여 독자가 이해하기 쉽게 설명을 하고 있다.

[04 ~ 05] 다음 글을 읽고 이어지는 질문에 답하시오.

　경제 위기가 여성 노동에 미치는 영향에 관한 연구에서 나타나는 입장은 크게 세 가지로 분류할 수 있다. 첫째는 안전판 가설로, 여성 노동력은 주기적인 경기 변동의 충격을 흡수하는 일종의 산업예비군적 노동력으로서 경기 상승 국면에서는 충원되고 하강 국면에서는 축출된다는 가설이다. 둘째는 대체 가설로, 불황기에 기업은 비용 절감과 생산의 유연성 증대를 위해 남성 노동력을 대신하여 여성 노동력을 사용하기 때문에 여성의 고용이 완만하게 증가한다고 분석한다. 마지막으로 분절 가설에서는 여성 노동력이 특정의 산업과 직무에 고용되어 있는 성별 직무 분리 때문에 여성의 고용 추이는 경기 변화의 영향을 남성 노동과 무관하게 받는다고 주장한다. (㉠) 서구의 1970 ~ 1980년대 경기 침체기 여성 노동 변화에 대한 경험적 연구에 따르면, 이 기간에도 여성 고용은 전반적으로 증가하였으며 불황의 초기 국면에서는 여성 고용이 감소하지만 불황이 심화되면서부터는 여성 고용이 오히려 증가하는 경향을 보였다. (㉡) 경제 위기 자체보다도 산업별·규모별·직업별 구조적 변동이 여성 노동에 더 큰 영향을 미치는 것으로 나타났다. 이것은 세 가지 가설이 경기의 국면과 산업 부문에 따라 차별적으로 설명력을 갖는다는 것을 의미한다.

04. 윗글의 내용에서 유추할 수 없는 것은?

① 추측의 산물인 가설은 경험 자료를 근거로 기각되거나 채택된다.
② 경기 변동과 관계없이 여성의 경제 활동 참여가 지속적으로 증가하고 있다.
③ 복잡한 사회 상황을 특정의 입장에서 명료하게 해명하기는 어렵다.
④ 대체 가설에 따르면 여성의 임금은 남성보다 낮게 산정되어 있다.

05. 다음 중 윗글의 빈칸 ㉠과 ㉡에 들어갈 접속어를 각각 바르게 짝지은 것은?

	㉠	㉡
①	즉	반면
②	그러나	따라서
③	그런데	또한
④	그러므로	하지만

06. 다음 글의 중심내용으로 가장 적절한 것은?

> 국가유공자 상징체계가 도입된다. 국가보훈처는 통합 국가유공자 상징체계를 만들기로 하고 현재 디자인 확정을 위한 마지막 작업을 진행하고 있다. 국가유공자 단독으로 상징체계를 만드는 것은 이번이 처음이다.
>
> 국가보훈처는 금년 하반기부터 국가유공자 명패 달아드리기 사업을 추진하는 과정에서 국가유공자를 대표하는 상징체계가 필요하다고 판단해 상징체계 개발에 착수하게 됐다. 지난 7월부터 시작된 이 작업은 연구용역, 사업용역 등을 거쳐 복수의 시안을 검토한 끝에 현재 디자인 시안을 확정한 상황이다. 국가보훈처는 이르면 이달부터 확정된 상징체계를 국가유공자 명패 사업에 우선 적용할 계획이다. 국가유공자 명패 달아드리기 사업은 국가보훈처가 후원하며, 그 가운데 광복회와 서울신문이 크라우드펀딩 형식으로 이달부터 사업을 개시했다. 올해 독립유공자를 시범으로 시작한 이 사업은 내년부터 국가유공자와 민주유공자까지 대상을 확대할 계획이다.
>
> 국가보훈처 관계자는 "국가유공자에 대한 예우와 존경, 감사의 뜻을 담은 상징체계 도입은 단순한 디자인의 개발이 아니라 통일된 국가유공자와 보훈의 정체성을 확보하는 사업"이라며, "국가유공자에 대한 국민의 이해를 높임으로써 국가를 위해 헌신하고 희생한 국가유공자의 위상과 정체성을 제고할 수 있을 것으로 기대한다."라고 말했다.

① 국가유공자 명패 달아드리기 사업 추진
② 국가보훈처, 국가 주도 상징체계 첫 적용
③ 국가유공자 상징체계의 도입 및 개발
④ 국가보훈처, 독립유공자에 대한 관심과 감사의 뜻 전달

[07 ~ 08] 다음 글을 읽고 이어지는 질문에 답하시오.

기술이 일, 직업, 임금에 미치는 영향에 관한 논쟁은 산업시대 역사만큼이나 오래되었다. 새로운 기술진보가 나타날 때마다 노동자들은 자신들의 일자리가 빼앗길지도 모른다는 두려움을 느꼈다. 1800년대 운송수단의 핵심이었던 말 노동의 역사가 이를 잘 보여준다. 1900년대에 이르러 내연기관이 도입되면서 수십 년간 급증해 온 말이 반세기 만에 88%나 감소하게 되었고, 제대로 된 기술이 개발되자 노동력으로서 말의 운은 끝나게 되었다.

그러나 인간은 말과 다르다. 내연기관은 말을 대체하는 데 성공했지만, 우리 인간은 인간노동력에 대한 수요를 전적으로 인공지능이나 로봇으로 대체하고 싶어 하지 않는다. 이것이 완전 자동화된 경제로 나아가는 데 있어 가장 큰 장벽이며, 인간의 노동이 완전히 사라지지는 않을 가장 큰 이유다. 인간은 철저히 사회적인 동물이며 인간관계에 대한 욕망이 경제생활로 이어진다. 우리가 소비하는 돈의 대부분은 대인관계와 관련되어 있다. 우리는 연극이나 스포츠 행사에 참석해서 인간의 표현력이나 능력에 대해 찬사를 보낸다.

사람들이 특정 바나 레스토랑을 자주 찾는 이유는 단지 음식이나 음료 때문이 아니라, 그들이 베푸는 환대 때문이다. 코치와 트레이너들은 운동에 관한 책이나 비디오에서는 찾을 수 없는 동기를 부여한다. 좋은 교사는 학생들이 배움에 대한 의지를 계속 유지하도록 격려하고, 상담사와 치료사들은 고객과 유대를 형성해서 치료에 도움을 준다. 이와 같이 인간의 상호작용은 경제적 거래에 있어 부수적 요소가 아닌 핵심이 된다. 인간욕구에 있어 양이 아닌 질에 집중하는 것이다.

인간의 경제적 욕구는 오로지 다른 인간만이 충족할 수 있다. 이것이 우리가 말이 걸어간 길을 ㉠답습할 가능성을 줄여 준다. 인간의 모든 욕구를 기계가 대신해 줄 수 없기 때문이다.

07. 윗글을 바르게 이해하지 못한 사람은?

① 박△△ : 대인관계가 경제활동의 중심요소이구나.
② 이□□ : 인간의 욕망은 과학 발전의 필수요소이구나.
③ 정○○ : 인간의 경제적 욕구를 로봇이 완전히 충족시킬 수는 없겠구나.
④ 차◇◇ : 인간의 상호작용 욕구로 인하여 완전 자동화된 경제로 가기가 어렵겠구나.

08. 윗글의 밑줄 친 ㉠의 뜻으로 올바른 것은?

① 어떤 사회에서 오랫동안 지켜 내려와 그 구성원들이 널리 인정하는 질서
② 어떤 행위를 오랜 기간 되풀이하여 저절로 익혀진 행동이나 그 방식
③ 이미 배운 이론을 토대로 하여 실제로 해 보고 익히는 일
④ 예로부터 해 오던 방식이나 수법을 좇아 그대로 행함.

[09 ~ 10] 다음은 K 씨가 팀원들과의 여행을 기획하며 찾은 여행 홍보자료이다. 이어지는 질문에 답하시오.

자전거로 여행을 즐기는 사람이 늘고 있다. 바람을 가르며 적당한 속도로 이동할 수 있는 자전거 여행은 자연 풍광을 깊이 있게 만날 수 있어 매력적이다. 환경부에 따르면, 일주일에 한 번 자동차를 대신해 자전거로 가까운 거리를 이동하면 연간 25kg의 탄소 배출을 줄일 수 있다고 한다. 이는 나무 3.8그루를 심는 효과와 같다.

최근에는 전국적으로 안전하고 편리하게 이용할 수 있는 자전거길도 많아졌다. 대표적으로 자전거를 타고 전국의 아름다운 풍광을 만끽하도록 조성된 국토종주 자전거길이 있다. 국토종주 자전거길 곳곳에 마련된 인증센터를 찾아 여권처럼 생긴 인증수첩에 스탬프를 찍는 '국토종주인증제'는 성취감과 즐거움을 배가한다. 폐 공중전화부스로 만든 국토종주인증부스, 폐철도나 폐철교 구간을 재활용한 자전거길, 속아낸 나무로 만든 안전 울타리 등 친환경, 재활용 공간을 찾아보는 것도 여행의 의미를 더해준다.

'자전거 △△나눔' 앱은 누구나 편리하게 자전거 여행을 즐길 수 있도록 다양한 편의 기능을 갖추고 있다. 국토종주 자전거길은 물론 일반 자전거길도 쉽게 찾을 수 있는 지도 서비스와 라이딩하는 동안 평균속도, 고도, 운동량 등을 알려주는 기능이 있어 유용하다. 또한 인증센터에 부착된 사이버 인증 QR코드를 찍거나 인증센터에 접근하면 인증수첩에 도장을 찍지 않아도 자동으로 인증되는 기능도 편리하다. 이번 기회에 '자전거 △△나눔' 앱과 함께 탄소 배출을 줄이면서도 아름다운 자연을 만끽할 수 있는 자전거 여행을 떠나보면 어떨까.

09. K 씨가 팀원들에게 윗글에 나온 여행의 형태를 제안할 때, 가장 적절하지 않은 것은?

① 팀원들에게 여행 관련 앱을 설치하도록 하여 자신의 운동량을 파악할 수 있다는 점을 알려줘야겠어.
② 이번 여행의 주제를 '탄소 배출량 감축을 실천하는 여행'으로 정해서 의미 있는 여행을 제안해 봐야겠어.
③ 즐거움만 있는 여행이 아니라 성취감을 느낄 수 있는 여행을 기획하여 제안해 봐야겠어.
④ 국토종주인증제를 위해서는 여행기간에 반드시 인증수첩을 지참해야 한다는 것을 알려줘야겠어.

10. 제시된 글을 바탕으로 다음과 같은 의견을 가진 팀원 J 씨에게 K 씨가 할 수 있는 말로 가장 적절한 것은?

> 여행의 목적은 휴식이라고 생각해요. 평소에 직장생활을 하면서 쌓인 스트레스를 맛있는 음식을 먹고 좋은 숙소에서 지냄으로써 해소하는 것이 가장 중요하니, 자전거 여행보다는 좋은 호텔에서 숙박하고 좋은 음식을 먹을 수 있도록 여행을 기획해 주세요.

① 먼 거리를 자전거로 가는 것은 위험하니 팀원들의 안전을 위해서 가깝고 좋은 호텔에서 숙박할 수 있도록 계획을 수정해 보겠습니다.
② 팀원 여행은 서로 간의 이해와 친목 도모가 가장 중요하다고 생각합니다. 서로를 알아갈 수 있는 시간이 될 수 있도록 기획해 보겠습니다.
③ 기획팀이 책정한 예산의 범위 내에서만 여행을 기획할 수 있으므로, 자전거 여행을 통해 예산을 절약하는 것이 좋겠습니다.
④ 탄소 배출을 줄이고 지구의 환경을 지키면서 하는 여행도 의미 있지 않을까요? 운동을 통해 스트레스를 푸는 것이 건강에도 좋을 것입니다.

11. 다음 글에 대한 타당하지 않은 추론을 〈보기〉에서 모두 고른 것은?

> '가치(value)'라는 단어는 두 개의 상이한 의미를 가진다. 때로는 어떤 특정한 물건의 효용을 의미하고, 때로는 그 물건을 소유함으로써 갖게 되는 다른 물건들을 구매할 수 있는 능력을 의미한다. 전자를 사용가치(value in use), 후자를 교환가치(value in exchange)로 구분할 수 있다. 가장 큰 사용가치를 지닌 물건들이 때때로 교환가치를 거의 지니지 않거나 전혀 지니지 않으며, 이와 반대로 가장 큰 교환가치를 지닌 물건들이 때때로 사용가치를 거의 지니지 않거나 전혀 지니지 않는 경우도 있다.

|보기|

ㄱ. 국가의 재정 측면에서는 재화의 교환가치보다 사용가치가 더 큰 영향을 미친다.
ㄴ. 사용가치와 교환가치는 상호보완의 의미로 둘 중 하나의 특징만을 가질 수 없다.
ㄷ. 일상에서 물은 매우 유용하지만 물로 다른 것을 살 수도 없고 다른 재화와 교환할 수도 없다는 점에서 교환가치가 낮다고 볼 수 있다.
ㄹ. 사용가치가 높은 재화가 사용가치가 낮은 재화보다 더 낮은 교환가치를 지닐 수 있다.

① ㄱ
② ㄷ, ㄹ
③ ㄱ, ㄴ
④ ㄴ, ㄷ, ㄹ

[12 ~ 13] 다음 기사를 읽고 이어지는 질문에 답하시오.

H사는 독일 하노버에서 개최되었던 '세마트(CeMAT) 2014'에 참가해 새로운 모델 7종을 포함하여 총 21종의 지게차를 전시한 적이 있다. 세마트는 3년마다 개최되는 국제 물류 박람회인데, 2014년에는 총 8만 m² (약 2만 4,000평) 규모의 전시장에 세계 39개국에서 온 1,100여개 업체가 참가했으며, 전시 기간 동안 6만여 명의 관람객이 방문했다.

당시 H사는 1,000m² 규모의 실내·외 부스를 마련하여 운전 편의성과 안전성을 높인 최신 지게차 모델을 전시했었다. 그때 세계 3대 디자인 공모전 중 하나인 독일 '레드닷 디자인 어워드'를 수상한 신형 디젤지게차 '9 시리즈'를 유럽 시장에 처음으로 공개하였다. 9 시리즈는 화물 무게와 차체 기울기 등을 실시간으로 모니터링해 화물 적재와 하역작업의 안전성을 높이고, LED 표시등과 후방카메라를 설치해 추돌 사고의 위험성을 낮춘 것이 특징이다. 또한 환경을 중시하는 유럽 시장을 공략하기 위해 전동지게차와 LPG지게차 등 모든 9 시리즈에는 유럽의 배기가스 규제 등급을 충족하는 엔진을 장착해 친환경 장비임을 강조했다.

현재 H사 건설장비사업본부는 9개 해외 법인, 3개 지사, 140여 개국, 540여 개 딜러사와 브라질, 인도, 중국 3개국에 현지 건설장비 공장을 갖추고 있으며, 올해 글로벌 매출 38억 달러를 목표로 유럽 시장 공략에 힘쓰고 있다.

12. 다음 중 위 기사의 제목으로 가장 적절한 것은?

① 2014년 H사 유럽 지게차 시장 석권
② 2014년 H사 친환경 지게차 최초 공개
③ H사 2014 레드닷 디자인 어워드 수상
④ 2014년 H사 유럽 지게차 시장 진출 활발

13. 다음은 위의 기사를 읽고 나눈 대화의 내용이다. 이 대화에서 기사를 적절하게 이해한 사람을 모두 고른 것은?

민지 : 친환경 기술을 적용한 장비를 앞세워 유럽 시장 공략에 공격적으로 나서는 모습을 볼 수 있어.
희성 : H사는 글로벌 시장에서의 브랜드 인지도를 확대하기 위해 박람회에 참여하는 등 활발한 마케팅을 펼치고 있구나.
정한 : 유럽의 배기가스 규제 등급을 충족하는 친환경 엔진이 장착된 지게차를 전시한 것은 환경을 중시하는 유럽 시장 공략을 위한 차별화된 마케팅 전략이구나.
재승 : 글로벌 매출 향상을 목표로 한다면 제품 디자인에도 지금보다 신경을 써야 할 것 같아.

① 희성   ② 희성, 재승   ③ 민지, 정한, 재승   ④ 민지, 희성, 정한

14. 다음은 △△회사 직원들이 신문 기사를 읽고 나눈 대화 내용이다. 문맥상 ㉠에 들어가야 할 말로 알맞은 것은?

> 은행권에 '시간 파괴' 바람이 거세게 불고 있다. 오랫동안 굳어진 오전 9시부터 오후 4시까지라는 영업시간을 탄력적으로 조정하는 점포가 늘고 있는 것이다. 탄력 운영의 방식은 오전 7시 30분부터 오후 3시까지 영업하는 '얼리 뱅크(Early Bank)', 12시부터 오후 7시까지 고객을 받는 '애프터 뱅크(After Bank)' 등 매우 다양하다. 심지어는 주말에 영업을 하는 점포들도 나타나기 시작했다.
>
> 이에 더해 무인자동화기기를 도입해 간단한 은행 업무를 영업시간 외에도 볼 수 있도록 하는 은행도 늘어나고 있는 추세다. A 은행은 복합쇼핑몰에 오후 9~10시에 영업을 하는 소형점포를 설치하여 운영하고 있다. B 은행은 무인자동화기기 디지털 키오스크를 통해 계좌 개설, 체크카드 발급 등 107가지 은행 서비스가 가능한 무인 탄력점포 26곳을 운영 중이다.
>
> 은행들이 영업시간을 탄력적으로 운영하는 데는 현실적인 이유가 있다. 이미 상당수 업무가 비대면 채널을 통해 이뤄지는 상황이라 지역별 수요에 맞춰 점포 운영시간을 조절하는 것이 합리적이라는 판단이다. 24시간 영업하는 인터넷전문은행의 돌풍도 기존 은행들의 시간 파괴를 부추긴다.
>
> P : 좋은 변화인 것 같아. 기존의 영업시간으로는 대부분의 직장인들이 은행 업무를 보는 데 어려움을 느꼈으니까 말이야.
> T : 인터넷전문은행이 각광받은 것도 24시간 영업인 점이 가장 큰 영향을 미쳤지.
> B : 하지만 이런 변화는 (　　　　　㉠　　　　　)
> D : 인력 배치와 관련한 문제도 흐름에 따라 변화가 필요하겠군.

① 디지털 키오스크가 더 널리 보급될 수 있는 기회가 될 거야.
② 인터넷전문은행이 더욱 성장하는 데 있어 걸림돌이 될 거야.
③ 기존의 은행 영업시간에 익숙한 사람들에게 혼란을 야기할 수도 있어.
④ 직원 채용이 줄어들고 실업률이 증가하는 등 부정적인 결과를 야기할 수도 있어.

15. 다음은 포털사이트를 운영하는 N사에 대한 기사를 읽고 경쟁사인 K사의 직원들이 나눈 대화이다. 문맥상 빈칸 ㉠에 들어갈 수 있는 말로 적절하지 않은 것은?

> 국내 대표 포털사이트를 운영중인 N사에서 '악성댓글' 근절을 위해 댓글 작성자의 이력을 모두 공개한다고 밝혔는데, 이로 인해 자진 삭제된 댓글의 비율이 급격하게 상승하는 모습을 보였다. N사는 댓글 이력 공개라는 초강수에 이른바 '프로 악플러'나 '댓글 알바'와 같은 유저들이 몸사리기에 들어간 영향일 것이라는 분석을 내놓았다. 19일 N사 데이터랩에 따르면 18일에 본인이 직접 삭제한 댓글 수가 8만 1,217개에 이른다. 이는 전체 댓글 수인 55만 9,570개에서 14.5%를 차지하는데, 통상적인 자진 댓글 삭제 비율보다 상당히 높은 수치다. 앞서 이달 4~17일까지의 댓글 삭제 비율을 살펴보면 줄곧 10~12%를 유지해 왔다. 이 기간 가장 높았던 날은 8일과 9일이었는데, 이때 전체 댓글 중 삭제 댓글의 비율은 12.3%로 18일에 이보다 2.2%p 증가한 것이다.
>
> 해당 자료를 통해 N사의 새로운 댓글 정책의 시행과 댓글 삭제 비율 상승이 무관하지 않은 것으로 보인다. N사는 19일 오전 11시부터 댓글 작성자의 활동 이력과 닉네임 등을 공개했다. 댓글러의 '민낯'을 공개함으로써 악성댓글을 미연에 방지하고 자체적으로 정화하는 효과를 거둘 수 있을 것이라 보고 있다. 더욱이 내달 총선을 앞두고 여론조작 논란을 차단하기 위해 선제적 조치를 취한 것이기도 하다. 새로 시행된 정책에 따라 작성자들의 의사와 관계없이 모든 댓글 활동 이력이 전체 이용자에게 공개된다. 특히 최근 30일간 받은 공감 비율과 본인이 삭제한 댓글 비율도 제공되는데, 이 기능은 댓글 이력 전체 공개가 시행된 날부터 집계된다. 즉, 자진 삭제한 댓글 비율이 통계에 드러나지 않는 마지막 날이 18일이었던 셈이다. N사는 새로운 정책을 집행할 것을 지난 5일 공지사항을 통해 일찌감치 안내했지만 대부분의 대중들은 언론에 의해 보도된 이후인 18일에서야 소식을 접하게 되었다.
>
> 예지 : 이번에 N사에서 악성댓글을 미연에 방지하기 위해 작성자의 댓글 활동 이력을 공개한다고 해.
> 정인 : 악성댓글이 사회적으로도 큰 문제로 인식되는 걸 보면 이력 공개가 좋은 방법인 것 같아. 우리도 N사처럼 악성댓글에 대응할 방법을 모색해야 하지 않을까?
> 현우 : (　　　　　　　㉠　　　　　　　)
> 현진 : 그거 좋은 생각이네. 관련 부서와의 회의를 통해 계획을 구체화하면 좋을 것 같아.

① 우리도 N사의 정책을 따라서 댓글 작성자의 이력을 공개하면 좋겠다.
② 댓글 이력을 공개하는 건 익명성을 보장받고 싶어 하는 사람들의 의사를 반영하지 않은 정책이므로 더욱 신중하게 판단해야 해.
③ 다소 극단적인 방법이겠지만 댓글에 한해서는 인터넷 실명제를 도입하는 것도 괜찮지 않을까?
④ 악성댓글로 신고가 일정 횟수 이상 누적된 사용자는 댓글 기능을 이용하지 못하게 차단하는 것도 좋은 방법일 것 같아.

16. 다음은 영농자재 가격 인하로 인한 전체 영농비 절감액에 관한 자료이다. 이에 대한 설명으로 옳지 않은 것은?

〈연도별 영농비 절감액〉

(단위 : 억 원)

구분	비료	농약	상토	필름	농기계
20X4년	1,562	1,924	184	145	247
20X3년	1,550	356	176	145	174
20X2년	1,443	272	125	98	120
20X1년	1,100	53	38	47	65

① 20X4년에는 영농자재 가격 인하로 인해 총 4,062억 원의 영농비를 절감했다.
② 20X3년 영농비 총절감액은 전년 대비 343억 원 증가했다.
③ 20X1 ~ 20X4년 동안 영농자재 가격 인하로 총 9,824억 원의 농가소득 증대를 가져왔다.
④ 20X1 ~ 20X4년 동안 비료와 농약 부분에서 8,300억 원의 영농비를 절감했다.

17. 다음 자료에서 저축률의 증감 추이가 같은 연령층끼리 바르게 짝지은 것은?

〈연령별 저축률〉

구분	20X2년		20X4년		20X6년		20X8년	
	저축 중인 인원(명)	저축률(%)	저축 중인 인원(명)	저축률(%)	저축 중인 인원(명)	저축률(%)	저축 중인 인원(명)	저축률(%)
30대 이하	63	72.8	68	68.2	117	81.1	99	69.9
40대	271	60.5	277	61.4	184	70.3	210	65.4
50대	440	59.2	538	54.9	383	58.6	383	54.4
60대	469	47.6	538	53.5	536	41.0	542	39.9
70대 이상	582	27.7	562	37.0	768	24.7	754	21.9

① 40대-50대
② 40대-60대
③ 60대-70대 이상
④ 30대 이하-70대 이상

18. 다음은 202X년 주요 국가별 특허 관련 자료이다. 이에 대한 설명으로 옳은 것은?

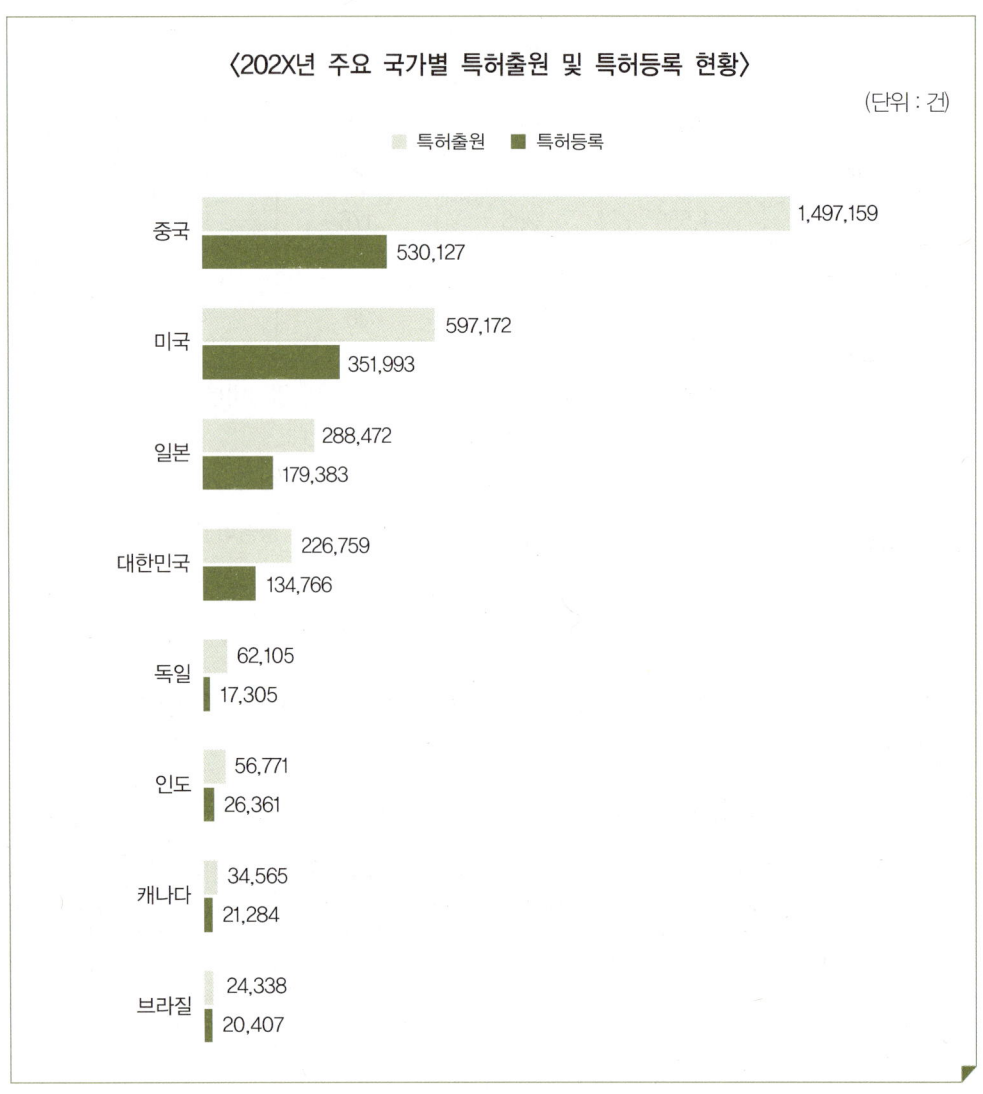

① 중국을 제외한 국가들의 특허출원 수를 모두 합해도 중국의 특허출원 수에 미치지 못한다.
② 미국은 특허출원과 특허등록 건수 모두 일본의 2배 이상이다.
③ 특허등록 수가 여섯 번째로 많은 국가의 특허출원 수는 50,000건 이상이다.
④ 특허출원 수 대비 특허등록 수 비율이 50% 이상인 국가보다 그 비율이 50% 미만인 국가가 더 많다.

19. 다음은 ○○사의 순이익 추이를 나타내는 그래프이다. 이에 대한 설명으로 옳은 것을 〈보기〉에서 모두 고르면?

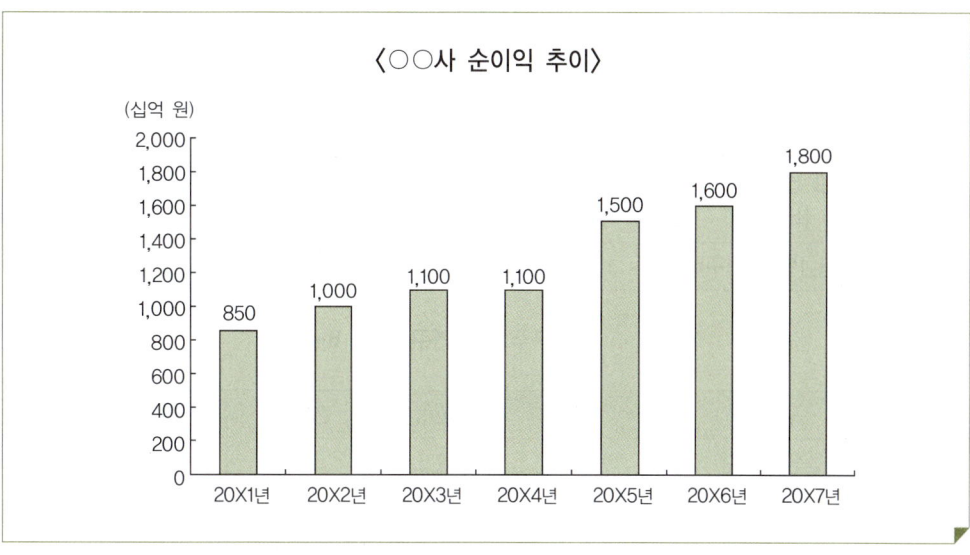

| 보기 |

㉠ 20X1년 대비 20X7년 순이익 증가율은 100% 이상이다.
㉡ 전년 대비 순이익 증가율이 가장 높은 해는 20X5년이다.
㉢ 20X6년 순이익은 20X2년 순이익의 2배 이상이다.

① ㉠
② ㉢
③ ㉠, ㉡
④ ㉡, ㉢

20. 다음 과학기술 연구원 현황에 대한 자료를 이해한 내용으로 옳지 않은 것은?

〈과학기술 연구원 수〉

(단위 : 명, %, 만 원)

구분	2019년	2020년	2021년	2022년	2023년
경제활동인구 천 명당 연구원 수	6.7	7.5	8.3	9.2	9.7
여성 연구원 수 (비중)	25.918 (12.0)	30,174 (12.9)	30,082 (13.1)	42,977 (14.9)	46,677 (15.6)
연구원 1인당 연구비	10,565.5	10,292.0	10,657.0	10,827.3	11,497.4

〈연구주체별 연구원 수 비중〉

(단위 : %)

구분	2019년	2020년	2021년	2022년	2023년
공공연구기관	7.5	6.6	6.5	7.0	7.0
대학	28.5	27.6	25.7	28.8	27.4
기업체	64.0	65.8	67.8	64.2	65.6

① 2019 ~ 2023년 동안 과학기술 연구원 중 여성 연구원의 비중과 경제활동인구 천 명당 연구원 수는 매년 증가하였다.
② 2019 ~ 2023년 동안 대학 연구원 수가 공공연구기관 연구원 수보다 4배 이상 많았던 해는 두 번이다.
③ 2023년 과학기술 연구원 수는 33만 명 이상이다.
④ 2019년에 비해 2023년 연구주체별 연구원 수 비중 변화폭이 가장 큰 연구주체는 기업체이다.

[21 ~ 22] 다음 자료를 보고 이어지는 질문에 답하시오.

⟨202X년 15 ~ 64세 연령대의 직업별, 성별 사망자 수⟩

(단위 : 명)

구분	전체	여성	남성
전 직업	68,239	19,529	48,710
관리자	2,552	235	2,317
전문가 및 관련 종사자	4,317	877	3,440
사무 종사자	3,509	797	2,712
서비스 및 판매 종사자	7,520	1,965	5,555
농업, 임업 및 어업 숙련 종사자	3,336	463	2,873
기능원 및 관련 기능 종사자	2,484	140	2,344
장치, 기계조작 및 조립 종사자	2,022	61	1,961
단순노무 종사자	5,930	624	5,306
무직, 가사, 학생	33,999	13,808	20,191
기타	2,570	559	2,011

21. 위 자료에서 남성 대비 여성의 사망자 수가 가장 많은 직업은 무엇인가?

① 서비스 및 판매 종사자
② 무직, 가사, 학생
③ 전문가 및 관련 종사자
④ 농업, 임업 및 어업 숙련 종사자

22. 위 자료에 대한 설명으로 옳은 것은?

① 전체 사망자 중 여성이 차지하는 비율은 30% 이상이다.
② 무직, 가사, 학생을 제외한 여성 사망자 수가 가장 많은 직업의 여성 사망자 수는 여성 사망자 수가 가장 적은 직업의 전체 사망자 수보다 많다.
③ 무직, 가사, 학생을 제외한 직업별 전체 사망자 중 단순노무 종사자의 사망자가 가장 많다.
④ 남성과 비교했을 때, 여성의 사망자 비율이 가장 낮은 직업은 장치, 기계조작 및 조립 종사자이다.

23. 다음은 게임산업의 주요 국가 수출액 현황에 대한 자료이다. 이에 대한 설명으로 옳은 것은?

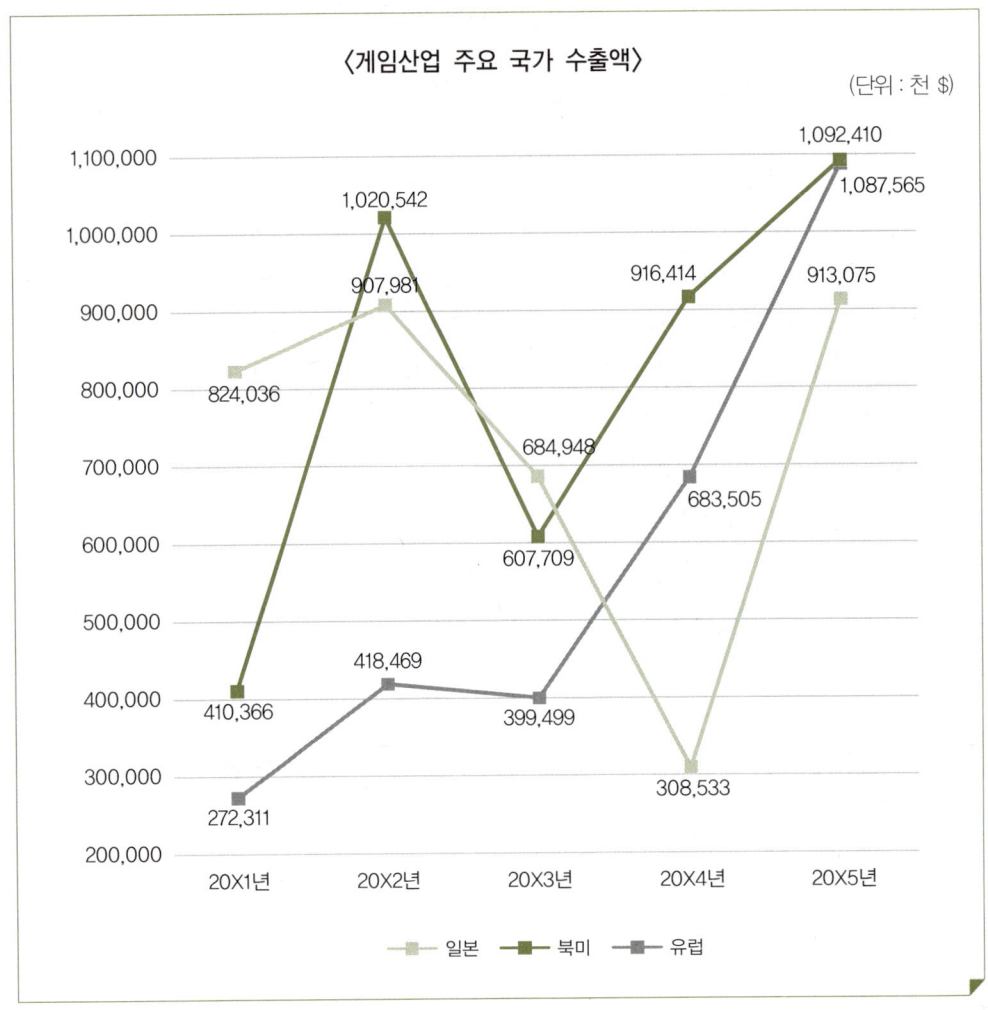

① 조사 기간 동안 게임산업 주요 국가 수출액 총합은 꾸준히 증가하는 추세이다.
② 20X3 ~ 20X5년 유럽과 북미의 게임산업 수출액 증감 추이는 동일하다.
③ 조사 기간 중 게임산업 주요 국가 수출액 총합이 가장 작은 연도는 20X3년이다.
④ 조사 기간 동안 유럽 국가의 게임산업 수출액은 매년 증가하는 추세이다.

24. 다음 자료의 조사대상자 수는 매년 10대와 20대가 같고, 30대와 40대 이상이 같다. 조사대상자 수가 40대 이상이 20대의 1.5배일 때, 자료를 이해한 내용으로 적절하지 않은 것은?

〈온·오프라인 강의 수강률〉

(단위 : %)

구분	온라인 강의 수강률					오프라인 강의 수강률				
	20X1년	20X2년	20X3년	20X4년	20X5년	20X1년	20X2년	20X3년	20X4년	20X5년
전체	70.9	71.8	72.6	75.7	75.9	47.2	47.0	47.9	49.0	48.4
10대	80.8	81.7	83.5	83.5	83.7	60.3	62.4	63.5	63.1	63.9
20대	66.2	66.3	67.0	77.1	77.2	48.1	46.6	47.1	47.9	48.0
30대	58.8	58.9	59.3	59.5	59.6	31.5	30.3	30.8	31.1	31.6
40대 이상	32.3	33.9	33.9	35.2	35.5	22.2	22.4	23.2	23.7	22.9

① 20X5년 온라인 강의와 오프라인 강의를 수강하는 20대 조사대상자 수의 합은 온라인 강의와 오프라인 강의를 수강하는 30대 조사대상자 수의 합보다 많다.

② 20X1년 온라인 강의를 수강하는 10대와 20대 조사대상자 수의 합은 온라인 강의를 수강하는 30대와 40대 이상 조사대상자 수의 합보다 많다.

③ 조사 기간 동안 온라인 강의를 수강하는 조사대상자 수는 매년 모든 연령대 중에 40대 이상이 가장 적다.

④ 조사 기간 동안 오프라인 강의를 수강하는 20대 조사대상자 수는 오프라인 강의를 수강하는 30대 조사대상자 수보다 항상 많다.

[25 ~ 26] 다음은 초중고교 사교육비 조사 결과이다. 이어지는 질문에 답하시오.

〈자료 1〉 초중고 학생 사교육비 총액

(단위 : 천억 원)

구분		전체	초등학교	중학교	고등학교
20X1년			ⓑ		
20X2년		ⓐ			
	전년 대비 증감률	10.3%	12.0%	10.0%	6.0%

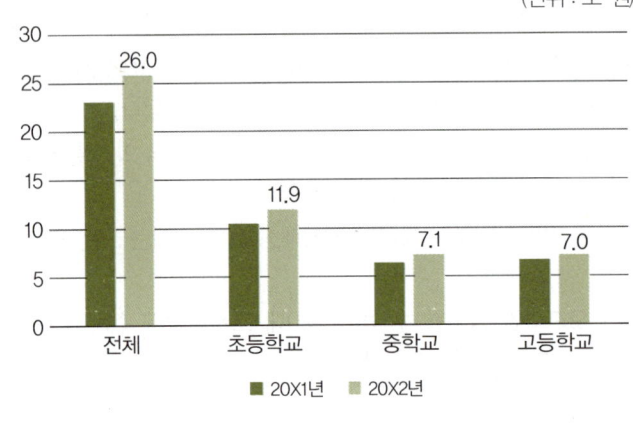

〈자료 2〉 학교급별 사교육비 총액 (단위 : 조 원)

25. 다음 중 〈자료 1〉의 빈칸 ⓐ에 들어갈 수치로 옳은 것은?

① 26 ② 52 ③ 260 ④ 520

26. 〈자료 2〉를 바탕으로 할 때, 〈자료 1〉의 빈칸 ⓑ에 들어갈 값으로 옳은 것은? (단, 소수점 첫째 자리에서 반올림한다)

① 11 ② 106 ③ 133 ④ 1,063

27. 다음은 연도별 외환보유액 관련 자료이다. 이에 대한 해석으로 옳은 것은?

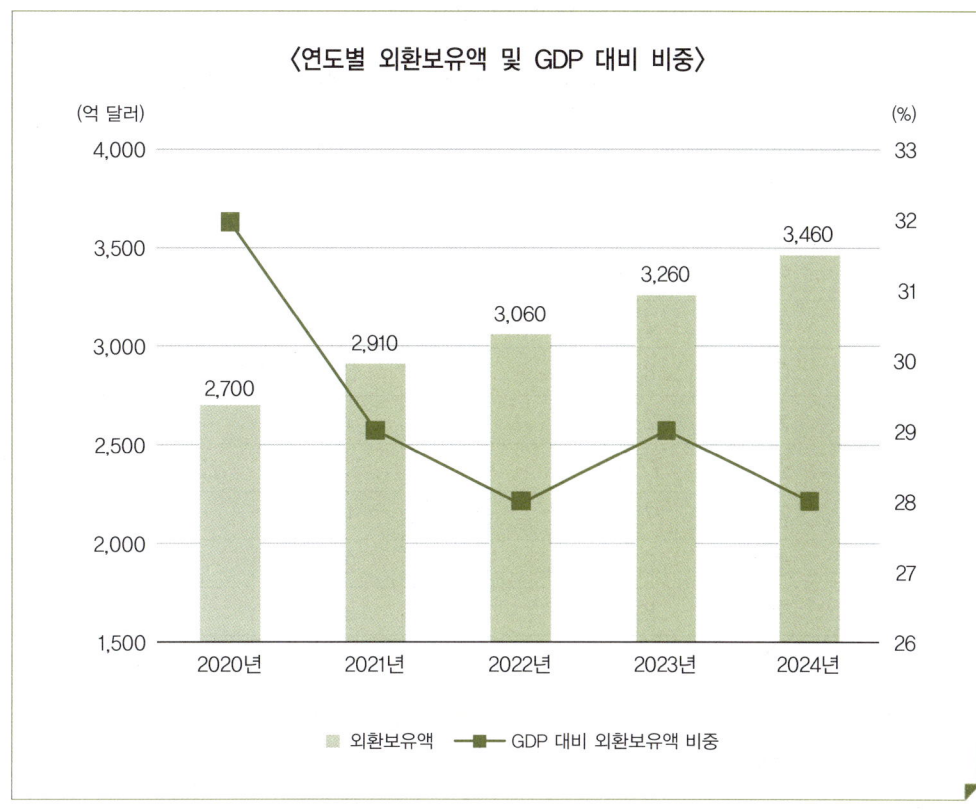

① 2023년에 비해 2024년의 GDP는 증가하였다.
② 전년 대비 외환보유액 증가량이 가장 적은 연도는 2024년이다.
③ 전년 대비 외환보유액 증가량이 가장 많은 연도는 2023년이다.
④ GDP 대비 외환보유액 비중은 매년 감소하였다.

[28 ~ 29] 다음은 전국 통신판매업체 신고현황을 정리한 자료이다. 이어지는 질문에 답하시오.

〈지역별 전국 통신판매업체 신고현황〉

(단위 : 개)

구분		영업 중	휴업 중	폐업	직권말소*	계
시지역	서울	142,981	725	84,733	7,300	235,739
	부산	16,105	69	7,946	1,079	25,199
	대구	16,203	34	6,548	636	23,421
	인천	18,451	61	6,084	786	25,382
	광주	7,575	28	2,633	446	10,682
	대전	8,996	21	3,976	519	13,512
	울산	2,513	8	1,191	210	3,922
도지역	경기	77,934	414	33,478	3,553	115,379
	강원	7,026	18	1,845	689	9,578
	충북	5,975	46	2,472	577	9,070
	충남	8,033	29	2,503	377	10,942
	전북	4,491	23	1,294	197	6,005
	전남	6,763	29	1,436	381	8,609
	경북	11,285	28	2,893	605	14,811
	경남	8,825	39	3,792	388	13,044
	제주	3,426	26	988	125	4,565
합계		346,582	1,598	163,812	17,868	–

* 직권말소 : 폐업신고를 하지 않은 채 영업을 하지 않는 업체에 대해 자격이나 권한을 아주 없앰.

28. 다음 중 위 자료를 이해한 내용으로 옳은 것은?

① 서울과 강원의 직권말소된 통신판매업체 수의 합은 8,000개가 넘는다.
② 서울과 경기의 휴업 중인 통신판매업체 수의 합은 전체 휴업 중인 업체의 50% 이상이다.
③ 직권말소된 통신판매업체 중 부산에 있는 업체 수는 전체 직권말소된 업체의 10% 가량이다.
④ 영업 중인 통신판매업체 수 대비 폐업한 통신판매업체 수가 가장 많은 지역은 서울이고, 가장 적은 지역은 강원이다.

29. 제시된 자료로 그래프를 작성하여 보고서에 첨부하려고 한다. 다음 중 작성한 그래프로 옳지 않은 것은? (단, 소수점 아래 둘째 자리에서 반올림한다)

① 〈영업 중인 통신판매업체의 비중〉

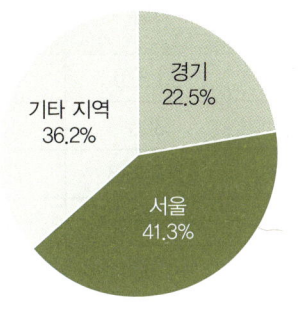

② 〈서울·경기의 통신판매업체 신고 비중〉

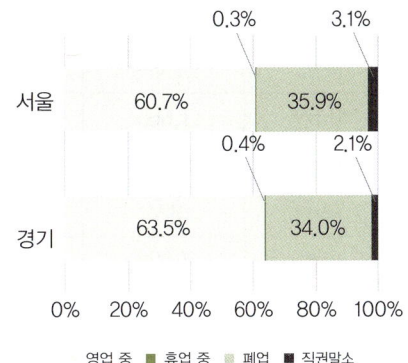

③ 〈광역시의 영업 중인 통신판매업체 신고현황〉

④ 〈비수도권 도지역의 폐업·직권말소 통신판매업체 수〉

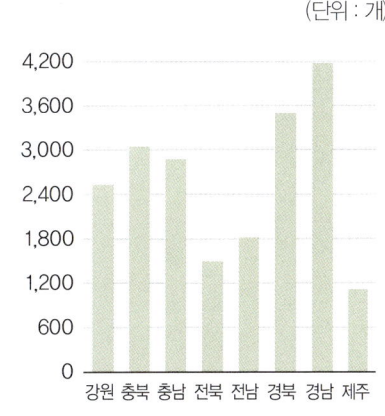

30. 다음 G 회사의 품목별 수출 현황을 나타낸 자료에 대한 올바른 설명을 〈보기〉에서 모두 고른 것은?

(단위 : 천 달러)

국가 품목	중국	일본	인도	미국	합계
(가)	21,489	24,858	24,533	90,870	161,750
(나)	1,665	9,431	2,061	306	13,463
(다)	281,330	248,580	103,093	138,238	771,241
(라)	824	5,189	2,759	8,767	17,539
(마)	7,328	68,494	26,594	1,324	103,740

|보기|

㉠ (가) 품목과 (다) 품목 각각에서 수출액이 큰 국가부터 순서대로 나열하면 미국, 일본, 인도, 중국이다.
㉡ (나) 품목과 (마) 품목은 중국, 인도, 미국으로의 수출액을 합한 것보다 일본으로의 수출액이 더 크다.
㉢ (가) 품목과 (나) 품목 수출액의 합이 가장 큰 국가는 미국이다.
㉣ 모든 품목이 중국으로 수출하는 금액이 가장 작다.

① ㉠, ㉡   ② ㉡, ㉢
③ ㉡, ㉣   ④ ㉢, ㉣

31. 왼쪽 모양의 행렬에서 버튼을 두 번 눌렀더니 오른쪽 모양과 같이 되었다. 다음 중 '?'에 들어갈 버튼으로 알맞은 것은?

버튼	기능
♤	A 행과 F 열의 모든 0을 1로, 1을 0으로 바꾼다(행과 열이 겹치는 부분은 동시에 한 번만 바꾼다).
♠	B 행과 E 열의 모든 0을 1로, 1을 0으로 바꾼다(행과 열이 겹치는 부분은 동시에 한 번만 바꾼다).
♧	C 행과 D 열의 모든 0을 지운다(빈칸으로 만든다).
♣	C 행과 D 열의 모든 1을 지운다(빈칸으로 만든다).
◇	모든 빈칸에 0을 적는다.
◆	모든 빈칸에 1을 적는다.

	D 열	E 열	F 열
A 행	1	0	1
B 행	0	1	0
C 행	1	0	1

→ ♠ → ? →

	D 열	E 열	F 열
A 행		1	1
B 행		0	1
C 행			

① ♤   ② ♧
③ ♣   ④ ◇

[32 ~ 33] 다음 표를 참고하여 이어지는 질문에 답하시오.

버튼	기능	버튼	기능
★	1번, 3번 도형을 시계 방향으로 90° 회전함.	▲	1번, 2번 도형을 반시계 방향으로 90° 회전함.
☆	2번, 4번 도형을 시계 방향으로 90° 회전함.	△	3번, 4번 도형을 반시계 방향으로 90° 회전함.

32. 처음 상태에서 두 개의 버튼을 눌렀더니 다음과 같은 모양 변화가 일어났다. '?'에 들어갈 버튼으로 알맞은 것은? (단, 도형의 번호는 위에서부터 오름차순으로 매긴다)

① ▲　　　　　　　　　　② ☆
③ ★　　　　　　　　　　④ △

33. 처음 상태에서 세 개의 버튼을 눌렀더니 다음과 같은 모양 변화가 일어났다. '?'에 들어갈 버튼으로 알맞은 것은? (단, 도형의 번호는 위에서부터 오름차순으로 매긴다)

① △　　　　　　　　　　② ★
③ ☆　　　　　　　　　　④ ▲

34. 왼쪽 모양의 스위치에서 버튼을 세 번 눌렀더니 오른쪽 모양과 같이 되었다. 다음 중 '?'에 들어갈 버튼으로 알맞은 것은?

버튼	기능
◐	1번, 4번 스위치를 반대로 바꿈(켜짐 → 꺼짐, 꺼짐 → 켜짐).
◑	2번, 5번 스위치를 반대로 바꿈(켜짐 → 꺼짐, 꺼짐 → 켜짐).
♣	3번 스위치를 반대로 바꿈(켜짐 → 꺼짐, 꺼짐 → 켜짐).
◆	2번, 3번, 4번 스위치를 반대로 바꿈(켜짐 → 꺼짐, 꺼짐 → 켜짐).
●	1번, 5번 스위치를 반대로 바꿈(켜짐 → 꺼짐, 꺼짐 → 켜짐).

숫자 =켜짐   숫자 =꺼짐

① ◐
② ◑
③ ♣
④ ●

35. 택배기사 K는 물류센터를 출발하여 총 다섯 곳의 배송지에 들러 물건을 배달하려 한다. 출발 전 B 배송지로부터 물건을 급히 배달해 달라는 요청을 받아 B 배송지에 가장 처음으로 방문한다고 할 때, 다음 자료를 바탕으로 다섯 곳의 배송지를 모두 방문하기 위해 소요되는 최소 이동시간은? (단, 배달 완료 후 물류센터로 돌아오는 것은 고려하지 않는다)

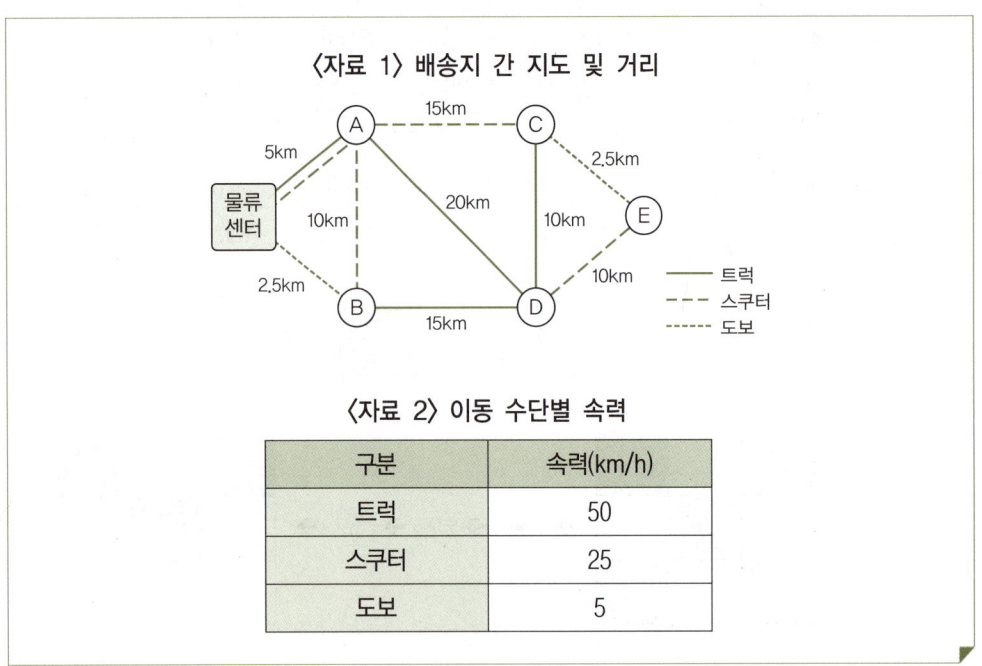

① 120분 ② 124분
③ 126분 ④ 128분

[36 ~ 37] J 대리는 직장 상사의 지시로 버스나 택시를 이용하거나 도보로 A ~ E 우체국 중 한 곳에 들러 거래처에 우편물을 보내려고 한다. 다음 자료를 바탕으로 이어지는 질문에 답하시오.

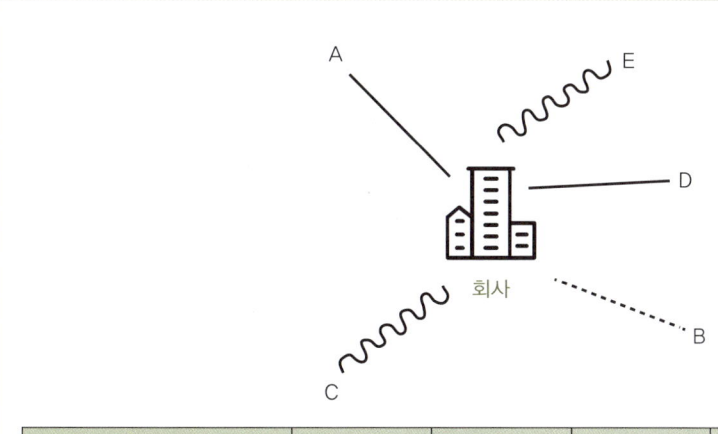

우체국	A	B	C	D	E
회사와의 거리(km)	2.5	1.5	3	2	2.5

이동 수단	기호	속력
버스	———	20km/h
택시	∿∿∿	30km/h
도보	-------	3km/h

36. 다음 중 J 대리가 회사에서 최단 시간으로 갈 수 있는 우체국은?

① A 우체국 ② B 우체국
③ C 우체국 ④ E 우체국

37. J 대리가 우체국에서의 업무를 마치고 회사로 돌아오는 길에는 무조건 도보를 이용해야 한다고 할 때, 왕복 시간이 가장 적게 소요되는 우체국은?

① A 우체국 ② B 우체국
③ D 우체국 ④ E 우체국

[38 ~ 41] 다음 〈보기〉는 명령어와 그에 따른 그래프 출력 결과이다. 이어지는 질문에 답하시오.

―| 보기 |―

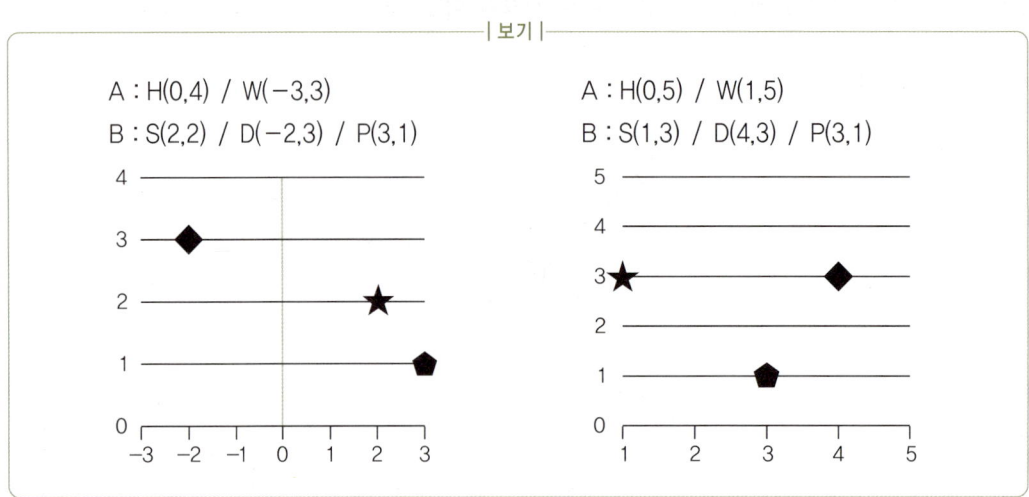

38. 〈보기〉를 참고할 때, 다음 그래프를 출력하기 위한 명령어로 올바른 것은?

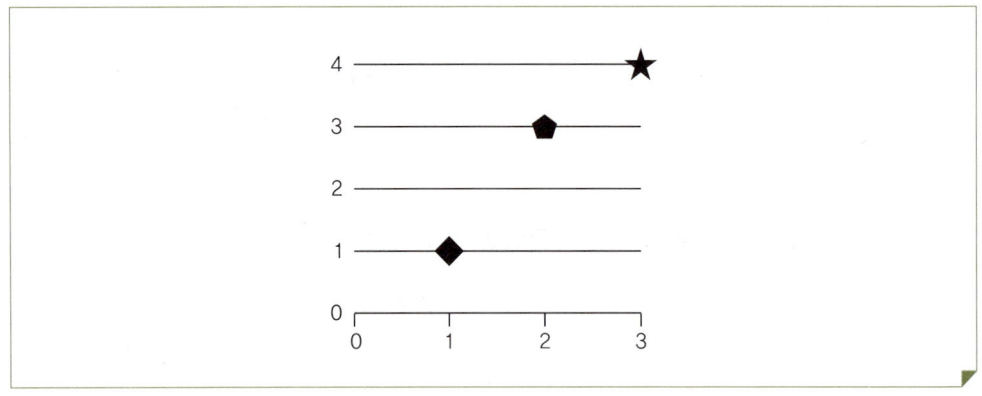

① A : H(4,0) / W(0,3)
　 B : S(1,1) / D(2,3) / P(3,4)

② A : H(0,4) / W(0,3)
　 B : S(3,4) / D(1,1) / P(2,3)

③ A : H(0,3) / W(0,4)
　 B : S(0,4) / D(2,3) / P(1,1)

④ A : H(0,4) / W(0,3)
　 B : S(2,3) / D(1,1) / P(0,4)

39. 〈보기〉를 참고할 때, 다음 그래프를 출력하기 위한 명령어로 올바른 것은?

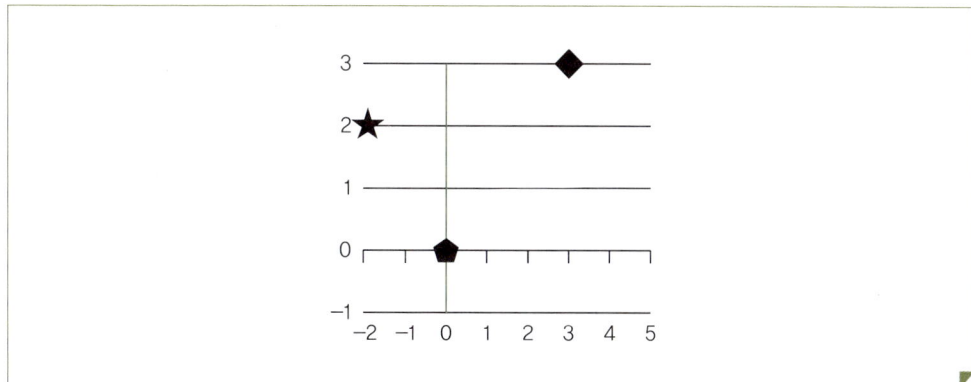

① A : H(−1,3) / W(−2,4)
　B : S(0,0) / D(−2,2) / P(3,3)
② A : H(−1,3) / W(−2,5)
　B : S(−2,2) / D(3,3) / P(0,0)
③ A : H(−1,4) / W(−2,5)
　B : S(3,3) / D(0,0) / P(−2,2)
④ A : H(−1,3) / W(−2,5)
　B : S(0,3) / D(5,4) / P(2,1)

40. 다음 〈명령문〉은 출력된 그래프를 토대로 명령어를 작성한 것이다. 〈보기〉를 참고할 때, 〈명령문〉에서 잘못 작성된 부분은?

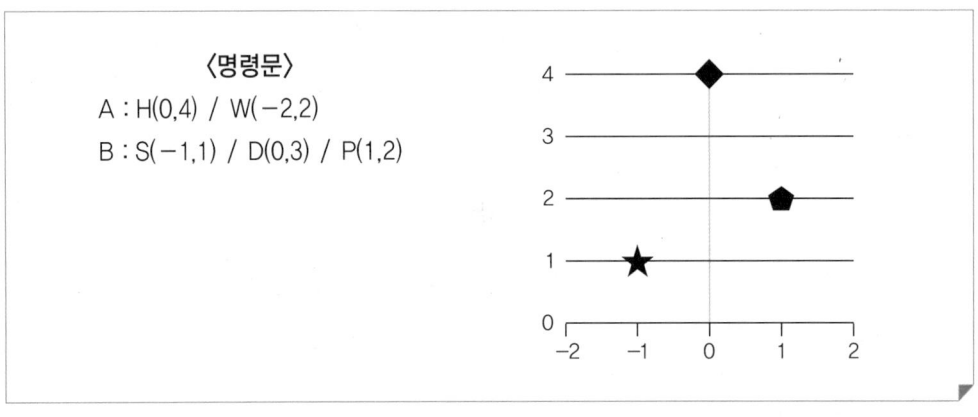

① W(-2,2)
② S(-1,1)
③ D(0,3)
④ P(1,2)

41. 다음 〈명령문〉은 출력된 그래프를 토대로 명령어를 작성한 것이다. 〈보기〉를 참고할 때, 〈명령문〉에서 잘못 작성된 부분은?

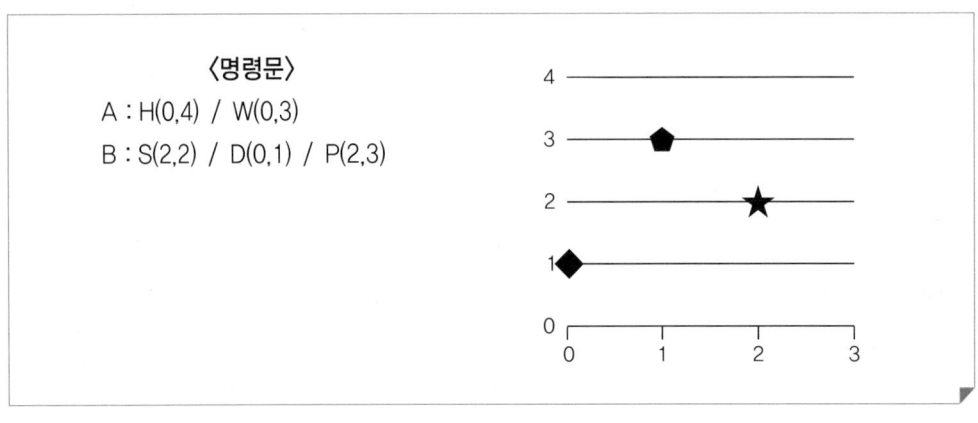

① H(0,4)
② S(2,2)
③ D(0,1)
④ P(2,3)

42. 다음의 노트북 모델별 특징 비교표를 참고할 때, 제시된 문의에 적합한 모델은?

문의
메모리 용량이 크고 배터리 지속시간이 긴 것을 최우선 선택기준으로 삼는데 조건이 같을 경우 가격이 저렴한 것을 선택할 때, 가장 적합한 모델은 무엇인가요?

모델 \ 항목	크기	무게	메모리	배터리 지속시간	가격
A	15인치	2.3kg	16GB	5시간 30분	140만 원
B	14인치	2.1kg	8GB	4시간 30분	120만 원
C	14인치	1.9kg	16GB	5시간 30분	90만 원
D	17인치	2.8kg	16GB	5시간	180만 원

① A   ② B   ③ C   ④ D

43. 다음 냉난방기 상품별 특징 비교표를 참고하여 김 과장이 D 상품을 구매하고 그 이유에 대해 설명했다고 할 때, 적절하지 않은 것은?

상품	기능	평균 소비 전력	색상	크기(cm) (가로*세로*높이)	가격 (만 원)
A	냉방	1.5kw	화이트	30*30*150	30
B	냉방	2kw	그레이	35*25*170	35
C	냉방, 난방	1.9kw	그레이	30*25*100	40
D	냉방, 난방, 제습	2.82kw	블랙	30*35*180	48
E	냉방, 난방, 제습	2.75kw	블랙	50*55*170	60
F	냉방, 난방, 제습	2.2kw	화이트	30*40*150	52

① 여름철 집안이 습한 게 싫어서 제습 기능을 포함한 상품 중에 고민하다 가장 저렴한 D 상품을 구매했어요.
② 화이트 색상은 오염에 취약할 것 같아 어두운 계열의 색상으로 선택했어요.
③ 기능이 같다면 평균 소비 전력이 낮은 상품이 좋겠다는 생각이 들어 D 상품을 구매했어요.
④ D 상품의 높이가 비교 상품 대비 가장 높지만 가로와 세로의 크기는 작은 편이라 천장이 높은 우리 집에 적합할 것이라고 생각했어요.

44. 올해 수능을 치른 H 씨는 스마트워치를 구매하려고 하는데 사양은 〈보기〉와 같다. 다음 순서도에 따라 구매를 결정한다고 할 때, H 씨가 할 선택으로 적절한 것은?

| 보기 |

- 모델명 : CSO2
- 가격 : 466,500원
- 배터리 시간 : 최대 18시간
- 고무 밴드 무료 증정
- 대입 수험생은 10% 할인 가능
- 디스플레이 : 44mm
- 소재 : 알루미늄
- 스마트워치 결제 가능
- 무상 A/S : 12개월

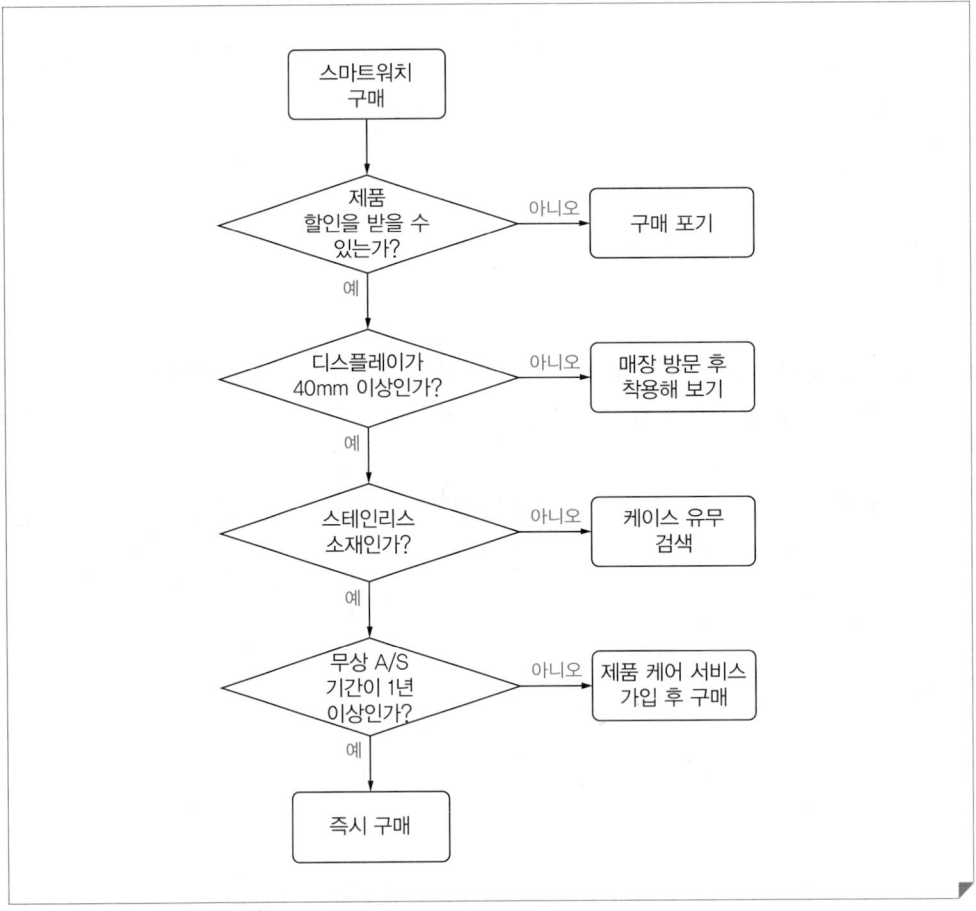

① 구매 포기
② 매장 방문 후 착용해 보기
③ 케이스 유무 검색
④ 제품 케어 서비스 가입 후 구매

45. 다음의 순서도를 통해 H 마트의 품목 할인 기준을 파악할 때, 〈보기〉의 질문에 적절하게 답한 것은?

| 보기 |

취업 후 직장 근처로 이사한 민주는 이번 주말에 친구들을 초대하여 집들이를 하기 위해 H 마트에 장을 보러 왔다. 음식을 고르던 중, 이달의 인기 상품으로 지정된 C 빵을 발견하여 유통기한이 30일 남은 것을 확인하고 구매를 결심했다. 또한, 결제 후 멤버십 적립을 하는 것도 잊지 않았다. C 빵의 정가가 5,600원이라면 민주는 이를 얼마에 구입했는가? (단, 중복 할인은 되지 않으며, 적용받을 수 있는 가장 높은 할인율을 적용받는다)

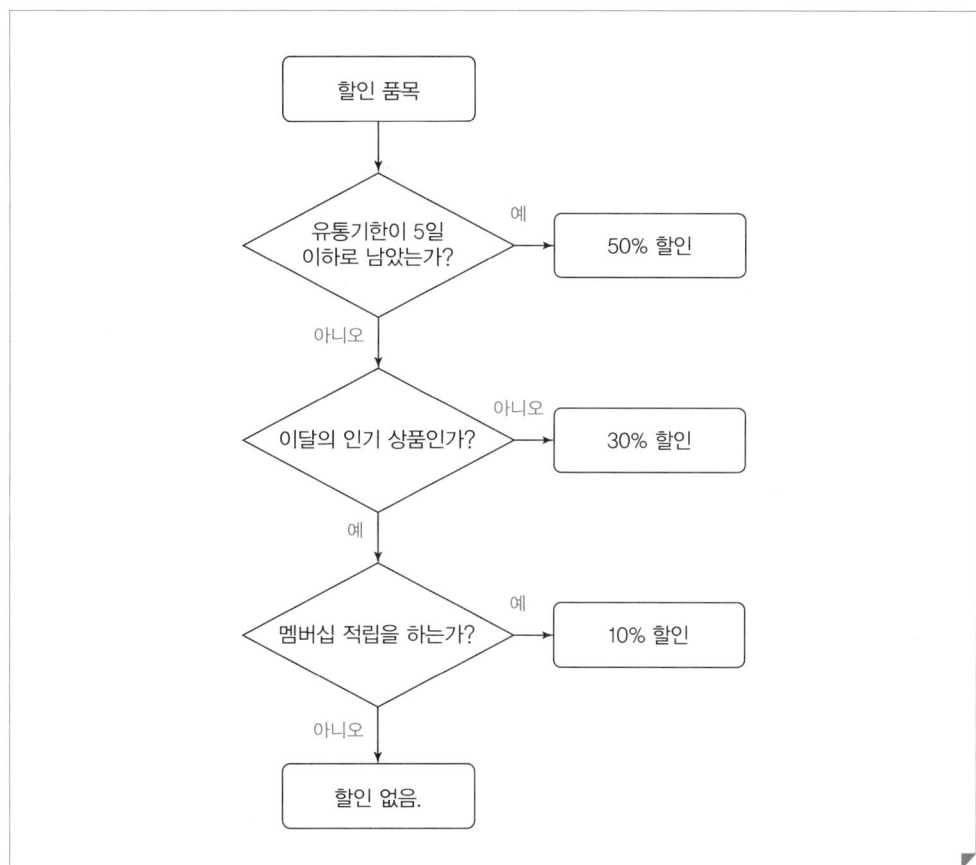

① 2,800원　　　　　　　　　　② 3,920원
③ 5,040원　　　　　　　　　　④ 5,600원

[46 ~ 47] 제시된 글의 밑줄 친 ⓐ와 ⓑ의 관계와 가장 유사한 것을 고르시오.

46.
> 로열 콘세르트헤보, 베를린 필하모니, 빈 필하모니와 같은 명가 오케스트라는 개인, 팀, 리더가 한데 어우러져 장인정신을 발휘함으로써 100년 이상 최고의 정상을 지켜올 수 있었는데, 그 비결은 연주자들에게 있다. ⓐ<u>연주자</u> 개개인은 전문성이 높을 뿐 아니라 품격 높은 연주로 ⓑ<u>청중</u>을 감동시키기 위해 최선을 다하고 있다.

① 창조 : 모방　　② 아군 : 적군
③ 교수 : 학생　　④ 소설가 : 시인

47.
> ⓐ<u>마케팅 전략</u> 중 디마케팅은 흔히 떠올릴 수 있는 판매를 촉진하기 위한 마케팅과는 효과가 다르다. ⓑ<u>디마케팅</u>이란 기업들이 자사 상품에 대한 고객의 구매를 의도적으로 줄임으로써 적절한 수요를 창출하고, 장기적으로는 수익의 극대화를 꾀하는 마케팅 기법이다.

① 문학 : 희곡　　② 기혼 : 미혼
③ 부모 : 자식　　④ 나무 : 뿌리

48. 다음 단어들의 배열 규칙을 찾아 A와 B에 들어갈 수 있는 단어를 고르면?

　　A　　B　　　　　　A　　B
① 장구　베이스　　② 하프　비올라
③ 기타　꽹과리　　④ 단소　플루트

49. 다음 단어들의 배열 규칙을 찾아 '?'에 들어갈 알맞은 단어를 고르면?

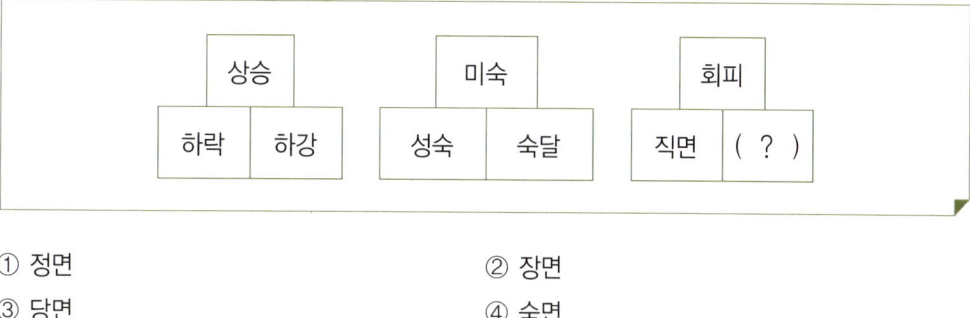

① 정면
② 장면
③ 당면
④ 숙면

50. 다음의 조건들이 모두 참일 때, 항상 참이 될 수 없는 결론은?

- 장남이면 S대를 졸업하였다.
- H 회사에 다니지 않으면 외국어를 잘한다.
- 외국어를 잘하면 장남이다.
- H 회사에 다니는 사람 중 S대를 졸업한 사람이 있다.

① H 회사에 다니지 않으면 장남이다.
② 외국어를 잘하면 S대를 졸업하였다.
③ S대를 졸업하지 않으면 장남이 아니다.
④ H 회사에 다니는 사람은 외국어를 잘하지 못한다.

51. 다음의 명제가 모두 참일 때, 반드시 참인 것은?

> • 영어를 잘하는 사람은 수학을 잘한다.
> • 영어를 잘하는 사람은 과학을 잘한다.
> • 윤서는 수학을 잘하지 못한다.

① 윤서는 과학을 잘하지 못한다.
② 윤서는 영어를 잘하지 못한다.
③ 수학을 잘하는 사람은 과학도 잘한다.
④ 수학을 잘하지 못하는 사람은 과학을 잘한다.

52. A는 다음의 일정에 따라 유럽여행을 계획하고 있다. ㉠ ~ ㉤이 모두 참일 때, A가 여행하게 될 나라들로 적절하게 묶인 것은?

> ㉠ A가 제일 처음 여행할 나라는 독일이다.
> ㉡ A가 영국에 간다면 독일에는 가지 않는다.
> ㉢ A는 영국에 가거나 이탈리아에 간다.
> ㉣ A가 스위스에 가지 않는다면 이탈리아에도 가지 않는다.
> ㉤ A는 이탈리아에 가고 프랑스에 간다.

① 독일, 영국
② 독일, 이탈리아, 프랑스
③ 독일, 영국, 스위스, 프랑스
④ 독일, 이탈리아, 스위스, 프랑스

[53 ~ 59] 다음 숫자들의 배열 규칙을 찾아 '?'에 들어갈 알맞은 숫자를 고르시오.

53.

| 2 | 5 | 14 | 41 | (?) |

① 82
② 121
③ 122
④ 123

54.

| 2 | (?) | 12 | 20 | 30 |

① 4
② 5
③ 6
④ 8

55.

| 3 | 4 |
| 5 | 6 |

→

| 27 | 64 |
| 125 | (?) |

① 210
② 216
③ 222
④ 228

56.

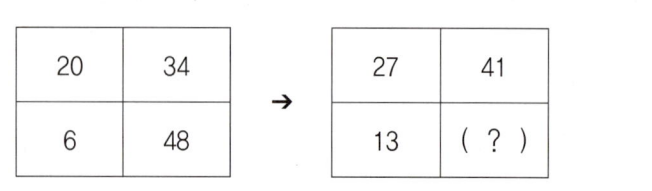

① 51 ② 52
③ 54 ④ 55

57.

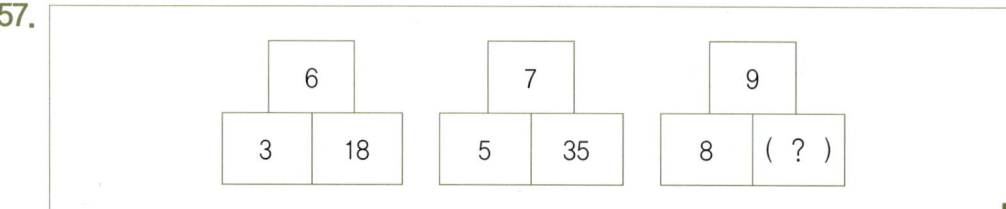

① 70 ② 71
③ 72 ④ 73

58.

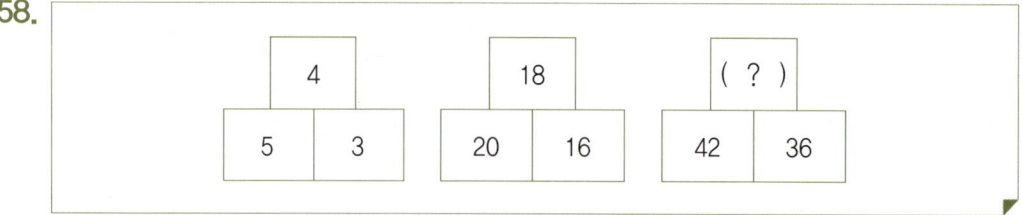

① 33 ② 35
③ 37 ④ 39

59.

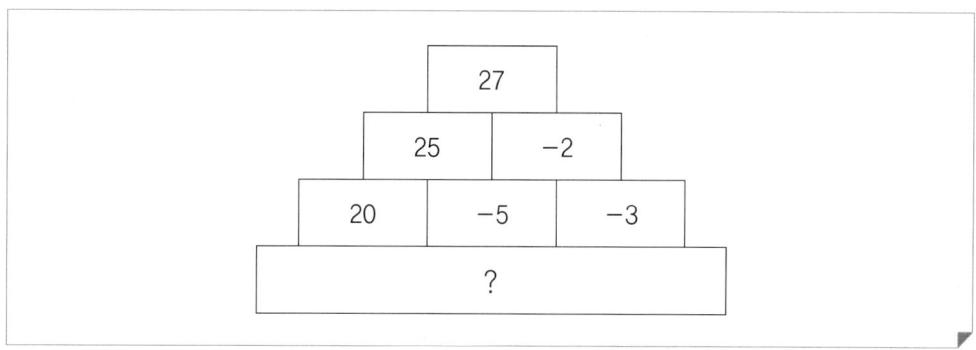

① 15
③ 22
② 18
④ 23

60. 다음 숫자들의 배열 규칙을 고려할 때, 맨 아래에 들어갈 숫자 배열로 가장 적절한 것은?

```
              27
           25    -2
        20   -5    -3
             ?
```

① | 17 | -3 | -2 | 5 |
② | 18 | 6 | 1 | 4 |
③ | 25 | 5 | 10 | 7 |
④ | 30 | 10 | 15 | 18 |

61. 다음 중 포스코의 지속가능경영보고서 관련 내용으로 가장 옳지 않은 것은?

① 지속가능경영보고서를 통해 포스코의 ESG 활동과 성과를 한눈에 확인할 수 있다.
② 포스코는 1955년 대한민국 두 번째로 지속가능성과 관련한 기업 성과보고서를 발간하였다.
③ 지속가능경영보고서는 포스코 홈페이지를 통해서 다운로드할 수 있다.
④ 지속가능경영보고서에는 포스코의 광물 사용 현황, 원산지, 제련소 인증여부, 실과 결과 등의 책임광물과 관련된 내용이 수록되어 있다.

62. 다음 중 포스코그룹과 관련된 내용으로 가장 옳지 않은 것은?

① 청년 취업지원 사업으로 기업실무형 일경험 프로그램인 취업아카데미를 운영한다.
② 포스코 포항제철소는 2023년 7월 3일 준공 50주년을 맞았다.
③ ESG 경영의 일환으로 포스코1%나눔재단을 2013년에 비영리 재단으로 설립하여 지속가능한 미래 인재 육성에 이바지하고자 한다.
④ 2060 탄소중립 시대를 이끌어 가기 위해 개발에 나선 수소환원제철 기술은 HyREX이다.

63. 다음 내용의 빈칸에 들어갈 연도는?

> '좋은 철을 만들어 국가와 국민에 공헌한다'는 제철보국(製鐵報國)의 이념으로 우리나라 최초로 제선, 제강, 압연을 한 곳에서 모두 처리하는 시설을 갖춘 일관(一貫)제철소인 포항제철소 1기가 (   ) 7월 3일 오후 2시 대통령과 국내외 귀빈, 회사 임직원과 건설 요원들이 참석한 가운데 준공식을 가졌다. 이날 당시 포항제철 사장이었던 故 박태준 명예회장은 "종합제철의 탄생은 정부의 강력한 지원과 온 국민의 열의의 소산입니다."라고 언급하며 한국 철강 공업의 기틀이 되리라는 각오를 밝혔다.

① 1958년　　　　　　　　　　② 1968년
③ 1973년　　　　　　　　　　④ 1987년

64. 다음 중 포스코그룹의 책임광물 정책에 대한 설명으로 가장 옳지 않은 것은?

① 책임광물은 분쟁 및 고위험지역에서 불법적으로 채굴되어 아동 노동, 분쟁단체 자금 유입 등의 위험이 있는 광물을 의미한다.
② 광물을 공급하는 공급사는 포스코그룹이 지정한 분쟁 및 고위험지역 내 광산의 원료를 공급하지 않도록 하는 책임광물 정책을 수립하고 공급망 리스크 개선사항을 포스코그룹에 보고해야 한다.
③ 주석, 텅스텐, 코발트 등의 광물 수입에 대해 책임광물 정책을 적용하고 있다.
④ 포스코그룹은 국내 철강업계 최초로 RMI협회에 가입하여 협회로부터 인증을 받은 제련소에서 생산된 원료만을 구매하고 있다.

65. 다음 중 포스코의 철강공정 및 제품에 대한 설명으로 옳지 않은 것은?

① 선재 제품은 두꺼운 강판 슬래브(Slab)로, 클라이언트가 요구하는 치수로 압연 및 냉각한다.
② 냉연 제품은 가공성이 우수한 고급 철강재로, 고부가가치 제품으로서의 가치를 지닌다.
③ 철강공정은 제선 – 제강 – 압연의 순서로 되어있다.
④ 스테인리스 제품은 특수강으로, 별도의 처리 없이 다양하게 사용이 가능한 철강재이다.

고시넷 포스코그룹(PAT) 생산기술직 인적성검사 최신기출유형모의고사

영역별 출제비중

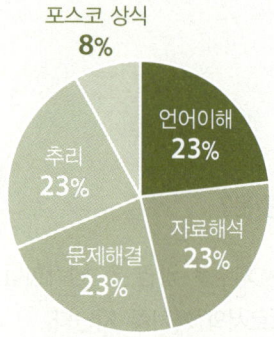

- 포스코 상식 8%
- 언어이해 23%
- 자료해석 23%
- 문제해결 23%
- 추리 23%

▶ 언어이해 : 독해(글의 세부내용·중심내용 파악, 추론적 독해, 전개방식 파악, 문맥에 적절한 접속어 선택 등), 어휘
▶ 자료해석 : 도표 자료의 수치 분석 및 계산, 그래프 작성
▶ 문제해결 : 다양한 규칙 파악, 자원 관리, 논리적·합리적 선택
▶ 추리 : 수·문자 추리, 명제 추리
▶ 포스코 상식 : 포스코의 가치, 사업, 브랜드 등 기본 상식

포스코그룹(PAT) 생산기술직은 크게 1. 언어이해 2. 자료해석 3. 문제해결 4. 추리 5. 포스코 상식 다섯 가지 영역으로 출제되고 있다. 언어이해는 제시된 글의 요지 및 주제를 빠르게 분석하고 세부적인 내용을 이해하며, 글에 사용된 어휘의 쓰임을 정확히 파악할 수 있는지를 평가하는 영역이다. 자료해석은 수리적 자료를 분석하거나 작성할 수 있는지를 평가하는 영역이다. 문제해결은 자료를 분석하여 규칙을 파악하거나 대안을 탐색하여 의사결정 및 추론을 할 수 있는지를 평가하는 영역이다. 추리는 나열된 수의 규칙과 어휘 간의 관계를 파악하고, 주어진 명제를 바탕으로 논리적 추론을 할 수 있는지를 평가하는 영역이다. 포스코 상식은 포스코의 기본 이념과 역사, 최근 동향, 이슈 등 포스코에 관한 기본적인 정보를 알고 있는지를 평가하는 영역이다.

포스코그룹(PAT) 생산기술직 인적성검사

파트1 영역별 빈출이론

- **01** 언어이해
- **02** 자료해석
- **03** 문제해결·추리

UNIT 1

| 고시넷 포스코그룹(PAT) 생산기술직 인적성검사 |

언어이해

기본적인 단어의 의미를 파악하고 문맥으로 단어의 적확한 뜻을 유추할 수 있는지, 주어진 글의 논리적 전개 순서를 파악하고 문단 요지 및 주제를 빠르게 분석하는지를 평가하는 능력이다.

빈출1 독해의 원리와 유형

01 언어이해

1 사실적 독해

1. 개념

글을 구성하는 단어, 문장, 문단의 내용을 정확히 이해하거나 글에 나타난 개념이나 문자 그대로를 이해하는 것을 말한다.

2. 해결 전략

(1) 각 문단의 중심 내용을 통해 글의 주제를 파악한다.

(2) 글의 세부 내용을 확인하고 글에 쓰인 서술 전략을 파악한다.

(3) 글의 내용이 뒤섞인 경우, 논리적 흐름에 따라 글의 전개 순서를 파악한다.

3. 사실적 독해 유형

(1) 주제 찾기

- 필자가 전달하고자 하는 글의 주제, 중심내용, 의도를 찾는다.

Step 1 제시문의 문단별 중심 문장, 핵심 소재를 파악한다.

- 중심 문장은 각 문단의 처음이나 끝에 나오는 경우가 많다.
- 각 문단의 중심 문장은 나머지 내용들을 포괄하는 문장이다.
- '따라서', '즉', '그러므로', '결국', '요컨대', '그러나', '하지만' 등 접속어 뒤의 문장이 중심 문장이 된다.
- 예가 뒷받침하는 내용이 중심 문장이 된다.
- 글쓴이의 생각, 가치 판단이 들어 있는 문장에 집중한다.
- 분류가 쓰였을 경우, 분류의 기준이 중심 문장이 된다.
- 대립적인 견해를 중심으로 설명하는 경우, 결론 부분에 유의한다.

Step 2 선택지 중 제시문의 내용에서 확인할 수 있는 것을 찾는다.

Step 3 중심 문장의 내용과 핵심 소재를 가장 잘 반영하는 것이나 중심 문장을 유도할 수 있는 내용의 선택지를 고른다.

(2) 내용일치

- 글의 정보, 내용을 정확하게 파악하여 선택지의 내용이 본문과 일치하는 것을 찾는다.

Step 1 글의 진술과 선택지의 진술 내용이 일치하는지를 찾기 위해서 먼저 선택지의 핵심어를 점검한다.

⬇

Step 2 선택지의 핵심어가 진술된 해당 문단을 찾는다.

⬇

Step 3 문단별 세부 내용을 비교하며 일치 여부를 파악한다.

(3) 전개방식 이해[서술 전략]

- 글에 쓰인 서술 방식이나 내용 연결 구조를 파악하여 글 전체의 서술 전략을 문장형으로 찾는다.

Step 1 선택지에 제시된 서술 전략을 파악하고 문장형으로 제시된 경우, 선택지의 핵심어를 정리한다.

⬇

Step 2 선택지의 서술 전략이 나온 해당 문단을 제시문에서 찾는다.

⬇

Step 3 해당 문단에서 서술 전략이 확인되는지 파악한다.

(4) 문장, 문단 배열하기

- 글의 내용이 어떤 순서로 전개되는 것이 적절한지 묻는 유형으로 문단, 문장의 논리적 배열 순서, 특정 문단이나 문장이 전체 글의 어떤 부분에 들어가는 것이 적합한지를 파악한다.

Step 1 맨 처음, 중간, 끝에 배열될 문단이나 문장을 확인한다.

- 다른 문단에서 언급한 소재를 포괄적으로 언급하는 문단은 맨 처음이나 끝에 온다.
- 전체를 포괄하는 문단이 맨 처음에 올 때에는 문단의 첫 머리에 접속부사나 지시어가 오지 않고 전체에서 말한 소재 순으로 뒤의 내용이 전개된다.
- 전체를 포괄하는 문단이 맨 끝에 나올 때는 결론을 유도하는 접속부사가 쓰이고 전체에서 언급한 소재 순으로 앞의 내용이 전개된다.
- 접속부사나 지시어로 시작하는 문단이나 문장은 맨 앞에 올 수 없다.

⬇

Step 2 지시어와 접속부사에 따라 글 내용 연결이 자연스러운지 확인한다.

⬇

Step 3 내용의 논리 관계가 성립하는지 확인한다.

- 서사, 과정, 인과, 주지-예시 등의 논리 관계가 성립하는지 확인한다.

2 추론적 독해

1. 개념
글에서 생략된 내용을 추론하거나 숨겨진 필자의 의도, 목적 등을 추론하는 것으로 독자는 자신의 지식과 경험, 문맥, 글에 나타난 표지 등을 이용하여 생략된 내용을 추론하여 의미를 구성하는 것이다.

2. 해결 전략
(1) 글을 읽으면서 뒤에 이어질 내용이나 접속어, 결론 등을 추론해 보고 다른 상황에 적용할 수 있는지를 유추해 본다.
(2) 생략된 내용을 추론할 때는 빈칸 앞과 뒤의 문장에 주목한다.
(3) 글쓴이의 의도를 파악할 때는 문맥에 유의하여 글 전체의 분위기와 논조를 파악한다.

3. 글의 추론 유형
(1) 논리 추론
- 글에 언급된 내용을 이해한 뒤 글쓴이의 의도, 관점, 전제, 드러나지 않은 정보나 생략된 내용을 어떻게 추론할 수 있는지를 검토한다.

Step 1	제시문에 언급된 글쓴이의 전제, 의도, 관점, 태도 내용 등을 파악한다.
Step 2	선택지의 내용을 기반으로 제시문에 추론의 근거가 있는지 파악한다.
Step 3	추론에 예외가 없는지, 추론 방식에 모순은 없는지 확인한다.

(2) 문맥적 의미 추론
- 글 전체의 맥락에 따라 주제를 파악한 뒤 소재, 단어, 문장의 문맥적 의미를 파악한다.

Step 1	제시문 전체의 주제나 대립적인 관점을 찾는다.
Step 2	밑줄 친 부분이 앞뒤 맥락에 따라 주제와 관련된 관점이나 대립적인 관점 중 어디에 속하는지 파악한다.
Step 3	소재나 단어의 의미가 주제나 관점과 일치하는지, 밑줄 친 부분의 의미가 주제나 관점에서 벗어나지 않는지 점검한다.

(3) 빈칸 추론

- 글을 읽으면서 뒤에 이어질 내용이나 접속어, 결론 등을 추리해 보고 다른 상황에 적용할 수 있는지를 유추하며, 글쓴이의 입장 등을 생각하며 읽는다.

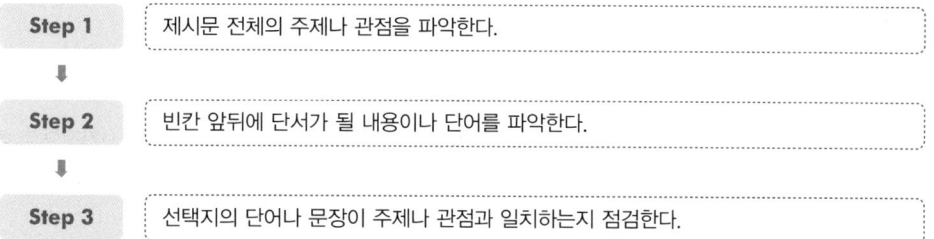

Step 1	제시문 전체의 주제나 관점을 파악한다.
Step 2	빈칸 앞뒤에 단서가 될 내용이나 단어를 파악한다.
Step 3	선택지의 단어나 문장이 주제나 관점과 일치하는지 점검한다.

3 글의 비판적 이해

1. 개념

글의 사실적인 이해와 추론적인 이해를 넘어서 글의 내용에 대해 판단하여 읽는 것으로 글에 나타난 주제, 글의 구성, 자료의 정확성과 적절성 등을 비판적으로 분석하며 읽는다.

2. 해결 전략

(1) 글의 논리상 오류가 무엇인지 파악한다.

(2) 글의 주제와 관련되지 않은 내용이 글에 제시되지 않았는지 판단, 평가한다.

3. 유형

(1) 비판하기

- 글에 나타난 글쓴이의 주장에 대해 반론하고, 자료의 정확성과 적절성 등을 판단할 수 있어야 하며 논증의 사례, 논리적 오류 등을 파악할 수 있어야 한다.

| Step 1 | 글의 주장과 근거를 찾고, 논리적 오류가 없는지 파악한다. |

- 제시문에 드러난 사고 과정의 오류를 점검해야 한다.

| Step 2 | 선택지에서 주장의 근거를 반박할 수 있는 내용을 찾는다. |

- 주장에 단순히 반대하기 위한 비판은 타당하지 않다.

| Step 3 | 근거의 타당성과 적절성을 판단한다. |

[생산기술직] 인적성검사

> 01 언어이해

빈출 2 글의 전개방식

1 비교

둘 이상의 사물이나 현상 등을 견주어 공통점이나 유사점을 설명하는 방법

예) 영화는 스크린이라는 공간 위에 시간적으로 흐르는 예술이며, 연극은 무대라는 공간 위에 시간적으로 흐르는 예술이다.

2 대조

둘 이상의 사물이나 현상 등을 견주어 상대되는 성질이나 차이점을 설명하는 방법

예) 고려는 숭불정책을 지향한 데 비해 조선은 억불정책을 취하였다.

3 분류

작은 것(부분, 종개념)들을 일정한 기준에 따라 큰 것(전체, 유개념)으로 묶는 방법

예) 서정시, 서사시, 극시는 시의 내용을 기준으로 나눈 것이다.

4 분석

하나의 대상이나 관념을 그 구성 요소나 부분들로 나누어 설명하는 방법

예) 물고기는 머리, 몸통, 꼬리, 지느러미 등으로 되어 있다.

5 정의

시간의 흐름과 관련이 없는 정태적 전개방식으로 어떤 대상의 본질이나 속성을 설명할 때 쓰이는 방법. '종차+유개념'의 구조를 지니는 논리적 정의와 추상적이거나 매우 복잡한 개념을 정의할 때 쓰이는 확장적 정의가 있음.

6 유추

생소한 개념이나 복잡한 주제를 보다 친숙하고 단순한 것과 비교하여 설명하는 방법. 서로 다른 범주에 속하는 사물 간의 유사성을 드러내어 간접적으로 설명하는 방법이기 때문에 유추에 의해 진술된 내용은 사실성이 떨어질 가능성이 있음.

7 논증

논리적인 근거를 내세워 어느 하나의 결론이 참이라는 것을 증명하는 방법

1. **명제** : 사고 내용 및 판단을 단적으로 진술한 주제문, 완결된 평서형 문장 형식

(1) **사실 명제** : 진실성과 신빙성에 근거하여 존재의 진위를 판별할 수 있는 명제
   - 예 '홍길동전'은 김만중이 지은 한문 소설이다.

(2) **정책 명제** : 타당성에 근거하여 어떤 대상에 대한 의견을 내세운 명제
   - 예 농촌 경제를 위하여 농축산물의 수입은 억제되어야 한다.

(3) **가치 명제** : 공정성에 근거하여 주관적 가치 판단을 내린 명제
   - 예 인간의 본성은 선하다.

(4) **논거** : 명제를 뒷받침하는 논리적 근거, 즉 주장의 타당함을 밝히기 위해 선택된 자료
   ① 사실 논거 : 객관적 사실로써 증명될 수 있는 논거로 객관적 지식이나 역사적 사실, 통계적 정보 등이 해당된다.
   ② 소견 논거 : 권위자의 말을 인용하거나 일반적인 여론을 근거로 삼는 논거

8 묘사

대상을 그림 그리듯이 글로써 생생하게 표현해 내는 진술방식

(1) **객관적(과학적, 설명적) 묘사** : 대상의 세부적 사실을 객관적으로 표현하는 진술방식으로, 정확하고 사실적인 정보 전달이 목적

(2) **주관적(인상적, 문학적) 묘사** : 글쓴이의 대상에 대한 주관적인 인상이나 느낌을 그려내는 것으로, 상징적인 언어를 사용하며 주로 문학 작품에 많이 쓰임.

9 서사

행동이나 상태가 진행되는 움직임을 시간의 경과에 따라 표현하는 진술방식으로, '무엇이 발생하였는가?'에 관한 질문에 답하는 것

10 과정

어떤 특정한 목표나 결말을 가져오게 하는 일련의 행동, 변화, 기능, 단계, 작용 등에 초점을 두고 글을 전개하는 방법

11 인과

어떤 결과를 가져오게 한 원인 또는 그 원인에 의해 결과적으로 초래된 현상에 초점을 두고 글을 전개하는 방법

빈출 3 글의 유형

> 01 언어이해

1 논설문

1. 정의

문제에 대한 자신의 주장이나 의견을 논리정연하게 펼쳐서 정당성을 증명하거나 자기가 원하는 방향으로 독자의 생각이나 태도를 변화시키기 위해 쓰는 글이다.

2. 요건

명제의 명료성과 공정성, 논거의 확실성, 추론의 논리성, 용어의 정확성

3. 논설문의 유형

구분 \ 유형	설득적 논설문	논증적 논설문
목적	상대편을 글쓴이의 의견에 공감하도록 유도	글쓴이의 사고, 의견을 정확한 근거로 증명
방법	지적인 면과 감정적인 부분에 호소	지적인 면과 논리적인 부분에 호소
언어 사용	지시적인 언어를 주로 사용하지만 때로는 함축적 언어도 사용	지시적인 언어만 사용
주제	정책 명제	가치 명제, 사실 명제
용례	신문의 사설, 칼럼	학술 논문

4. 독해 요령

(1) 사용된 어휘가 지시적 의미임을 파악하며 주관적인 해석이 생기지 않도록 한다.
(2) 주장 부분과 증명 부분을 구분하여 필자가 주장하는 바를 올바로 파악해야 한다.
(3) 필자의 견해에 오류가 없는지를 살피는 비판적인 자세가 필요하다.
(4) 지시어, 접속어 사용에 유의하여 필자의 논리 전개의 흐름을 올바로 파악한다.
(5) 필자의 주장, 반대 의견을 구분하여 이해하도록 한다.
(6) 논리적 사고를 통해 읽음으로써 필자가 주장한 바를 이해하고 나아가 비판적 자세를 통해 자기의 의견을 세울 수 있어야 한다.

2 설명문

1. 정의
어떤 사물이나 사실을 쉽게 일러주는 진술방식으로 독자의 이해를 돕는 글이다.

2. 요건
(1) **논리성** : 내용이 정확하고 명료해야 한다.
(2) **객관성** : 주관적인 의견이나 주장이 배제된 보편적인 내용이어야 한다.
(3) **평이성** : 문장이나 용어가 쉬워야 한다.
(4) **정확성** : 함축적 의미의 언어를 배제하고 지시적 의미의 언어로 기술해야 한다.

3. 독해 요령
추상적 진술과 구체적 진술을 구분해 가면서 주요 단락과 보조 단락을 나누고 배경지식을 적극적으로 활용하며 단락의 통일성과 일관성을 확인한다. 또한 글의 설명 방법과 전개 순서를 파악하며 읽는다.

3 기사문

1. 정의
생활 주변에서 일어나는 사건을 발생 순서에 따라 객관적으로 쓰는 글로 육하원칙에 입각하여 작성한다.

2. 특징
객관성, 신속성, 간결성, 보도성, 정확성

3. 형식
(1) **표제** : 내용을 요약하여 몇 글자로 표현한 것이다.
(2) **전문** : 표제 다음에 나오는 한 문단 정도로 쓰인 부분으로 본문의 내용을 육하원칙에 의해 간략하게 요약한 것이다.
(3) **본문** : 기사 내용을 구체적으로 서술한 부분이다.
(4) **해설** : 보충사항 등을 본문 뒤에 덧붙이는 것으로 생략 가능하다.

4. 독해 요령
사실의 객관적 전달에 주관적 해설이 첨부되므로 사실과 의견을 구분하여 읽어야 하며 비판적이고 주체적인 태도로 정보를 선별하는 것이 필요하다. 평소에 신문 기사를 읽고 그 정보를 실생활에서 재조직하여 활용하는 자세가 필요하다.

4 보고문

1. 정의
조사·연구 등의 과정이나 결과를 보고하기 위하여 쓰는 글이다.

2. 특징
객관성, 체계성, 정확성, 논리성

3. 작성 요령
독자를 정확히 파악하고 본래 목적과 범위에서 벗어나지 않도록 하며 조사한 시간과 장소를 정확히 밝히고 조사자와 보고 연·월·일을 분명히 밝힌다.

5 공문서

1. 정의
행정기관에서 공무원이 작성한 문서로 행정상의 일반적인 문서이다.

2. 작성 요령
간단명료하게 작성하되 연·월·일을 꼭 밝혀야 하며 중복되는 내용이나 복잡한 부분이 없어야 한다.

3. 기능
(1) **의사 전달의 기능** : 조직체의 의사를 내부나 외부로 전달해 준다.
(2) **의사 보존의 기능** : 업무 처리 결과의 증거 자료로써 문서가 필요할 때나 업무 처리의 결과를 일정 기간 보존할 필요가 있을 때 활용한다.
(3) **자료 제공의 기능** : 문서 처리가 완료되어 보존된 문서는 필요할 때 언제든지 다시 활용되어 행정 활동을 촉진한다.

6 기획서

아이디어를 내고 기획한 하나의 프로젝트를 문서 형태로 만들어 상대방에게 전달하고 시행하도록 설득하는 문서이다.

7 기안서

회사의 업무에 대한 협조를 구하거나 의견을 전달할 때 작성하며, 흔히 사내 공문서로 불린다.

8 보도자료

정부기관이나 기업체, 각종 단체 등이 언론을 대상으로 자신의 정보가 기사로 보도되도록 하기 위해 보내는 자료이다.

9 자기소개서

개인의 가정환경과 성장과정, 입사동기와 근무 자세 등을 구체적으로 기술하여 자신을 소개하는 문서이다.

10 비즈니스 레터(E - mail)

사업상 고객이나 단체를 대상으로 쓰는 편지로 업무나 개인 간의 연락 또는 직접 방문하기 어려운 고객 관리 등을 위해 사용되는 비공식적인 문서이나, 제안서나 보고서 등 공식문서 전달 시에도 사용된다.

11 비즈니스 메모

업무상 중요한 일이나 체크해야 할 일이 있을 때 필요한 내용을 메모 형식으로 작성하여 전달하는 글이다.

종류	내용
전화 메모	업무적인 내용부터 개인적인 전화의 전달사항 등을 간단히 작성하여 당사자에게 전달하는 메모
회의 메모	회의에 참석하지 못한 상사나 동료에게 회의 내용을 간략하게 적어 전달하거나, 회의 내용 자체를 기록하여 참고 자료로 남기기 위해 작성한 메모로써 월말이나 연말에 업무 상황을 파악하거나 업무 추진에 대한 궁금증이 있을 때 핵심적인 자료 역할을 함.
업무 메모	개인이 추진하는 업무나 상대의 업무 추진 상황을 적은 메모

[생산기술직] 인적성검사

01 언어이해

빈출 4 다양한 분야의 글

1 인문

1. 정의

인간의 조건에 관해 탐구하는 학문으로 경험적인 접근보다는 분석적이고 비판적이며 사변적인 방법을 폭넓게 사용한다. 인문학의 분야로는 철학과 문학, 역사학, 고고학, 언어학, 종교학, 여성학, 미학, 예술, 음악, 신학 등이 있다.

2. 출제 분야

역사	시대에 따른 사회의 변화양상을 밝히거나 특정한 분야의 변화양상을 중심으로 기술되는 경우가 있음. 또한 역사를 보는 관점이나 가치관, 역사 기술의 방법 등을 내용으로 하는 경우도 있음.
철학	인생관이나 세계관을 묻는 문제가 많음. 인간의 기본이 되는 건전한 도덕성과 올바른 가치관의 함양을 통한 인간됨을 목표로 함.
종교 및 기타	종교, 전통, 사상 등 다양한 종류의 지문이 출제됨. 생소한 내용의 지문이 출제되더라도 연구의 대상이 무엇인지 명확히 파악하면 쉽게 접근할 수 있음. 추상적 개념이나 어려운 용어의 객관적인 뜻에 얽매이지 말고 문맥을 통해 이해해야 함.

3. 출제 경향

(1) 인문 제재의 글은 가치관의 문제를 다룬 글이 많으므로 추상적인 개념을 이해하는 능력이 필요하다.
(2) 어려운 용어가 많이 등장하므로 단어의 객관적인 뜻에 얽매이지 말고 문맥을 통해 이해하도록 한다.
(3) 지문을 읽을 때에는 연구의 대상이 무엇인지를 명확히 해야 한다. 자주 반복되는 어휘에 주목하고 단락별 핵심어를 찾아 연결하며 읽는 것이 효과적인 방법이다. 이러한 방법은 전체적인 흐름을 이해하고 주제를 찾는 데 도움이 된다.
(4) 인문 분야의 지문에서는 단어의 문맥적 의미를 묻는 문제가 자주 나옴에 유의하는 것이 좋다.

2 사회

1. 정의

일정한 경계가 설정된 영토에서 종교 · 가치관 · 규범 · 언어 · 문화 등을 상호 공유하고 특정한 제도와 조직을 형성하여 질서를 유지하는 인간집단에 관한 글이다.

2. 출제 분야

분야	내용
정치	정치학의 지식을 이용함으로써 정치 체계를 이해함. 다양한 정치 이론과 사상, 정치 제도, 정당 집단 및 여론의 역할, 국제 정치의 움직임 등에 관심을 갖고 이에 대한 비판적인 인식을 길러야 함.
경제	경제란 재화와 용역을 생산, 분배, 소비하는 활동 및 그와 직접 관련되는 질서와 행위의 총체로서 우리 생활에 매우 큰 영향을 미치는 사회 활동임. 경제 교육의 중요성이 대두되고 있는 시점에서 출제 빈도도 높으므로 이론적인 것만이 아닌 실생활과 결부된 경제 지식이 요구됨.
문화	문화 일반에 관한 설명과 더불어 영화, 연극, 음악, 미술 등 문화의 구체적인 분야에 대한 이해, 전통문화와 외래문화, 혹은 대중문화와의 관계에 대한 논의 등이 폭넓게 다루어지고 있음.
국제/여성	국제적인 사건이나 변동의 추세를 평소에 잘 파악해두고 거시적인 안목으로 접근해야 함. 사회에서 여성의 지위나 역할 등에 대한 이해와 글쓴이의 견해 파악이 중요함.

3. 출제 경향

(1) 시사성이 강하고 논리적이면서 많은 사람들이 관심을 갖고 쉽게 이해할 수 있는 사회 현상들이 다루어진다.

(2) 지문들은 대체로 시사적인 문제에 대해 필자의 견해를 내세우고 이를 입증해 가는 논리적인 성격을 지니고 있다. 따라서 필자의 견해를 이해하는 사고 능력, 필자의 의도를 추리하는 능력, 필자의 견해를 내 · 외적 준거에 따라 비판하는 능력 등이 주된 평가 요소이다.

(3) 어휘력과 논리적 사고력을 측정하는 문제도 출제되며, 필자의 견해에 근거 또는 새로운 정보를 구성할 수 있는 능력과 견해에 대해 비판적으로 반론을 펼 수 있는 능력을 묻는 문제가 출제된다.

[생산기술직] 인적성검사

3 과학·기술

1. 정의

과학이란 자연에서 보편적 진리나 법칙의 발견을 목적으로 하는 체계적 지식을 의미한다. 생물학이나 수학과 관련된 지문, 과학사의 중요한 이론이나 가설 등에 대한 설명이 출제되며, 경우에 따라 현재 사회적 문제가 되고 있는 과학적 현상에 대한 지문도 출제될 수 있다.

2. 출제 분야

천체·물리	우주 및 일반 물리 현상에 관한 설명이나 천문 연구의 역사 등을 내용으로 함. 우리나라 역사에 나타난 천문 연구에 대한 글들도 많이 제시되고 있음. 천체·물리 제재는 기초 이론에 대한 설명 위주의 글이 주로 제시되며, 낯선 개념을 접하게 되므로 지문의 내용을 파악하는 문제가 주로 출제됨.
생물·화학	생물은 생물의 구조와 기능을, 화학은 물질의 화학 현상과 그 법칙성을 실험 관찰에 의하여 밝혀내는 학문임. 최근 유전자 연구가 활발히 진행됨에 따라 윤리의식과 그에 관한 시사적 내용이 다루어질 가능성이 크며, 실생활과 관련하여 기초 과학의 이론도 충분히 검토해야 함.
컴퓨터	계산, 데이터 처리, 언어나 영상 정보 처리 등에 광범위하게 이용되고 있으므로 컴퓨터를 활용한 다른 분야와의 관계를 다룬 통합형 지문이 출제될 수 있음에 주의를 기울여야 함.
환경	일상생활에 직접 영향을 미치는 환경오염 문제를 비롯해 생태계 파괴나 지구환경 문제 등을 내용으로 함. 환경 관련 지문은 주로 문제 현상에 대한 설명을 통해 경각심을 불러일으키고자 하는 의도나 환경 문제의 회복을 위한 여러 대책에 관한 설명이 위주가 되므로 제시된 글의 정보를 정확하게 파악하는 것이 중요함.

4 예술

1. 정의

예술 제재는 일반적 예술론을 다루는 원론적 성격이 강한 글과 구체적인 예술 갈래나 작품 또는 인물에 대한 비평이나 해석을 다룬 각론적이고 실제적인 성격의 글이 번갈아 출제된다.

2. 출제 분야

분야	내용
음악	현대 생활과 연관된 음악의 역할은 물론 동·서양의 음악, 한국 전통 음악에 대한 관심도 필요함.
미술·건축	건축, 조각, 회화 및 여러 시각적 요소들을 포함한 다양한 장르와 기법이 있음을 염두에 두고 관심을 둘 필요가 있음. 미술은 시대정신의 표현이며, 인간의 개인적·집단적 행위를 반영하고 있음을 상기해야 함.
연극·영화	사회의 변화를 민감하게 반영하며, 대중과의 공감을 유도한다는 측면에 관심을 갖고 매체의 특징을 살펴보는 작업이 중요함.
스포츠·무용	스포츠나 무용 모두 원시시대에는 종교의식이나 무속 행사의 형태로 존재하다가 점차 전문적이고 세부적인 분야로 나뉘게 됨. 따라서 다양한 예술 분야의 원시적 형태와 그에 포함된 의식은 물론, 보다 세련된 형태로 발전된 예술 분야의 전문성 및 현대적 의미와 가치에 대해 고찰해볼 필요가 있음.
미학	근래에는 미적 현상의 해명에 사회학적 방법을 적용시키거나 언어분석 방법을 미학에 적용하는 등 다채로운 연구 분야가 개척되고 있으므로 고정된 시각이 아니라 현대의 다양한 관점에서 미를 해석하고 적용할 수 있어야 함.

UNIT 2 자료해석

| 고시넷 포스코그룹(PAT) 생산기술직 인적성검사 |

사칙연산과 계산방법을 활용하여 연산 결과의 오류를 판단하고, 직무와 관련이 있는 각종 자료를 분석하여 요구하는 값을 구하거나, 주어진 자료를 활용하여 결과를 도표로 작성할 수 있는지를 평가하는 능력이다.

빈출 1 응용수리

02 자료해석

1 덧셈의 비교

1. 숫자 각각의 대소를 비교한다.

```
          1,865 > 1,859
327 + 1,865 □ 321 + 1,859
          327 > 321

          1,258 > 1,226
264 + 1,258 □ 1,226 + 260
          264 > 260
```

→ 숫자 각각의 대소를 비교했을 때 좌변이 더 큰 수이므로 계산 결과도 좌변이 더 크다.

2. 숫자 각각의 증감을 비교한다.

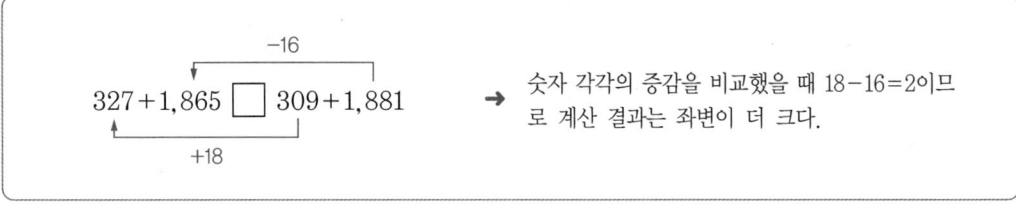

→ 숫자 각각의 증감을 비교했을 때 18−16=2이므로 계산 결과는 좌변이 더 크다.

2 뺄셈의 비교

1. 빼어지는 수와 빼는 수의 증감을 파악한다.

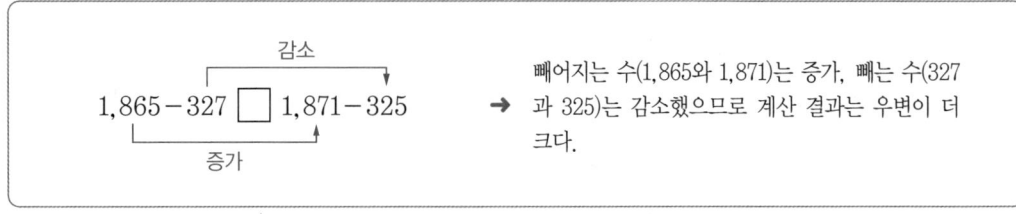

→ 빼어지는 수(1,865와 1,871)는 증가, 빼는 수(327과 325)는 감소했으므로 계산 결과는 우변이 더 크다.

2. 숫자 각각의 증감을 비교한다.

$$1,865-327 \quad \square \quad 1,927-375$$

위쪽: +48, 아래쪽: +62

→ 숫자 각각의 증감을 비교했을 때 62-48=14이므로 계산 결과는 우변이 더 크다.

$$1,865-327 \quad \square \quad 1,627-82$$

위쪽: -245, 아래쪽: -238

→ 숫자 각각의 증감을 비교했을 때 -238-(-245)=7이므로 계산 결과는 우변이 더 크다.

3 곱셈의 비교

1. 숫자 각각의 대소를 비교한다.

$$32.7 \times 86.5 \quad \square \quad 85.4 \times 31.9$$

위쪽: 86.5 > 85.4, 아래쪽: 32.7 > 31.9

→ 숫자 각각의 대소를 비교했을 때 좌변이 더 큰 수이므로 계산 결과도 좌변이 더 크다.

2. 비교하기 쉽게 숫자를 조정한다.

$$300 \times 0.1 \quad \square \quad 1,400 \times 0.02$$
$$5 \times 300 \times 0.1 \quad \square \quad 1,400 \times 0.02 \times 5$$
$$1,500 \times 0.1 \quad \square \quad 1,400 \times 0.1$$

1,500 > 1,400

→ 숫자를 조정한 후, 숫자 각각의 대소를 비교했을 때 좌변이 더 큰 수이므로 계산 결과도 좌변이 더 크다.

3. 숫자 각각의 증가율을 비교한다.

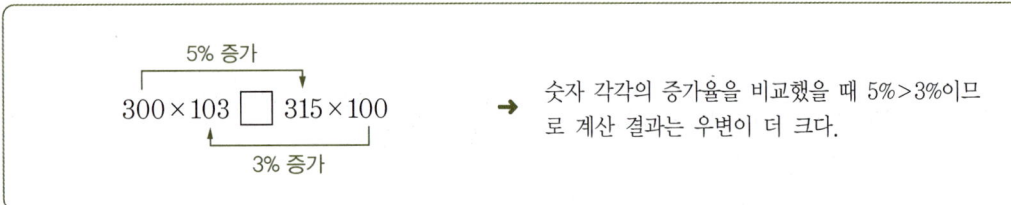

→ 숫자 각각의 증가율을 비교했을 때 5%>3%이므로 계산 결과는 우변이 더 크다.

4 분수의 비교

1. 곱셈을 사용

$\dfrac{b}{a}$ 와 $\dfrac{d}{c}$ 의 비교(단, $a, b, c, d > 0$) $bc > ad$ 이면 $\dfrac{b}{a} > \dfrac{d}{c}$

2. 어림셈과 곱셈을 사용

$\dfrac{47}{140}$ 과 $\dfrac{88}{265}$ 의 비교 → $\dfrac{47}{140}$ 은 $\dfrac{1}{3}$ 보다 크고 $\dfrac{88}{265}$ 은 $\dfrac{1}{3}$ 보다 작으므로 $\dfrac{47}{140} > \dfrac{88}{265}$

3. 분모와 분자의 배율을 비교

$\dfrac{351}{127}$ 과 $\dfrac{3,429}{1,301}$ 의 비교

3,429는 351의 10배보다 작고 1,301은 127의 10배보다 크므로 $\dfrac{351}{127} > \dfrac{3,429}{1,301}$

4. 분모와 분자의 차이를 파악

$\dfrac{b}{a}$ 와 $\dfrac{b+d}{a+c}$ 의 비교(단, $a, b, c, d > 0$)

$\dfrac{b}{a} > \dfrac{d}{c}$ 이면 $\dfrac{b}{a} > \dfrac{b+d}{a+c}$ $\dfrac{b}{a} < \dfrac{d}{c}$ 이면 $\dfrac{b}{a} < \dfrac{b+d}{a+c}$

5 단위환산

단위	단위환산		
길이	• 1cm=10mm • 1in=2.54cm	• 1m=100cm • 1mile=1,609.344m	• 1km=1,000m
넓이	• $1cm^2=100mm^2$	• $1m^2=10,000cm^2$	• $1km^2=1,000,000m^2$
부피	• $1cm^3=1,000mm^3$	• $1m^3=1,000,000cm^3$	• $1km^3=1,000,000,000m^3$
들이	• $1m\ell=1cm^3$	• $1d\ell=100cm^3=100m\ell$	• $1\ell=1,000cm^3=10d\ell$
무게	• 1kg=1,000g	• 1t=1,000kg=1,000,000g	• 1근=600g
시간	• 1분=60초	• 1시간=60분=3,600초	
할푼리	• 1푼=0.1할	• 1리=0.01할	• 1모=0.001할
데이터 양	• 1KB=1,024B • 1TB=1,024GB	• 1MB=1,024KB • 1PB=1,024TB	• 1GB=1,024MB • 1EB=1,024PB

6 거리 · 속력 · 시간

1. 공식

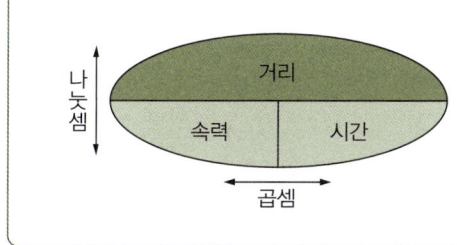

- 거리=속력×시간
- 속력=$\dfrac{거리}{시간}$
- 시간=$\dfrac{거리}{속력}$

2. 풀이 방법

거리, 속력, 시간 중 무엇을 구하는 것인지를 파악하여 공식을 적용하고 방정식을 세운다.

- 단위 변환에 주의한다.
- 1km=1,000m
- 1m=$\dfrac{1}{1,000}$km
- 1시간=60분
- 1분=$\dfrac{1}{60}$시간

7 농도

1. 공식

$$농도(\%) = \frac{용질(소금)의\ 질량}{용액(소금물)의\ 질량} \times 100 = \frac{용질의\ 질량}{용매의\ 질량 + 용질의\ 질량} \times 100$$

2. 풀이 방법

두 소금물 A, B를 하나로 섞었을 때 →
(1) (A+B) 소금의 양 = A 소금의 양 + B 소금의 양
(2) (A+B) 소금물의 양 = A 소금물의 양 + B 소금물의 양
(3) $(A+B)\ 농도 = \dfrac{(A+B)\ 소금의\ 양}{(A+B)\ 소금물의\ 양} \times 100$

8 일의 양

1. 공식

- 일률 = $\dfrac{일량}{시간}$
- 일량 = 시간 × 일률
- 시간 = $\dfrac{일량}{일률}$

2. 풀이 방법

(1) 전체 일을 1로 둔다.
(2) 단위시간당 일의 양을 분수로 나타낸다.

9 약·배수

1. **공약수** : 두 정수의 공통 약수가 되는 정수, 즉 두 정수가 모두 나누어떨어지는 정수를 말한다.

2. **최대공약수** : 공약수 중에서 가장 큰 수로, 공약수는 그 최대공약수의 약수이다.

3. **서로소** : 공약수가 1뿐인 두 자연수이다.

4. **공배수** : 두 정수의 공통 배수가 되는 정수를 말한다.

5. **최소공배수** : 공배수 중에서 가장 작은 수로, 공배수는 그 최소공배수의 배수이다.

6. **최대공약수와 최소공배수의 관계**

$$\begin{array}{c|cc} G) & A & B \\ \hline & a & b \end{array}$$

두 자연수 A, B의 최대공약수가 G이고 최소공배수가 L일 때 → $A=a\times G$, $B=b\times G$ (a, b는 서로소)라 하면 $L=a\times b\times G$가 성립한다.

7. **약수의 개수**

자연수 n이 $p_1^{e_1} p_2^{e_2} \cdots p_k^{e_k}$로 소인수분해될 때, n의 약수의 개수는 $(e_1+1)(e_2+1)\cdots(e_k+1)$개이다.

10 손익계산

1. 공식

- 정가 = 원가 $\times \left(1 + \dfrac{이익률}{100}\right)$
- 할인율(%) = $\dfrac{정가 - 할인가(판매가)}{정가} \times 100$
- 할인가 = 정가 $\times \left(1 - \dfrac{할인율}{100}\right)$ = 정가 - 할인액
- 정가 = 원가 + 이익
- 이익 = 원가 $\times \dfrac{이익률}{100}$

2. 풀이 방법

(1) 정가가 원가보다 a원 비싸다. → 정가=원가+a

(2) 정가가 원가보다 b% 비싸다. → 정가=원가$\times \left(1+\dfrac{b}{100}\right)$

(3) 판매가가 정가보다 c원 싸다. → 판매가=정가-c

(4) 판매가가 정가보다 d% 싸다. → 판매가=정가$\times \left(1-\dfrac{d}{100}\right)$

11 원리합계

1. 정기예금

(1) 단리 : 원금에 대해서만 이자를 붙이는 방식이다.

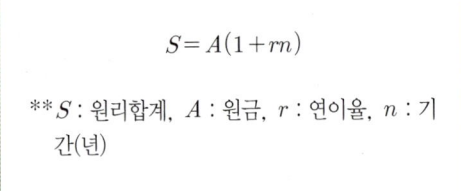

$$S = A(1+rn)$$

** S : 원리합계, A : 원금, r : 연이율, n : 기간(년)

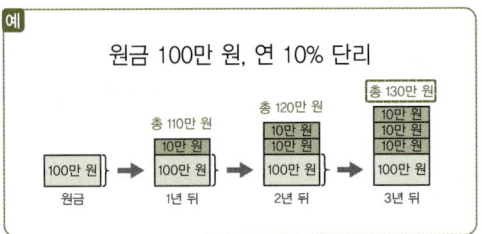

(2) 복리 : 원금뿐만 아니라 원금에서 생기는 이자에도 이자를 붙이는 방식이다.

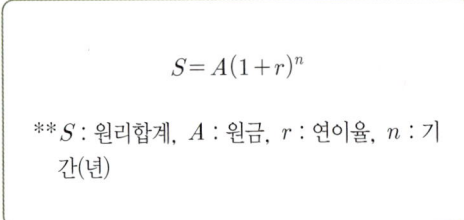

$$S = A(1+r)^n$$

** S : 원리합계, A : 원금, r : 연이율, n : 기간(년)

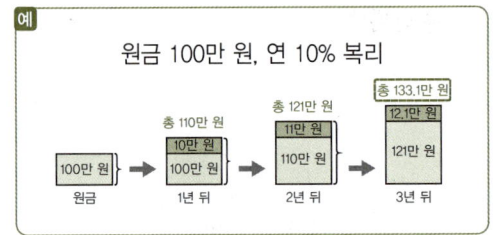

2. 정기적금

(1) 기수불 : 각 단위기간의 첫날에 적립하는 방식으로 마지막에 적립한 예금도 단위기간 동안의 이자가 발생한다.

- 단리 : $S = An + A \times r \times \dfrac{n(n+1)}{2}$
- 복리 : $S = \dfrac{A(1+r)\{(1+r)^n - 1\}}{r}$

** S : 원리합계, A : 원금, r : 연이율, n : 기간(년)

(2) 기말불 : 각 단위기간의 마지막 날에 적립하는 방식으로 마지막에 적립한 예금은 이자가 발생하지 않는다.

- 단리 : $S = An + A \times r \times \dfrac{n(n-1)}{2}$
- 복리 : $S = \dfrac{A\{(1+r)^n - 1\}}{r}$

** S : 원리합계, A : 원금, r : 연이율, n : 기간(년)

3. **72의 법칙** : 이자율을 복리로 적용할 때 투자한 돈이 2배가 되는 시간을 계산하는 방법이다.

$$원금이\ 2배가\ 되기까지\ 걸리는\ 시간(년) = \frac{72}{이자율(\%)}$$

12 간격

1. 직선상에 심는 경우

구분	양쪽 끝에도 심는 경우	양쪽 끝에는 심지 않는 경우	한쪽 끝에만 심는 경우
필요한 나무 수	$\frac{직선\ 길이}{간격\ 길이}+1$=간격의 수+1	$\frac{직선\ 길이}{간격\ 길이}-1$=간격의 수−1	$\frac{직선\ 길이}{간격\ 길이}$=간격의 수
직선 길이	간격 길이×(나무 수−1)	간격 길이×(나무 수+1)	간격 길이×나무 수

2. 원 둘레상에 심는 경우

(1) 공식

- 필요한 나무 수 : $\frac{둘레\ 길이}{간격\ 길이}$=간격의 수
- 둘레 길이 : 간격 길이×나무 수

(2) 원형에 나무를 심을 때 특징

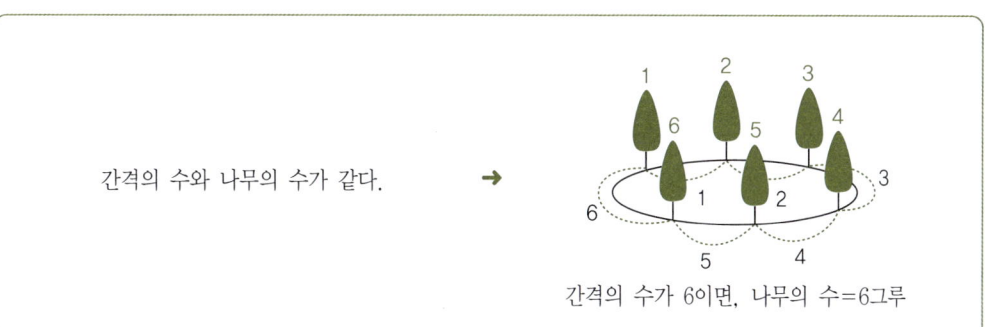

간격의 수와 나무의 수가 같다. → 간격의 수가 6이면, 나무의 수=6그루

(3) 풀이 순서

① 일직선상에 심는 경우인지 원형상에 심는 경우인지 구분한다.
② 공식을 적용하여 풀이한다.

13 나이·시계각도

1. 나이

(1) x년이 흐른 뒤에는 모든 사람이 x살씩 나이를 먹는다.

(2) 시간이 흘러도 객체 간의 나이 차이는 동일하다.

2. 시침의 각도

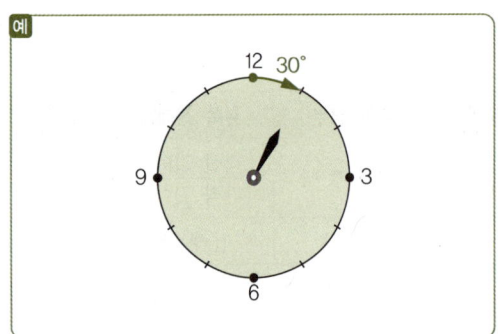

- 12시간 동안 회전한 각도 : 360°
- 1시간 동안 회전한 각도 : 360°÷12=30°
- 1분 동안 회전한 각도 : 30°÷60=0.5°
  ↳ X시 Y분일 때 시침의 각도
  : $30°X + 0.5°Y$

3. 분침의 각도

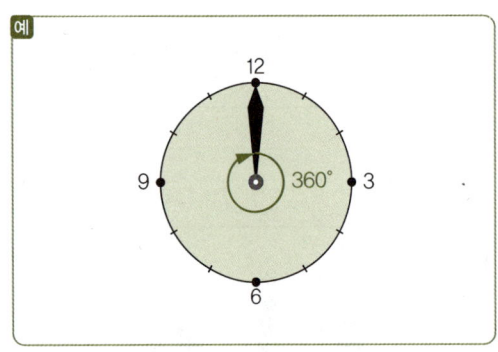

- 1시간 동안 회전한 각도 : 360°
- 1분 동안 회전한 각도 : 360°÷60=6°
  ↳ X시 Y분일 때 분침의 각도 : $6°Y$

4. 시침과 분침이 이루는 각도

[예]
X시 Y분일 때 시침과 분침이 이루는 각도

→

[예]
$|(30°X + 0.5°Y) - 6°Y| = |30°X - 5.5°Y|$
(단, 각도 A가 180°보다 클 경우 $360° - A$를 한다)

14 곱셈공식

- $(a \pm b)^2 = a^2 \pm 2ab + b^2$
- $(a \pm b)^3 = a^3 \pm 3a^2b + 3ab^2 \pm b^3$
- $(ax+b)(cx+d) = acx^2 + (ad+bc)x + bd$
- $(a+b+c)^2 = a^2 + b^2 + c^2 + 2ab + 2bc + 2ca$
- $a^2 + b^2 = (a \pm b)^2 \mp 2ab$
- $(a+b)(a-b) = a^2 - b^2$
- $(x+a)(x+b) = x^2 + (a+b)x + ab$
- $(a \pm b)^2 = (a \mp b)^2 \pm 4ab$
- $(a \pm b)(a^2 \mp ab + b^2) = a^3 \pm b^3$
- $a^2 + \dfrac{1}{a^2} = \left(a \pm \dfrac{1}{a}\right)^2 \mp 2$ (단, $a \neq 0$)

15 집합

1. **집합** : 주어진 조건에 의하여 그 대상을 명확하게 구분할 수 있는 모임이다.

2. **부분집합** : 두 집합 A, B에 대하여 집합 A의 모든 원소가 집합 B에 속할 때, 집합 A를 집합 B의 부분집합(A⊂B)이라 한다.

3. **집합의 포함 관계에 대한 성질**

   임의의 집합 A, B, C에 대하여
   - ∅⊂A, A⊂A
   - A⊂B이고 B⊂A이면 A=B
   - A⊂B이고 B⊂C이면 A⊂C

4. **합집합, 교집합, 여집합, 차집합**

합집합	교집합
A∪B={ x | x∈A 또는 x∈B}	A∩B={ x | x∈A이고 x∈B}
여집합	**차집합**
A^c={ x | x∈U이고 x∉A}	A−B={ x | x∈A이고 x∉B}

5. 집합의 연산법칙

• 교환법칙	A∪B=B∪A, A∩B=B∩A
• 결합법칙	(A∪B)∪C=A∪(B∪C), (A∩B)∩C=A∩(B∩C)
• 분배법칙	A∪(B∩C)=(A∪B)∩(A∪C), A∩(B∪C)=(A∩B)∪(A∩C)
• 드모르간의 법칙	$(A∪B)^c=A^c∩B^c$, $(A∩B)^c=A^c∪B^c$
• 차집합의 성질	$A-B=A∩B^c$
• 여집합의 성질	$A∪A^c=U$, $A∩A^c=\varnothing$

16 지수와 로그법칙

1. 지수법칙

$a > 0,\ b > 0$이고 $m,\ n$이 임의의 실수일 때

- $a^m \times a^n = a^{m+n}$
- $a^m \div a^n = a^{m-n}$
- $(a^m)^n = a^{mn}$
- $(ab)^m = a^m b^m$
- $\left(\dfrac{a}{b}\right)^m = \dfrac{a^m}{b^m}$ (단, $b \neq 0$)
- $a^0 = 1$
- $a^{-n} = \dfrac{1}{a^n}$ (단, $a \neq 0$)

2. 로그법칙

• 로그의 정의 : $b = a^x \Leftrightarrow \log_a b = x$ (단, $a > 0,\ a \neq 1,\ b > 0$)

$a > 0,\ a \neq 1,\ x > 0,\ y > 0$일 때

- $\log_a xy = \log_a x + \log_a y$
- $\log_a \dfrac{x}{y} = \log_a x - \log_a y$
- $\log_a x^p = p \log_a x$
- $\log_a \sqrt[p]{x} = \dfrac{\log_a x}{p}$
- $\log_a x = \dfrac{\log_b x}{\log_b a}$ (단, $b > 0,\ b \neq 1$)

17 제곱근

1. 제곱근

어떤 수 x를 제곱하여 a가 되었을 때, x를 a의 제곱근이라 한다.

예 $x^2 = a \Leftrightarrow x = \pm\sqrt{a}$ (단, $a \geq 0$)

2. 제곱근의 연산

$a > 0$, $b > 0$일 때

- $m\sqrt{a} + n\sqrt{a} = (m+n)\sqrt{a}$
- $m\sqrt{a} - n\sqrt{a} = (m-n)\sqrt{a}$
- $\sqrt{a}\sqrt{b} = \sqrt{ab}$
- $\sqrt{a^2 b} = a\sqrt{b}$
- $\dfrac{\sqrt{a}}{\sqrt{b}} = \sqrt{\dfrac{a}{b}}$

3. 분모의 유리화
분수의 분모가 근호를 포함한 무리수일 때 분모, 분자에 0이 아닌 같은 수를 곱하여 분모를 유리수로 고치는 것이다.

$a > 0$, $b > 0$일 때

- $\dfrac{a}{\sqrt{b}} = \dfrac{a\sqrt{b}}{\sqrt{b}\sqrt{b}} = \dfrac{a\sqrt{b}}{b}$
- $\dfrac{\sqrt{a}}{\sqrt{b}} = \dfrac{\sqrt{a}\sqrt{b}}{\sqrt{b}\sqrt{b}} = \dfrac{\sqrt{ab}}{b}$
- $\dfrac{1}{\sqrt{a}+\sqrt{b}} = \dfrac{\sqrt{a}-\sqrt{b}}{(\sqrt{a}+\sqrt{b})(\sqrt{a}-\sqrt{b})} = \dfrac{\sqrt{a}-\sqrt{b}}{a-b}$ (단, $a \neq b$)
- $\dfrac{1}{\sqrt{a}-\sqrt{b}} = \dfrac{\sqrt{a}+\sqrt{b}}{(\sqrt{a}-\sqrt{b})(\sqrt{a}+\sqrt{b})} = \dfrac{\sqrt{a}+\sqrt{b}}{a-b}$ (단, $a \neq b$)

18 방정식

1. 이차방정식의 근의 공식

$$ax^2 + bx + c = 0 \text{일 때(단, } a \neq 0) \quad x = \frac{-b \pm \sqrt{b^2 - 4ac}}{2a}$$

2. 이차방정식의 근과 계수와의 관계 공식

- $ax^2 + bx + c = 0$(단, $a \neq 0$)의 두 근이 α, β일 때 ➡ $\alpha + \beta = -\dfrac{b}{a}$ $\alpha\beta = \dfrac{c}{a}$
- $x = \alpha$, $x = \beta$를 두 근으로 하는 이차방정식 ➡ $a(x-\alpha)(x-\beta) = 0$

3. 연립일차방정식의 풀이 방법

(1) **계수가 소수인 경우** : 양변에 10, 100, …을 곱하여 계수가 모두 정수가 되도록 한다.

(2) **계수가 분수인 경우** : 양변에 분모의 최소공배수를 곱하여 계수가 모두 정수가 되도록 한다.

(3) **괄호가 있는 경우** : 괄호를 풀고 동류항을 간단히 한다.

(4) **$A = B = C$의 꼴인 경우** : ($A=B$, $A=C$), ($B=A$, $B=C$), ($C=A$, $C=B$)의 3가지 중 어느 하나를 택하여 푼다.

4. 이차방정식의 풀이 방법

(1) $AB = 0$의 성질을 이용한 풀이

$$AB = 0 \text{이면 } A = 0 \text{ 또는 } B = 0 \quad \Rightarrow \quad (x-a)(x-b) = 0 \text{이면 } x = a \text{ 또는 } x = b$$

(2) **인수분해를 이용한 풀이** : 주어진 방정식을 (일차식)×(일차식)=0의 꼴로 인수분해하여 푼다.

$$ax^2 + bx + c = 0 \xrightarrow{\text{인수분해}} a(x-p)(x-q) = 0 \longrightarrow x = p \text{ 또는 } x = q$$

(3) 제곱근을 이용한 풀이

- $x^2 = a$(단, $a \geq 0$)이면 $x = \pm \sqrt{a}$
- $ax^2 = b$ (단, $\dfrac{b}{a} \geq 0$)이면 $x = \pm \sqrt{\dfrac{b}{a}}$
- $(x-a)^2 = b$(단, $b \geq 0$)이면 $x - a = \pm \sqrt{b}$에서 $x = a \pm \sqrt{b}$

(4) 완전제곱식을 이용한 풀이 : 이차방정식 $ax^2 + bx + c = 0$(단, $a \neq 0$)의 해는 다음과 같이 고쳐서 구할 수 있다.

- $a = 1$일 때, $x^2 + bx + c = 0$ → $(x+p)^2 = q$의 꼴로 변형
- $a \neq 1$일 때, $ax^2 + bx + c = 0$ → $x^2 + \dfrac{b}{a}x + \dfrac{c}{a} = 0$
  $(x+p)^2 = q$의 꼴로 변형

19 부등식

1. 성질

- $a < b$일 때, $a + c < b + c$, $a - c < b - c$
- $a < b$, $c > 0$일 때, $ac < bc$, $\dfrac{a}{c} < \dfrac{b}{c}$
- $a < b$, $c < 0$일 때, $ac > bc$, $\dfrac{a}{c} > \dfrac{b}{c}$

2. 일차부등식의 풀이 순서

(1) 미지수 x를 포함한 항은 좌변으로, 상수항은 우변으로 이항한다.

(2) $ax > b$, $ax < b$, $ax \geq b$, $ax \leq b$의 꼴로 정리한다(단, $a \neq 0$).

(3) 양변을 x의 계수 a로 나눈다.

20 비와 비율

1. 비 : 두 수의 양을 기호 ' : '을 사용하여 나타내는 것

| 비례식에서 외항의 곱과 내항의 곱은 항상 같다. | → | $A : B = C : D$일 때, $A \times D = B \times C$ |

2. 비율 : 비교하는 양이 원래의 양(기준량)의 얼마만큼에 해당하는지를 나타낸 것

- 비율 = $\dfrac{\text{비교하는 양}}{\text{기준량}}$
- 비교하는 양 = 비율 × 기준량
- 기준량 = $\dfrac{\text{비교하는 양}}{\text{비율}}$

소수	분수	백분율	할푼리
0.1	$\dfrac{1}{10}$	10%	1할
0.01	$\dfrac{1}{100}$	1%	1푼
0.25	$\dfrac{25}{100} = \dfrac{1}{4}$	25%	2할 5푼
0.375	$\dfrac{375}{1,000} = \dfrac{3}{8}$	37.5%	3할 7푼 5리

※ 백분율(%) : 기준량이 100일 때의 비율
※ 할푼리 : 비율을 소수로 나타내었을 때 소수 첫째 자리, 소수 둘째 자리, 소수 셋째 자리를 이르는 말

21 도형

1. 둘레

원의 둘레(원주)	부채꼴의 둘레
$l = 2\pi r$	$l = 2\pi r \times \dfrac{x}{360} + 2r$

2. 사각형의 넓이

정사각형의 넓이	직사각형의 넓이	마름모의 넓이
$S = a^2$	$S = ab$	$S = \dfrac{1}{2}ab$

사다리꼴의 넓이	평행사변형의 넓이	
$S = \dfrac{1}{2}(a+b)h$	$S = ah$	

3. 삼각형의 넓이

삼각형의 넓이	정삼각형의 넓이
$S = \dfrac{1}{2}bh$	$S = \dfrac{\sqrt{3}}{4}a^2$
직각삼각형의 넓이	이등변삼각형의 넓이
$S = \dfrac{1}{2}ab$	$S = \dfrac{a}{4}\sqrt{4b^2 - a^2}$

4. 원과 부채꼴의 넓이

원의 넓이	부채꼴의 넓이
$S = \pi r^2$	$S = \dfrac{1}{2} r^2 \theta = \dfrac{1}{2} rl$ (θ는 중심각(라디안))

5. 피타고라스의 정리

직각삼각형에서 직각을 끼고 있는 두 변의 길이의 제곱을 합하면 빗변의 길이의 제곱과 같다. 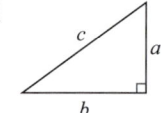 $a^2 + b^2 = c^2$

6. 입체도형의 겉넓이와 부피

구	원기둥	원뿔
$S = 4\pi r^2$ $V = \dfrac{4}{3}\pi r^3$	$S = 2\pi rh + 2\pi r^2$ $V = \pi r^2 h$	$S = \pi r \sqrt{r^2 + h^2} + \pi r^2$ $V = \dfrac{1}{3}\pi r^2 h$
정육면체	직육면체	정사면체
$S = 6a^2$ $V = a^3$	$S = 2(ab + bc + ca)$ $V = abc$	$S = \sqrt{3}\, a^2$ $V = \dfrac{\sqrt{2}}{12} a^3$

빈출 2 자료해석

1 기초 통계

종류	내용
백분율	• 전체의 수량을 100으로 하여, 나타내려는 수량이 그중 몇이 되는가를 가리키는 수 • 기호는 %(퍼센트)이며, $\frac{1}{100}$이 1%에 해당된다. • 오래전부터 실용계산의 기준으로 널리 사용되고 있으며, 원 그래프 등을 이용하면 이해하기 쉽다.
범위	• 관찰값의 흩어진 정도를 나타내는 도구로서 최곳값과 최젓값을 가지고 파악하며, 최곳값에서 최젓값을 뺀 값에 1을 더한 값을 의미한다. • 계산이 용이한 장점이 있으나 극단적인 끝 값에 의해 좌우되는 단점이 있다.
평균	• 관찰값 전부에 대한 정보를 담고 있어 대상집단의 성격을 함축적으로 나타낼 수 있는 값이다. • 자료에 대해 일종의 무게중심으로 볼 수 있다. • 모든 자료의 자룟값을 합한 후 자룟값의 개수로 나눈 값이다. $$평균 = \frac{자료의\ 총합}{자료의\ 총\ 개수}$$ • 평균의 종류 − 산술평균 : 전체 관찰값을 모두 더한 후 관찰값의 개수로 나눈 값 − 가중평균 : 각 관찰값에 자료의 상대적 중요도(가중치)를 곱하여 모두 더한 값을 가중치의 합계로 나눈 값
분산	• 자료의 퍼져있는 정도를 구체적인 수치로 알려주는 도구 • 각 관찰값과 평균값의 차이의 제곱을 모두 합한 값을 개체의 수로 나눈 값을 의미한다. $$분산 = \frac{(편차)^2의\ 총합}{변량의\ 개수}$$
표준편차	• 분산값의 제곱근 값을 의미한다(표준편차 = $\sqrt{분산}$). • 평균으로부터 얼마나 떨어져 있는가를 나타내는 개념으로, 평균편차의 개념과 개념적으로는 동일하다. • 표준편차가 크면 자료들이 넓게 퍼져있고 이질성이 큰 것을 의미하고, 작으면 자료들이 집중하여 있고 동질성이 큰 것을 의미한다.

2 다섯숫자요약

평균과 표준편차만으로는 원 자료의 전체적인 형태를 파악하기 어렵기 때문에 최솟값, 하위 25%값(Q_1, 제1사분위수), 중앙값(Q_2), 상위 25%값(Q_3, 제3사분위수), 최댓값 등을 활용하며, 이를 다섯숫자요약이라고 부른다.

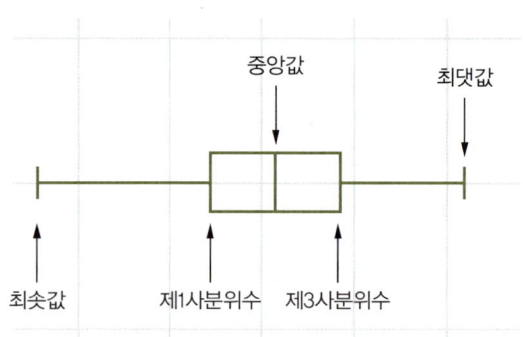

1. **최솟값** : 원 자료 중 값의 크기가 가장 작은 값이다.

2. **최댓값** : 원 자료 중 값의 크기가 가장 큰 값이다.

3. **중앙값** : 관찰값을 최솟값부터 최댓값까지 크기 순으로 배열하였을 때 순서상 중앙에 위치하는 값으로 평균값과는 다르다. 관찰값 중 어느 하나가 너무 크거나 작을 때 자료의 특성을 잘 나타낸다.

자료의 개수(n)가 홀수인 경우	→	예 • 중앙에 있는 값 • 중앙값 = $\dfrac{n+1}{2}$ 번째의 변량
자료의 개수(n)가 짝수인 경우	→	예 • 중앙에 있는 두 값의 평균 • 중앙값 = $\dfrac{n}{2}$ 번째와 $\dfrac{n}{2}+1$ 번째 변량의 산술평균

4. **하위 25%값과 상위 25%값** : 원 자료를 크기순으로 배열하여 4등분한 값을 의미한다. 백분위수의 관점에서 제25백분위수, 제75백분위수로 표기할 수도 있다.

3 도수분포표

1. **도수분포표** : 자료를 몇 개의 계급으로 나누고, 각 계급에 속하는 도수를 조사하여 나타낸 표이다.

몸무게(kg)	계급값	도수
30^{이상} ~ 35^{미만}	32.5	3
35 ~ 40	37.5	5
40 ~ 45	42.5	9
45 ~ 50	47.5	13
50 ~ 55	52.5	7
55 ~ 60	57.5	3

- 변량 : 자료를 수량으로 나타낸 것
- 계급 : 변량을 일정한 간격으로 나눈 구간
- 계급의 크기 : 구간의 너비
- 계급값 : 계급을 대표하는 값으로 계급의 중앙값
- 도수 : 각 계급에 속하는 자료의 개수

2. 도수분포표에서의 평균, 분산, 표준편차

- 평균 = $\dfrac{\{(계급값) \times (도수)\}의\ 총합}{(도수)의\ 총합}$
- 분산 = $\dfrac{\{(편차)^2 \times (도수)\}의\ 총합}{(도수)의\ 총합}$
- 표준편차 = $\sqrt{분산} = \sqrt{\dfrac{\{(편차)^2 \times (도수)\}의\ 총합}{(도수)의\ 총합}}$

3. 상대도수

(1) 도수분포표에서 도수의 총합에 대한 각 계급의 도수의 비율이다.
(2) 상대도수의 총합은 반드시 1이다.

→ 계급의 상대도수 = $\dfrac{각\ 계급의\ 도수}{도수의\ 총합}$

4. 누적도수

(1) 도수분포표에서 처음 계급의 도수부터 어느 계급의 도수까지 차례로 더한 도수의 합이다.
  - 각 계급의 누적도수 = 앞 계급까지의 누적도수 + 그 계급의 도수
(2) 처음 계급의 누적도수는 그 계급의 도수와 같다.
(3) 마지막 계급의 누적도수는 도수의 총합과 같다.

4 경우의 수

1. **합의 법칙** : 두 사건 A, B가 동시에 일어나지 않을 때, 사건 A, B가 일어날 경우의 수를 각각 m, n이라고 하면, 사건 A 또는 B가 일어날 경우의 수는 $(m+n)$가지이다.

2. **곱의 법칙** : 사건 A, B가 일어날 경우의 수를 각각 m, n이라고 하면, 사건 A, B가 동시에 일어날 경우의 수는 $(m \times n)$가지이다.

3. **순열**

| 서로 다른 n개에서 중복을 허용하지 않고 r개를 골라 순서를 고려해 나열하는 경우의 수 | → | $_n\mathrm{P}_r = n(n-1)(n-2)\cdots(n-r+1)$ $= \dfrac{n!}{(n-r)!}$ (단, $r \leq n$) |

4. **조합**

| 서로 다른 n개에서 순서를 고려하지 않고 r개를 택하는 경우의 수 | → | $_n\mathrm{C}_r = \dfrac{n(n-1)(n-2)\cdots(n-r+1)}{r!}$ $= \dfrac{n!}{r!(n-r)!}$ (단, $r \leq n$) |

5. **중복순열**

| 서로 다른 n개에서 중복을 허용하여 r개를 골라 순서를 고려해 나열하는 경우의 수 | → | $_n\Pi_r = n^r$ |

6. **중복조합**

| 서로 다른 n개에서 순서를 고려하지 않고 중복을 허용하여 r개를 택하는 경우의 수 | → | $_n\mathrm{H}_r = {}_{n+r-1}\mathrm{C}_r$ |

7. **같은 것이 있는 순열**

| n개 중에 같은 것이 각각 p개, q개, r개일 때 n개의 원소를 모두 택하여 만든 순열의 수 | → | $\dfrac{n!}{p!q!r!}$ (단, $p+q+r=n$) |

8. 원순열

| 서로 다른 n개를 원형으로 배열하는 경우 | → | 예 $\dfrac{_n\mathrm{P}_n}{n} = (n-1)!$ |

5 확률

일어날 수 있는 모든 경우의 수를 n가지, 사건 A가 일어날 경우의 수를 a가지라고 하면 사건 A가 일어날 확률 $\mathrm{P} = \dfrac{a}{n}$, 사건 A가 일어나지 않을 확률 $\mathrm{P}' = 1 - \mathrm{P}$이다.

(1) 두 사건 A, B가 배반사건(동시에 일어나지 않을 때)일 경우 $\mathrm{P}(A \cup B) = \mathrm{P}(A) + \mathrm{P}(B)$

(2) 두 사건 A, B가 독립(두 사건이 서로 영향을 주지 않을 때)일 경우 $\mathrm{P}(A \cap B) = \mathrm{P}(A)\mathrm{P}(B)$

(3) 조건부확률 : 확률이 0이 아닌 두 사건 A, B에 대하여 사건 A가 일어났다고 가정할 때, 사건 B가 일어날 확률 $\mathrm{P}(B|A) = \dfrac{\mathrm{P}(A \cap B)}{\mathrm{P}(A)}$ (단, $\mathrm{P}(A) > 0$)

6 변동률(증감률)

1. 공식

- 변동률 또는 증감률(%) = $\dfrac{\text{비교시점 수치} - \text{기준시점 수치}}{\text{기준시점 수치}} \times 100$
- 기준시점 수치를 X, 비교시점 수치를 Y, 변동률(증감률)을 g%라 하면

  $g = \dfrac{Y-X}{X} \times 100 \qquad Y-X = \dfrac{g}{100} \times X \qquad Y = \left(1 + \dfrac{g}{100}\right)X$

2. 계산 방법

값이 a에서 b로 변화하였을 때 $\dfrac{b-a}{a} \times 100$ 또는 $\left(\dfrac{b}{a} - 1\right) \times 100$으로 계산한다.

예

값이 256에서 312로 변화하였을 때 증감률은 $\dfrac{312-256}{256} \times 100 ≒ 22(\%)$이다. 이와 같이 계산을 해도 되지만 번거로운 계산을 해야 한다. 312는 256의 약 1.22배인데 이는 256을 1로 하면 312는 약 1.22라는 의미이다. 따라서 0.22만 늘어났으므로 증감률은 22%임을 알 수 있다.

3. 변동률과 변동량의 관계

변동률이 크다고 해서 변동량(증가량, 변화량, 증감량)이 많은 것은 아니다.

> **예**
> A의 연봉은 1억 원에서 2억 원으로, B의 연봉은 2,000만 원에서 8,000만 원으로 인상되었다. A의 연봉 증가액은 1억 원이고 B의 연봉 증가액은 6,000만 원이며, A의 연봉 증가율은 $\frac{2-1}{1} \times 100 = 100(\%)$이고, B의 연봉 증가율은 $\frac{8,000-2,000}{2,000} \times 100 = 300(\%)$이다. 따라서 연봉 증가액은 A가 B보다 많지만, 연봉 증가율은 A가 B보다 작다.

7 증가율과 구성비의 관계

전체량을 A, 부분량을 B라고 하면 부분량의 구성비는 $\frac{B}{A}$이다. 만약 어느 기간에 전체량이 a, 부분량이 b 증가했다고 하면 증가 후의 구성비는 $\frac{B(1+b)}{A(1+a)}$이다(단, a, b는 증가율이다). 여기서 $a > b$이면 $\frac{B}{A} > \frac{B(1+b)}{A(1+a)}$, $a < b$이면 $\frac{B}{A} < \frac{B(1+b)}{A(1+a)}$가 된다.

> • 전체량의 증가율 > 부분량의 증가율 ⇨ 구성비 감소
> • 전체량의 증가율 < 부분량의 증가율 ⇨ 구성비 증가

8 지수

지수란 구체적인 숫자 자체의 크기보다는 시간의 흐름에 따라 수량이나 가격 등 해당 수치가 어떻게 변화되었는지를 쉽게 파악할 수 있도록 만든 것으로 통상 비교의 기준이 되는 시점(기준시점)을 100으로 하여 산출한다.

(1) 기준 데이터를 X, 비교 데이터를 Y라 하면, $\quad$ 지수 $= \frac{Y}{X} \times 100$

(2) 데이터 1의 실수를 X, 데이터 2의 실수를 Y, 데이터 1의 지수를 k, 데이터 2의 지수를 g라 하면 다음과 같은 비례식이 성립한다. $\quad X : Y = k : g$

(3) 비례식에서 외항의 곱과 내항의 곱은 같으므로 $Xg = Yk$이다. 따라서 $\quad Y = \frac{g}{k} \times X, \ X = \frac{k}{g} \times Y$

9 퍼센트(%)와 퍼센트 포인트(%p)

퍼센트는 백분비라고도 하는데 전체의 수량을 100으로 하여 해당 수량이 그중 몇이 되는가를 가리키는 수로 나타낸다. 퍼센트포인트는 이러한 퍼센트 간의 차이를 표현한 것으로 실업률이나 이자율 등의 변화가 여기에 해당된다.

> **예**
> 실업률이 작년 3%에서 올해 6%로 상승하였다.
> → 실업률이 작년에 비해 100% 상승 또는 3%p 상승했다.
> 여기서 퍼센트는 $\frac{현재\ 실업률-기존\ 실업률}{기존\ 실업률} \times 100$을 하여 '100'으로 산출됐고,
> 퍼센트포인트는 퍼센트의 차이이므로 6-3=3이란 수치가 나온 것이다.

10 가중평균

중요도나 영향도에 해당하는 각각의 가중치를 곱하여 구한 평균값을 가중평균이라 한다.

> 주어진 값 $x_1, x_2, \cdots, x_n$에 대한 가중치가 각각 $w_1, w_2, \cdots, w_n$이라 하면
> $$가중평균 = \frac{x_1 w_1 + x_2 w_2 + \cdots + x_n w_n}{w_1 + w_2 + \cdots + w_n}$$

11 단위당 양

자동차 천 대당 교통사고 발생건수, 단위면적당 인구수 등과 같이 정해진 단위량에 대한 상대치이다. 따라서 기준이 되는 단위량에 대응하는 실수(위의 예에서는 자동차 대수, 면적)가 주어져 있지 않으면 단위당 양에만 기초해서 실수 그 자체(위의 예에서는 교통사고 발생건수, 인구수)를 비교하는 것은 불가능하다.

1. 계산 방법

> - X, Y를 바탕으로 X당 Y를 구하는 경우 → $(X당\ Y) = \frac{Y}{X}$
> - X당 Y, X를 바탕으로 Y를 구하는 경우 → $Y = X \times (X당\ Y)$
> - X당 Y, Y를 바탕으로 X를 구하는 경우 → $X = Y \div (X당\ Y)$

UNIT 3

| 고시넷 포스코그룹(PAT) 생산기술직 인적성검사 |

문제해결 · 추리

주어진 명제나 조건들을 통한 결과 도출, 참과 거짓 추론, 나열된 수와 문자의 규칙을 파악하는 능력, 도식과 도형에 나타난 일정한 규칙성을 파악할 수 있는지를 평가하는 능력이다.

빈출 1 언어추리

1 명제

1. 명제 : 'P이면 Q이다(P → Q)'라고 나타내는 문장을 명제라 부르며 P는 가정, Q는 결론이다.

> **예**
> 삼각형 세 변의 길이가 같다면 세 개의 각은 모두 60°이다.
> P(가정) : 삼각형 세 변의 길이가 같다.
> ⇩
> Q(결론) : 세 개의 각은 모두 60°이다.

(1) **명제의 역** : 원 명제의 가정과 결론을 바꾼 명제 'Q이면 P이다'를 말한다(Q → P).

　예 세 개의 각이 모두 60°이면 삼각형 세 변의 길이는 같다.

(2) **명제의 이** : 원 명제의 가정과 결론을 둘 다 부정한 명제 'P가 아니면 Q가 아니다'를 말한다(~P → ~Q).

　예 삼각형 세 변의 길이가 같지 않다면 세 개의 각은 모두 60°가 아니다.

(3) **명제의 대우** : 원 명제의 역의 이, 즉 'Q가 아니면 P가 아니다'를 말한다(~Q → ~P).

　예 세 개의 각이 모두 60°가 아니면 삼각형 세 변의 길이는 같지 않다.

(4) **역 · 이 · 대우의 관계** : 원 명제가 옳을(참) 때 그 역과 이도 반드시 옳다고 할 수 없으나 그 대우는 반드시 참이다. 즉, 원 명제와 대우의 진위는 반드시 일치한다.

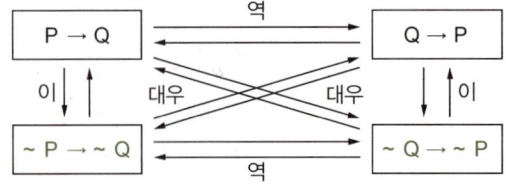

2. 삼단논법

(1) 두 개의 명제를 전제로 하여 하나의 새로운 명제를 도출해 내는 것을 말한다.

> 예
>
> [명제 1] P이면 Q이다(P → Q).
> [명제 2] Q이면 R이다(Q → R).
> ⇩
> P이면 R이다(P → R).

(2) 여기서 'P → Q'가 참이고 'Q → R'이 참일 경우, 'P → R' 또한 참이다.

> 예
>
> 테니스를 좋아하는 사람은 축구를 좋아한다.
> 축구를 좋아하는 사람은 야구를 싫어한다.
> ⇩
> 테니스를 좋아하는 사람은 야구를 싫어한다.

2 논증

1. 연역추론

| 전제에서 시작하여 논리적인 주장을 통해 특정 결론에 도달한다. | → | 예
사람은 음식을 먹어야 살 수 있다.
나는 사람이다.
나는 음식을 먹어야 살 수 있다. |

2. 귀납추론

| 관찰이나 경험에서 시작하여 일반적인 결론에 도달한다. | → | 예
소크라테스는 죽었다. 플라톤도 죽었다.
아리스토텔레스도 죽었다.
이들은 모두 사람이다.
그러므로 모든 사람은 죽는다. |

3 참 · 거짓[진위]

1. 의미
여러 인물의 발언 중에서 거짓을 말하는 사람과 진실을 말하는 사람이 있는 문제이다. 이런 문제를 해결하는 기본 원리는 참인 진술과 거짓인 진술 사이에 모순이 발생한다는 점이다.

2. 직접 추론
: 제시된 조건에 따른 경우의 수를 하나씩 고려하면서 다른 진술과의 모순 여부를 확인하여 참 · 거짓을 판단한다.

(1) 가정을 통해 모순을 고려하는 방법
① 한 명이 거짓을 말하거나 진실을 말하고 있다고 가정한다.
② 가정에 따라 조건을 적용하고 정리한다.
③ 모순이 없는지 확인한다.

> **예**
> 네 사람 중에서 진실을 말하는 사람이 3명, 거짓을 말하는 사람이 1명 있다고 할 때, 네 명 중 한 사람이 거짓말을 하고 있다고 가정한다. 그리고 네 가지 경우를 하나씩 검토하면서 다른 진술과 제시된 조건과의 모순 여부를 확인하여 거짓을 말한 사람을 찾는다. 거짓을 말한 사람이 확정되면 나머지는 진실을 말한 것이므로 다시 모순이 없는지 확인한 후 이를 근거로 하여 문제에서 요구하는 사항을 추론할 수 있다.

(2) 그룹으로 나누어 고려하는 방법
① 진술에 따라 그룹으로 나누어 가정한다.
② 나눈 가정에 따라 조건을 반영하여 정리한다.
③ 모순이 없는지 확인한다.

A의 발언 중에 'B는 거짓말을 하고 있다'라는 것이 있다.	A와 B는 다른 그룹
A의 발언과 B의 발언 내용이 대립한다.	
A의 발언 중에 'B는 옳다'라는 것이 있다.	A와 B는 같은 그룹
A의 발언과 B의 발언 내용이 일치한다.	

※ 모든 조건의 경우를 고려하는 것도 방법이지만 그룹을 나누어 분석하는 것이 더 효율적일 때 사용하는 방법이다.
  - 거짓을 말하는 한 명을 찾는 문제에서 진술하는 사람 A~E 중 A, B, C가 A에 대해 말하고 있고 D에 대해 D, E가 말하고 있다면 적어도 A, B, C 중 두 사람은 정직한 사람이므로 A와 B, B와 C, C와 A를 각각 정직한 사람이라고 가정하고 분석하여 다른 진술의 모순을 살핀다.

4 자리 추론과 순위 변동

1. 자리 추론

(1) 기준이 되는 사람을 찾아 고정한 후 위치관계를 파악한다.
(2) 다른 사람과의 위치관계 정보가 가장 많은 사람에 주목한다.
(3) 정면에 앉은 사람들의 자리를 고정한다.
(4) 떨어져 있는 것들의 위치관계를 먼저 정한다.
(5) 좌우의 위치에 주의한다.

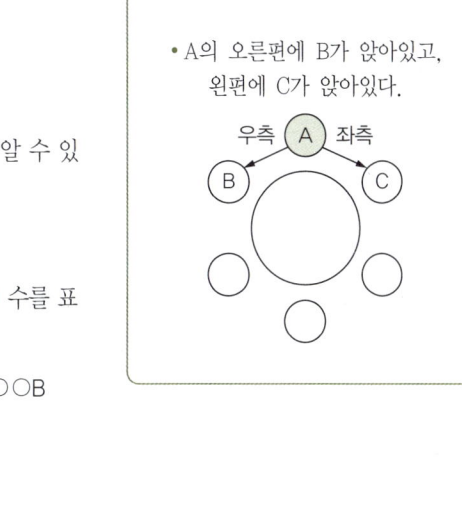

자리 추론
- A의 정면에는 D가 있다.
- A의 오른편에 B가 앉아있고, 왼편에 C가 앉아있다.

2. 순위 변동 : 마라톤과 같은 경기에서 경기 도중의 순서와 최종 순위로 답을 추론하는 문제이다.

(1) 가장 많은 조건이 주어진 것을 고정한 후 분석한다.
(2) '어느 지점을 먼저 통과했다' 등으로 순위를 확실하게 알 수 있는 경우에는 부등호를 사용한다.
   예 A는 B보다 먼저 신호를 통과했다. A > B
(3) 순위를 알 수 없는 부분은 □, ○ 등을 사용하여 사이 수를 표시한다.
   예 B와 D 사이에는 2대가 통과하고 있다. B○○D, D○○B
(4) 생각할 수 있는 경우의 수를 전부 정리한다.
   예 A의 양옆에는 B와 D가 있다. BAD, DAB
(5) 'B와 C 사이에 2명이 있다', 'B와 C는 붙어 있지 않다' 등 떨어져 있는 조건에 주목하여 추론한다. 선택지에 있는 값을 넣어 보면 더 쉽게 찾을 수 있다.

5 단어 관계

1. 유의 관계 : 의미가 같거나 비슷한 단어들의 의미 관계

특징	예
• 의미가 비슷하지만 똑같지 않다는 점에 유의한다. • 가리키는 대상의 범위가 다르거나 미묘한 느낌의 차이가 있어 서로 바꾸어 쓸 수 없다.	곱다-아름답다 / 말-언사(言辭) / 지금-당금(當今) 등

2. 반의 관계 : 서로 반대의 뜻을 지닌 단어들의 의미 관계

특징
- 대상에 대한 막연한 의미를 대조적인 방법으로 명확하게 부각시켜 준다.
- 반의 관계에 있는 두 단어는 서로 공통되는 의미 요소 중 오직 한 개의 의미요소만 달라야 한다.

→ **예**
낮-밤 / 가다-오다 / 덥다-춥다 등

3. 상하 관계 : 두 단어 중 한쪽이 의미상 다른 쪽을 포함하거나 포함되는 의미 관계

특징
- 상위어와 하위어의 관계는 상대적이다.
- 상위어는 일반적이고 포괄적인 의미를 가진다.
- 하위어일수록 개별적이고 한정적인 의미를 지닌다.

→ **예**
나무-소나무, 감나무, 사과나무 /
동물-코끼리, 판다, 토끼 등

4. 동음이의어 관계 : 단어의 소리가 같을 뿐 의미의 유사성은 없는 관계

특징
- 사전에 서로 독립된 별개의 단어로 취급된다.
- 상황과 문맥에 따라 의미를 파악해야 한다.

→ **예**
배(선박)-배(배수)-배(신체)-배(과일)

5. 다의 관계 : 의미적으로 유사성을 갖는 관계

특징
- 의미들 중에는 기본적인 '중심 의미'와 확장된 '주변 의미'가 있다.
- 사전에서 하나의 단어로 취급한다.

↓

예

다리
1. 사람이나 동물의 몸통 아래 붙어 있는 신체의 부분. 서고 걷고 뛰는 일 따위를 맡아 한다.
    예 다리에 쥐가 나다.
2. 물체의 아래쪽에 붙어서 그 물체를 받치거나 직접 땅에 닿지 아니하게 하거나 높이 있도록 버티어 놓은 부분
    예 책상 다리
3. 안경의 테에 붙어서 귀에 걸게 된 부분
    예 안경다리를 새것으로 교체했다.
4. 오징어나 문어 따위 동물의 머리에 여러 개 달려 있어, 헤엄을 치거나 먹이를 잡거나 촉각을 가지는 기관
    예 그는 술안주로 오징어 다리를 씹었다.

빈출 2 추론의 오류

1 형식적 오류

추리 과정에서 따라야 할 논리적 규칙을 준수하지 않아 생기는 오류

1. 타당한 논증형식

(1) **순환논증의 오류(선결문제 요구의 오류)** : 증명해야 할 논제를 전제로 삼거나 증명되지 않은 전제에서 결론을 도출함으로써 전제와 결론이 순환적으로 서로의 논거가 될 때의 오류이다.
  - 예) 그의 말은 곧 진리이다. 왜냐하면 그가 지은 책에 그렇게 적혀 있기 때문이다.

(2) **자가당착의 오류(비정합성의 오류)** : 모순이 내포된 전제를 바탕으로 결론을 도출해 내는 오류이다.
  - 예) 무엇이든 녹이는 물질이 존재합니다. 그것은 지금 이 호리병 안에 있습니다.

2. 부당한 논증형식

(1) **선언지 긍정의 오류** : 배타성이 없는 두 개념 외에는 다른 가능성이 없을 것으로 생각하여 생긴 오류이다.
  - 예) 인간은 폭력적인 종족이거나 자만적인 종족이다. 인간은 폭력적인 종족이다. 그러므로 인간은 자만적인 종족이 아니다.

(2) **전건 부정의 오류** : 전건을 부정하여 후건 부정을 타당한 결론으로 도출해 내는 오류이다.
  - 예) 바람이 부는 곳에는(전건) 잎이 있다(후건).
    그 숲에서는 바람이 불지 않았다(전건 부정). 그러므로 그 숲에는 잎이 없다(후건 부정).

(3) **후건 긍정의 오류** : 후건을 긍정하여 전건 긍정을 타당한 결론으로 도출해 내는 오류이다.
  - 예) 눈이 오면(전건) 신발이 젖는다(후건).
    신발이 젖었다(후건 긍정). 그러므로 눈이 왔다(전건 긍정).

(4) **매개념 부주연의 오류** : 매개역할을 하는 중개념의 외연이 한 번도 주연이 되지 않았을 때 결론을 내는 허위의 오류이다.
  - 예) 1은 숫자이고 2도 숫자이므로 1은 2다.

2 비형식적 오류

논리적 규칙은 준수하였지만 논증의 전개과정에서 생기는 오류

1. 심리적 오류

(1) **공포(협박)에 호소하는 오류** : 공포나 위협, 힘 등을 동원하여 자신의 주장을 받아들이게 하는 오류이다.
  - 예) 제 뜻에 따르지 않는다면 앞으로 발생하는 모든 일의 책임은 당신에게 있음을 분명히 알아두십시오.

(2) **대중(여론)에 호소하는 오류** : 많은 사람의 선호나 인기를 이용하여 자신의 주장을 정당화하려는 오류이다.
   예) 대다수가 이 의견에 찬성하므로 이 의견은 옳은 주장이다.

(3) **동정(연민)에 호소하는 오류** : 연민이나 동정에 호소하여 자신의 주장을 받아들이게 하는 오류이다.
   예) 재판관님, 피고가 구속되면 그 자식들을 돌볼 사람이 없습니다. 재판관님의 선처를 부탁드립니다.

(4) **부적합한 권위에 호소하는 오류** : 논지와 직접적인 관련이 없는 권위(자)를 근거로 내세워 자기주장에 정당성을 부여하는 오류이다.
   예) 환자에게 수혈을 하는 것은 환자 자신에게 좋지 않아. 경전에 그렇게 쓰여 있어.

(5) **원천 봉쇄의 오류(우물에 독 뿌리기)** : 자신의 주장에 반론 가능성이 있는 요소를 나쁜 것으로 단정함으로써 상대방의 반론을 원천적으로 봉쇄하는 오류이다.
   예) 나의 주장에 대하여 이의를 제기하는 사람이 있습니까? 공산주의자라면 몰라도 그렇지 않으면 나의 주장에 반대하지 않겠지요.

(6) **인신공격의 오류** : 주장하는 논리와는 관계없이 상대방의 인품, 과거의 행적 등을 트집 잡아 인격을 손상하면서 주장이 틀렸다고 비판하는 오류이다.
   예) 넌 내 의견에 반박만 하고 있는데, 넌 이만한 의견이라도 낼 실력이 되니?

(7) **정황에 호소하는 오류** : 주장하는 사람이 처한 개인적인 정황 등을 근거로 하여 자신의 주장에 타당성을 부여하거나 다른 사람의 주장을 비판하는 오류이다.
   예) 아이를 낳아보지도 않은 사람이 주장하는 육아 정책은 절대 신뢰할 수 없습니다.

(8) **역공격의 오류(피장파장의 오류)** : 비판받은 내용이 상대방에게도 동일하게 적용될 수 있음을 근거로 비판을 모면하고자 할 때 발생하는 오류이다.
   예) 나한테 과소비한다고 지적하는 너는 평소에 얼마나 검소했다고?

(9) **사적 관계에 호소하는 오류** : 정 때문에 논지를 받아들이게 하는 오류이다.
   예) 넌 나하고 제일 친한 친구잖아. 네가 날 도와주지 않으면 누굴 믿고 이 세상을 살아가라는 거니?

2. 자료적 오류

(1) **무지에 호소하는 오류** : 증명할 수 없거나 반대되는 증거가 없음을 근거로 자신의 주장이 옳다고 정당화하려는 오류이다.
   예) 진품이 아니라는 증거가 없기 때문에 이 도자기는 진품으로 봐야 해.

(2) **발생학적 오류** : 어떤 대상의 기원이 갖는 특성을 그 대상도 그대로 지니고 있다고 추리할 때 발생하는 오류이다.
   예) 은우의 아버지가 공부를 잘했으니 은우도 틀림없이 공부를 잘할 거다.

(3) **성급한 일반화의 오류** : 부적합한 사례나 제한된 정보를 근거로 주장을 일반화할 때 생기는 오류이다.
   예) 그녀는 이틀 동안 술을 마신 걸로 보아 알코올 중독자임이 틀림없다.

(4) **우연의 오류** : 일반적인 사실이나 법칙을 예외적인 상황에도 적용하여 발생하는 오류이다.
  예 모든 사람은 표현의 자유를 가지고 있다. 그러므로 판사는 법정에서 자신의 주관적 의견을 표현해도 된다.

(5) **원인 오판의 오류(잘못된 인과관계의 오류)** : 한 사건이 다른 사건보다 먼저 발생했다고 해서 전자가 후자의 원인이라고 잘못 추론할 때 범하는 오류이다.
  예 어젯밤에 돼지꿈을 꾸고 복권에 당첨되었습니다.

(6) **의도 확대의 오류** : 의도하지 않은 결과에 대해 의도가 있다고 판단하여 생기는 오류이다.
  예 난간에 기대면 추락의 위험이 있다고 적혀 있다. 그러므로 이 난간에 기댄 사람은 모두 추락하고 싶은 것이다.

(7) **복합 질문의 오류** : 한 번에 둘 이상의 질문을 하여 답변자가 어떠한 대답을 하더라도 질문자의 생각대로 끌려가 한 개의 질문에는 긍정하게 되는 오류이다.
  예 어제 당신이 때린 사람이 두 사람이지요? / 아니오. / 음, 그러니까 당신은 어제 사람들을 때렸다는 것을 인정하는군요.

(8) **분할의 오류** : 전체가 참인 것을 부분에 대해서도 참이라고 단정하여 발생하는 오류이다.
  예 스페인은 남아공 월드컵의 우승국이므로 스페인의 축구선수는 모두 훌륭하다.

(9) **합성의 오류** : 부분이 참인 것을 전체에 대해서도 참이라고 단정하여 발생하는 오류이다.
  예 성능이 좋은 부품들로 만든 컴퓨터이므로 이 컴퓨터는 아주 좋다.

(10) **허수아비 공격의 오류** : 상대방의 주장을 반박하기 쉬운 다른 논점(허수아비)으로 변형, 왜곡하여 비약된 반론을 하는 오류이다.
  예 방사능 피폭으로 인간은 각종 암과 기형아 출산 등의 큰 피해를 입었다. 그러므로 이 지역에 원자력 발전소를 세우는 것에 반대하는 바이다.

(11) **흑백 논리의 오류** : 모든 문제를 양극단으로만 구분하여 추론할 때 생기는 오류이다.
  예 민주주의자가 아니라면 모두 공산주의자이다.

(12) **논점 일탈의 오류** : 어떤 논점에 대하여 주장하는 사람이 그 논점에서 빗나가 다른 방향으로 주장하는 경우에 범하는 오류이다.
  예 너희들 왜 먹을 것을 가지고 싸우니? 빨리 들어가서 공부나 해!

(13) **잘못된 유추의 오류(기계적 유비 추리)** : 서로 다른 사물의 우연적이며 비본질적인 속성을 비교하여 결론을 이끌어 냄으로써 생기는 오류이다.
  예 컴퓨터와 사람은 비슷한 점이 많다. 그렇기 때문에 틀림없이 컴퓨터도 사람처럼 감정을 지녔을 거야.

(14) **오도된 생생함의 오류** : 직접 대면한 개인에게 전해 들은 지나치게 인상적인 정보에 쏠려 합리적 귀납을 거부할 때 나타나는 오류이다.
  예 거시적 경제 지표만 좋으면 뭐해, 주위 사람들은 다 경제적으로 힘들다는데...

(15) **공통원인 무시의 오류** : 여러 원인 중 하나가 원인의 전부라고 오해하여 발생하는 오류
  예 영화 〈알라딘〉이 흥행한 이유는 4D 영화이기 때문이다.

3장 문제해결·추리 **111**

3 언어적 오류

1. **강조의 오류** : 문장의 어떤 부분을 부당하게 강조함으로써 범하는 오류이다.
   - 예) 친구를 헐뜯으면 안 되느니라. / 그럼 친구 아닌 다른 사람은 헐뜯어도 되겠죠.

2. **애매어의 오류** : 둘 이상의 의미가 있는 다의어나 애매한 말의 의미를 혼동하여 생기는 오류이다.
   - 예) 꼬리가 길면 결국 잡힌다. 원숭이는 꼬리가 길다. 그러므로 원숭이는 결국 잡힌다.

3. **애매문의 오류** : 구나 문장의 구조가 애매하여 발생하는 오류이다.
   - 예) 아내는 나보다 고양이를 더 좋아해(아내가 고양이를 좋아하는 정도가 내가 고양이를 좋아하는 정도보다 크다는 의미일수도 있고, 아내가 나를 좋아하는 정도보다 고양이를 좋아하는 정도가 더 크다는 의미일 수도 있다).

4. **은밀한 재정의의 오류** : 어떤 용어의 사전적 의미에 자의적 의미를 덧붙여 사용함으로써 발생하는 오류이다.
   - 예) 그런 완벽한 남자의 청혼을 거절하다니 제정신이니? 정신 병원에 한번 가 보자.

5. **범주의 오류** : 단어의 범주를 잘못 인식한 데서 생기는 오류이다.
   - 예) 아버지, 저는 과학자가 되기보다는 물리학자가 되고 싶습니다(물리학자가 과학자의 하나라는 점에서 보면 단어의 범주를 잘못 인식하고 있다).

빈출 3 수적추리

03 문제해결·추리

1 수 추리

1. **등차수열** : 첫째항부터 차례로 일정한 수를 더하여 만들어지는 수열, 각 항에 더하는 일정한 수, 즉 뒤의 항에서 앞의 항을 뺀 수를 등차수열의 공차라고 한다.

등차수열 $\{a_n\}$에서
$a_2 - a_1 = a_3 - a_2 = \cdots = a_{n+1} - a_n = d$(공차)

→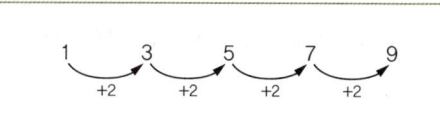

2. **등비수열** : 첫째항부터 차례로 일정한 수를 곱하여 만들어지는 수열

각 항에 곱하는 일정한 수, 즉 뒤의 항을 앞의 항으로 나눈 수를 등비수열의 공비라고 한다.
등비수열 $\{a_n\}$에서
$$\frac{a_2}{a_1} = \frac{a_3}{a_2} = \cdots = \frac{a_{n+1}}{a_n} = r(공비)$$

→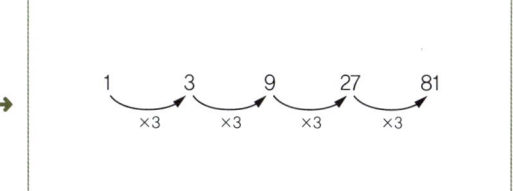

3. **등차계차수열**

앞의 항과의 차가 등차를 이루는 수열 →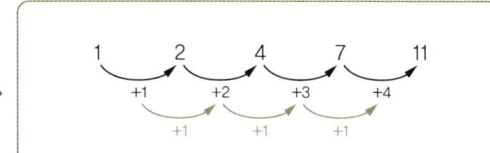

4. **등비계차수열**

앞의 항과의 차가 등비를 이루는 수열 →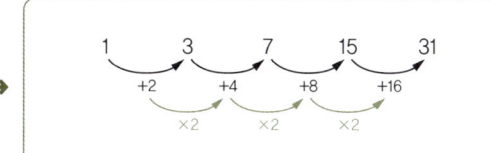

5. **피보나치수열**

앞의 두 항의 합이 그 다음 항이 되는 수열 → 1, 1, 2, 3, 5, 8, 13, 21, 34, …

2 문자 추리

1. 일반 자음

ㄱ	ㄴ	ㄷ	ㄹ	ㅁ	ㅂ	ㅅ
1	2	3	4	5	6	7
ㅇ	ㅈ	ㅊ	ㅋ	ㅌ	ㅍ	ㅎ
8	9	10	11	12	13	14

2. 쌍자음이 포함된 자음(사전에 실리는 순서)

ㄱ	ㄲ	ㄴ	ㄷ	ㄸ	ㄹ	ㅁ	ㅂ	ㅃ	ㅅ
1	2	3	4	5	6	7	8	9	10
ㅆ	ㅇ	ㅈ	ㅉ	ㅊ	ㅋ	ㅌ	ㅍ	ㅎ	
11	12	13	14	15	16	17	18	19	

3. 일반 모음

ㅏ	ㅑ	ㅓ	ㅕ	ㅗ	ㅛ	ㅜ	ㅠ	ㅡ	ㅣ
1	2	3	4	5	6	7	8	9	10

4. 이중모음이 포함된 모음 순서(사전에 실리는 순서)

ㅏ	ㅐ	ㅑ	ㅒ	ㅓ	ㅔ	ㅕ
1	2	3	4	5	6	7
ㅖ	ㅗ	ㅘ	ㅙ	ㅚ	ㅛ	ㅜ
8	9	10	11	12	13	14
ㅝ	ㅞ	ㅟ	ㅠ	ㅡ	ㅢ	ㅣ
15	16	17	18	19	20	21

5. 알파벳

A	B	C	D	E	F	G	H	I
1	2	3	4	5	6	7	8	9
J	K	L	M	N	O	P	Q	R
10	11	12	13	14	15	16	17	18
S	T	U	V	W	X	Y	Z	
19	20	21	22	23	24	25	26	

빈출 4 도형추리

- 도형의 규칙성을 찾아 이어지는 도형의 모양을 고르는 문제이다.
- 도형에서 발견되는 움직임을 파악하여 정리한 조건으로 시뮬레이션을 해보고 도형을 도출한다.

규칙성의 종류

1 선의 수가 상단은 1 → 2 → 3 → 2 → 1로, 하단은 3 → 2 → 1 → 2 → 3으로 변화한다.

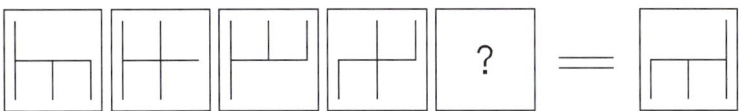

2 화살표가 45도씩 시계 방향으로 회전하고, ○의 색이 번갈아 가면서 바뀐다.

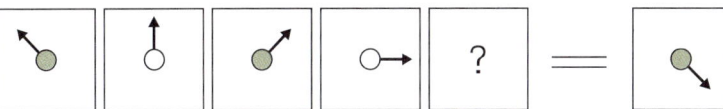

3 색칠된 부분이 왼쪽부터 첫 번째, 두 번째로 이동하고 네 번째 이후 왼쪽으로 돌아온다.

4 가운데 세로선이 위, 아래로 이동을 반복하고, ●가 반시계 방향으로 회전한다.

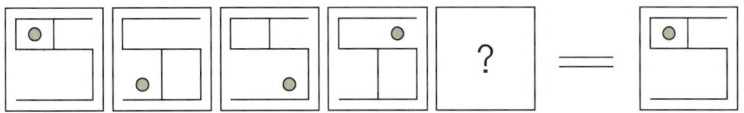

5 ☆이 반시계 방향으로 90도씩 회전하고 꼭짓점의 색은 번갈아 가면서 바뀐다.

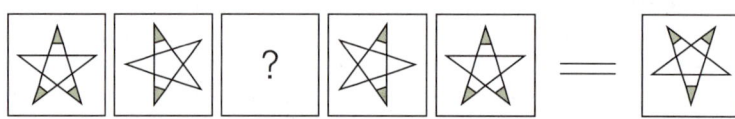

6 ▷가 오른쪽과 왼쪽 방향으로 2회씩, 색 또한 2회씩 번갈아 나타난다. 답을 찾을 때 예상할 수 있는 변화로부터 선택지에 있는 것을 고른다.

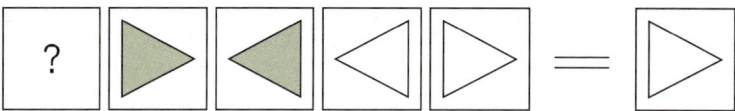

7 4시간 후와 2시간 전 순서로 반복된다.

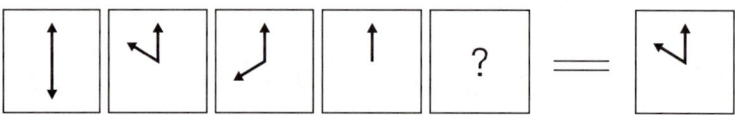

8 □는 반시계 방향으로 회전하고, ○는 색이 번갈아 가면서 바뀐다.

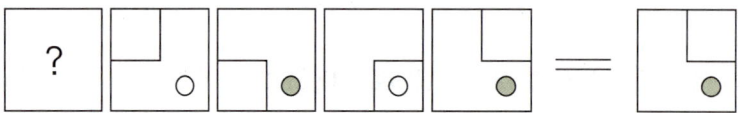

9 같은 도형 2개가 모이면 다음 상자에서 1개가 된다. □가 1개인 것으로 유추할 수 있다.

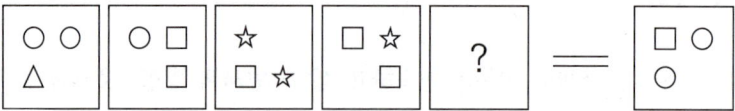

10 △는 반시계 방향, 직사각형은 시계 방향으로 움직이고, 번갈아 가면서 색이 바뀐다.

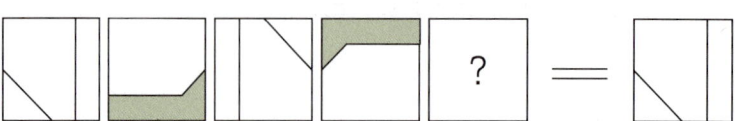

11 같은 도형 3개가 모인 도형은 다음 상자에서 없어진다. 그러므로 □를 포함하지 않는 것을 유추할 수 있다. 도형의 색이나 형태에 헷갈리지 않도록 한다.

12 홀수 번째 도형에 ⌐를 제외한 선의 개수 변화에 주목한다. 선의 개수는 2 → 1 → 0으로 줄어든다.

13 반원이 반시계 방향으로 홀수 번째 상자에서는 45도 회전을 하고, 짝수 번째 상자에서는 90도 회전을 한다.

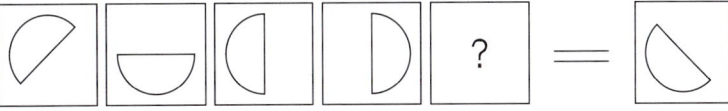

14 □가 오른쪽 위 → 왼쪽 아래 → 오른쪽 아래 → 왼쪽 위로 색이 번갈아 가면서 바뀐다. 이러한 경우 다섯 번째부터 처음으로 돌아온다고 유추할 수 있다.

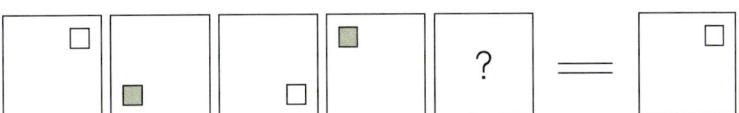

15 ●가 시계 방향으로 회전하고 선은 90도씩 회전한다.

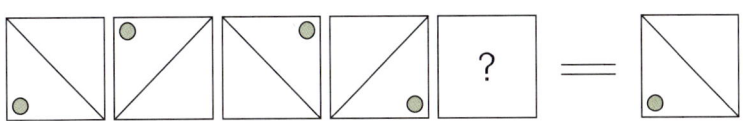

고시넷 포스코그룹(PAT) 생산기술직 인적성검사 최신기출유형모의고사

출제 영역 · 문항 수 · 시험 시간

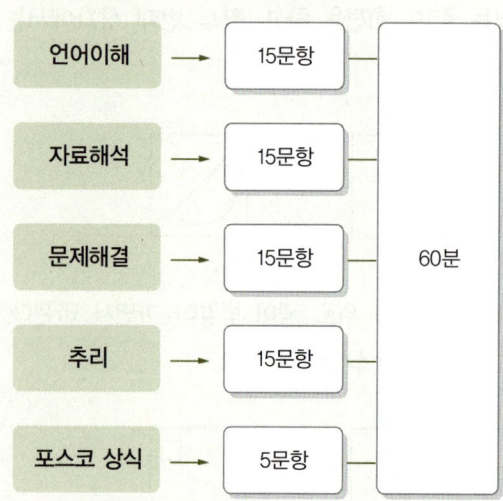

- 언어이해 → 15문항
- 자료해석 → 15문항
- 문제해결 → 15문항
- 추리 → 15문항
- 포스코 상식 → 5문항

60분

포스코그룹(PAT) 생산기술직 인적성검사

파트 2 기출유형모의고사

- **1회** 기출유형문제
- **2회** 기출유형문제
- **3회** 기출유형문제
- **4회** 기출유형문제

PAT 1회 기출유형문제

문항수 | 65문항
시험시간 | 60분

▶ 정답과 해설 16쪽

01. 다음은 사원들이 아래 기사문을 읽고 나눈 대화이다. 대화의 흐름상 빈칸에 들어갈 말로 가장 적절한 것은?

<고령화 심화>

우리나라의 고령화 수준은 현재 OECD 국가와 비교할 때 상대적으로 낮은 수준이나, 2060년경에는 고령화 수준이 매우 높을 것으로 전망된다. OECD 국가의 평균 고령화율은 16.8%(2015년 기준)인데 비해, 2015년 기준 우리나라의 고령화율은 13.1%로 멕시코(6.5%), 튀르키예(7.5%), 칠레(11%), 아일랜드(13.1%) 등과 함께 낮은 수준이다. 그러나 2060년이 되면 우리나라의 고령화율이 40.1%에 도달하여, 우리나라는 노인인구비율이 가장 높은 나라가 된다(OECD 평균 28.9%).

생산가능인구는 2016년 3,763만 명을 정점으로 감소하여, 베이비붐 세대가 고령인구로 편입되는 2020년 이후부터는 고령화가 초래하는 사회경제적 위기에 본격적으로 직면할 것으로 보인다.

이로 인해 2059년부터 생산가능인구 100명이 부양할 인구가 100명을 넘는 상황이 될 것으로 예상되며, 2065년이 되면 108.7명에 이르러 2015년에 비해 3배 증가할 전망이다.

A 씨 : 인구 구조가 이렇게 변화하면 노동 투입이 감소되어 결국 경제의 잠재성장력을 약화시키게 될 것 같군.
B 씨 : 어디 그뿐이겠나. 각종 사회보험과 노인 관련 사회복지 지출도 증가할 게 뻔한 일이지.
A 씨 : (   )
B 씨 : 그것 참... 그렇다면 고령화가 결국 사회적 비용과 경제적인 측면의 문제만 야기하는 것이 아니겠군.

① 가계의 저축률 감소로 이어질 수도 있네.
② 세입 감소와 복지 지출 증가로 사회적 부양부담을 악화시켜 세대 간 갈등이 커질 수도 있어.
③ 아동 보육비와 교육 지출비용에도 변화가 일어날 거야.
④ 또 하나는, 이러한 고령화 문제가 매우 빠른 속도로 진행되고 있다는 거지.

[02 ~ 03] 다음 글을 읽고 이어지는 질문에 답하시오.

(가) 과학은 이 세상의 어떤 부분에 대한 믿을 만한 지식을 추구하고, 그런 지식을 이용해서 사회를 발전시키는 데에 크게 기여하였다. 과학의 핵심은 자연은 물론 자연에 대한 인간의 간섭을 주의 깊게 관찰하는 것이라고 할 수 있다. 티리언퍼플의 색깔이 어떤 분자에서 비롯된 것이고, 어떻게 그 분자를 변형시켜서 더 밝은 자주색이나 파란색을 얻을 수 있을까를 알아내려는 노력이 바로 그런 관찰에 해당된다.

(나) 로마인들은 도로에 대해 잘 알고 있었다. 즉, 도로를 어떻게 닦고 어디에서 어디로 연결해야 할지 그리고 그것들을 오래 유지하는 방법을 알고 있었다. 로마 도로의 영구성은 오늘날에도 감탄을 자아내기에 충분하다. 20세기를 넘어서까지 계속해서 사용해왔는데도 수백 마일의 로마 도로는 여전히 건재하니 말이다. 예를 들어, 로마의 남쪽에서부터 나폴리와 브린디시까지 갈 수 있는 아피아 가도는 오늘날에도 많은 자동차들이 달리고 있을 정도로 견고하다.

(다) 섹스투스에게서는 친절을 배웠다. 또 그로 인해 부성애로 다스려지는 가정의 전형을 알게 되었다. 자연에 순응하는 사상을, 거만에 물들지 않은 근엄함을, 친구의 생각을 중히 여기고 그 희망을 따르는 마음씨를 배웠다. 그리고 무식한 무리들에 대해서도 관대해야 한다는 것을 배웠다.

02. 다음 중 (가)와 (나)의 서술상의 공통점으로 적절한 것은?

① 문답 형식으로 화제에 대해 구체적으로 설명하고 있다.
② 구체적인 예를 들어 전달하고자 하는 내용을 설명하고 있다.
③ 비유적인 예를 통하여 문제를 제기하고 이를 반박하고 있다.
④ 문제 상황을 소개하고 이를 해결하는 과정을 제시하고 있다.

03. (가) ~ (다)의 내용을 읽고 난 후의 감상으로 가장 적절하지 않은 것은?

① 보다 더 나은 인격체가 되는 삶은 (다)와 가깝지.
② 세상을 살아가는 데는 (다)와 같은 앎이 (가)와 같은 앎보다 중요해.
③ 오늘날 과학기술의 발달에는 (가), (나)와 같은 앎이 큰 기여를 했지.
④ (가)와 (다)에서 바라보는 자연에 대한 시각은 다소 차이가 있어.

04. 다음 신문 기사를 바르게 이해한 사람은?

> **정부, 육아휴직 제도 전격 도입**
> 김○○ 기자 / 일력 202X. 05. 04. / 4면 / 댓글 14
>
> 정부는 202X년 6월부터 공기업과 사기업을 포함한 모든 사업장에 육아휴직 제도를 도입한다고 밝혔다. 육아휴직은 사업장의 소속 근로자가 만 8세 이하 또는 초등학교 2학년 이하의 자녀(입양 자녀 포함)를 양육하기 위하여 휴직을 신청하는 경우에 사업주는 이를 허용해야 하는 제도이다.
> 「남녀고용평등과 일·가정 양립 지원에 관한 법률」제19조 제1항에 의거하여 추진되는 육아휴직 제도는 육아휴직을 시작하려는 날의 전날까지 해당 사업장에서 계속 근로한 기간이 6개월 이상인 근로자가 활용할 수 있는 제도이다. 육아휴직을 신청할 수 있는 근로자는 여성만을 요하지 않고 그 영아의 생부모만을 요하지 않는다. 육아휴직의 기간은 1년 이내로 하며, 사업주는 육아휴직을 이유로 해고나 그 밖에 불리한 처우를 해서는 안 된다. 그리고 사업을 계속할 수 없는 경우를 제외하고는 육아휴직 기간에 그 근로자를 해고하지 못한다.
> 또한 육아휴직을 마친 후에는 육아휴직 전과 동일한 업무에 복귀시켜야 하며, 육아휴직 기간은 근속기간에 포함되어야 한다. 마찬가지로 기간제근로자 또는 파견근로자의 육아휴직 기간은 사용기간 및 파견기간에 산입되지 않는다.

① 갑 과장 : 나는 202X년 1월에 입사했고 3개월 육아휴직을 사용하려고 하는데, 추후 이직 등을 고려할 때 3개월의 근속 단절은 크게 영향을 미칠 것 같지 않아서 다행이야.

② 을 차장 : 정부는 다양한 육아 정책을 펼치고 있지만 사실 그동안에는 크게 효과가 없다고 느끼는 정책들도 많았는데, 이번 육아휴직은 아빠와 남편으로서 제대로 역할을 할 수 있게 해 주겠지?

③ 병 주임 : 저희 남편의 회사 상황이 녹록하지 않아서 제가 6월부터 육아휴직을 해서 아이를 돌봐야 할 것 같은데, 제 파견종료일이 올해 7월까지라서 육아휴직 시작과 동시에 퇴사를 준비해야 하니까 겸사겸사 이직 준비도 하고 좋은 것 같아요.

④ 정 대리 : 육아휴직 후에는 소속 팀과 담당 업무가 변할 가능성이 커서 고민인데, 달리 생각해 보면 다양한 경험을 쌓고 역량을 향상시킬 수 있는 기회로 활용할 수 있어요.

05. 다음 글을 요약한 내용으로 적절한 것은?

> 세계보건기구(WHO)가 휴대폰 전자파를 발암 가능성이 있는 물질인 'Group 2B'로 분류한 이후 전자파에 대한 사람들의 불안이 커지고 있는 가운데, 이동전화의 전자파가 성인에 비해 7세 미만의 어린이들에게 더 잘 흡수된다는 조사 결과가 나왔다. 방송통신위원회는 한국전자통신연구원(ETRI)과 한국전자파학회, 단국대 의대, 이화여대 약대, 한국원자력의학원을 통해 어린이들에 대한 전자파의 영향을 조사한 결과, 7세 미만 어린이들은 성인에 비해 특정 주파수 대역에서 전자파를 더 많이 흡수하는 것으로 조사되었다고 밝혔다. 해당 주파수 대역은 FM방송 주파수 대역 등으로 활용 중인 100MHz 전후의 주파수 대역과 이동통신용 주파수 대역으로 활용하고 있는 1GHz 이상의 주파수 대역이다. 국내 이동통신 서비스는 현재 800MHz 주파수를 사용하는 한 회사의 2세대(2G) 이동통신 서비스를 제외하고는 모두 1GHz 대역 이상의 주파수를 사용하고 있기 때문에 모든 휴대폰의 전자파가 어린이들에게 더 많이 흡수되는 것으로 볼 수 있다. 또한 휴대폰을 포함한 무선 기기에서 나오는 전자파가 뇌에 손상을 입혀 십대 청소년의 노화를 촉진할 수 있다는 연구 결과나 휴대폰을 많이 사용하는 어린이의 주의력 결핍·과잉행동 장애(ADHD)의 발병 가능성에 대한 조사 결과가 속속 발표됨에 따라 휴대폰 전자파의 위험성에 대한 각별한 대책이 필요하게 되었다.

① 휴대폰 전자파는 성인보다 어린이들에게 더 해로울 수 있다.
② 성장기의 어린이에게 휴대폰을 사용하게 해서는 안 된다.
③ 휴대폰 전자파는 주파수 대역에 따라 흡수율이 달라진다.
④ 현재 유통되고 있는 휴대폰에서 나오는 전자파 강도는 국제기준에 비해 훨씬 낮은 수준이므로 그 영향이 크지 않다.

06. 다음 글의 문맥에 따라 빈칸에 들어갈 문장으로 가장 적절한 것은?

> 우주는 물체와 허공으로 구성된다. 물체와 허공 이외에는 어떠한 것도 존재한다고 생각할 수 없다. 그리고 우리가 허공이라고 부르는 것이 없다면 물체가 존재할 곳이 없고 움직일 수 있는 공간도 없을 것이다. 허공을 제외하면 비물질적인 것은 존재하지 않는다. 허공은 물체에 영향을 주지도 받지도 않으며, 다만 물체가 자신을 통과해서 움직이도록 허락할 뿐이다. 즉, 물질적인 존재만이 물질적 존재에 영향을 줄 수 있다.
>
> 영혼은 아주 미세한 입자들로 구성되어 있기 때문에, 몸의 나머지 구조들과 더 잘 조화를 이룰 수 있다. 감각의 주요한 원인은 영혼에 있다. 그러나 몸의 나머지 구조에 의해 보호되지 않는다면, 영혼은 감각을 가질 수 없을 것이다. 몸은 감각의 원인을 영혼에 제공한 후, 자신도 감각 속성의 몫을 영혼으로부터 얻는다. 영혼이 몸을 떠나면, 몸은 더 이상 감각을 소유하지 않는다. 왜냐하면 (   ) 물론 몸의 일부가 소실되어 거기에 속했던 영혼이 해체되어도 나머지 영혼은 몸 안에 있다. 또한 영혼의 한 부분이 해체되더라도, 나머지 영혼이 계속해서 존재하기만 한다면 여전히 감각을 유지할 것이다. 반면에 영혼을 구성하는 입자들이 전부 몸에서 없어진다면, 몸 전체 또는 일부가 계속 남아 있더라도 감각을 가지지 못할 것이다. 더구나 몸 전체가 분해된다면, 영혼도 더 이상 이전과 같은 능력을 가지지 못하고 해체되며 감각 능력도 잃게 되는 것이다.

① 몸에서 영혼이 떠나게 되면 감각 능력이 상실되면서, 더불어 신체의 모든 기능이 멈춰 버리기 때문이다.
② 몸은 감각 능력을 스스로 가진 적이 없으며 몸과 함께 태어난 영혼이 몸에게 감각 능력을 주었기 때문이다.
③ 몸은 영혼과 따로 떨어져서 존재한다는 것은 불가능한, 그야말로 불가분의 관계이기 때문이다.
④ 몸은 그 자체만으로는 하나의 물체에 불과하며, 영혼만이 감각을 지니고 느낄 수 있기 때문이다.

07. 다음 글에 나타나는 글쓴이의 견해와 일치하지 않는 것은?

> 어떤 연구자는 리더십을 '목표 달성을 위해 행사되는 영향력'이라 정의 내리고, 리더의 공통된 자질로서는 지력, 교양, 전문지식, 정력, 용기, 정직, 상식, 판단력, 건강을 꼽았다. 그러나 실제로 리더가 갖추어야 할 조건이란 이론적인 것이며, 상황에 따라 달라지는 것이다.
> 정치세계에 있어서의 리더십의 요건이 경제계, 군대 또는 교육계에 있어서의 요건과 같을 이유는 없다. 정계만을 생각할 때, 그 나라가 어떠한 상황에 놓여 있는가에 따라 필요한 리더십도 달라진다. 즉, 어디에서나 기능하는 유일하고 절대적인 리더십의 존재는 수긍하기 어렵다. 리더십을 강력한 통솔력인 것처럼 해석하는 사람도 있으나, 자유방임형이나 상담형의 리더십이란 것도 존재할 수 있으며, 상황에 따라서는 후자의 유형이 유효하게 기능하는 경우도 있다. 물론 마찬가지로 어떤 조직에서 다른 유형의 리더십이 제대로 기능하는 경우 또한 있을 수 있다.
> 리더십이란 특정인만이 갖고 있는 특수한 자질이 아니다. 리더가 될 수 있는 잠재적 능력은 선천적, 생득적(生得的)인 것이 아니라 오히려 후천적인 것이며, 거의 대부분의 사람은 인위적 훈련에 따라 어떤 형태의 리더십을 몸에 익히는 것이 가능하다. 그러나 모든 조직, 집단, 국가는 광의로서의 환경 속에 존재하며, 이것과의 적합성이 항상 의문시된다. 어려운 것은 리더십을 몸에 익히는 것보다도 어떠한 리더십을 몸에 익히고, 발휘하면 되는 것인지를 아는 것이다. 통솔력이 뛰어나고 강력한 리더가 되는 것보다도 그 조직 또는 환경에 있어서 바람직한 리더상이 무엇인가를 간파하는 것은 본질적으로 중요하면서도 어려운 문제이다.

① 조직별로 리더에게 요구되는 자질은 다르므로 뛰어난 장군이 뛰어난 정치가가 될 수 있다고 단정 지을 수 없다.
② 독재형 리더십이 제대로 기능할 수 없었던 조직이나 국가에서 상담형 리더가 정점에 서면 제대로 기능할 가능성이 있다.
③ 지금까지의 리더와 전혀 다른 자질·사고방식의 소유주가 리더가 되더라도 종래와 마찬가지로 통치나 관리를 잘 수행할 수도 있다.
④ 정치세계에서는 강력한 통솔력보다 자유방임형이나 상담형의 리더십이 더 효과적이다.

[08 ~ 09] 다음 글을 읽고 이어지는 질문에 답하시오.

한때 미국 코닥과 함께 ㉠사진 필름 시장에서 우위를 점하던 후지필름은 디지털 카메라의 등장으로 필름의 수요가 급감하면서 시장 변화에 맞설 새로운 아이디어가 필요했다. 이에 후지필름은 전혀 연관성이 없을 것 같은 화장품을 대안으로 내놓았다. 이는 내부 역량인 필름 제조 기술을 십분 활용한 아이디어였다. 후지필름은 사진 필름의 주원료인 콜라겐의 변성 방지 기술과 나노 관련 기술을 가지고 있었고, 콜라겐은 피부의 주성분이기도 하므로 이 기술을 노화방지에 응용할 수 있었다. 그 결과 ㉡노화방지 화장품은 매출의 상당 부분을 차지할 만큼 성공을 거두었다. 그 후 후지필름은 제약분야에도 두각을 나타내었다. 필름 개발 과정에서 얻은 화학 합성 물질 데이터베이스와 노하우를 활용하여 독감 치료제인 '㉢아비간' 등을 만들어냈다. 아비간은 이후 에볼라 치료에도 특효를 보이며 미 당국이 승인한 최초의 에볼라 치료제로 주목받았다. 이렇게 발굴한 사업들은 기존의 주력 사업과 밀접한 연관성을 갖고 있었기 때문에 경쟁력을 발휘할 수 있었다.

포스트잇, 스카치테이프 등 사무용품으로 유명한 3M이라는 회사가 있다. '3M'은 미네소타광산·제조업회사(Minnesota Mining and Manufacturing Company)의 약자이다. 이 회사의 시초는 광산업이었으며 주로 ㉣사금 채굴을 하는 회사였다. 그러나 채굴에 실패를 겪으면서 사포와 연마석을 만드는 제조사로 전환하게 되었다. 뛰어난 유연성과 금속 연마력을 지닌 방수 샌드페이퍼와 자동차 도색용 마스킹 테이프는 그 자체로도 주력 상품이 되었다. 3M은 이에 안주하지 않고 당시 꽤 혁신적인 제품이었던 셀로판지의 단점을 보완할 테이프를 연구하였다. 셀로판지는 열 부근에서는 말리고, 기계 코팅 시에는 찢어지며, 평평하게 부착되지 않는 등의 문제가 있었는데, 얇고 투명한 셀로판에 접착제를 붙이는 수많은 실험을 한 결과, 마침내 '스카치테이프'를 출시할 수 있었다. 그 후 접착제에 대한 연구를 바탕으로 ㉤포스트잇이 개발됐다. 이러한 과정을 통해 광산회사에서 시작한 3M은 점진적인 사업다각화 전략을 통해 지금의 거대 기업으로 성장할 수 있었다.

08. 윗글의 내용 중 '후지필름'과 '3M'에 대한 이해로 가장 적절한 것은?

① 두 회사의 경쟁력은 실패한 분야는 빠르게 포기하고 새로운 사업 분야에 도전하는 자세에 있다.
② 두 회사는 각각 다른 분야와의 기술융합을 시도하여 미래가치사업 분야의 주역이 되었다.
③ 두 회사는 고유역량의 잠재적 가능성을 재해석하여 사업다각화로 혁신에 성공했다.
④ 3M은 회사의 위기 때마다 다른 분야 회사와의 합병을 통해 위기를 극복했다.

09. 밑줄 친 ㉠~㉤ 중 성격이 같은 소재끼리 나열한 것은?

① ㉠, ㉡, ㉢
② ㉠, ㉢, ㉤
③ ㉡, ㉢, ㉣
④ ㉡, ㉢, ㉤

10. (가), (나)를 읽고 도출할 수 있는 결론으로 적절한 것은?

> (가) 지난해 정부에서는 정보격차 해소를 위해 저소득층 가정의 아이들에게 컴퓨터 등의 정보통신기기를 보급하였다. 이를 통해 정보의 접근성 및 활용능력이 향상되었고 이는 학업성적의 향상에도 도움이 될 것으로 전망되었다. 그런데 올해 정보통신기기를 지원받은 가정의 아이들의 학업성적을 살펴본 결과, 성적이 오른 아이들은 소수에 불과하고 대부분이 전과 유사한 성적에 머물거나 오히려 하락한 경우도 나타났다.
>
> (나) 정보통신기기의 보급은 아이들로 하여금 다양한 지식을 쉽게 얻을 수 있도록 한다는 점에서 도움이 된다. 하지만 수업에 대한 흥미와 집중력이 낮아지고 공부를 소홀히 하는 행동 등을 유발하여 학업성적이 떨어지는 이유가 되기도 한다. 그런데 정보통신기기로 인한 학업성적의 하락은 저소득층 가정의 아이들에게서 더 큰 폭으로 나타난다. 이러한 결과는 부모들의 관리에서 비롯된다고 보는 견해가 있다. 대부분 고소득층의 부모들은 자녀의 기기 활용에 대해 관리와 통제를 가하지만, 저소득층의 부모들은 이러한 관리에 대해 소홀한 경향이 있다는 것이다.

① 정보통신기기의 보급은 정보격차 해소에는 도움이 되지만 아이들의 학업수준에는 부정적인 영향을 미친다.
② 정보통신기기의 보급을 통하여 부모들의 소득수준과 아이들의 학업수준과의 관련성을 찾아볼 수 있다.
③ 저소득층 아이들의 학업성적은 정보통신기기의 보급에 따라 영향을 받으므로 적절한 조절을 통해 아이들의 성적향상을 도울 수 있다.
④ 아이들의 학업성적에는 정보통신기기의 보급보다 기기에 대한 관리와 통제가 더 중요하게 작용한다.

[11 ~ 12] 다음 외부효과에 관한 글을 읽고 이어지는 질문에 답하시오.

외부효과는 금전적 거래 없이 개인이나 기업과 같은 경제주체의 행위가 다른 경제주체에게 예상치 못한 혜택이나 손해를 발생시키는 효과를 의미한다. 이때, 혜택을 발생시키는 경우를 긍정적 외부효과 또는 외부경제라고 하며, 손해를 발생시키는 경우를 부정적 외부효과 또는 외부불경제라고 한다.

예컨대, 누군가의 집 앞에 예쁘게 가꾸어진 정원을 지나가며 구경할 수 있는 행인은 긍정적 외부효과를 누리고 있는 것으로 볼 수 있다. 금전적 거래 없이 꽃 감상이라는 편익을 누리고 있기 때문이다. 반대로 공장과 그 주변 주택가의 관계는 부정적 외부효과의 사례이다. 공장에서 발생하는 매연이나 소음, 폐수가 인근 주민들에게 피해를 입히기 때문이다.

외부효과와 관련한 경제적 문제는 다음과 같다. 긍정적 외부효과를 수반하는 경제행위는 사회적으로 바람직한 수준보다 더 적게 일어나는 반면, 부정적 외부효과를 수반하는 경제행위는 바람직한 수준을 크게 초과하여 일어나게 되는 것이다.

집 앞 정원을 보기 좋게 가꾸기 위해서는 집주인 한 명이 많은 노력을 들여야 한다. 그러나 그 집 앞을 지나가는 수많은 행인은 아무런 노력 없이 예쁜 정원을 마음껏 감상할 수 있다. 결국에 집주인은 계속된 노력에 지쳐 정원 가꾸기를 포기하게 될지도 모른다. 이처럼 긍정적 외부효과는 생산의 측면에서 볼 때 개인적으로 드는 사적 비용이 사회적 비용보다 크고, 소비의 측면에서 볼 때 사적 편익이 사회적 편익보다 작기 때문에 결과적으로 과소 생산될 수밖에 없다.

한편, 공장은 각종 오염물질을 몰래 방출하는 것이 처리 비용은 덜 들고 이득은 더 많이 볼 수 있는 방안임을 알고 있다. 때문에 별다른 제재가 가해지지 않으면 공장은 주민들의 원성에도 개의치 않고 인근에 오염물질이 퍼지도록 방치할 것이다. 이처럼 부정적 외부효과는 생산의 측면에서 볼 때 사적 비용이 사회적 비용보다 작고, 소비의 측면에서 볼 때 사적 편익이 사회적 편익보다 크기 때문에 결과적으로 과대 생산될 것이다. 그래서 우리 정부는 적절한 정책을 마련하여 사회에 존재하는 다양한 경제적 외부효과를 해결하고자 끊임없이 노력하고 있다.

11. 윗글에 대한 설명으로 적절하지 않은 것은?

① 긍정적 외부효과는 외부경제와 같은 개념이다.
② 생산의 측면에서 볼 때, 외부불경제는 사적 비용이 사회적 비용보다 작다.
③ 소비의 측면에서 볼 때, 외부경제는 사적 비용이 사회적 비용보다 크다.
④ 금전적 거래가 있다면 외부효과라고 볼 수 없다.

12. 다음 중 서로 부정적 외부효과를 가진 관계는?

① 양봉업자-과수농가
② 흡연자-비흡연자
③ 골프장 사장-골프장 회원
④ 특허를 등록하지 않고 신기술을 공개한 업체-해당 기술을 활용해 공모전에서 입상한 대학 동아리

13. 다음 글의 내용과 일치하지 않는 것은?

> 우리가 흔히 영화를 사실적이라고 할 때, 그것은 영화의 재현 방식에 반응해서 영화 속 내용을 현실처럼 보는 데에 동의함을 뜻한다. 영화 속 내용은 실제 현실과 같지 않다. 우리는 영화가 현실의 복잡성을 똑같이 모방하기를 원하지 않으며, 영화 역시 굳이 그러기 위해 노력하지 않는다. 이렇게 관객과 감독 사이에 맺어진 암묵적 합의를 '영화적 관습'이라고 한다. 영화적 관습은 영화사 초기부터 확립돼 온 산물로, 관객과 감독의 소통을 돕는다. 반복적인 영화 관람 행위를 통해 관객은 영화적 관습을 익히고, 감독은 그것을 활용하여 관객에게 친숙함을 제공한다.
> 확립된 관습을 무시하거나 그것에 도전하는 것은 쉬운 일이 아니다. 그런데 프랑스의 누벨바그 감독들은 고전적인 영화 관습을 파괴하며 영화의 현대성을 주도하였다. 이들은 불필요한 사건을 개입시켜 극의 전개를 느슨하게 만들거나 단서나 예고 없이 시간적 순서를 뒤섞어 사건의 인과 관계를 교란하기도 했다. 이들은 자기만족적이고 독창적인 미학적 성취를 위해 영화의 고전적인 관습을 파괴하였다.

① 관객은 반복적인 영화 관람을 통해 암묵적으로 합의된 영화적 관습을 익힐 수 있다.
② 자기만족을 위해 영화적 관습에 도전하는 행위가 영화의 현대성을 주도했다.
③ 현실의 복잡성을 그대로 모방한 영화는 사실적이라는 평가를 받는다.
④ 영화 속 내용이 시간적 순서에 따라 재현되는 방식은 영화적 관습의 예가 될 수 있다.

[생산기술직] 인적성검사

[14 ~ 15] 다음 글을 읽고 이어지는 질문에 답하시오.

지구온난화로 인한 기후변화 때문에 자연재해가 급증하고 있다. 그중 물을 통한 자연재해는 집중호우 형태의 홍수와 물 부족이 원인인 가뭄으로 구분할 수 있다. 가뭄은 홍수에 비해 피해가 시작되는 시점을 일정 부분 파악할 수 있고, 사회경제적 영향에 의해 선택적으로 피해를 발생시키는 특징이 있다. 이러한 이유로 홍수보다 가뭄은 피해 계층 간의 불평등이 더욱 심하다. 쉬운 예로 심각한 가뭄 중에도 도시인의 생활용수 공급이 중단되는 사례는 극히 드물다는 사실을 들 수 있다. 또한 가뭄이 발생하면 곡물 재배가 어려워져 종종 식량공급에 차질을 빚는데, 이러한 상황은 상대적으로 사회적 약자의 피해로 전가되는 경향이 크다. 따라서 어느 정도 여유가 있는 대다수 국민의 입장에서 가뭄은 홍수에 비해 드물게 발생하는 것처럼 느껴진다. 또한 대부분의 사람들은 가뭄 발생지역만이 가뭄의 피해를 입는 지역이라고 인식하고 있다. 그러나 심각한 피해지역이라 할지라도 경제적 능력이 있으면 충분히 그 피해를 타지역으로 전가시킬 수 있다. 또한 가뭄은 홍수와 같이 발생주기가 비교적 불규칙하다고 알고 있으나, 문헌에 의하면 가뭄은 일정한 주기를 가지고 반복되는 현상으로 알려져 있다. 이렇듯 가뭄은 재해로 인한 피해계층의 불평등과 반복성을 지닌 현상으로, 관심과 고통분담의 원칙을 생각한다면 쉽게 극복할 수 있는 자연재해이기도 하다. 어떠한 의미에서 홍수는 '확률에 의한 재해'이고 가뭄은 '선택에 의한 재해'라고 정의할 수 있을 것이다.

14. 윗글을 읽고 유추한 사실로 옳지 않은 것은?

① 도시인들은 가뭄으로 인한 재해에 비교적 무감각할 것이다.
② 가뭄은 홍수에 비해 예측 가능성이 높은 재해일 것이다.
③ 기득권층은 가뭄으로 인한 피해를 타 계층에 의도적으로 전가하고 있다.
④ 홍수로 인한 재해는 가뭄에 비해 급작스럽게 발생하는 경우가 많을 것이다.

15. 윗글의 주제로 가장 적절한 것은?

① 재해와 그로 인한 불평등
② 가뭄으로 인한 재해의 특징
③ 지구온난화로 인한 재해의 종류
④ 홍수와 가뭄으로 인한 피해의 원인과 결과

16. 다음 ○○시의 세입 통계에 대한 설명으로 옳은 것은?

〈20X0 ~ 20X2년 ○○시 세입 통계〉

구분	20X0년		20X1년		20X2년	
	액수 (억 원)	비율	액수 (억 원)	비율	액수 (억 원)	비율
지방세	116,837	31%	130,385	28%	134,641	25%
세외수입	27,019	7%	23,957	5%	25,491	5%
지방교부세	52,000	14%	70,000	15%	80,000	15%
조정교부금	25,000	7%	35,000	8%	60,000	11%
국고보조금	93,514	24%	109,430	23%	123,220	23%
도비보조금	24,876	6%	36,756	8%	44,978	8%
보전수입 등 내부거래	42,743	11%	61,069	13%	72,105	13%
총계	381,989		466,597		540,435	

① 세외수입의 액수는 20X0년 이후 지속적으로 증가하였다.
② 전년 대비 세입 증가액은 20X1년이 20X2년보다 적다.
③ ○○시의 세입 중 가장 큰 비중을 차지하는 것은 지방세이다.
④ 20X1년 지방교부세의 전년 대비 증가액은 20X1년 국고보조금의 전년 대비 증가액보다 적다.

17. 다음은 S 시의 거래 주체별 아파트 거래량을 나타낸 표이다. 이 자료를 참고하여 그래프를 작성하였을 때 옳지 않은 것은?

〈거래 주체별 아파트 거래량(2 ~ 4월)〉

(단위 : 호)

구분	구매자 판매자	개인	법인	기타
2월	개인	9,152	68	78
	법인	627	12	6
	기타	106	0	36
3월	개인	14,557	52	49
	법인	536	3	9
	기타	463	2	18
4월	개인	15,178	56	37
	법인	585	9	6
	기타	232	2	2

① 〈개인 간 월별 거래량〉

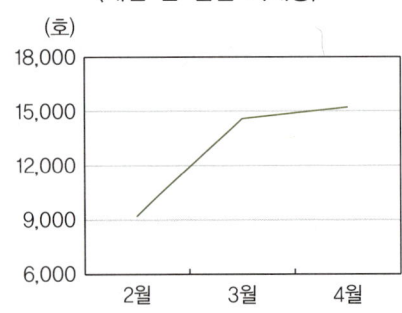

② 〈법인 간 월별 거래량〉

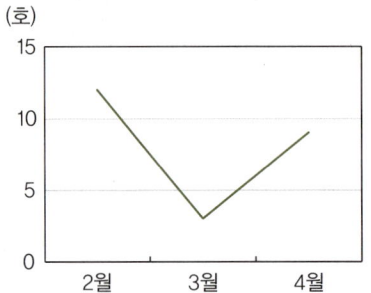

③ 〈2월 판매 주체별 거래량〉

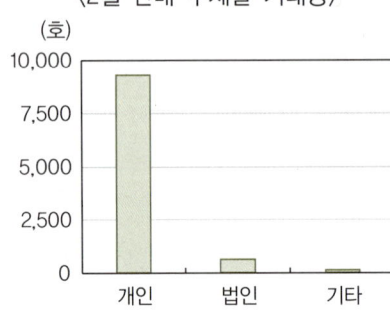

④ 〈법인의 월별 판매량〉

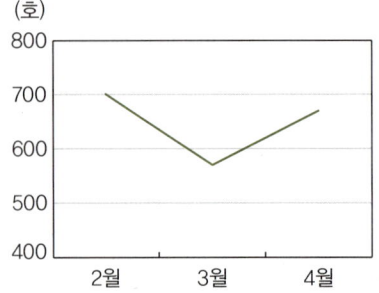

[18 ~ 19] 다음 자료를 보고 이어지는 질문에 답하시오.

〈콘텐츠 산업별 매출액〉

(단위 : 백만 원)

구분	20X0년		20X1년
	상반기	하반기	상반기
출판	10,390,607	10,657,888	10,526,705
만화	552,687	605,118	610,185
음악	2,906,453	3,586,648	3,065,949
게임	7,072,792	6,860,742	7,074,465
영화	2,759,731	2,829,843	2,960,095
애니메이션	311,088	341,748	324,644
방송	8,714,075	10,462,023	8,812,945
광고	7,622,069	9,596,675	7,810,356
캐릭터	6,118,504	6,167,550	6,158,875
지식정보	7,588,077	8,914,879	8,330,152
콘텐츠 솔루션	2,334,846	2,716,259	2,456,268
합계	56,370,929	62,739,373	58,130,639

18. 위 자료에 대한 설명으로 옳지 않은 것은?

① 20X0년 게임 산업의 매출액은 13.9조 원 이상이다.
② 20X0년 콘텐츠 산업 총 매출액은 상반기보다 하반기에 더 높았다.
③ 20X1년 상반기 음악 산업 매출액은 전반기 대비 14% 이상 감소했다.
④ 20X1년 상반기 애니메이션 산업 매출액은 전년 동기 대비 5% 이상 감소했다.

19. 다음 중 영화 산업과 매출액 증감 추이가 동일한 산업은?

① 만화
② 게임
③ 애니메이션
④ 방송

[생산기술직] 인적성검사

[20 ~ 21] 다음 자료를 보고 이어지는 질문에 답하시오.

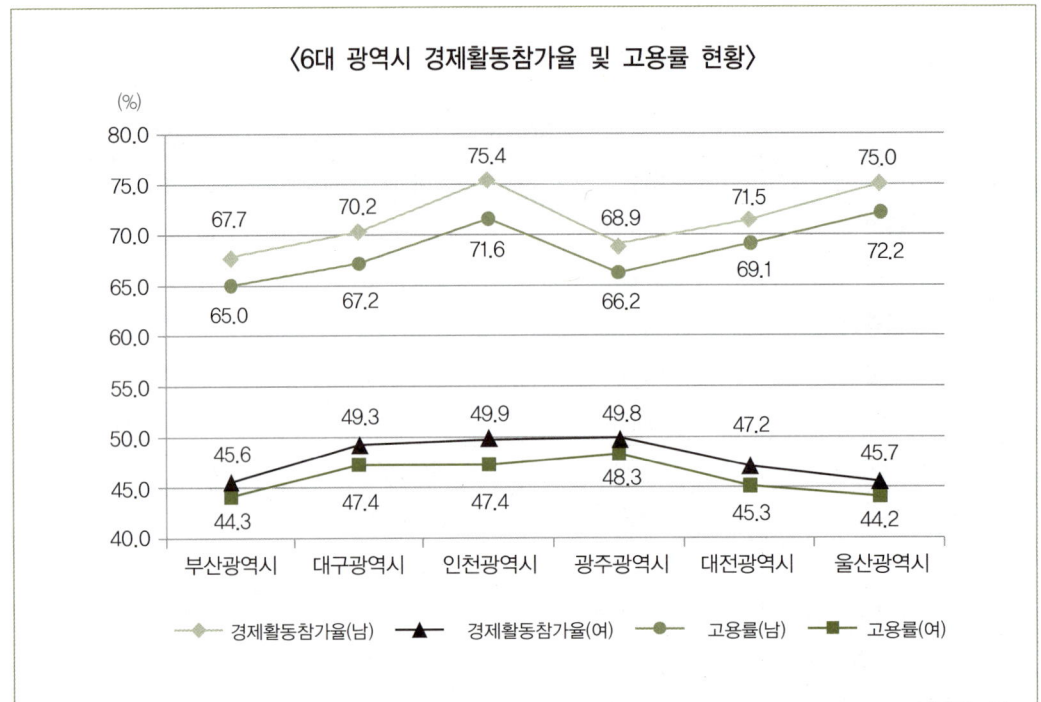

〈6대 광역시 경제활동참가율 및 고용률 현황〉

(단위 : %)

구분		경제활동참가율	고용률
전국	남성	73.0	70.1
	여성	49.4	47.8
서울특별시	남성	73.0	69.1
	여성	51.2	49.2

20. 다음 중 위 자료의 내용을 잘못 설명한 것은?

① 인천의 고용률은 남녀 모두 서울보다 높다.
② 6대 광역시 중 여성의 고용률이 가장 낮은 도시는 울산이다.
③ 6대 광역시 중 여성 경제활동참가율이 50%를 넘는 도시는 없다.
④ 6대 광역시 중 남녀 간의 경제활동참가율의 차이가 가장 큰 도시는 울산이다.

21. 6대 광역시 중 여성 경제활동참가율이 전국보다는 높고 서울보다는 낮은 도시를 바르게 나열한 것은?

   ① 대구, 대전
   ② 인천, 광주
   ③ 대구, 인천, 광주
   ④ 인천, 광주, 대전

22. 다음은 직장인들을 대상으로 실시한 설문조사 결과를 나타낸 자료이다. 이에 대한 설명으로 옳지 않은 것은? (단, 평균 점수가 높을수록 순위도 높다)

〈직장 선택의 기준〉

(단위 : 점)

항목	평균 점수	
	201X년	202X년
복리후생	2.66	2.59
조직문화	2.83	2.92
근무 지역	1.53	2.79
회사 규모	1.55	2.97
직무 적합성	2.98	3.08
고용 안정성	3.27	3.40
대외적 인지도	2.77	2.87
기업의 성장 가능성	2.66	2.66

※ 전혀 중요하지 않다(1점), 중요하지 않다(2점), 중요하다(3점), 매우 중요하다(4점)

① 두 해 1위와 2위 항목의 순위 변동은 없다.
② 두 해의 평균 점수가 동일한 항목은 1개이다.
③ 201X년보다 202X년에 순위가 하락한 항목은 1개이다.
④ 201X년보다 202X년에 평균 점수가 오른 항목은 모두 6개이다.

23. 다음 자료를 적절하게 분석한 사람은?

<연도별 대출 A의 상반기 공급액과 연간 목표액의 50%>

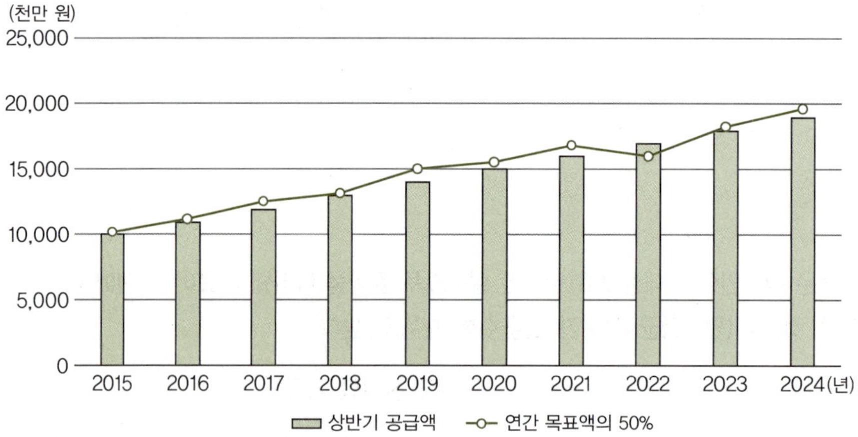

<대출 A와 가계대출의 금리>

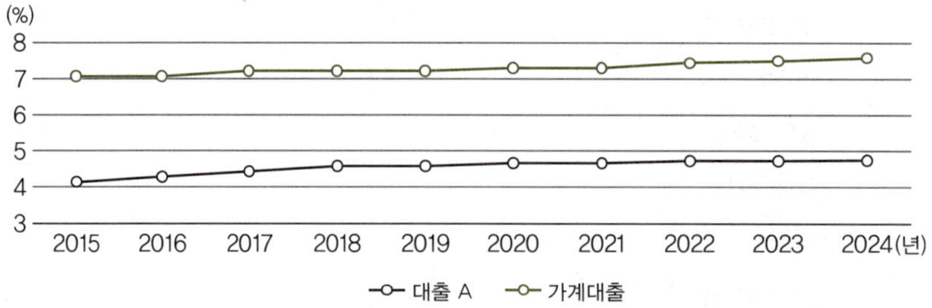

① 지민 : 대출 A는 2022년에 처음으로 연간 목표액을 초과 달성했어.
② 민영 : 2024년 대출 A의 상반기 공급액은 2016년의 연간 목표액보다 더 높아.
③ 호연 : 2019년 대출 A의 연 목표 대출이자수익은 1,500천만 원 이상이었어.
④ 수빈 : 대출 A의 금리는 가계대출 금리와 매년 2%p 이상의 차이를 계속 유지하고 있어.

24. 다음 중 자료에 대한 해석이 적절하지 않은 사람은?

〈인구 및 고령화 전망 추이(1990 ~ 2050년)〉

(단위 : 천 명, %)

구분	총인구	유년인구 (0 ~ 14세)		생산가능인구 (15 ~ 64세)		고령인구 (65세 이상)	
		인구	구성비	인구	구성비	인구	구성비
1990년	42,870	10,974	25.6	29,701	69.3	2,195	5.1
2000년	47,008	9,911	21.1	33,702	71.7	3,395	7.2
2010년	49,410	7,985	16.2	35,973	72.8	5,452	11.0
2014년	50,424	7,229	14.3	36,809	73.0	6,386	12.7
2017년	50,977	6,890	13.5	37,068	72.7	7,019	( )
2020년	51,435	6,788	13.2	36,563	71.1	8,084	15.7
2026년	52,042	6,696	12.9	34,506	66.3	10,840	20.8
2030년	52,159	6,575	12.6	32,893	63.1	12,691	24.3
2040년	51,092	5,718	11.2	28,873	56.5	16,501	32.3
2050년	48,121	4,783	9.9	25,347	52.7	17,991	( )

※ UN의 기준에 따르면 65세 이상 인구가 7%면 고령화사회, 14%를 넘으면 고령사회 그리고 20%를 넘게 되면 초고령사회로 분류됨.

① A : 1990년 이래로 고령인구의 비율은 계속 증가하고 있으며 이 추세는 계속될 것으로 예상하고 있구나.

② B : 2017년에 이미 고령사회로 진입했고 2026년에는 초고령사회에 진입할 것으로 예상돼.

③ C : 고령인구는 1990년 219만 5천 명에서 지속적으로 증가하여 2030년 1,269만 1천 명, 2050년 1,799만 1천 명 수준으로 늘어날 것으로 예상돼.

④ D : 2010년에 고령인구 비중이 전체 인구의 10%를 넘었고 이후 계속 증가해 2050년에는 고령인구의 비중이 전체의 37% 이상을 차지할 것으로 보여.

25. 다음은 20X0 ~ 20X4년 일부 아시아 국가의 1인당 알코올음료 소비량을 나타낸 자료이다. 이에 대한 설명으로 옳은 것을 〈보기〉에서 모두 고르면?

〈1인당 알코올음료 소비량〉

(단위 : ℓ)

구분	20X0년	20X1년	20X2년	20X3년	20X4년
한국	8.9	9.1	8.7	8.7	8.5
중국	5.8	5.7	5.6	6.6	5.6
인도	3.0	3.0	3.0	2.9	3.1
인도네시아	0.1	0.1	0.1	0.1	0.1
이스라엘	2.7	2.7	2.7	3.0	3.0
일본	7.1	7.2	7.2	7.2	7.2
튀르키예	1.5	1.4	1.3	1.4	1.4

※ 1인당 알코올음료 소비량(Consumption of Alcoholic Beverages per Person) : 15세 이상 인구 대상 순수 알코올 상당 술 소비량으로 환산한 추정치임.
※ 환산율은 나라별로 차이가 있으나, 일반적으로 맥주는 4~5%, 와인은 11~16%, 증류주는 40%이면 순수 알코올 등가물로 가중치를 부여함.

―| 보기 |―

ⓐ 한국의 1인당 알코올음료 소비량은 매해 다른 여섯 국가를 상회한다.
ⓑ 중국의 1인당 알코올음료 소비량은 인도네시아와 이스라엘의 1인당 알코올음료 소비량의 합을 매해 상회한다.
ⓒ 일본의 1인당 알코올음료 소비량은 중국의 1인당 알코올음료 소비량을 매해 상회한다.
ⓓ 인도의 1인당 증류주 소비량은 인도네시아의 1인당 증류주 소비량을 매해 상회한다.
ⓔ 이스라엘의 1인당 알코올음료 소비량은 매해 튀르키예의 1인당 알코올음료 소비량의 2배 이상이다.

① ⓐ, ⓑ, ⓒ
② ⓐ, ⓑ, ⓔ
③ ⓐ, ⓓ, ⓔ
④ ⓑ, ⓒ, ⓓ

26. 다음은 20XX년 공항철도의 여객 수송실적을 나타낸 자료이다. 이에 대한 해석으로 옳지 않은 것은?

〈20XX년 공항철도 월별 여객 수송실적〉

(단위 : 천 명)

구분	승차인원	유입인원	수송인원
1월	2,843	2,979	5,822
2월	(A)	2,817	5,520
3월	3,029	3,302	6,331
4월	3,009	3,228	6,237
5월	3,150	3,383	6,533
6월	3,102	3,259	6,361
7월	3,164	3,267	6,431
8월	3,103	(B)	6,720
9월	2,853	3,480	6,333
10월	3,048	3,827	6,875
11월	2,923	3,794	6,717
12월	3,010	3,900	(C)

※ 유입인원 : 다른 철도를 이용하다가 공항철도로 환승하여 최종 종착지에 내린 승객의 수
※ 수송인원=승차인원+유입인원

① 20XX년 공항철도의 수송인원은 매 분기 증가하고 있다.
② 20XX년 2분기 공항철도 총 유입인원은 1천만 명보다 적다.
③ 9월의 공항철도 유입인원은 8월에 비해 1만 5천 명 이하로 줄었다.
④ 유입인원이 가장 많았던 달과 수송인원이 가장 많았던 달은 일치한다.

27. 다음 20XX년 국가별 남성의 육아휴직 관련 자료에 대한 설명으로 잘못된 것은?

〈육아휴직 사용자 중 남성의 비중〉

(단위 : %)

국가	남성의 비중	국가	남성의 비중
아이슬란드	45.6	캐나다	13.6
스웨덴	45.0	이탈리아	11.8
노르웨이	40.8	한국	4.5
포르투갈	43.3	오스트리아	4.3
독일	24.9	프랑스	3.5
덴마크	24.1	일본	2.3
핀란드	18.7	벨기에	25.7

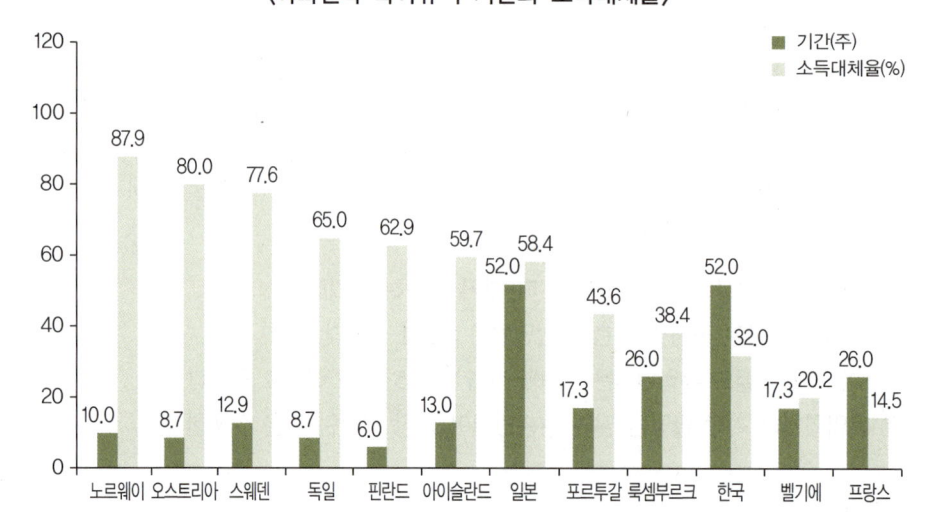

〈아빠전속 육아휴직 기간과 소득대체율〉

※ 아빠전속 육아휴직 기간 : 육아휴직 기간 중 할당 또는 그 밖의 방법으로 아빠에게 주어지며 엄마에게 양도하거나 공유할 수 없는 기간을 말함.

① 육아휴직 사용자 중 남성의 비중이 가장 큰 국가와 가장 작은 국가의 차이는 43.3%p이다.
② 육아휴직 사용자 중 남성의 비중이 높다고 해서 아빠전속 육아휴직 기간이 긴 것은 아니다.
③ 아빠전속 육아휴직 기간이 길수록 소득대체율이 높다.
④ 아빠전속 육아휴직 기간이 가장 긴 국가와 가장 짧은 국가의 차이는 46주이다.

[28 ~ 29] 다음은 중소기업 CEO 400명을 대상으로 해외경기가 부진하다고 느껴지는 분야와 지역을 설문한 결과이다. 이어지는 질문에 답하시오(단, 주어진 모든 수치는 소수점 아래 첫째 자리에서 반올림한 것이다).

⟨해외경기가 부진하다고 느끼는 분야별 비율(중복 응답)⟩
(단위 : %)

농수산업	경공업	중화학공업	기타	계
31	37	36	7	100

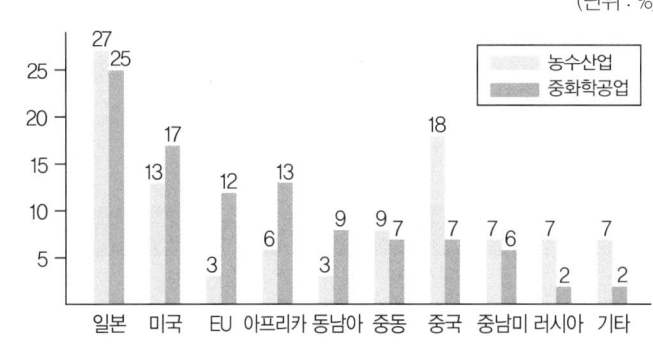

28. 위 자료에서 경공업 분야의 해외경기가 부진하다고 응답한 CEO의 수는?

① 124명　　② 132명
③ 148명　　④ 154명

29. 위 자료에서 농수산업 분야의 해외경기가 중남미 지역에서 부진하다고 응답한 CEO의 수는? (단, 소수점 아래 첫째 자리에서 반올림한다)

① 9명　　② 10명
③ 11명　　④ 12명

30. 다음 자료에 대한 설명으로 옳지 않은 것은?

〈직종별 공무직 근로자 비중〉
(단위 : %)

구분	A 지역	B 지역	C 지역
교육실무사	18.6	18.6	16.9
전산실무사	20.7	27.1	16.7
사서	19.1	22.8	20.4
전문상담사	19.4	18.4	22.6
조리실무사	22.2	13.1	23.4
합계	100.0	100.0	100.0

※ 비중은 소수점 이하 둘째 자리에서 반올림하여 소수점 이하 첫째 자리까지 나타낸 수치임.

〈지역별 공무직 근로자 수〉
(단위 : 명)

구분	A 지역	B 지역	C 지역
공무직 근로자 수	35,200	32,000	28,000

① A ~ C 지역 사서 수의 합은 21,000명 이상이다.
② 조리실무사 수는 A 지역이 가장 많다.
③ 교육실무사 수는 A 지역이 B 지역보다 많다.
④ 전산실무사 대비 교육실무사 비중이 가장 높은 지역은 C 지역이다.

31. 다음 〈대화〉를 참고할 때, 김 사원이 말한 조건에 가장 적합한 전자피아노 모델은?

〈전자피아노 모델〉

모델명	센서	동시발음수	음색 수	블루투스	건반	가격(원)
CB-340	2	128	120	○	목건반	450,000
ZL-810	2	256	250	○	플라스틱	1,200,000
SS-110	1	64	60	○	플라스틱	350,000
AE-400	1	88	98	×	목건반	550,000

| 대화 |

김 사원 : 전자피아노를 3대 구입하고 싶습니다.
상담원 : 피아노를 연주하는 사람은 누구인가요?
김 사원 : 회사 휴게실에 전자피아노를 설치하려고 합니다. 회사 직원들이기 때문에 능숙한 사람들은 적습니다.
상담원 : 보통 전공자들은 동시발음수와 음색 수를 중요하게 여기는데, 숫자가 높을수록 좋은 음질을 가지고 있습니다. 전공자들이 아니라면 100 이하의 동시발음수와 음색 수면 충분합니다. 가격은 어느 정도로 생각하시고 계신가요?
김 사원 : 총 구매액 300만 원 이하로 구매하길 원합니다. 또 블루투스로 연결할 수 있는 피아노였으면 좋겠군요. 센서의 차이는 무엇인가요?
상담원 : 센서는 한 건반을 연달아 칠 때 반응하는 속도를 뜻합니다. 3센서가 가장 좋지만 비전공자에게는 크게 상관이 없습니다. 건반 종류도 비전공자에게는 큰 차이가 없기 때문에 플라스틱 건반으로 구매하시는 것이 효율적입니다.
김 사원 : 알겠습니다. 비전공자들에게 적합한 모델로 구매하는 것이 좋겠네요.

① CB-340
② ZL-810
③ SS-110
④ AE-400

32. ○○사 총무팀은 신년 부서 연찬회를 낮 최고기온이 가장 따뜻한 지역의 연수원에서 1박 2일 일정으로 진행하기로 하였다. 연찬회가 시작되는 날의 일기예보가 다음과 같을 때, 〈진행일정〉을 참고하여 고른 연찬회 장소로 적절한 곳은?

강릉	광주	대전	대구	백령	부산
구름조금 −5/9℃	구름조금 −5/9℃	구름조금/안개 −8/4℃	구름조금 −8/7℃	구름조금 −11/2℃	맑음 −2/10℃

서울	울릉	전주	제주	청주	춘천
구름조금/안개 −8/3℃	구름많음/비 1/5℃	구름조금 −7/5℃	구름조금 4/11℃	구름조금/안개 −9/3℃	구름조금 −11/1℃

〈진행일정〉

가. 연찬회 출발일 : 202X. 1. 5.
나. 연수원 위치 : 강릉, 청주, 전주, 부산, 제주
다. 이용하는 교통편 : 기차 및 연수원 소재 승용차 등

① 강릉
② 청주
③ 전주
④ 제주

33. A는 연료가 가장 적게 드는 방법으로 유적지 탐사를 했다. A가 집에서 출발하여 모든 유적지를 한 번씩 둘러보았을 때, 유적지 탐사에 쓴 연료비는 총 얼마인가? (단, 휘발유는 1L당 1,500원이고 집으로 돌아올 때의 연료비는 고려하지 않는다)

A는 휴가 때 전국의 유적지들을 답사하려 한다. 〈자료 1〉과 〈자료 2〉는 A의 집을 중심으로 A가 갈 유적지들의 위치와 유적지 간의 거리를, 〈자료 3〉은 도로별 연비를 나타낸다.

〈자료 1〉 유적지 위치도

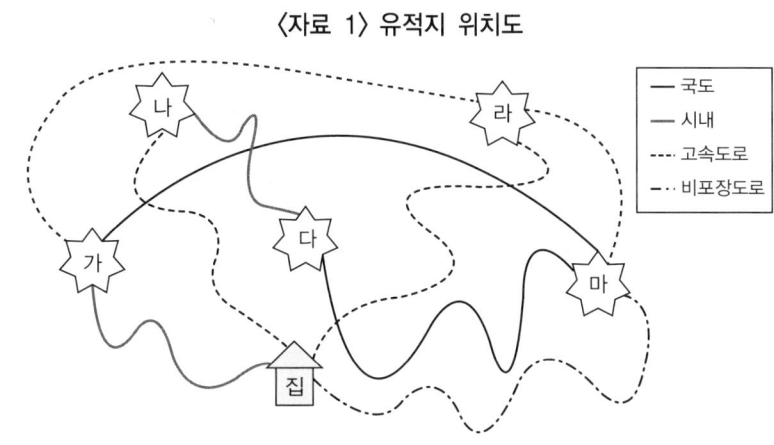

― 국도
― 시내
--- 고속도로
-·- 비포장도로

〈자료 2〉 연결로 길이 (단위 : km)

	집	가	나	다	라	마
마	80	70		70	50	
라	90	100				
다			40			
나	70					
가	60					

〈자료 3〉 도로별 연비

도로	연비
국도	14km/L
시내	8km/L
고속도로	20km/L
비포장도로	10km/L

※ 연비는 휘발유 1L당 자동차가 달릴 수 있는 거리를 나타낸다.

① 29,625원
② 31,500원
③ 34,125원
④ 36,750원

[34 ~ 35] 다음 〈보기〉는 명령어와 그에 따른 그래프 출력 결과이다. 이어지는 질문에 답하시오.

| 보기 |

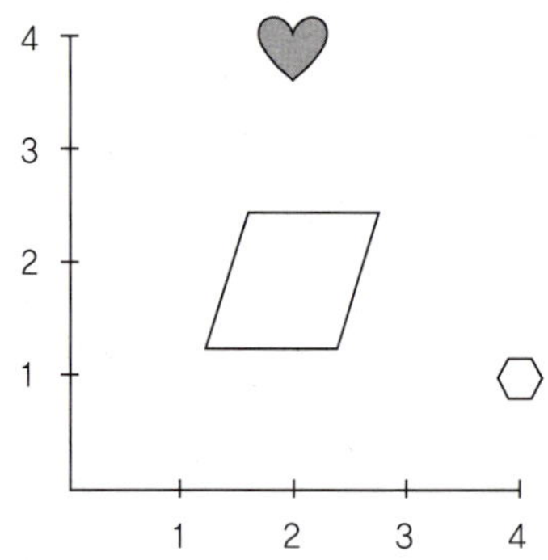

W4 / H4 / T(2, 2) : W1 / P(4, 1) : W3 / H(2, 4) : G2

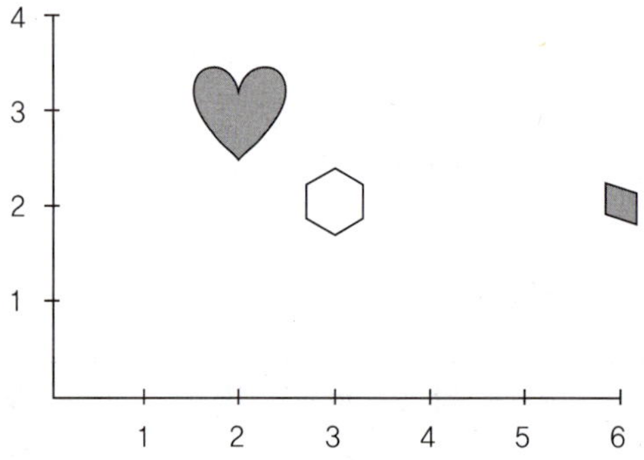

W6 / H4 / T'(6, 2) : G3 / P'(3, 2) : W2 / H(2, 3) : G1

34. 〈보기〉를 참고할 때, 다음 그래프에 알맞은 명령어는 무엇인가?

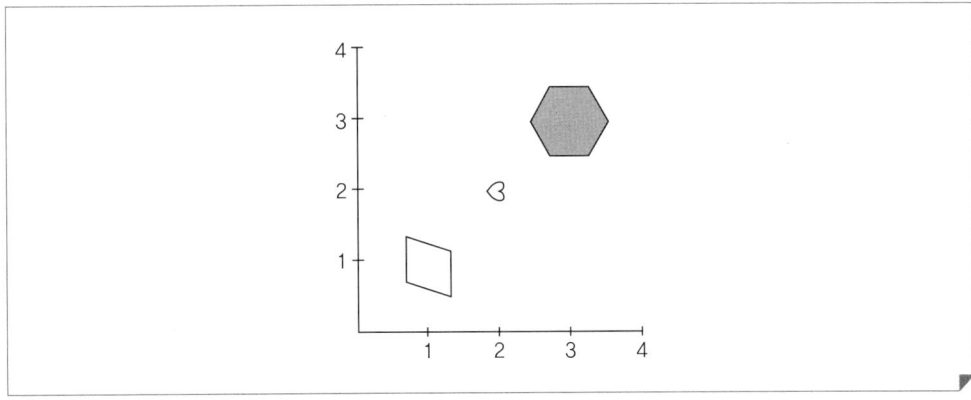

① W4 / H4 / T'(1, 1) : W1 / P(3, 3) : G1 / H'(2, 2) : W3
② W4 / H4 / T'(1, 1) : W2 / P(3, 3) : G1 / H'(2, 2) : W3
③ W4 / H4 / T'(1, 1) : W2 / P'(3, 3) : G1 / H'(2, 2) : W3
④ W4 / H4 / T'(1, 1) : W1 / P'(3, 3) : G1 / H'(2, 2) : W3

35. 명령어 W5 / H4 / T(3, 3) : G1 / P'(1, 3) : G2 / H(3, 1) : W1을 입력하였는데 오류가 발생하여 다음과 같은 그래프가 나왔다. 〈보기〉를 참고할 때, 오류가 발생한 값은?

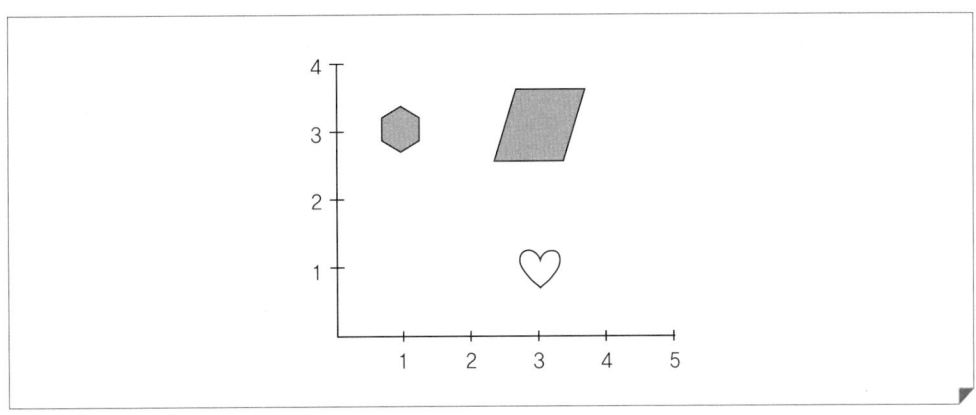

① W5 / H4
② T(3, 3) : G1
③ P'(1, 3) : G2
④ H(3, 1) : W1

[36 ~ 37] 다음 〈보기〉는 명령어와 그에 따른 그래프 출력 결과이다. 이어지는 질문에 답하시오.

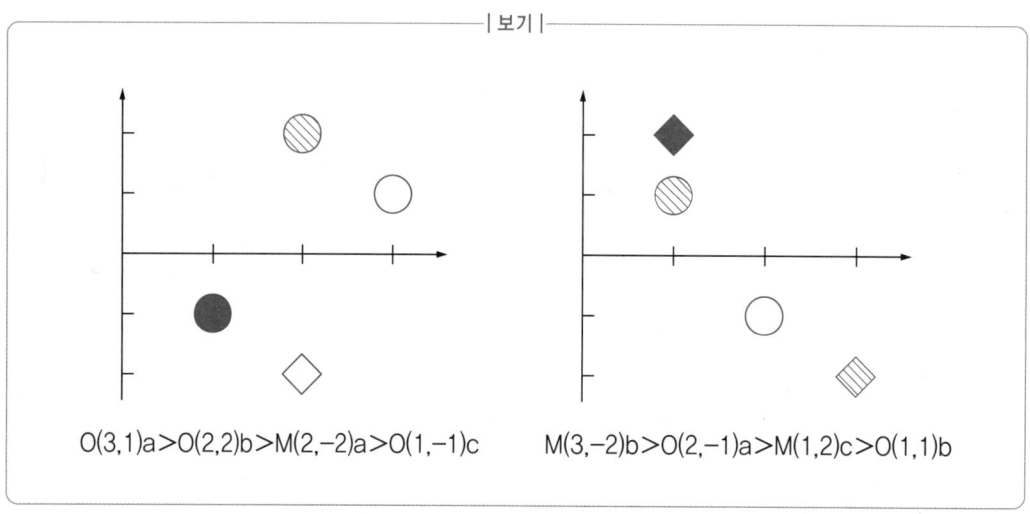

O(3,1)a>O(2,2)b>M(2,-2)a>O(1,-1)c   M(3,-2)b>O(2,-1)a>M(1,2)c>O(1,1)b

36. 〈보기〉를 참고할 때, 다음 명령어 중 가장 큰 값은?

① M(1,3)c
② M(2,3)a
③ O(3,-2)b
④ O(2,-2)c

37. 〈보기〉를 참고할 때, 다음의 그래프를 만들기 위한 명령어 내의 부등식으로 적절하지 않은 것은?

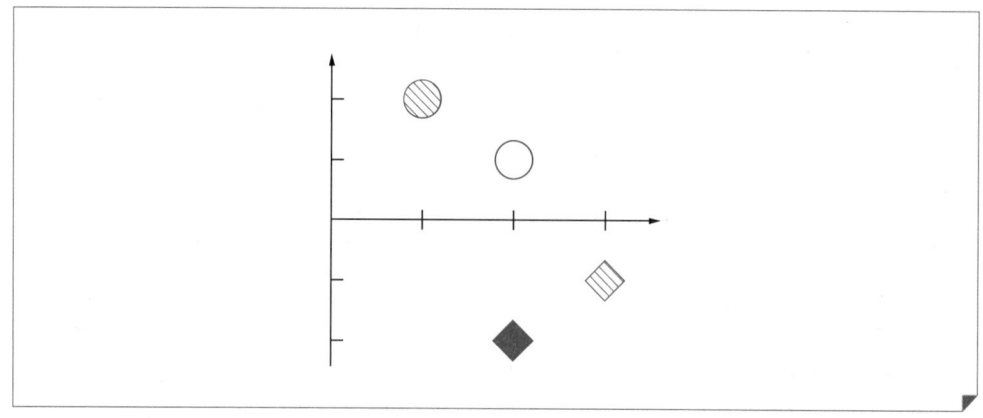

① M(3,-1)b>O(2,1)a
② M(3,-1)b>O(1,2)b
③ O(2,1)a>O(1,2)b
④ M(2,-2)c>O(2,1)a

38. 다음은 K 제과점의 품목 할인 기준 적용을 도식화한 순서도이다. 〈보기〉를 참고할 때, 구입 금액은 얼마인가? (단, 중복 할인은 불가하며, 가능한 가장 큰 할인율을 적용받는다)

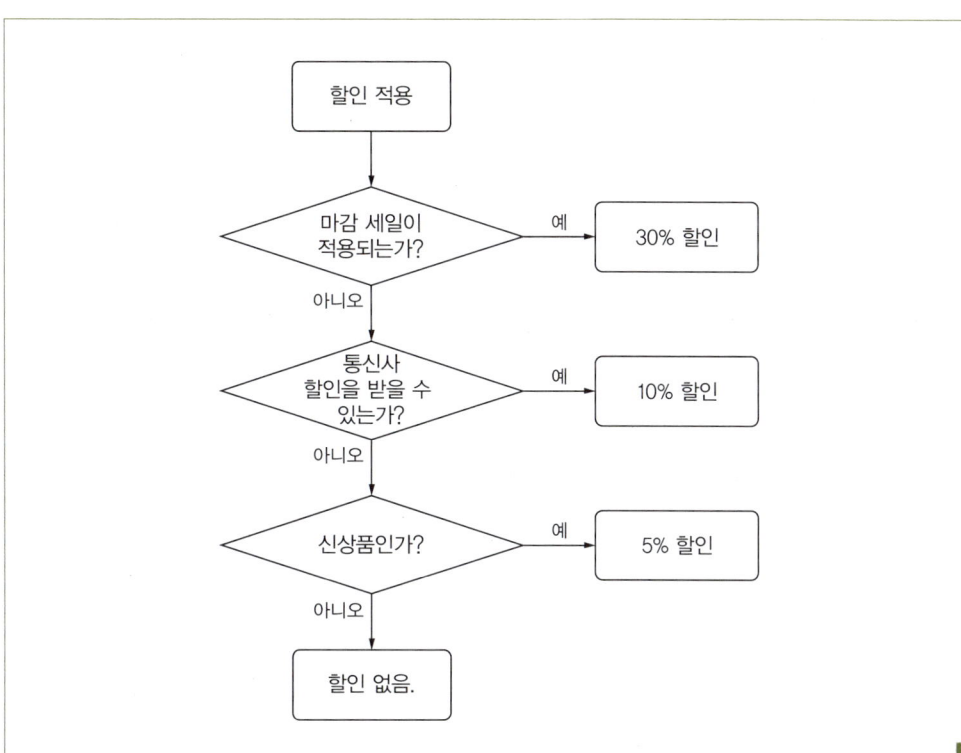

| 보기 |

김은송 씨는 크리스마스 케이크를 구매하기 위해 퇴근 후 K 제과점에 방문하였다. 밤 10시에 마감 세일을 진행하는 K 제과점은 올해 크리스마스 신상 딸기 케이크 출시하였는데, 먹음직스러워 보이고 정가도 15,000원으로 적정한 것 같아 그 딸기 케이크를 구매하기로 하였다. 결제를 하려고 할 때, 직원은 김은송 씨가 통신사 할인도 받을 수 있음을 알려주었다. 결제 후 시계를 보니 저녁 6시 30분이었다.

① 15,000원 ② 14,250원
③ 13,500원 ④ 10,500원

[39~40] 다음 내용을 보고 이어지는 질문에 답하시오.

〈상황〉
- ○○기업에서 에어컨 설치를 담당하는 K 기사는 오늘 예약된 관할지역 고객 명단을 보며 방문 계획을 세우고 있다.
- 오늘 방문해야 할 고객은 A, B, C, D, E로 총 5명이다.
- 에어컨 설치 1건당 1시간 30분이 소요된다.
- K 기사는 오늘 설치해야 할 에어컨을 모두 싣고 물류센터에서 9시 10분에 출발하여 첫 번째 고객에게 방문할 예정이다.
- 물류센터에서 첫 번째 설치고객에게 방문하는 데 20분이 소요되고, 고객 간 이동 소요 시간은 각 15분이다.

〈에어컨 설치 예약현황〉

고객	설치 방문 희망시간	요청사항
A	오후 1~5시 사이	오전 중에 방문시간 연락 주세요.
B	오후 3시 이후	
C	12시 이후	오후 4시 이전에 설치 완료해 주세요.
D	오전 9~11시 사이	
E	상관없음.	방문 1시간 전에 연락 주세요.

※ 단, 점심시간은 고려하지 않는다.

39. 〈상황〉과 〈에어컨 설치 예약현황〉에 나타난 고객들의 설치방문 희망시간 및 요청사항을 고려할 때, K 기사의 방문 순서로 옳은 것은?

① D → E → A → C → B
② D → E → C → A → B
③ D → E → C → B → A
④ E → D → C → A → B

40. 각 고객에게 방문하기 2시간 전에 알림문자를 발송하려고 한다. K 기사가 3번째 방문고객에게 문자를 전송해야 하는 시각은?

① 오전 10시
② 오전 10시 20분
③ 오전 10시 35분
④ 오전 11시

41. 다음은 신입사원들의 프로필을 간략하게 정리한 표이다. 인사팀에서 이 정보를 종합적으로 고려하여 신입사원들을 국내 영업, 기획, 회계, 총무, 해외 영업팀 중 하나로 부서배치를 하려고 한다. 그 결과로 가장 적절하지 않은 것은?

사원	전공	외국어	특이사항	면접 메모
A	무역학	영어	타사 영업부서 경력	밝고 긍정적, 적극적인 성격
B	경영학	영어	공모전 수상 경력	말을 차분하고 논리적으로 잘함.
C	회계학	-	AFPK, 전산세무회계 자격증	침착하고 조용한 성격
D	국제경영학	영어, 중국어	해외 영업, 지사 근무 희망	외국어 구사 능력이 뛰어남.

① A-국내 영업팀
② B-기획팀
③ C-회계팀
④ D-총무팀

[42 ~ 43] 다음 〈규칙〉을 참고하여 이어지는 질문에 답하시오.

―| 규칙 |―

- 4개의 행과 열로 이루어진 격자가 존재한다.
- 행바꿈이란 각 행에 해당하는 모든 칸을 서로 바꾸어 주는 것이다.
- 열바꿈이란 각 열에 해당하는 모든 칸을 서로 바꾸어 주는 것이다.

〈버튼의 기능〉

버튼	기능
A	1행과 2행을 행바꿈한 후 3열과 4열을 열바꿈한다.
B	3행과 4행을 행바꿈한 후 1열과 2열을 열바꿈한다.
C	1행과 3행을 행바꿈한 후 2열과 4열을 열바꿈한다.
D	2행과 4행을 행바꿈한 후 1열과 3열을 열바꿈한다.

예 (ㄱ)에 A 버튼을 누르면 (ㄴ)의 과정을 거쳐 (ㄷ)의 결과물이 된다.

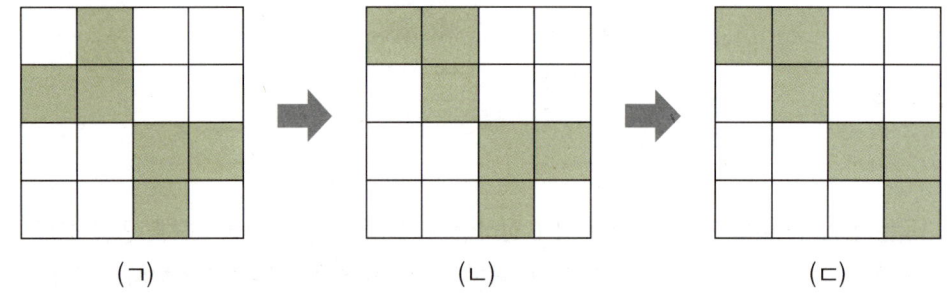

(ㄱ)　　　　　　(ㄴ)　　　　　　(ㄷ)

42. (ㄱ)을 (ㄴ)과 같이 만들기 위해서는 어떤 버튼을 눌러야 하는가?

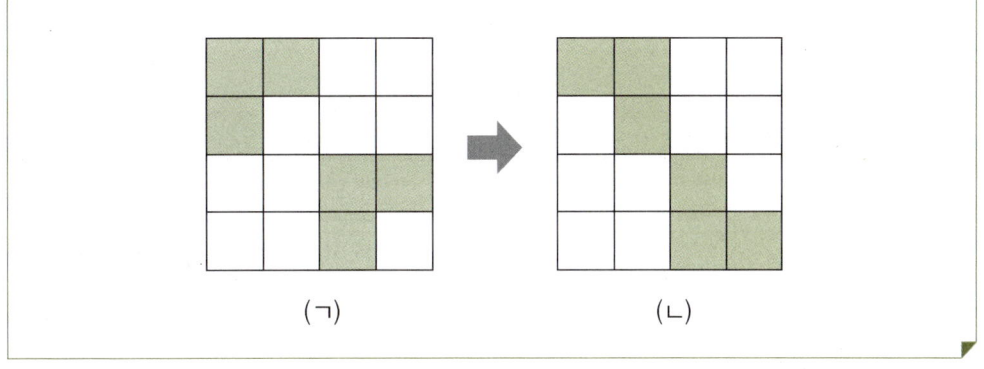

① A 버튼　　　　　　　　　　② B 버튼
③ C 버튼　　　　　　　　　　④ D 버튼

43. (ㄱ)에서 버튼을 3번 눌렀더니 (ㄴ)과 같이 바뀌었다. 어떤 순서로 버튼을 눌렀는가?

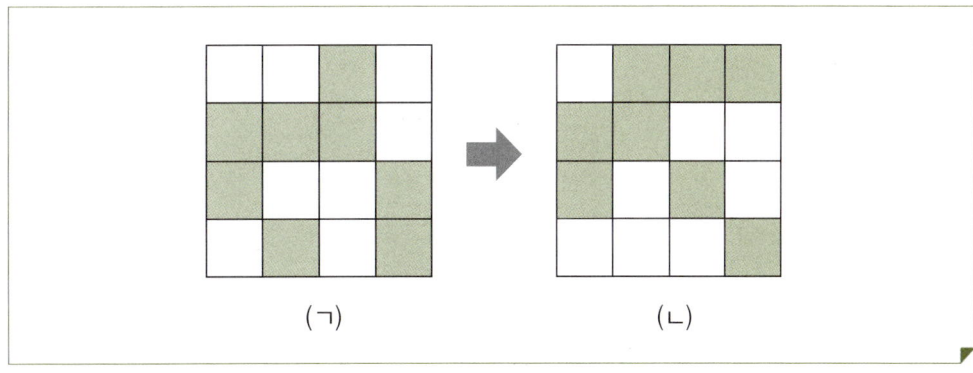

① A → B → B　　　　　　　② A → B → D
③ D → C → A　　　　　　　④ D → C → B

[44 ~ 45] 다음은 도형을 변환시키는 각 버튼이 의미하는 기능을 나타낸 것이다. 이를 참고하여 왼쪽 도형이 오른쪽 도형의 모습으로 나타나기 위해 눌러야 하는 버튼을 순서대로 고르면?

〈버튼의 기능〉

버튼	기능
⊙	각 도형을 색 반전
♡	각 도형을 180° 회전(원점 대칭)
⋈	각 도형을 시계 방향으로 90° 회전
☆	각 도형을 상하 대칭(X축 대칭)

44.

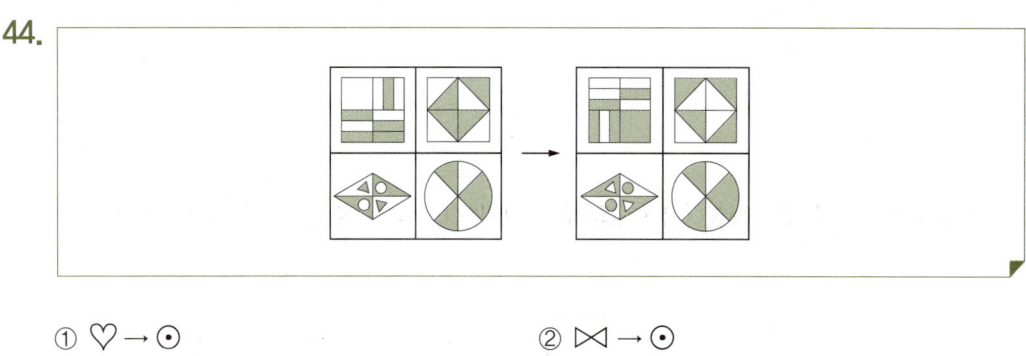

① ♡ → ⊙   ② ⋈ → ⊙
③ ☆ → ⋈   ④ ⊙ → ☆

45.

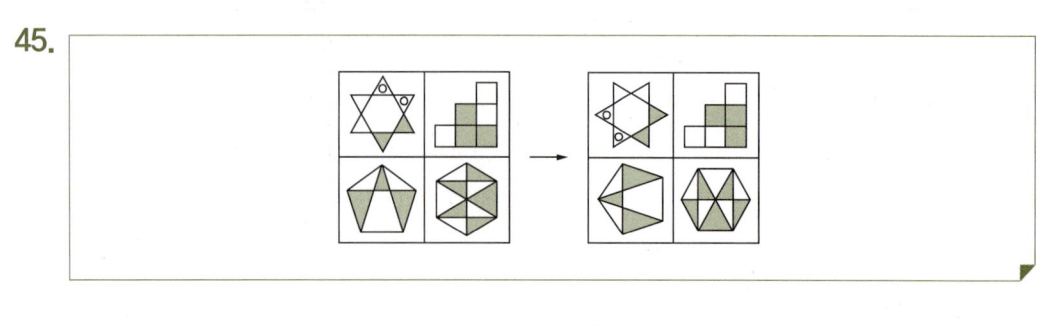

① ⋈ → ⊙   ② ☆ → ⊙
③ ☆ → ⋈   ④ ⊙ → ⋈

[46 ~ 47] 제시된 글의 밑줄 친 ㉠과 ㉡의 관계와 가장 유사한 것을 고르시오.

46.
> 아리스토텔레스를 시작으로 19세기까지 ㉠자연철학은 자연을 탐구하는 모든 학문을 지칭하는 용어로 사용되었고, 19세기에 영국 과학자 윌리엄 휴얼이 ㉡과학이라는 용어를 제시한 이후 생물학, 물리학 등이 과학 아래 편입되기 시작하였다.

① 학교 : 선생님 ② 찬성 : 반대
③ 당선 : 과반 ④ 탐라 : 제주

47.
> 하늘에서 떨어지는 물체는 지구가 끌어당기는 ㉠중력 때문에 계속해서 낙하속도가 커진다. 하지만 동시에 반대 방향으로 밑에서 밀고 있는 ㉡공기저항도 커진다.

① 우유 : 젖소 ② 꿀벌 : 꽃
③ 연필 : 샤프 ④ 습기 : 곰팡이

48. 다음 두 쌍의 단어 관계가 같도록 빈칸에 들어갈 알맞은 단어를 고르면?

> 알짜 : 껍데기 = 실질 : ( )

① 본질 ② 내용
③ 실현 ④ 명분

49. A와 B에 들어갈 말을 알맞게 나열한 것은?

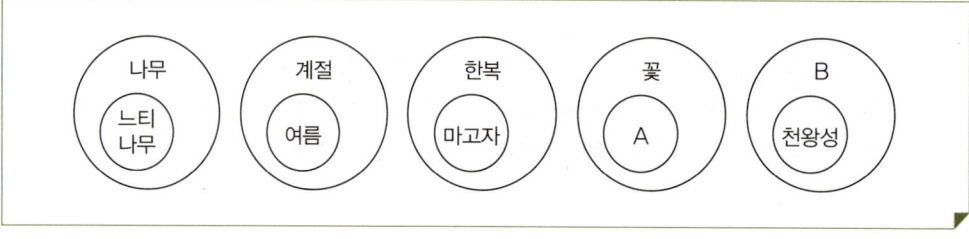

	A	B		A	B
①	장미	행성	②	식물	명왕성
③	열매	행성	④	철쭉	지구

50. 다음 〈조건〉이 반드시 성립한다고 할 때, 항상 참인 명제는?

| 조건 |

- 다이빙을 좋아하는 사람은 서핑도 좋아한다.
- 요트를 좋아하는 사람은 낚시도 좋아한다.
- 서핑을 좋아하지 않는 사람은 낚시도 좋아하지 않는다.
- 카누를 좋아하지 않는 사람은 서핑도 좋아하지 않는다.

① 다이빙을 좋아하는 사람은 요트도 좋아한다.
② 요트를 좋아하지 않는 사람은 서핑도 좋아하지 않는다.
③ 카누를 좋아하는 사람은 낚시도 좋아한다.
④ 다이빙을 좋아하는 사람은 카누도 좋아한다.

51. 다음 결론이 참이 되도록 전제의 (가)에 들어갈 명제로 옳은 것은?

[전제] • 건강에 관심이 많지 않은 사람은 종합비타민제를 챙겨 먹지 않는다.
• 건강에 관심이 많은 사람은 규칙적으로 운동을 한다.
• (　　　　　　　　가　　　　　　　　)
[결론] A는 종합비타민제를 챙겨 먹지 않는다.

① A는 규칙적으로 운동을 하지 않는다.
② A는 건강에 관심이 많다.
③ 규칙적으로 운동을 하면 종합비타민제를 챙겨 먹는다.
④ A는 규칙적으로 운동을 하지만 건강에 관심이 없다.

52. 동일, 태현, 은혁, 보라, 민정이 〈조건〉에 따라 가위바위보 내기를 할 때, 다음 설명 중 옳지 않은 것은?

| 조건 |
• 동일과 보라가 가위바위보를 하면 항상 동일이 이긴다.
• 태현이 가위를 내면 민정은 바위를 낸다.
• 태현과 보라는 항상 서로 다른 모양을 낸다.
• 민정은 바위와 보만을 낸다.
• 은혁은 항상 보라와 민정에게 진다.

① 동일이 주먹을 낼 경우 태현은 바위 혹은 보를 낸다.
② 태현이 가위를 낼 경우 은혁도 가위를 낸다.
③ 동일이 가위를 낼 경우 은혁은 보를 낸다.
④ 은혁이 민정과의 내기에서 낼 수 있는 모양은 가위와 바위뿐이다.

[생산기술직] 인적성검사

[53 ~ 60] 다음 숫자들의 배열 규칙을 찾아 '?'에 들어갈 알맞은 숫자를 고르시오.

53.

| 4 3 6 9 8 16 19 18 (?) |

① 21　　　　　　　　　　　② 26
③ 31　　　　　　　　　　　④ 36

54.

| 6 8 19 (?) 249 |

① 45　　　　　　　　　　　② 61
③ 98　　　　　　　　　　　④ 124

55.

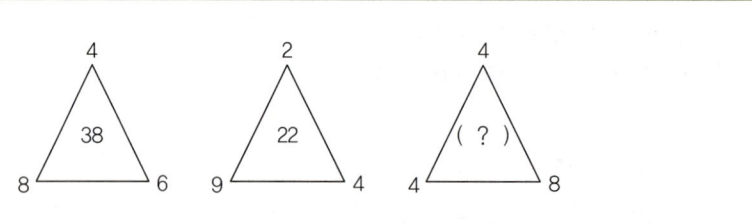

① 14　　　　　　　　　　　② 19
③ 20　　　　　　　　　　　④ 24

56.

104 8 13   228 12 19   98 (?) 7

① 11 ② 12
③ 13 ④ 14

57.

| 1 | 4 | 9 | 16 | (?) |

① 15 ② 20
③ 25 ④ 30

58.

| 2 | 7 | 9 | | 3 | 8 | 11 | | 4 | (?) | 14 |

① 6 ② 8
③ 10 ④ 12

59.

| −73 | −66 |
| −50 | −42 |

| 149 | 135 |
| 103 | (?) |

① 66 ② 77
③ 87 ④ 100

60.

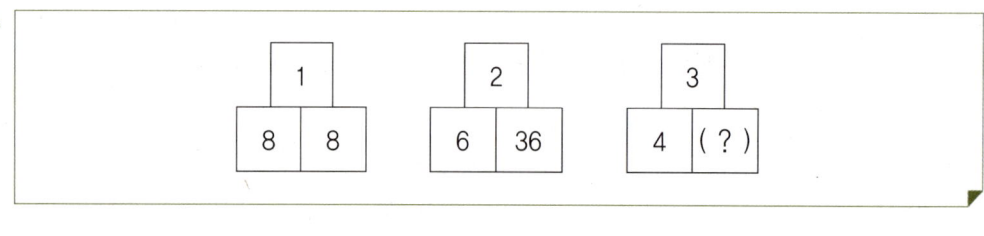

① 4
② 16
③ 48
④ 64

61. 다음 중 포스코의 'PARK 1538'에 대한 설명으로 가장 옳은 것은?

① PARK 1538은 포스코의 철강 생산 공정을 실시간으로 관람할 수 있는 산업 시설이다.
② 포스코홍보관은 철강 산업의 발전사를 중심으로 역사적 사료를 전시하는 공간이다.
③ 구름다리는 포스코 역사박물관과 수변공원을 연결하며, 철강재로 만든 다리 위를 걸으며 제철소를 조망할 수 있다.
④ PARK 1538은 포스코의 역사와 미래를 보여주는 공간으로, 홍보관과 역사박물관뿐만 아니라 자연과 함께하는 수변공원도 포함되어 있다.

62. 포스코가 IMF 외환위기를 극복하기 위해 했던 사업이 아닌 것은?

① 1997년 중국에 아연도금강판공장을 준공하였다.
② 1998년 동남아 최초의 코일센터인 POS-THAI를 준공하였다.
③ 2002년 말레이시아 아연도금강판공장을 준공하였다.
④ 2002년 인도네시아 코일센터를 출범하였다.

63. 다음 중 포스코의 주요 사업에 해당하지 않는 것은?

① e Autopos
② H-SOLUTION
③ Greenable
④ INNOVILT

64. 다음에서 설명하는 포스코그룹의 기관은?

> 포스코그룹은 친환경미래소재 분야의 R&D를 이끌어가기 위해 2022년 1월에 포스코그룹의 새로운 50년, 친환경 미래기술을 선구하는 것을 목표로 연구기관을 설립하였다. 포스코그룹이 친환경미래소재 전문기업으로 도약할 수 있도록 AI, 에너지소재, 수소저탄소, 호주핵심자원, 차세대원료 기술개발에 역량을 집중하고 있다.

① 포스코인재창조원
② 포스코스틸리온
③ 포스코홀딩스 미래기술연구원
④ 포스코이앤씨

65. 포스코그룹의 윤리경영에 대한 내용으로 옳지 않은 것은?

① 클린 포스코 시스템을 통해 모든 추천 및 청탁 내용을 기록, 관리한다.
② 매년 1월 업무시작 전 모든 임직원은 CEO 메시지를 통해 윤리규범 준수서약을 실시한다.
③ 5만 원을 초과하지 않는 판촉 또는 홍보 용도의 선물은 받을 수 있다.
④ 해외출장 시 해외법인으로부터 선물을 요구하거나 받는 경우는 예외적으로 가능하다.

PAT 2회 기출유형문제

문항수 | 65문항
시험시간 | 60분

▶ 정답과 해설 28쪽

01. 다음 글의 주제로 가장 적절한 것은?

> 어떤 경제 주체의 행위가 자신과 거래하지 않는 제3자에게 의도하지 않게 이익이나 손해를 주는 것을 '외부성'이라 한다. 과수원의 과일 생산이 인접한 양봉업자에게 벌꿀 생산과 관련한 이익을 준다든지, 공장의 제품 생산이 강물을 오염시켜 주민들에게 피해를 주는 것 등이 대표적인 사례이다.
>
> 외부성은 사회 전체로 보면 이익이 극대화되지 않는 비효율성을 초래할 수 있다. 개별 경제 주체가 제3자의 이익이나 손해까지 고려하여 행동하지는 않을 것이기 때문이다. 예를 들어 과수원의 이윤을 극대화하는 생산량이 Q라고 할 때, 생산량을 Q보다 늘리면 과수원의 이윤은 줄어든다. 하지만 이로 인한 과수원의 이윤 감소보다 인접 양봉업자의 이윤 증가가 더 크다면, 생산량을 Q보다 늘리는 것이 사회적으로 바람직하다. 그러나 과수원이 자발적으로 양봉업자의 이익까지 고려하여 생산량을 Q보다 늘릴 이유는 없다.
>
> 전통적인 경제학은 이러한 비효율성의 해결책이 보조금이나 벌금과 같은 정부의 개입이라고 생각한다. 보조금을 받거나 벌금을 내게 되면 제3자에게 주는 이익이나 손해가 더 이상 자신의 이익과 무관하지 않게 되므로 자신의 이익에 충실한 선택이 사회적으로 바람직한 결과로 이어진다는 것이다.

① 외부성이 초래하는 문제를 해결하기 위한 정부의 개입
② 외부성에 따른 사회적 비효율
③ 제3자의 손익을 고려하지 않는 개별 경제 주체
④ 비효율성 해결을 위한 정부의 개입이 초래하는 해악

02. 다음은 기사를 읽고 ○○회사 직원들이 나눈 대화 내용이다. 대화의 흐름상 직원 D가 할 말로 가장 적절한 것은?

> 중세유럽에서 전 인구의 1/3 내지 1/4이 사망하며 중세유럽의 역사를 바꾸었다고 할 수 있는 전염병인 흑사병이 최근 중국에서 발생해 두려움을 사고 있다. 흑사병은 페스트 균(Yersinia pestis)에 의해 발생하는 급성열성감염병으로 쥐에 기생하는 벼룩이 매개한다. 페스트 균을 갖고 있는 쥐나 벼룩이 사람을 물 때 전염되며, 드물게는 페스트 환자의 기침이나 재채기, 분비물, 배설물에 의해 전염된다. '흑사병'이라는 병명은 내출혈로 인해 나타난 피부의 검은 반점에서 기인한다. 말단부의 흑색괴사도 흑사병의 공포스러운 이미지와 관련된다. 흑사병은 치료하지 않으면 치명률이 85%에 육박할 정도로 위험한 질병이다.
>
> 흑사병은 사라졌다가 최근 다시 나타난 것이 아니라 전 세계에서 매년 2천여 건씩 발생하였고 자연상태에서 늘 존재해 왔다. 전문가들은 약 10년을 주기로 설치류 사이에서 유행할 수 있다고 설명한다. 최근 중국의 흑사병 발생은 발병 지역의 강수량이 적어 심각한 가뭄이 발생하여 사막화가 진행된 것과 관련있다는 분석이 있다. 강수량이 줄고 사막화된 목초지는 페스트를 옮기는 쥐가 서식하기에 최적의 환경이라는 것이다. 흑사병 환자가 발생한 중국 네이멍구 지역에서는 대규모 인력과 헬기를 동원하여 페스트균을 옮기는 쥐와 벼룩에 대한 대대적 박멸 작전을 벌이고 있다.

직원 A : 흑사병이 엄청나게 위험한 질병이라는 얘기를 많이 들어 왔는데 중세 유럽 이후 완전히 사라졌던 병은 아니구나.
직원 B : 맞아. 그리고 지난 9월, 국내에 '돼지 흑사병'이라고 불리는 아프리카돼지열병이 처음 발생해서 충격이었어. 다행히 사람한테는 전염이 되지 않는다지만 그래도 약간 무섭긴 해.
직원 C : 현재 흑사병은 백신도 없다는데 이로부터 안전하려면 어떻게 하는 것이 좋을까?
직원 D : (?   )

① 페스트가 유행하는 지역을 여행할 경우 야생동물과의 접촉을 삼가고 개인 위생에 특별한 주의가 필요해.
② 인구에 비해 목초지가 적고 가축 수가 많은 것이 사막화의 원인이 되니깐 육식을 피하는 게 도움이 되지 않을까.
③ 전염병에 대한 사람들의 막연한 공포를 고려할 때 흑사병 의심 증상이 나타나더라도 시일을 두고 지켜본 다음, 사람들의 혼란을 막고 보건소와 전화상담을 하는 것이 좋겠어.
④ 몸이 더러운 것도 발병원인이니 평소보다 샤워를 좀 더 자주해서 깨끗하게 관리하는 것도 방안이 될 거야.

[03 ~ 04] 다음 글을 읽고 이어지는 질문에 답하시오.

시에스타란 이탈리아와 그리스 등의 지중해 연안 국가와 라틴아메리카 등지에서 시행하는 낮잠 풍습을 의미한다. 한낮에는 무더위 때문에 일의 능률이 떨어지기 때문에 낮잠을 통해 충분한 휴식을 취하여 저녁까지 일을 할 힘을 비축해두자는 취지에서 시행되고 있다. (ㄱ) 풍습의 유래는 정확하게 알려지는 바는 없으나, 대체로 포르투갈 남부 지방에서 시작되어 스페인과 그리스 등의 유럽을 거쳐 멕시코와 아르헨티나 등의 라틴아메리카 국가들로 퍼졌다고 전해진다. (ㄴ) 시에스타 시간은 나라마다 1시간 내외의 차이가 있는데 주로 1시에서 4시 사이에 2시간 정도 이루어진다.

시에스타 시간에는 개인상점들은 물론 관공서도 영업을 하지 않고 낮잠을 즐긴다. 이 때문에 시에스타는 라틴아메리카 사람들의 게으름이나 끈기 부족의 상징처럼 여기지기도 한다. (ㄷ) 이에 따라 스페인에서는 생산성 증대의 일환으로 시에스타를 폐지하자는 움직임이 일어났고 2005년 12월에 관공서의 시에스타 시행을 중지하였다. 그러나 과학적 연구결과에 따르면 시에스타는 생물학적인 필요에 의한 것이라고 한다. (ㄹ)

03. 다음 중 윗글의 내용과 일치하는 것은?

① 본래 시에스타 시간에도 관공서는 영업을 한다.
② 시에스타 시간은 오후 1시부터 4시까지다.
③ 시에스타는 풍습일 뿐 과학적인 의미는 없다.
④ 시에스타는 지중해 연안 국가와 라틴아메리카 등지에서 시행하고 있다.

04. 다음 중 〈보기〉의 문장이 들어갈 위치로 가장 적절한 것은?

| 보기 |

즉, 30분 정도의 짧은 낮잠은 원기를 회복하고 지적·정신적 능력을 향상시키는 데 도움이 된다는 것이다.

① (ㄱ)　　　　　　　　　　② (ㄴ)
③ (ㄷ)　　　　　　　　　　④ (ㄹ)

05. 다음 글의 논지를 반박할 수 있는 근거로 가장 적절한 것은?

> 지구 곳곳에서 심각한 기후 변화가 나타나고 있고 그 원인이 인간의 활동에 있다는 주장은 일견 과학적인 것처럼 들리지만 따지고 보면 진실과는 거리가 먼, 다분히 정치적인 프로파간다에 불과하다. 즉, 온실가스 배출을 낮추기 위한 인간의 노력은 낭비일 뿐이다.
>
> 기후 변화가 일어나는 이유는 인간이 발생시키는 온실가스 때문이 아니라 태양의 활동 때문이라고 보는 것이 합리적이다. 태양 표면의 폭발이나 흑점의 변화는 지구의 기후 변화에 막대한 영향을 미친다. 결과적으로 태양의 활동이 활발해지면 지구의 기온이 올라가고 태양의 활동이 상대적으로 약해지면 기온이 내려간다. 태양 활동의 거시적 주기에 따라 지구 대기의 온도는 올라가다가 다시 낮아지게 될 것이다.
>
> 대기화학자 브림블컴은 런던의 대기 오염 상황을 16세기 말까지 추적해 올라가서 그때부터 20세기까지 그 거시적 변화의 추이를 연구했는데, 그 결과 매연의 양과 아황산가스농도가 모두 19세기 말까지 빠르게 증가했다가 그 이후 아주 빠르게 감소하여 1990년대에는 16세기 말보다도 낮은 수준에 도달했음이 밝혀졌다. 반면에 브림블컴이 연구 대상으로 삼은 수백 년 동안의 지구의 평균 기온은 지속적으로 상승해 왔다. 두 변수의 이런 독립적인 행태는 인간이 기후에 미치는 영향이 거의 없다는 것을 보여 준다.

① 지구의 온도가 상승하면서 인도의 벵골 호랑이와 중국의 판다 개체 수가 줄어들어 멸종 위기에 처해 있다.
② 1,500cc 자동차가 5분 동안 공회전을 하면 90g의 이산화탄소가 공기 중에 배출되고, 12km를 달릴 수 있는 정도의 연료가 소모된다.
③ 친환경 에너지타운, 생태마을 등을 조성하는 일이 실질적으로 미세먼지를 줄이는 데에 실효성이 있는지는 여전히 의문이다.
④ 최근 수십 년간 전 세계가 대기오염을 줄이기 위한 캠페인의 일환으로 숲을 조성한 결과 지구의 평균 기온 상승률이 어느 정도 완만해졌다.

06. 다음 '꿈과 성공'을 주제로 한 글인 (가) ~ (마)를 문맥에 맞게 나열한 것은?

> (가) 그렇다면 나는 어느 편인가? 나는 스스로의 삶에 책임을 지고 꿈을 향해 나아가려 노력하는가? 아니면 쉽게 포기하고 남 탓하며 꿈도 없이 되는 대로 살아가고 있는가? 이는 옳고 그른 것을 따지는 것이 아니라 삶을 사는 데 있어 어느 편이 더 유익한가에 관한 질문이다.
>
> (나) 꿈이 없는 사람, 즉 자신이 인생에서 무엇을 원하는지 모르는 사람이 상당한 성공을 이루었다는 말을 들어본 적이 있는가? 꿈이 분명해야 우리는 가야 할 곳을 정확히 알고 궁극적으로 성공과 행복으로 나아갈 수 있다.
>
> (다) 꿈은 마음속 깊은 곳에 존재하는 이상이나 희망을 말한다. 꿈은 우리가 가야 할 방향과 가야 할 이유 그리고 힘과 열정의 원천을 제공한다. 꿈이 목표를 정하고 목표는 행동을 계획하며 행동은 결과를 만들고 결과는 우리에게 성공을 가져다준다. 따라서 꿈이 있는 사람과 꿈이 없는 사람의 차이는 엄청나게 크다.
>
> (라) 그러므로 원하는 것을 이루기 위해선 목표를 먼저 설정해야 한다. 목표의 원천은 꿈이다. 목표는 꿈에서 시작된다. 꿈이 구체화된 것이 목표이며, 꿈은 우리의 인생목적이 표현된 것이다.
>
> (마) 원하는 것을 이루는 핵심비결은 무엇일까? 그 해답은 목표를 명확히 하고 지속적으로 집중하는 것이다. 목적지를 입력하면 그곳을 향해 정진하는 자동항법장치처럼 우리의 마음도 목표가 분명해지면 그곳을 향해 정확히 움직인다.

① (나)-(가)-(다)-(마)-(라)
② (나)-(가)-(라)-(다)-(마)
③ (마)-(라)-(가)-(다)-(나)
④ (마)-(라)-(다)-(나)-(가)

07. 다음 글에 대한 이해로 적절하지 않은 것은?

> 한국 사회는 이미 '초저출산 사회'로 접어들었고, 최근에는 초저출산 현상이 심화되는 양상이다. 일선 지방자치단체들이 인구 증가시책의 하나로 출산·양육지원금을 경쟁적으로 늘리고 있으나 출생아는 물론 인구가 오히려 줄고 있다.
>
> 전북 진안군은 파격적인 출산장려금 지원에도 좀처럼 인구가 늘지 않아 고민이다. 2013년 2만 7천6명이던 진안군 인구는 2016년 2만 6천14명으로 줄었다. 해마다 감소하는 출산율을 높이기 위해 2016년 출산장려금을 대폭 늘렸는데도 효과를 보지 못했다. 진안군은 2007년부터 첫째·둘째 120만 원, 셋째 이상 450만 원씩 지원하던 출산장려금을 2016년 각 360만 원과 1천만 원으로 늘렸다. 열악한 군의 재정 상황에도 인구를 늘리기 위한 고육지책이었다. 경북 영덕군은 첫째 출산 때 30만 원, 둘째 50만 원, 셋째 이상 100만 원을 주고 첫돌에 30만 원, 초등학교 입학 때는 40만 원을 준다. 하지만 2013년 말, 인구가 4만 142명에서 2014년 3만 9천586명으로 4만 명 선이 무너졌다. 이후에도 2015년 3만 9천191명, 2016년 3만 9천52명에서 2017년 6월 3만 8천703명으로 계속 감소하였다.

① 일회적이고 단편적인 지원책으로는 출산율을 늘리는 데 한계가 있다.
② 일선 지방자치단체들이 인구 증가시책의 하나로 출산·양육지원금제도를 시행하고 있으나 오히려 인구가 줄고 있다.
③ 국가 차원의 보육체계 강화나 인식의 전환 없는 대책은 효과가 제한적일 수밖에 없다.
④ 지방자치단체들은 출산율을 높일 수 있는 실효성 있는 지원금 액수가 어느 정도인지 제대로 파악하지 못하고 있다.

[08 ~ 09] 다음 글을 읽고 이어지는 질문에 답하시오.

2018년 10월 125년 전통의 미국 백화점 시어스가 파산신청을 했다. 미국 중산층에게 쇼핑의 즐거움을 제공했던 백화점이 역사 속으로 사라진 것이다. 시어스는 2010년 이후 단 한 차례도 흑자를 내지 못했다. 월마트 등 대형 유통업체에 주도권을 내준 까닭도 있지만 아마존 같은 온라인 쇼핑몰의 성장이 시어스의 운명을 재촉했다. 2019년 8월엔 100년 역사의 최고급 백화점 바니스뉴욕도 영업을 중단했다. 소비 패턴이 온라인 중심으로 바뀐 데다 뉴욕 맨해튼 등 고급 상권의 임대료가 크게 오르면서 결국 백기를 들었다는 분석이다.

온라인 공세에 밀려 폐업한 ⓐ오프라인 매장은 이들뿐만이 아니다. 미국 최대 완구점인 토이저러스가 파산했고, 저가 신발 유통업체인 페이리스 슈소스, 생활용품 판매점 샵코, 아동의류 전문점 짐보리 등이 잇따라 문을 닫았다. 재미동포 장도원·장진숙 부부가 창업해 미국 전역으로 매장을 늘려가던 의류업체 포에버21도 늘어나는 적자를 견디지 못하고 결국 공중분해됐다. '리테일 아포칼립스(Retail Apocalypse, 소매 종말)'라는 서슬 퍼런 진단을 고스란히 보여 주는 살풍경이다.

○○미래전략연구소가 최근 내놓은 '유통 중장기 전략보고서'도 이런 사정을 여실히 보여 준다. 보고서에 따르면 현재 100개인 국내 백화점은 2028년까지 34% 줄어들어 66개 정도만 유지될 것으로 전망됐다. 이 밖에도 대형마트는 494개에서 328개로, 슈퍼마켓은 4,780개에서 3,993개로, 편의점은 3만 8,014개에서 3만 5,403개로 축소될 것으로 예측됐다. 온라인으로 소비자들이 빠져나간 만큼 오프라인 매장이 줄어들 수밖에 없다는 얘기다.

하지만 연구소는 이 외에도 인구 구조 변화가 오프라인 매장의 미래를 좌우할 것으로 내다봤다. 특히 인구절벽에 가까운 지역인구 감소가 백화점의 구조조정을 부채질할 가능성이 높다고 봤다. 오는 2028년까지 전체 시·군·구(247곳)의 절반이 넘는 129곳의 인구가 10% 이상 줄어드는 만큼 이들 지역의 일부 점포는 폐점이 불가피하다는 분석이다.

08. ⓐ의 실패 요인 분석으로 적절하지 않은 것은?

① 소비자들의 소비 패턴이 온라인 중심으로 변화하였다.
② 아마존과 같은 온라인 쇼핑몰이 크게 성장하며 시장에서 도태되었다.
③ 고급 상권의 임대료가 크게 상승하면서 타격을 받았다.
④ 인구 구조가 변화하면 경영에 어려움을 겪을 수 있다.

09. 다음 중 유통시장에 대한 이해로 잘못된 것은?

① 온라인 유통업체들이 계속 성장하는 한 기존의 오프라인 유통사업은 앞으로도 전망이 어두울 거야.
② '리테일 아포칼립스'라는 신조어가 회자되는 만큼 현재 유통산업 구조는 극심한 구조조정을 통해 변화하고 있어.
③ 한국은 향후 백화점뿐만 아니라 대형마트 등 각종 오프라인 매장이 전반적으로 줄어들 거야.
④ 지역인구가 감소하게 되면 오프라인 유통시장뿐만 아니라 온라인 쇼핑몰에게도 큰 타격이 될 거야.

10. 다음 ㉠ ~ ㉣ 중 가리키는 것이 다른 하나는?

> 로빈슨은 상응하는 신체기관을 가지지 않는다고 알려진 ㉠<u>능동적 지성</u>에 주목하여 아리스토텔레스가 신체로부터 독립되어 존재할 수 있는 ㉡<u>비물질적인 지성</u>을 인정한다고 주장한다. 아리스토텔레스 이전에 이러한 이론의 대표자는 오르페우스교와 피타고라스학파의 이론을 수용한 플라톤이다. 근대에 들어와 데카르트가 이 같은 이론을 재조명해 많은 영향을 미쳤다. 이 이론은 영혼(정신, 마음 또는 지성)과 신체는 같은 속성들을 전혀 공유하지 않는 두 개의 실체들이며, 따라서 신체로부터 독립되어 정신만이 존재하는 것은 논리적으로 가능하다는 입장이다. 로빈슨은 아리스토텔레스가 '능동적 지성'이 신체로부터 단지 논리적으로 분리 가능한 것이 아니라 실제로 분리 가능한 것으로 본다고 여긴다.
>
> 아리스토텔레스의 심신론에 대해 다른 입장도 존재한다. 코드는 아리스토텔레스의 심신론은 몸과 마음을 이원론적으로 분리하는 것이 아니라고 지적한다. 살아 있는 생물 자체는 자연적 또는 본질적으로 ㉢<u>심신의 유기체</u>인 것이다. 코드에 따르면 물질적 신체와 ㉣<u>비물질적 영혼</u>을 구분하는 것은 데카르트 이후의 근대적인 구분법이며, 아리스토텔레스는 그러한 구분을 생각조차 할 수 없었다는 것이다. 또한 그는 '환원' 개념도 아리스토텔레스에게는 적용될 수 없다고 주장한다. '환원'은 생명이 없는 물질을 인정할 때 사용하는 반면에, 아리스토텔레스가 논의했던 물질은 생명이 있는 물질이기 때문이다.

① ㉠
② ㉡
③ ㉢
④ ㉣

11. 다음 글의 논리적 구조를 가장 바르게 설명한 것은?

> (가) 붕당(朋黨)은 싸움에서 생기고 그 싸움은 이해(利害)에서 생긴다. 이해가 절실할수록 당파는 심해지고, 이해가 오래될수록 당파는 굳어진다. 이것은 형세가 그렇게 만드는 것이다. 어떻게 하면 이것을 밝힐 수 있을까?
>
> (나) 이제 열 사람이 모두 굶주리다가 한 사발의 밥을 함께 먹게 되었다고 하자. 그릇을 채 비우기도 전에 싸움이 일어난다. 말이 불손하다고 꾸짖는 것을 보고 사람들은 모두 싸움이 말 때문에 일어났다고 믿는다. 다른 날에 또 한 사발의 밥을 함께 먹다 그릇을 채 비우기도 전에 싸움이 일어난다. 태도가 공손치 못하다고 꾸짖는 것을 보고 사람들은 모두 싸움이 태도 때문에 일어났다고 믿는다. 다른 날에 또다시 같은 상황이 벌어지면 이제 행동이 거칠다고 힐난하다가 마침내 어떤 사람이 울화통을 터뜨리고 여럿이 이에 시끌벅적하게 가세한다. 시작은 대수롭지 않으나 마지막에는 크게 된다.
>
> (다) 이것을 또 길에서 살펴보면 이러하다. 오던 자가 어깨를 건드리면 가던 자가 싸움을 건다. 말이 불손하고 태도가 사나우며 행동이 거칠다 하여 그 하는 말은 끝이 없으나 떳떳하게 성내는 것이 아님은 한 사발의 밥을 함께 먹다 싸울 때와 똑같다.
>
> (라) 이로써 보면 싸움이 밥 때문이지, 말이나 태도나 행동 때문에 일어나는 것이 아님을 알 수 있다. 이해의 연원이 있음을 알지 못하고는 그 잘못됨을 장차 고칠 수가 없는 법이다. 가령 오늘은 한 사발의 밥을 함께 먹다 싸웠으되 내일은 각기 밥상을 차지하고 배불리 먹게 하여 싸우게 되었던 원인을 없앤다면, 한때 헐뜯고 꾸짖던 앙금이 저절로 가라앉아 다시는 싸우는 일이 없게 될 것이다.

① (가)는 (라)로부터 이끌어 낸 주장이다.
② (나)는 두 현상의 원인과 결과를 비교 분석하고 있다.
③ (라)는 (가)의 주장에 대한 반론을 제시하고 있다.
④ (나)와 (다)는 병렬적 관계이다.

[12 ~ 13] 다음 글을 읽고 이어지는 질문에 답하시오.

　　인텔리전스 빌딩에서부터 스마트폰에 이르기까지 우리 생활 전반을 채우고 있는 것은 융합이다. 융합은 현대를 살아가는 필수적 소양이다. 이것은 기존의 분과주의나 전문주의의 사고와는 전혀 다른 재능이다. 분과와 전문을 충분히 기른 다음에 그것을 합침으로써 터득할 수 있는 간단한 합산이 아니기 때문에 더욱 그렇다. (㉠) 우리 사회는 근본적으로 융합적이다. 우리 사회를 지배하고 있는 생산력은 문화로 옮겨간 지 오래다. 식량이나 주거, 의복의 생산도 이제는 인간의 생존을 위한 것이 아니다. 어떤 면에서 생존을 위해 물자를 생산한 산업 혁명은 지난 셈이다. 우리는 인간답게 살기 위하여 물자를 소비한다. 그것이 우리 시대의 문화를 이루고 있다. 그 문화야말로 가장 융합적이다. (㉡), 이야기는 이야기만으로 그치지 않는다. 거기에 영상이 입혀지고 노래가 첨가되며 원초적인 다섯 가지 감각으로 복합 감각화된다. TV의 프로그램을 보면 그런 복합적 현상은 얼마든지 볼 수 있다. 아까까지 노래를 부르고 심각한 표정을 짓던 가수나 배우가 조금 있으면 토크쇼에 나와 에피소드를 이야기하면서 관객들과 호흡을 같이 한다.
　　음식 사업은 문화 사업으로 바뀐 지 오래다. 아이스크림이나 스테이크는 더 이상 아이스크림이나 스테이크만 파는 것이 아니다. 그곳에 가는 것 자체가 하나의 문화 행사이고 추억을 간직하는 경험으로 바뀌었다. 그래서 콘서트를 가고 공연을 가는 것이 하나의 이야기 속 과정인 것과 마찬가지인 것처럼 그것은 음식을 먹는 것이 아니라 이야기 속의 과정으로 된 것이다. 한 마디로 외식 사업체는 음식을 파는 것이 아니라 문화를 팔고 있는 셈이다.

12. 다음 중 윗글에 나타난 저자의 견해와 일치하지 않는 것은?

① 융합은 현대인들이 갖추어야 할 필수 소양이 되었다.
② 분과주의나 전문주의의 단순한 합산을 융합이라고 볼 수 없다.
③ 융합은 인간이 인간답게 살기 위하여 필요한 요소이다.
④ 우리 사회의 생산의 원동력은 문화이다.

13. 다음 중 ㉠과 ㉡에 들어갈 접속어를 순서대로 바르게 나열한 것은?

	㉠	㉡		㉠	㉡
①	또한	그런데	②	더욱이	예컨대
③	그렇지만	따라서	④	더욱이	그러나

[14 ~ 15] 다음 글을 읽고 이어지는 질문에 답하시오.

MBTI는 융의 심리유형론을 근거로 캐서린 쿡 브릭스와 이사벨 브릭스 마이어스가 고안한 자기보고서 성격유형 자료이다. ⊙MBTI에 따르면 개인은 4가지 양극적 선호경향을 가지고 있다. 자신의 기질과 성향에 따라 에너지의 방향과 주의 초점이 외향형(E)이거나 내향형(I)이며, 정보를 수집하는 인지기능이 감각형(S)이거나 직관형(N)이며, 판단기능이 사고형(T)이거나 감정형(F)이고, 이행/생활양식이 판단형(J)이거나 인식형(P)에 해당한다. MBTI는 이와 같은 4가지 선호성향에 따라 개인을 여러 성격유형으로 구분한다.

MBTI 결과는 인터넷 등을 통한 간이 테스트가 아닌 MBTI를 전문적으로 다루는 기관에서 검사를 받고 전문가의 해석을 듣는 것이 가장 좋다. MBTI는 자기를 이해하는 도구이자 다른 유형의 타인을 이해하고 존중하기 위한 목적을 가지고 있기 때문에 MBTI 결과에 따라 타인을 특정 집단 안에 집어넣고 판단하는 도구로 쓰여서는 안 된다.

MBTI의 유행은 코로나19 영향 중 하나로 설명할 수 있다. 코로나19로 집에 머무는 시간이 많아지고 코로나19 이전에 당연시했던 '일상의 소중함'을 인식하게 되면서 '나'라는 사람의 본질에 집중하려는 흐름이 생겨나고 이것이 MBTI의 유행으로 이어졌다고 볼 수 있다. '어느 직장·학교에 다니는 나'가 아닌 있는 그대로의 나를 설명하고 이해하는 도구로써 MBTI가 사용되고 있는 것이다.

14. 윗글을 읽고 MBTI에 대한 추론으로 적절하지 않은 것은?

① 사회적 상황의 변화에 따라 유행하게 되었다고 볼 수 있다.
② 자신의 본질을 설명하고 이해하는 도구로 유용하다고 볼 수 있다.
③ 자신을 정확히 이해하기 위해서는 인터넷보다 전문가의 해석을 듣는 것이 낫다.
④ 캐서린 쿡 브릭스와 이사벨 브릭스 마이어스의 이론을 바탕으로 만들어 졌다.

15. ⊙을 참고할 때 MBTI 검사 결과로 나올 수 있는 모든 성격유형의 개수는?

① 8개
② 12개
③ 16개
④ 18개

16. 다음 A 국가의 조직별 전년 대비 연구비 증가율을 나타낸 그래프에 대한 설명으로 옳은 것은?

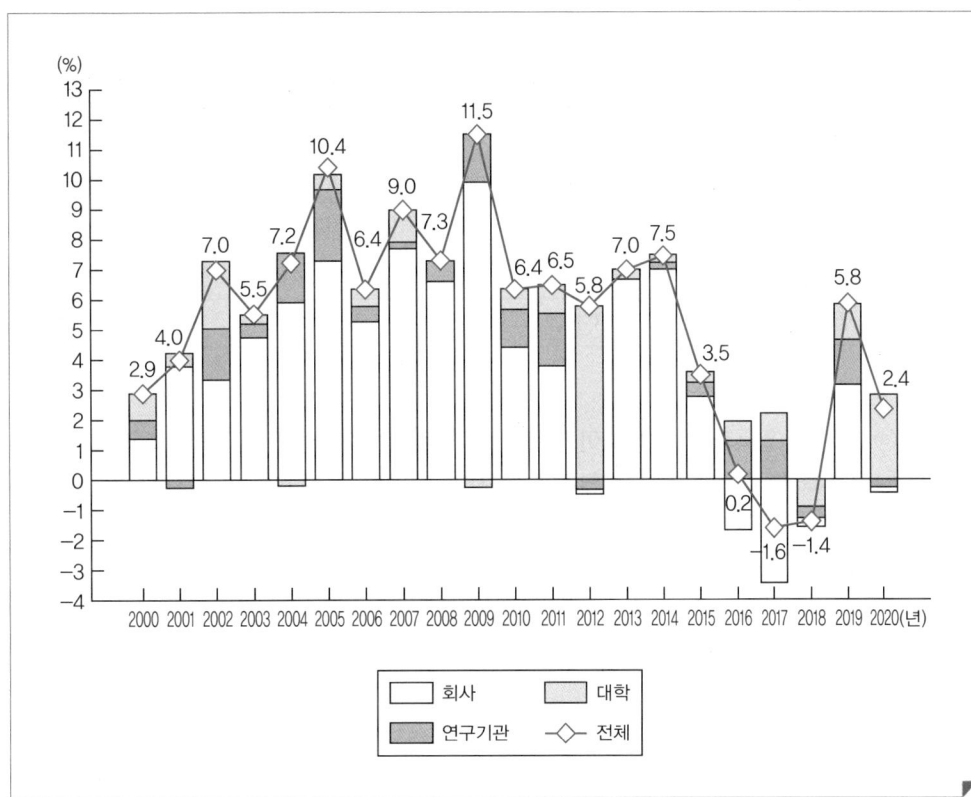

① 2000 ~ 2020년 중 나라 전체의 연구비가 전년보다 적은 해는 2개지만 회사, 연구기관, 대학 모두 연구비가 전년보다 적은 해는 1개이다.
② 2006년과 2010년의 총연구비는 각각 전년보다 적다.
③ 2000 ~ 2015년 동안 전년 대비 연구비 증가율은 대학이 회사보다 항상 낮지만, 2016년과 2017년 대학의 전년 대비 연구비 증가율은 회사보다 높다.
④ 2000 ~ 2015년 동안 회사의 연구비는 지속적으로 늘어나지만, 연구기관과 대학의 연구비 합계보다는 적다.

[생산기술직] 인적성검사

17. 다음의 국적별 외래객 입국 현황에 대한 설명 중 옳지 않은 것은? (단, 괄호는 전년 대비 증가율을 의미한다)

(단위 : 명)

국적		20X1년 5월	20X2년 5월	20X3년 5월
아시아주		1,034,009	1,122,374(8.5%)	1,256,875(12%)
	일본	201,489	188,420(-6.5%)	178,735(-5.1%)
	중국	517,031	618,083(19.5%)	705,844(14.2%)
미국		67,928	70,891(4.4%)	80,489(13.5%)
캐나다		13,103	14,541(11%)	15,617(7.4%)

㉠ 20X3년 입국자 수의 비율이 전년에 비해 가장 많이 늘어난 국가는 미국이다.
㉡ 일본과 중국 입국자 수를 합하면 매년 아시아주의 50% 이상을 차지한다.
㉢ 중국인 입국자 수는 20X4년에도 증가할 것이다.
㉣ 매년 입국자 수가 꾸준히 늘어난 국가는 1곳이다.

① ㉠
② ㉡
③ ㉡, ㉢
④ ㉠, ㉢, ㉣

[18 ~ 19] 다음은 S 극장 주말 방문 고객을 연령대별로 조사한 자료이다. 이어지는 질문에 답하시오.

구분	10 ~ 19세	20 ~ 29세	30 ~ 39세	40 ~ 49세	50세 이상	총인원수
금요일	8%	22%	21%	36%	13%	2,500명
토요일	2%	14%	21%	40%	23%	1,500명
일요일	19%	50%	20%	10%	1%	2,000명

18. 일요일에 방문한 30세 미만 고객 수와 토요일에 방문한 30세 미만 고객 수의 차이는 얼마인가?

① 725명
② 850명
③ 1,020명
④ 1,140명

19. 금요일에 방문 비율이 가장 낮은 연령대의 인원, 토요일에 방문 비율이 세 번째로 낮은 연령대의 인원, 일요일에 방문 비율이 가장 낮은 연령대의 인원을 모두 합하면 총 몇 명인가?

① 525명
② 535명
③ 545명
④ 555명

20. 다음은 B 지역의 산업체와 종사자 분포를 나타낸 자료이다. 이에 대한 설명으로 적절하지 않은 것은?

구분	사업체(개)	종사자(명)	남자(명)	여자(명)
농업	200	400	250	150
어업	50	100	35	65
광업	300	600	500	100
제조업	900	3,300	1,500	1,800
건설업	150	350	300	50
도매업	300	1,100	650	450
숙박업	100	250	50	200
합계	2,000	6,100	3,285	2,815

① 사업체당 평균 종사자 수는 제조업과 도매업이 가장 많다.
② 업종별 종사자의 남녀 구성비 중 남성과 여성 각각 구성비가 가장 낮은 업종은 남녀가 동일하다.
③ 업종별 종사자 수에서 여성의 구성비가 가장 높은 업종은 숙박업이다.
④ B 지역의 사업체 1개당 평균 남자 종사자의 수는 도매업종 사업체 1개당 평균 여자 종사자의 수보다 많다.

[21 ~ 22] 다음은 S 과수원에서 일 년 동안 생산할 수 있는 사과와 배의 생산가능곡선이다. 이어지는 질문에 답하시오.

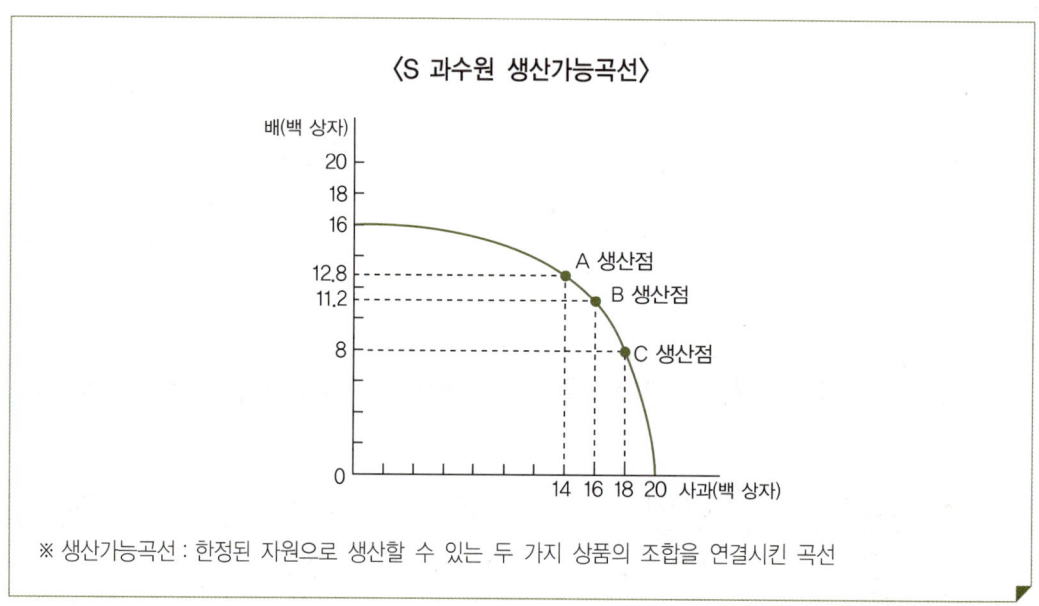

※ 생산가능곡선 : 한정된 자원으로 생산할 수 있는 두 가지 상품의 조합을 연결시킨 곡선

21. 위 그래프에 대한 설명으로 옳지 않은 것은?

① S 과수원은 최대 2,000상자의 사과를 생산할 수 있다.
② 생산점을 A에서 C로 옮길 경우 배의 생산량은 480상자 늘어난다.
③ 생산점을 B에서 A로 옮길 경우 사과의 생산량은 200상자 줄어든다.
④ A ~ C 생산점 중 사과와 배의 총 생산량이 가장 많은 생산점은 B 생산점이다.

22. S 과수원의 판매이윤을 살펴보니 사과 한 상자당 만 원, 배 한 상자당 6천 원의 이윤이 남는다. 가장 많은 이윤을 남기려면 생산점을 어디로 옮겨야 하는가?

① A 생산점   ② B 생산점
③ C 생산점   ④ 모두 같다.

23. 다음 ○○ 기업의 각 연도별 자동차 수출입액을 분기 단위로 산술평균한 자료와 각 연도별 자동차 수출입 대수에 관한 자료를 바르게 이해한 사람은?

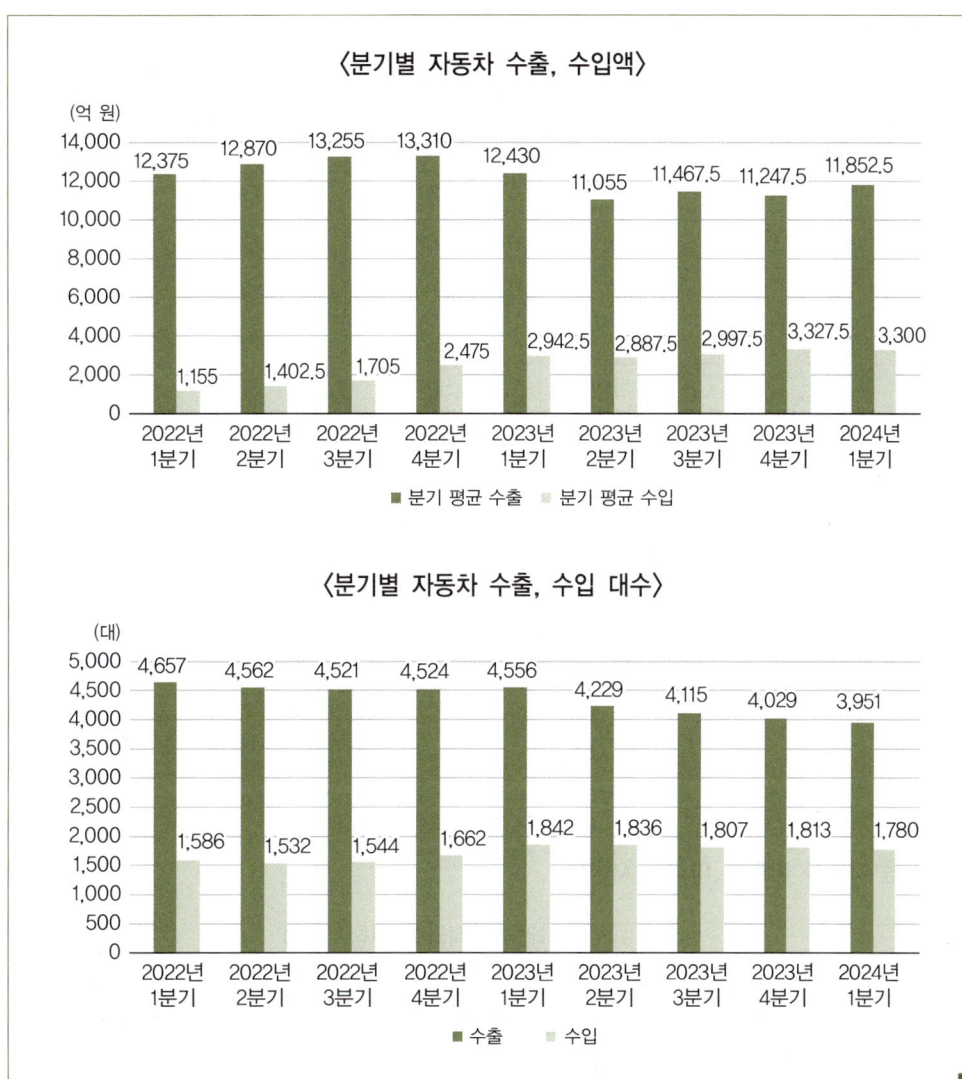

① 대용 : 2023년 하반기 자동차 수출액은 2조 2천억 원 미만이야.
② 민철 : 2022년 4분기 자동차 수출액은 수입액의 5배 이상이야.
③ 재민 : 자료에서 분기별 수출액과 수입액의 차이가 가장 작을 때에도 그 차이가 8천억 원 이상이 유지됐어.
④ 태인 : 자동차 수출액이 가장 많았던 분기에 자동차 수출 대수도 가장 많았어.

24. 다음 자료에 대한 설명으로 옳은 것은?

〈20XX년 서울특별시 및 광역시 유기동물보호소 유기동물 현황〉

(단위 : 마리)

구분	개	고양이	기타	계
서울	8,513	10,798	440	19,751
부산	3,011	2,249	37	5,297
대구	2,145	2,641	64	4,850
인천	3,500	1,753	61	5,314
광주	1,287	655	0	1,942
대전	2,215	1,408	39	3,662
울산	1,741	1,591	86	3,418
계	22,412	21,095	727	44,234

① 유기된 고양이가 유기된 개보다 많은 지역은 서울특별시뿐이다.
② 유기동물의 수가 두 번째로 적은 지역은 대전광역시이다.
③ 인천광역시 유기동물의 수는 광주광역시와 울산광역시 유기동물의 수를 합한 것보다 많다.
④ 서울특별시에서 유기된 고양이 수는 대구광역시에서 유기된 고양이 수의 4배가 넘는다.

25. 다음 자료를 바르게 이해한 사람은?

〈연령대별 구직급여 신청자 수〉

(단위 : 명)

구분	202X년 2/4분기	202X년 3/4분기
20대 이하	38,597	37,549
30대	51,589	49,613
40대	47,181	47,005
50대	48,787	49,770
60대 이상	32,513	35,423
전체	218,667	219,360

① 김 사원 : 202X년 3/4분기 구직급여 신청자 비율이 202X년 2/4분기에 비해 줄어들었구나.
② 이 사원 : 202X년 2/4분기 구직급여 신청자 중 30대의 수가 많은 것은 이직 때문이야.
③ 박 사원 : 202X년 2/4분기 대비 202X년 3/4분기 구직급여 신청 증가율은 60대 이상에서 가장 높게 나타났네.
④ 윤 사원 : 20대 이하와 30대는 202X년 2/4분기 대비 202X년 3/4분기에 구직급여 신청자 수가 조금씩 늘었구나.

26. 다음은 같은 연도, 같은 달의 A 회사에 대한 B 회사와 C 회사의 연령대별 자금 격차를 표로 나타낸 자료이다. 이에 대한 이해로 적절한 것은?

〈A 회사에 대한 B 회사와 C 회사의 연령대별 자금 격차〉

(A 회사의 자금=100.0)

구분	B 회사			C 회사		
	2010년	2015년	2020년	2010년	2015년	2020년
20~24세	100.7	96.8	97.9	104.9	101.2	101.7
25~29세	101.7	95.3	95.5	103.8	98.3	99.0
30~34세	93.9	90.3	91.3	96.3	89.7	90.9
35~39세	95.0	87.9	87.8	88.5	83.6	82.3
40~44세	88.7	85.6	85.0	78.5	77.1	76.8
45~49세	88.7	83.7	84.0	78.5	72.1	72.6
50~54세	79.0	81.6	82.1	68.2	69.1	68.2
55~59세	79.0	83.0	83.2	68.2	71.4	71.8

① C 회사의 20~24세와 55~59세 두 연령대 간 자금의 차이는 2020년이 2010년보다 작다.
② 2020년 C 회사의 연령대별 자금 중 B 회사의 자금보다 높은 연령대는 총 두 개이다.
③ 2020년 B 회사의 연령대별 자금 중 2015년 B 회사의 자금보다 높은 연령대는 총 여섯 개이다.
④ 2015년 C 회사의 자금은 연령대가 높아질수록 많아진다.

27. 다음의 소비자 피해 구제 접수 현황에 대한 자료를 바탕으로 20X8년 각 유형별 소비자 피해 구제 접수 비율을 그래프로 바르게 나타낸 것은? (단, 소수점 아래 둘째 자리에서 반올림한다)

(단위 : 건수)

구분	20X2년	20X3년	20X4년	20X5년	20X6년	20X7년	20X8년
방문·전화 권유 판매	111	184	181	220	144	115	91
다단계 판매	180	71	52	29	30	35	51
사업 권유 거래	123	69	40	33	35	24	18
전자상거래	27	61	34	37	45	79	140
기타	11	27	79	200	238	249	207

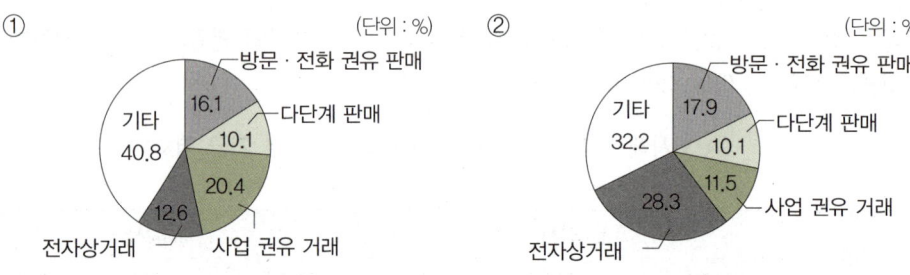

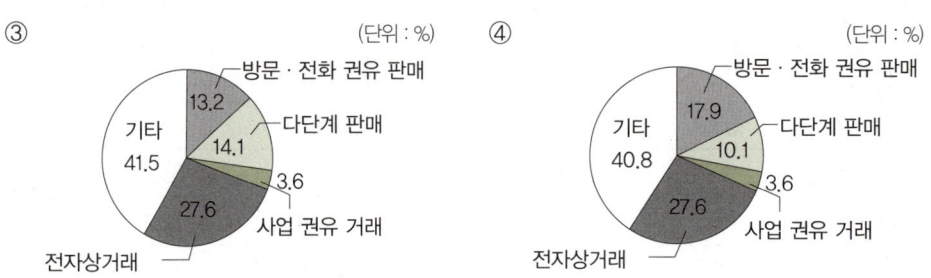

28. 다음 표에 근거할 때, 〈보기〉의 ㉠~㉣ 중 옳지 않은 것은?

〈주요 범죄군별 여성범죄자 구성비 추이〉

(단위 : %)

구분	전체범죄	재산범죄	강력범죄(흉악)	강력범죄(폭력)	교통범죄
2013년	16.0	20.8	3.6	16.7	10.7
2014년	16.3	19.6	3.6	17.0	10.9
2015년	17.3	20.4	3.8	16.6	11.5
2016년	17.2	20.5	3.1	15.9	11.9
2017년	17.7	20.7	4.3	15.6	12.9
2018년	18.0	20.4	3.9	16.2	13.3
2019년	17.6	20.0	3.5	15.7	13.5
2020년	18.2	20.4	3.3	15.5	14.4
2021년	18.4	20.6	3.4	16.0	14.8
2022년	18.2	21.1	3.4	16.3	14.8

| 보기 |

전체범죄의 경우 범죄자 중 여성범죄자가 차지하는 비율은 2013년 16.0%에서 전반적으로 증가하여 2022년 18.2%로 ㉠지난 10년 동안 2.2%p 증가하였다. 재산범죄의 경우 여성범죄자의 비율이 2013년 20.8%에서 2022년에는 21.1%로 지난 10년 동안 0.3%p 증가하였으나, 강력범죄(흉악)의 경우에는 여성범죄자의 비율이 2013년에 3.6%, 2022년에는 3.4%를 기록하여 지난 10년 동안 0.2%p 감소하였다. 강력범죄(폭력)의 경우에는 여성범죄자의 비율이 ㉡2014년에 17.0%로 최고치를 기록하였다. 그러나 이후 감소하여 2022년에는 16.3%였고 지난 10년 동안 0.4%p 감소하였다. 교통범죄의 경우에는 여성범죄자의 비율이 2013년 10.7%였으나 지속적으로 증가하여 ㉢2022년에는 14.8%로 지난 10년 동안 4.1%p 증가하였다.
네 가지 범죄군에서 여성범죄자의 비율이 가장 높은 범죄군은 재산범죄였으며 그 다음은 강력범죄(폭력), 교통범죄, 강력범죄(흉악)의 순이었다. ㉣지난 10년 동안 재산범죄, 강력범죄(흉악), 강력범죄(폭력)의 여성범죄자 비율은 감소하였고, 교통범죄는 여성범죄자의 비율이 증가한 것으로 나타났다.

① ㉠
② ㉡
③ ㉢
④ ㉣

[29 ~ 30] 다음은 학생 사교육비 관련 자료이다. 이어지는 질문에 답하시오.

〈학생 1인당 월평균 사교육비〉

(단위 : 만 원, %)

구분	20X5년	20X6년	전년 대비 증감률	20X7년	전년 대비 증감률	20X8년	전년 대비 증감률	20X9년	전년 대비 증감률
전체	23.9	24.2	1.1	24.4	1.0	25.6	4.8	27.1	5.9
초등학교	23.2	23.2	0.0	23.1	−0.4	24.1	4.5	25.3	4.8
중학교	26.7	27.0	1.2	27.5	1.9	27.4	−0.1	29.1	5.7
고등학교	22.3	23.0	2.9	23.6	2.9	26.2	10.9	28.4	8.4

〈사교육 참여 학생 1인당 월평균 사교육비〉

(단위 : 만 원, %)

구분	20X5년	20X6년	전년 대비 증감률	20X7년	전년 대비 증감률	20X8년	전년 대비 증감률	20X9년	전년 대비 증감률
전체	34.7	35.2	1.5	35.5	0.7	37.8	6.4	38.4	1.8
초등학교	28.3	28.6	1.0	28.7	0.1	30.2	5.5	30.7	1.8
중학교	38.4	39.1	1.8	39.7	1.6	43.1	8.6	43.8	1.7
고등학교	45.4	46.4	2.2	47.1	1.4	49.9	6.1	51.5	3.2

〈사교육 참여율〉

(단위 : %, %p)

구분	20X5년	20X6년	전년 대비 증감	20X7년	전년 대비 증감	20X8년	전년 대비 증감	20X9년	전년 대비 증감
전체	68.8	68.6	−0.2	68.8	0.2	67.8	−1.0	70.5	2.7
초등학교	81.8	81.1	−0.7	80.7	−0.4	80.0	−0.7	82.3	2.3
중학교	69.5	69.1	−0.4	69.4	0.3	63.8	−5.6	66.4	2.6
고등학교	49.2	49.5	0.3	50.2	0.7	52.4	2.2	55.0	2.6

29. 다음 중 제시된 자료에 대한 설명으로 적절하지 않은 것은?

① 사교육 참여율이 초·중·고 모두 전년 대비 증가한 해는 20X9년이 유일하다.
② 20X9년 학생 1인당 월평균 사교육비는 상급학교일수록 전년 대비 증가율이 높다.
③ 20X5 ~ 20X9년 동안 사교육 참여율의 변동폭은 중학교가 가장 작다.
④ 사교육 참여 학생 1인당 월평균 사교육비는 초·중·고 모두 지속적으로 증가하였다.

30. 제시된 자료에서 20X5 ~ 20X9년 동안의 증감 추이가 나머지와 다른 항목은?

① 고등학교의 사교육 참여율
② 중학교의 학생 1인당 월평균 사교육비
③ 중학교의 사교육 참여 학생 1인당 월평균 사교육비
④ 초등학교의 사교육 참여 학생 1인당 월평균 사교육비

[31 ~ 32] 다음 〈보기〉는 명령어와 그에 따른 그래프 출력 결과이다. 이어지는 질문에 답하시오.

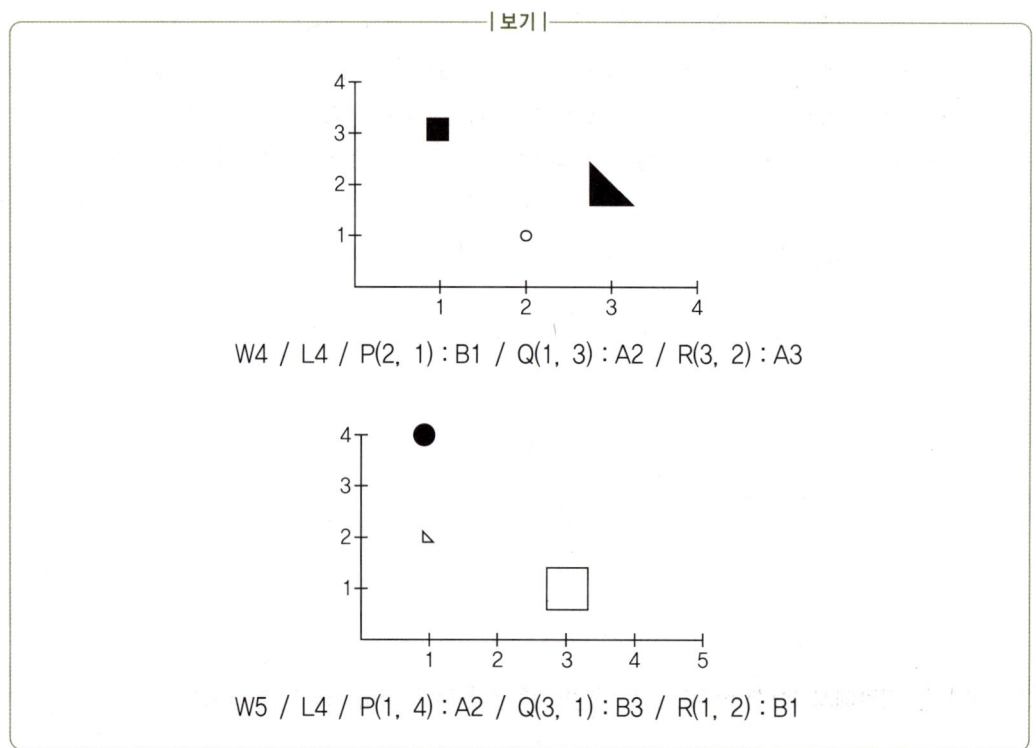

W4 / L4 / P(2, 1) : B1 / Q(1, 3) : A2 / R(3, 2) : A3

W5 / L4 / P(1, 4) : A2 / Q(3, 1) : B3 / R(1, 2) : B1

31. 〈보기〉를 참고할 때, 다음 그래프에 해당하는 명령어는?

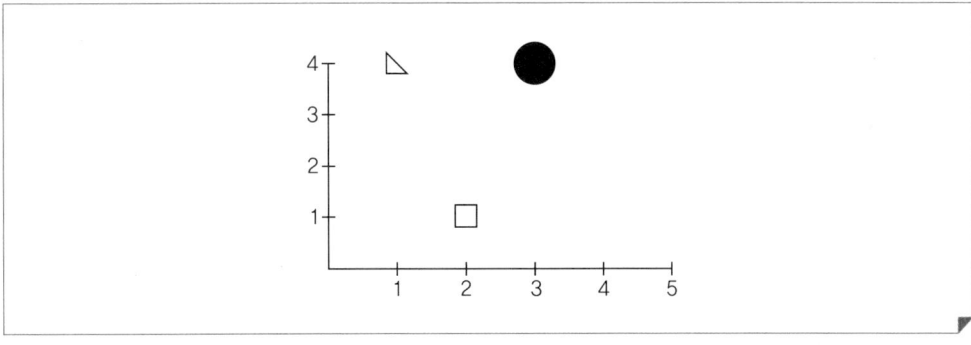

① W4 / L5 / P(4, 3) : A3 / Q(1, 2) : B2 / R(4, 1) : B2
② W5 / L4 / P(3, 4) : A3 / Q(2, 1) : B2 / R(1, 4) : B2
③ W5 / L4 / P(3, 4) : A3 / Q(2, 1) : A2 / R(1, 4) : B3
④ W5 / L4 / P(4, 3) : A3 / Q(1, 2) : B2 / R(1, 4) : A2

32. W6 / L4 / P(4, 3) : B3, Q(1, 1) : A3, R(6, 1) : A1의 그래프를 산출할 때, 오류가 발생하여 다음과 같은 그래프가 산출되었다. 〈보기〉를 참고할 때, 오류가 발생한 값은?

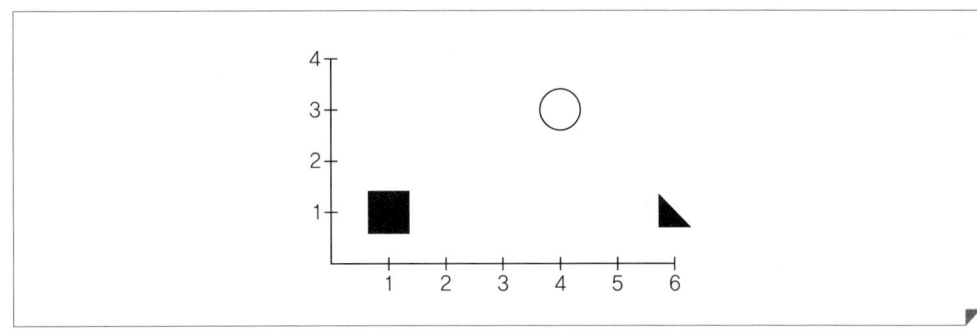

① W6 / L4
② P(4, 3) : B3
③ Q(1, 1) : A3
④ R(6, 1) : A1

[33 ~ 34] 다음 〈보기〉는 명령어와 그에 따른 그래프 출력 결과이다. 이어지는 질문에 답하시오.

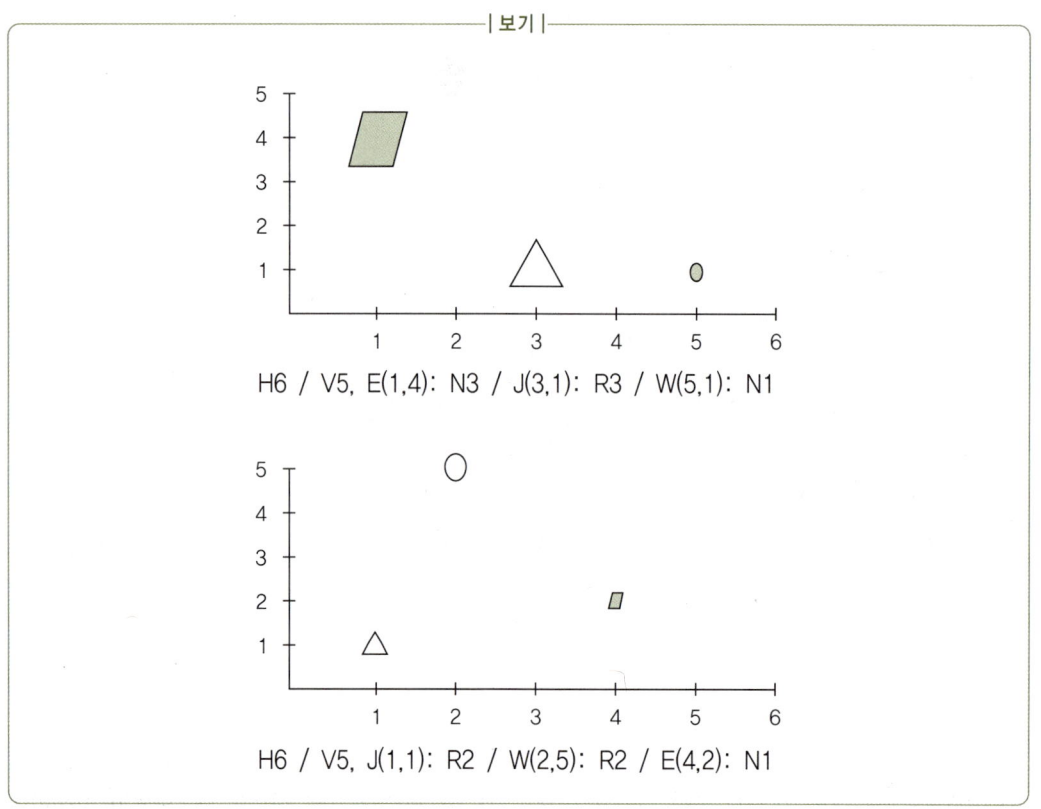

33. 〈보기〉를 참고할 때, 다음 그래프에 알맞은 명령어는 무엇인가?

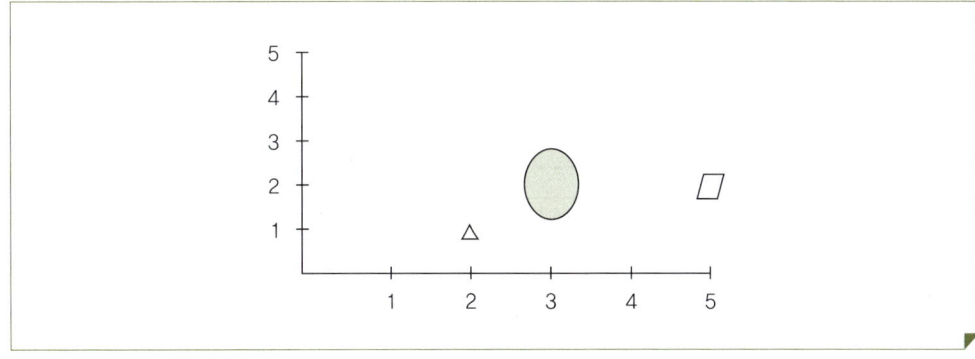

① H5 / V5, J(2,1): R1 / W(3,2): N3 / E(5,2): R1
② H5 / V5, J(2,1): R1 / W(3,2): N2 / E(5,2): R2
③ H5 / V5, J(2,1): R1 / W(3,2): N3 / E(5,2): R2
④ H5 / V5, E(2,1): R1 / W(3,2): N3 / E(5,2): R2

34. H6 / V5, W(1,3): N2 / E(2,1): R3 / J(3,4): N2 / W(6,1): R2의 그래프를 산출할 때 오류가 발생하여 다음과 같은 결과가 산출되었다. 〈보기〉를 참고할 때, 다음 중 오류가 발생한 값은?

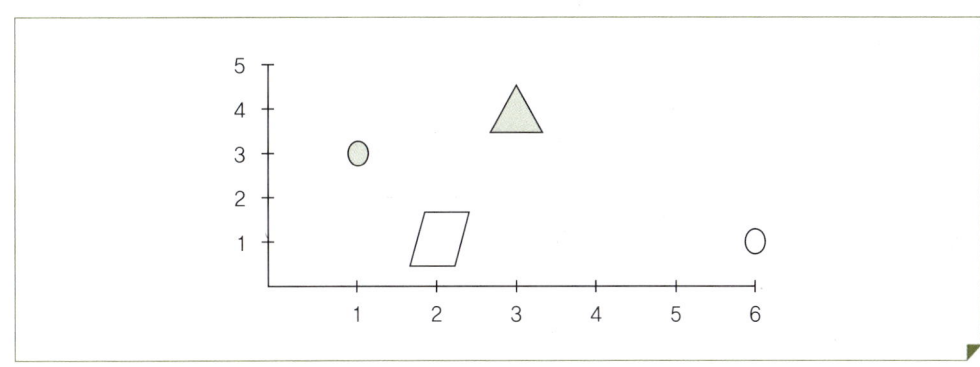

① W(1,3): N2　　② E(2,1): R3
③ J(3,4): N2　　④ W(6,1): R2

[35 ~ 36] 성진이는 다음 자료를 바탕으로 다섯 곳의 여행지 A ~ E를 여행할 계획을 세우고 있다. 이어지는 질문에 답하시오.

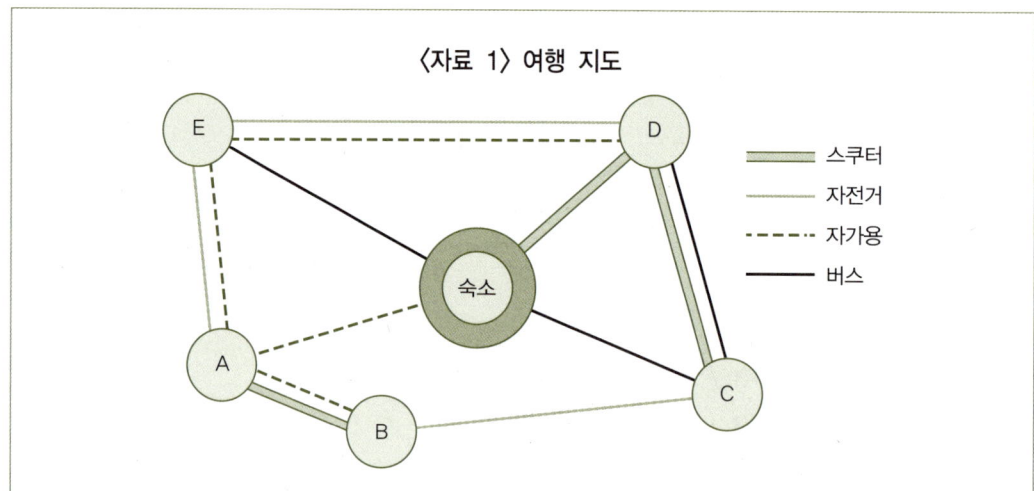

〈자료 1〉 여행 지도

스쿠터
자전거
자가용
버스

〈자료 2〉 여행지 간 거리

(단위 : km)

구분	숙소	A	B	C	D
A	60				
B		30			
C	90		60		
D	60			45	
E	90	120			150

〈자료 3〉 이동수단별 속력

구분	속력
스쿠터	30km/h
자전거	15km/h
자가용	60km/h
버스	45km/h

35. 성진이는 숙소에서 출발하여 최단거리로 세 곳의 여행지를 둘러보고 다시 숙소로 돌아오려고 한다. 성진이가 이동할 거리는 총 몇 km인가?

   ① 200km
   ② 240km
   ③ 280km
   ④ 320km

36. 성진이는 숙소에서 출발하여 최단 시간으로 모든 여행지를 둘러보고 숙소로 돌아오려고 한다. 성진이가 이동할 시간은 총 몇 시간인가? (단, 들렸던 여행지는 다시 가지 않는다)

   ① 10시간
   ② 11시간
   ③ 11시간 30분
   ④ 12시간

37. 최 씨는 휴대폰을 바꾸려고 대리점을 방문했다. A사, B사, L사, S사의 제품 중에서 하나를 고르며, 각 제품의 평점은 다음 표와 같다. 디자인을 가장 중요시하며 그 다음으로 카메라 해상도, 가격, A/S 편리성, 방수 순으로 고려할 때, 최 씨가 선택하게 될 제품은?

구분	A사	B사	L사	S사
가격	★★★☆☆	★★★★☆	★★★☆☆	★★★☆☆
디자인	★★★★☆	★★★☆☆	★★★★☆	★★★★☆
방수	★★★☆☆	★★★☆☆	★★★★★	★★★☆☆
카메라 해상도	★★★★☆	★★☆☆☆	★★★★☆	★★★★☆
케이스 디자인	★★★★★	★★☆☆☆	★★★☆☆	★★★☆☆
A/S 편리성	★★☆☆☆	★★☆☆☆	★★★★☆	★★★★☆

※ 검은색 별의 개수가 많을수록 평점이 높음.
※ 가격의 경우는 별의 개수가 많을수록 저렴함.

① A사 제품
② B사 제품
③ L사 제품
④ S사 제품

[38 ~ 39] 다음은 핸드폰 A~F의 특성을 정리한 표이다. 이어지는 질문에 답하시오.

구분	A	B	C	D	E	F
성능	좋음	좋음	보통	좋음	보통	보통
디자인	보통	보통	좋음	좋음	좋음	좋음
가격	보통	높음	낮음	보통	매우 높음	매우 높음
무게	가벼움	보통	무거움	보통	가벼움	보통
화면 크기	작음	큼	큼	작음	작음	보통

※ 성능과 디자인은 평가가 나쁠수록, 가격은 높을수록, 무게는 무거울수록, 화면 크기는 작을수록 낮은 점수를 부여한다.
※ 구매자가 원하는 특성들의 합산 점수가 높을수록 좋은 선택이다.

38. 다른 특성은 제외하고 디자인에서 좋은 평가를 받고, 가벼운 핸드폰을 원하는 사람이 F 핸드폰을 구매했다면, 어떤 핸드폰을 선택했을 때보다 좋지 않은 선택을 한 것인가?

① B
② C
③ D
④ E

39. 다음 중 본인의 취지에 부합하지 않는 핸드폰을 구매한 사람은?

① 진솔 : 나는 성능과 디자인에서 가장 좋은 평가를 받은 D 핸드폰을 구매했어.
② 나영 : 나는 다른 조건은 다 필요 없고, 큰 화면을 원해서 F 핸드폰을 구매했어.
③ 가은 : 나는 성능이 좋고, 가벼운 핸드폰을 사고 싶어서 A 핸드폰을 구매했어.
④ 홍주 : 나는 다른 핸드폰에 비해 화면이 큰 핸드폰 중에서 무게가 상대적으로 가벼운 B 핸드폰을 구매했어.

40. 다음 명령체계를 통해 출력된 출력값이 다음과 같을 때, (가)에 들어가야 할 조건은?

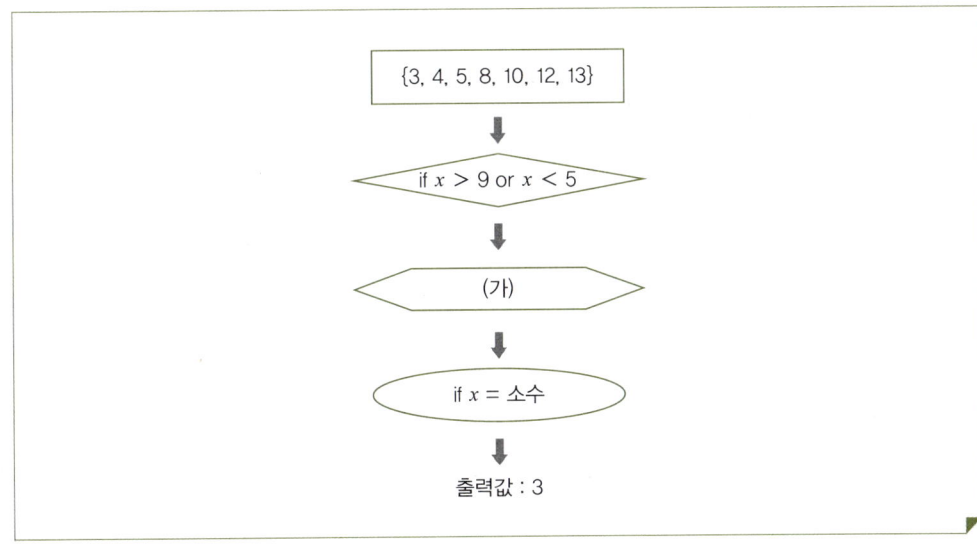

① if x = 홀수
② if $x > 10$
③ if $x^2 < 100$
④ if $x + 5 > 10$

[41 ~ 43] 다음은 각 버튼이 의미하는 변환 조건을 나타낸 것이다. 제시된 도형이 버튼을 거쳐 화살표 후 도형으로 바뀌었다면 어떤 과정을 거쳐야 하는지 고르시오.

버튼	변환 조건
□	1번과 2번 도형을 시계 방향으로 90° 회전함.
■	1번과 4번 도형을 시계 방향으로 90° 회전함.
◇	2번과 3번 도형을 시계 방향으로 90° 회전함.
◆	2번과 4번 도형을 시계 방향으로 90° 회전함.
○	3번과 4번 도형을 시계 방향으로 90° 회전함.

41.

① ◇ ○ ② ■ ◇
③ ○ ◆ ④ □ ◆

42.

① □ ◇
③ ◆ ◇
② ◆ ■
④ □ ○

43.

① ○ ■ ◆
③ ■ ◆ ◇
② □ ◇ ○
④ ◇ □ ■

[44 ~ 45] 버튼을 두 번 누르자 다음과 같이 바뀌었다. 아래 표를 참고하여 누른 버튼을 순서대로 고르시오.

버튼	기능
1	모든 기호 시계 방향으로 한 칸 이동
2	모든 기호 시계 방향으로 두 칸 이동
3	모든 기호 시계 방향으로 세 칸 이동
4	곱하기, 나누기 색 반전
5	더하기, 빼기 색 반전
6	모든 기호 색 반전
7	더하기, 나누기 위치 변경

44.

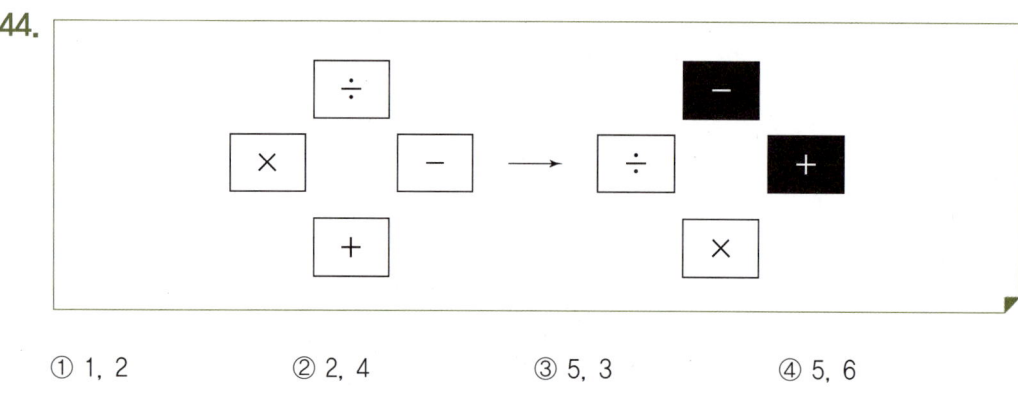

① 1, 2　　② 2, 4　　③ 5, 3　　④ 5, 6

45.

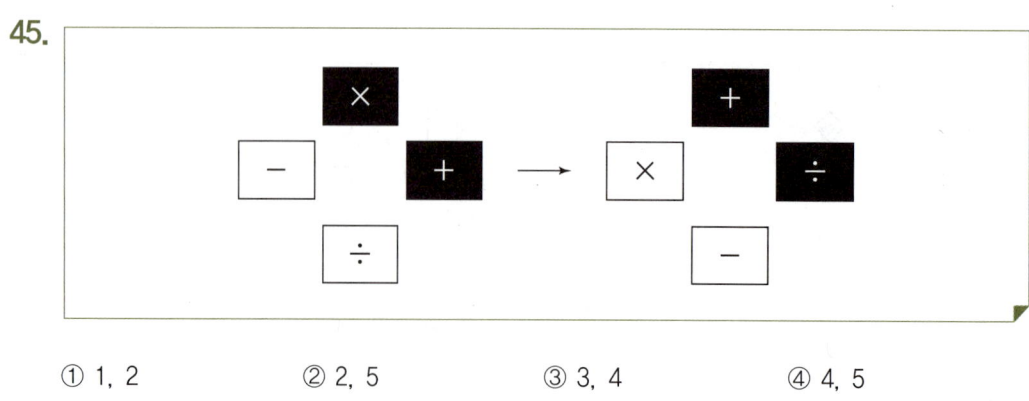

① 1, 2　　② 2, 5　　③ 3, 4　　④ 4, 5

46. 다음 두 쌍의 단어 관계가 같도록 빈칸에 들어갈 알맞은 단어를 고르면?

절실 : 긴요 = 선발 : (   )

① 도태
② 해고
③ 사항
④ 발췌

47. 다음 두 쌍의 단어 관계가 같도록 빈칸에 들어갈 단어를 순서대로 나열한 것은?

(   ) : 우유 = 만두 : (   )

① 버터, 밀가루
② 치즈, 마가린
③ 커피, 돼지고기
④ 돼지고기, 식빵

48. 다음 단어들의 규칙에 따라 A, B에 들어갈 단어는?

	A	B
①	수정	정정
②	개수	개환
③	발선	출선
④	개량	개악

49. 다음 문장에서 밑줄 친 ⊙과 ⓒ의 관계와 가장 유사한 것을 고르면?

> ⊙로망스어군은 라틴어를 모어로 하고 이로부터 분기하여 발전된 여러 언어를 총칭하는 것으로, ⓒ프랑스어, 이탈리아어, 스페인어 등이 이에 해당된다.

① 연주자 : 지휘자
② 딸기 : 바나나
③ 스포츠 : 축구
④ 영어 : 한국어

50. 다음 〈조건〉을 바탕으로 추론할 때 항상 참인 것은?

| 조건 |
- 경영지원팀은 총무팀과 다른 층을 사용한다.
- 개발팀은 총무팀과 다른 층을 사용한다.
- 회계팀은 다른 세 팀과 다른 층을 사용한다.

① 회계팀과 경영지원팀은 같은 층을 사용한다.
② 경영지원팀은 회계팀과 다른 층을 사용한다.
③ 개발팀은 경영지원팀과 같은 층을 사용한다.
④ 총무팀은 회계팀과 같은 층을 사용한다.

51. 다음 명제가 모두 참일 때, 〈결론〉에 대한 설명으로 옳은 것은?

- 장갑을 낀 사람은 운동화를 신지 않는다.
- 양말을 신은 사람은 운동화를 신는다.
- 운동화를 신은 사람은 모자를 쓴다.
- 장갑을 끼지 않은 사람은 목도리를 하지 않는다.
- 수민이는 목도리를 하고 있다.

| 결론 |

(가) 장갑을 낀 사람은 양말을 신지 않는다.
(나) 수민이는 운동화를 신고 있다.
(다) 양말을 신은 사람은 목도리를 하지 않는다.

① (가)만 항상 옳다.
② (나)만 항상 옳다.
③ (다)만 항상 옳다.
④ (가), (다) 모두 항상 옳다.

52. 다음 〈조건〉이 모두 성립할 때, 반드시 참인 명제는?

| 조건 |

- 모든 사람은 피자 또는 리소토를 먹었다.
- 피자를 먹은 사람은 샐러드를 먹었다.
- 리소토를 먹은 사람은 스파게티를 먹지 않았다.
- 피자를 먹은 사람은 김밥을 먹지 않았다.
- 리소토를 먹은 사람은 피자를 먹지 않았다.

① 샐러드를 먹은 사람은 피자를 먹었다.
② 스파게티를 먹지 않은 사람은 리소토를 먹은 사람이다.
③ 김밥을 먹지 않은 사람은 피자를 먹은 사람이다.
④ 샐러드를 먹지 않은 사람은 피자를 먹지 않은 사람이다.

[53 ~ 60] 다음 숫자들의 배열 규칙을 찾아 '?'에 들어갈 알맞은 숫자를 고르시오.

53.

2.2   4.3   6.6   9.1   11.8   14.7   (?)

① 15.9
② 17.8
③ 19.2
④ 21.1

54.

6   8   11   16   24   36   53   (?)

① 76
② 77
③ 78
④ 79

55.

12   4   24   16   48   256   (?)

① 60
② 96
③ 120
④ 132

56.

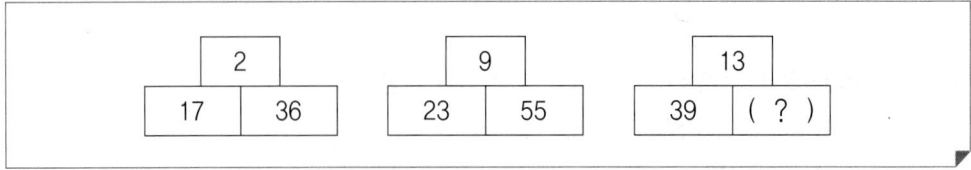

① 91
② 92
③ 93
④ 94

57.

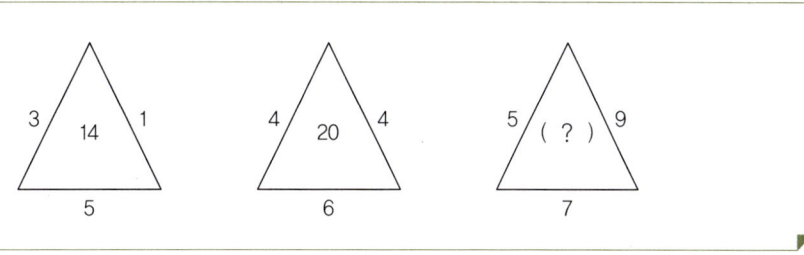

① 35 ② 31
③ 29 ④ 26

58.

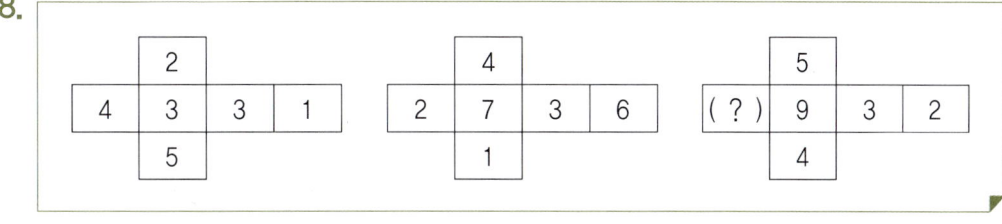

① 7   ② 6   ③ 5   ④ 4

59.

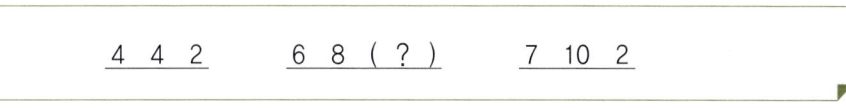

① 2   ② 3   ③ 4   ④ 5

60.

| 7 | 8 | 18 | 57 | 232 | (?) |

① 589 ② 940
③ 1,165 ④ 1,500

[생산기술직] 인적성검사

61. 포스코그룹의 핵심가치와 그에 대한 설명이 잘못 연결된 것은?

① 안전 : 행복한 일터의 기본
② 윤리 : 건강한 공존의 원칙
③ 신뢰 : 소통과 화합의 토대
④ 도전 : 더 나은 성과의 원천

62. 다음 중 포스코그룹의 ESG 경영에 관한 내용으로 옳지 않은 것은?

① 경영투명성과 선진적인 지배구조 구축을 위해 사내이사로 구성된 이사회 산하 전문위원회인 ESG위원회와 감사위원회를 운영하고 있다.
② 철강 공정 내 에너지 활용을 위해 제철소 사용 전력의 80% 중·후반대를 자체 생산하여 에너지 효율을 제고해 나가고 있다.
③ 탄소중립 시대에 필요한 저탄소 제철공정 확립을 위해 화석연료 대신 수소를 사용하여 탄소배출을 줄이는 수소환원제철 기술인 HyREX(Hydrogen Reduction)를 개발하고 있다.
④ 1988년 첫 자매결연을 시작으로 포항과 광양 사업장 주변의 마을 또는 단체와 연계하여 부서 단위 자매결연 봉사 활동을 활성화하고 있다.

63. 다음 중 포스코의 역사에 대한 설명으로 옳지 않은 것은?

① 1968년 포항종합제철주식회사가 창립되었다.
② 2005년 주식회사 포스코로 사명이 변경되었다.
③ 2007년 세계 최초로 파이넥스 상용화 설비가 준공되었다.
④ 2009년 동남아 최대 베트남 냉연공장이 준공되었다.

64. 탄소 중립을 위해 포스코는 다양한 기술을 개발하고 있다. 다음 중 포스코의 '파이넥스(FINEX)' 공법에 대한 설명으로 옳은 것은?

① 파이넥스 공법에서는 이산화탄소를 직접 연료로 사용하여 탄소 배출을 완전히 없앨 수 있다.
② FINEX 기반 브릿지 기술의 핵심은 이산화탄소 포집 및 전환(CCU) 기술로, 포집한 이산화탄소를 활용해 부생가스의 열량을 증가시키는 데 기여한다.
③ 포스코는 고로에서만 이산화탄소를 포집하며, 파이넥스 공정에서는 별도의 탄소 감축 기술을 적용하지 않는다.
④ 포스코는 FINEX 공법을 통해 철광석이 아닌 스크랩(고철)을 주원료로 사용하여 탄소 배출을 줄이고 있다.

65. 다음 중 포스코에 대한 설명으로 옳지 않은 것은?

① 포스코는 2024년 1월, 수소환원제철 개발센터를 개소하여 친환경 철강 생산 기술 개발에 박차를 가하고 있다.
② 포스코는 민영화 이후 세계 최초로 파이넥스 상용화 시설을 준공하며, 세계 최고의 철강회사로 도약하였다.
③ 포스코는 2013년 광양 2고로를 세계 최대 고로로 재탄생시켰다.
④ 포스코는 2024년에 15년 연속 '세계에서 가장 경쟁력 있는 철강사'로 선정되며, 글로벌 철강업계에서의 입지를 확고히 하고 있다.

PAT **3회 기출유형문제**

문항수 | 65문항
시험시간 | 60분

▶ 정답과 해설 40쪽

01. 다음 글의 빈칸에 들어갈 알맞은 내용은?

> 사회주의가 실패했다고 해서 더 나은 세상을 원하는 인간의 바람이 죽은 것은 아니다. 마르크스가 지적한 환경이 사라지지 않는 한 마르크스는 죽지 않는다. 극소수의 귀족이 다수의 농민과 노동자를 압제했던 러시아가 바로 그랬다.
>
> 그러나 마르크스의 이론을 무르익게 한 현장인 영국에서는 그의 예견과 달리 사회주의 혁명이 일어나지 않았다. 그 주된 이유는 (   ) 막스 베버는 검약과 성실, 위험을 감수하는 투자 정신으로 무장된 청교도의 후예들이 영국 자본주의를 낳았다고 분석한다. 존 웨슬리의 감리교 운동에 영감을 받은 신자들은 자신의 재산을 털어 학교와 병원을 짓고 약자를 돌봤다.
>
> 인간은 다른 사람이 보여주는 좋은 본과 그들의 희생을 통해 배운다. 문제는 한국에서는 그런 본과 희생을 찾기 어렵다는 점이다. 예전에는 삶이 너무 고됐기 때문에 그랬다고 할 수 있다. 그러나 지금은 오로지 더 가지고자 하는 욕심이 우리 사회를 지배해서 그렇다. 세계 가치관 조사 결과를 보면 한국은 세계에서 물질주의가 가장 높은 나라 중 하나다. 이익을 위해 때로는 법을 살짝 어기거나, 때로는 그 촘촘한 법망을 요리조리 잘 피하는 현란한 스킬의 사람들로 청문회장은 늘 소란하다. 국민은 본이 되는 사람을 찾고 싶은데 정치는 그 기회를 주지 않는다.

① 당시 러시아와 영국의 사회적 배경이 달랐기 때문이다.
② 영국에서는 마르크스가 예언한 사회적 배경이 형성되지 않았기 때문이다.
③ 높은 윤리의식으로 사회적 책무를 감당한 사람이 많았기 때문이다.
④ 혁명이란 이념을 통해서가 아니라 행동을 통해서 일어나기 때문이다.

02. 다음 글의 ○○발전에 대한 설명으로 옳지 않은 것은?

> 10월 31일 ○○발전은 지진 발생 시 입체적 대응이 가능하도록 시스템을 구축했다고 밝혔다. 먼저 발전회사 최초로 기존의 지진감시시스템을 'GIS(Geographic Information System) 기반 지진모니터링시스템'으로 개선했다.
> 이 시스템 개선을 통해 직관적인 화면으로 지진 관측의 시인성 및 관제효율성을 높이고 계측기 관리대장과 이력관리 시스템을 통합 운영해 점검결과를 원클릭으로 행정안전부에 보고할 수 있게 됐다. 또한 사외전문가와의 협업을 통해 국내 최초로 개발한 '지진 발생 후 건축물 긴급 안전성평가 소프트웨어' 시스템은 발전소 개별 건축물의 특수성을 감안한 설계지반 가속도 초과율, 최상층 최대변위, 고유진동수 변화율이라는 안전성평가 지표를 사용해 설계데이터와 실제 관측결과를 연계·활용하는 방식을 사용할 수 있게 되었다. 이러한 방식은 평가의 정확성을 높이고 지진 발생 시 점검필요 유무를 즉각적으로 제시하는 장점이 있다. 이와 함께 지진과 터빈 자동정지의 상관관계를 분석해 발전소 운영한계를 명확히 함으로써 설비 피해에 대한 사전예방과 업무연속성을 확보하게 됐다. 김△△ 기술본부장은 "발전소의 지진 재난 대응체계를 최적화하고 '20X1년 재난대응 안전한국훈련'에서 시스템을 검증하여 드러난 문제점은 환류활동을 통해 지속적으로 개선할 예정"이라고 말했다. 한편 발전소는 지진기상, 유해물질, 화재, 보안 등 기존 계측설비에서 축적된 데이터를 적극적으로 활용할 수 있는 4차 산업기반의 통합플랫폼 구축을 추진해 재난안전사고 예방기술을 고도화하고 대응력을 확보해 나갈 방침이다.

① 발전회사 중 최초로 GIS 기반 지진모니터링시스템을 구축하였다.
② 지진 발생 시 터빈 자동정지의 상관관계를 분석하여 발전소 운영한계를 설정했다.
③ 자체 기술로 '지진 발생 후 건축물 긴급 안정성평가 소프트웨어'를 국내 최초로 개발했다.
④ 발전소의 계측설비에서 축적된 데이터를 활용할 수 있는 4차 산업기반의 통합플랫폼 구축을 추진할 예정이다.

03. 다음 글의 서술 방식으로 옳은 것은?

> 「춘향전」에서 이도령과 변학도는 아주 대조적인 사람이다. 흥부와 놀부가 대조적인 것도 물론이다. 한 사람은 하나부터 열까지가 다 좋고, 다른 사람은 모든 면에서 나쁘다. 적어도 이 이야기에 담긴 '권선징악'이라는 의도가 사람들을 그렇게 믿도록 만든다.
> 소설만 그런 것이 아니다. 우리의 의식 속에는 은연중 이처럼 모든 사람을 좋은 사람과 나쁜 사람의 두 갈래로 나누고자 하는 버릇이 있다. 그래서인지 흔히 사건을 다루는 신문 보도는 모든 사람이 경찰 아니면 도둑놈인 것으로 단정한다. 죄를 지은 사람에 관한 보도를 보면 마치 그 사람이 죄의 화신이고, 그 사람의 이력이 죄만으로 점철되었고, 그 사람의 인격에 바른 사람으로서의 흔적이 하나도 없는 것으로 착각하게 된다.
> 이처럼 우리는 부분만을 보고 전체를 판단하곤 한다. 부분만을 제시하면서도 보는 이가 그것을 전체라고 잘못 믿게 만들 뿐만이 아니라, '말했다'를 '으스댔다', '우겼다', '푸념했다', '넋두리했다', '뇌까렸다', '잡아뗐다', '말해서 빈축을 사고 있다'와 같이 주관적으로 서술해 상대방으로 하여금 감정을 부추겨서 이성적인 사실 판단이 아닌 감정적인 심리 반응으로 얘기를 들을 수밖에 없도록 만든다.
> 이 세상에서 가장 결백하게 보이는 사람일망정 스스로나 남이 알아차리지 못하는 결함이 있을 수 있고, 이 세상에서 가장 못된 사람으로 낙인이 찍힌 사람일망정 결백한 사람에서조차 찾지 못할 아름다운 인간성이 있을지도 모른다.

① 설의법을 적절히 활용하여 내용을 강조하고 있다.
② 열거법을 통해 말하고자 하는 바를 강조하고 있다.
③ 인용을 통해 주장을 뒷받침하고 있다.
④ 두 대상을 비교하여 자세히 설명하고 있다.

[04 ~ 05] 다음 글을 읽고 이어지는 질문에 답하시오.

카페인은 주의력을 높이고 피로를 줄이는 역할도 하지만 다량 섭취 시(매일 400mg 이상) 심장과 혈관에 악영향을 미친다. 카페인이 들어 있는 식품으로는 대표적으로 커피를 꼽을 수 있으며, 콜라와 초콜릿에도 카페인이 포함되어 있다. 하지만 녹차의 경우 1잔(티백 1개 기준)에 15mg 정도의 적은 양이 들어 있으며, 이는 약 70mg이 들어있는 커피의 4분의 1 수준도 안 되는 분량이다. 일반적으로 카페인은 높은 온도에서 보다 쉽게 용출되는데, 보통 커피는 높은 온도에서 제조하지만 녹차는 이보다 낮은 온도에서 우려내기 때문에 찻잎에 들어 있는 카페인 성분 중 60 ~ 70%만 우러나오게 된다. 이러한 연유로 1일 섭취 기준치 이상의 카페인을 녹차를 통해 섭취하기 위해서는 하루 평균 20잔 이상의 녹차를 마셔야 한다.

더불어 녹차에 들어 있는 카페인은 녹차에 들어 있는 다른 성분인 카테킨에 의해 체내 흡수가 잘되지 않으며, 녹차에만 들어 있는 아미노산의 일종인 테아닌 성분에 의해 뇌에서 작용하는 것 또한 억제가 된다. 이 때문에 사람들은 카페인이 함유되어 있는 녹차를 마시더라도 오히려 흥분을 일으키기보다는 혈압이 낮아지고 마음이 가라앉는 기분을 느낄 수 있게 되는 것이다. 적정량의 카페인은 신체에 도움을 주므로 카페인이 주는 장점만을 취하고자 한다면 커피보다 녹차를 선택하는 것이 훨씬 좋다.

04. 윗글의 주제로 가장 적절한 것은?

① 카페인이 인체에 미치는 악영향
② 커피와 녹차의 최적온도에 대한 연구
③ 카페인 섭취 시 녹차와 커피의 비교우위성
④ 녹차에 들어 있는 카페인에 대한 오해와 진실

05. 윗글의 내용과 일치하지 않은 것은?

① 카페인 다량 섭취의 기준은 매일 400mg 이상이다.
② 녹차는 커피보다 높은 온도에서 우려내야 한다.
③ 녹차의 테아닌 성분은 아미노산의 일종이다.
④ 적정량의 카페인은 주의력을 높여 주는 역할을 한다.

06. 다음 글에 나타난 저자의 견해로 적절하지 않은 것은?

> 가림토 문자는 논란이 되고 있는 〈환단고기〉라는 책에 등장하는 고대 한국의 문자이다. 이 책이 세간의 관심을 끈 것은 기원전 2181년에 이미 고대 한국의 문자가 만들어졌다는 기록 때문이다. 흥미롭게도 그 기록은 훈민정음의 서문이나 신숙주의 〈동국정운〉의 서문과 너무도 흡사하다. 그런데 문제는 만약 이러한 고대 한국의 문자가 있었다면 왜 우리의 고대 자료에 한 번도 등장하지 않았는가 하는 점이다.
>
> 일본에서는 훈민정음이 일본의 신대 문자를 본뜬 것이라는 주장이 있어 왔다. 두 문자가 모양과 음까지 너무도 닮았고, 신대 문자는 이미 오래 전부터 전해 내려오고 있었다고 하니 훈민정음이 이 문자의 영향을 받지 않았나 하는 주장이 제기되었던 것이다. 그러나 이러한 주장은 그 진위를 다시 한번 고려해 볼 필요가 있다. 일본에서의 신대 문자 사용에 대한 문헌 조사 결과, 그 문자의 존재를 뒷받침할 근거가 불충분하여 학계에서도 그러한 문자가 존재했을 가능성은 거의 없다는 것이 정설이다. 우리의 가림토 문자도 이와 비슷한 문제점을 가지고 있으니 언어학적으로는 그리 큰 의미가 없다고 하겠다.

① 훈민정음은 가림토 문자의 영향을 받아 만들어졌다.
② 가림토 문자는 언어학적으로 큰 의미를 가지고 있지 않다.
③ 일본의 신대 문자는 그 존재의 확실성이 부족하다.
④ 훈민정음이 일본의 신대 문자를 본뜬 것이라는 주장은 사실이 아닐 가능성이 높다.

[07 ~ 08] 다음 글을 읽고 이어지는 질문에 답하시오.

> 노스 앤 토마스는 역사적으로 인간의 재화획득은 직접생산이나 약탈이었다고 한다. 부연하여 설명한다면, 인간의 재화획득이나 부의 축적은 자신의 노동투입으로 인한 생산이나 가격을 지불하는 거래를 통하거나, 약탈이나 사기에 의한 것으로 나눌 수 있다. 그렇다면 사회제도의 발전은 직접노동투입으로 인한 재화획득이나 거래를 통한 교환의 기회를 늘리고 약탈이나 사기에 의한 재화획득을 줄이는 것을 장려하거나 보호하는 과정이라 할 수 있을 것이다.
>
> 국가 성립 이전인 원시공동체사회의 경우 자급자족 경제로서 개인 간의 교환은 한정된 일부 개인만이 가능했으나, 농업 기술이 발달하면서 잉여 농산물의 혜택을 누리는 집단들은 교역을 통해 상호 효용을 증대시켰을 것이다. 그러나 교통과 통신이 발달하지 못했기 때문에 교역의 지역적 범위는 아주 좁았을 것이고 주로 비공식적 제도에 의존하였다고 볼 수 있다. 또한 많은 자원이 약탈을 막기 위해 투입되어 생산적인 부분에 투입되는 자원이 상당히 제약을 받았을 것이고, 정보기술이나 측정기술의 미발달로 거래비용이 과다한 경제체제였을 것이다.

07. 다음 중 '국가 성립 이후'의 교역 모습이라고 추론한 내용으로 가장 적절하지 않은 것은?

① 교역의 지역적 범위가 넓어졌다.
② 거래의 안전이 더욱 보장되었다.
③ 거래에 따르는 비용이 줄어들었다.
④ 경제발전에 있어 국가의 기여도가 줄어들었다.

08. 다음은 윗글 이후의 글이다. 이 문단의 앞 내용으로 가장 적절하지 않은 문장은?

> 근대를 기점으로 이러한 비효율적인 제도를 잘 극복한 국가는 선진국으로, 그렇지 못한 국가는 정체하는 국가로 나뉘게 되었다. 시민혁명과 국민국가 형성 시기인 근대 이후에는 국민주권론, 법의 지배 사상이 발전하게 되면서 권력이 분산되거나 약화되어 국가권력에 의한 재산권 몰수는 규제되기 시작하고 재산권보호가 발달하면서 산업혁명 이후 유례없는 경제성장을 실현하기 위한 제도적 기초가 형성되었다.

① 고대국가 성립 이후 왕권강화로 인해 개인의 재산권이 존중되지 못하였다.
② 통치권자의 절대 권력이 경제발전에 불리한 환경을 조성하는 면을 자주 볼 수 있었다.
③ 힘과 무력이 지배하던 시대에는 국가 내에 단 한명에게 권력을 몰아주는 사회시스템이 경제적 측면에서 효과적으로 작용하였다.
④ 국가체제가 완성되면서 국가권력에 의한 재산권 불안정이 경제발전을 저해하는 중요한 요소로 부각되었다.

[생산기술직] 인적성검사

[09 ~ 10] 다음 글을 읽고 이어지는 질문에 답하시오.

지구를 비추고 있는 태양은 지구에 계속 에너지를 공급하고 있는데도 그 에너지가 줄어들지 않는 것처럼 보인다. 태양이 공급하는 끊임없는 에너지는 어떻게 생성되는 것일까?

(가) 태양의 핵융합은 계속되지만 태양의 온도가 계속 올라가지는 않는다. 태양에는 자체적으로 온도를 제어할 수 있는 메커니즘이 있기 때문이다. 핵융합이 일어나 점점 온도가 올라가서 중심부의 압력이 높아지면 비교적 압력이 높지 않은 주변부로 원자들을 밀어내면서 온도를 떨어뜨리고 압력을 낮춘다. 그러면 온도가 낮아져 이전보다 활발하게 핵융합이 일어나지 않는다. 그러다가 어느 순간 압력과 온도가 충분히 낮아지면 주변부로 원자들을 밀어내지 않고, 다시 핵융합을 통해 온도를 올린다. 이러한 방식으로 태양은 항상 적절한 온도를 유지해 왔고, 앞으로도 오랫동안 지구에 적절한 에너지를 제공할 것이다.

(나) 시간이 더 지난 후, 과학자들은 태양의 에너지원이 수소와 헬륨이 하나로 결합하면서 생기는 핵융합 에너지라는 것을 알아냈다. 태양은 많은 양의 수소가 강한 중력에 의해 뭉쳐진 존재인데 태양의 중심부로 갈수록 온도가 점점 더 높아지고 수소와 헬륨의 핵융합이 일어난다. 왜냐하면 온도가 높을수록 원자의 운동에너지가 높아지기 때문이다. 즉, 원자들이 자체적으로 가지는 반발력보다 운동에너지가 더 높아져 비교적 낮은 온도일 때보다 더 가까워짐으로 인해 핵융합이 가능해진다. 이때 수소와 헬륨의 핵융합으로 줄어드는 질량은 질량-에너지보존법칙에 따라 에너지로 바뀐다.

(다) 마리 퀴리에 의해 방사능의 존재가 발견되면서 과학자들은 태양의 에너지를 핵분열 에너지라고 추측하였다. 하지만 태양의 스펙트럼을 분석해 본 결과 방사능은 태양의 에너지원이 아니라는 사실을 발견하였다. 태양의 스펙트럼에서는 방사능 물질이 아닌 수소와 헬륨이 발견되었기 때문이다.

09. (가) ~ (다)를 문맥에 따라 바르게 나열한 것은?

① (가)-(나)-(다) ② (가)-(다)-(나)
③ (다)-(가)-(나) ④ (다)-(나)-(가)

10. 제시된 글을 읽고 추론한 내용으로 적절하지 않은 것은?

① 핵융합 과정에서 만들어지는 방사능 오염 물질은 사라지기까지 많은 시간이 걸린다.
② 광선의 스펙트럼을 분석하면 광선을 발산하는 물체의 구성 성분을 어느 정도 알 수 있다.
③ 원자들 사이에서는 반발력이 작용하지만 어떤 임계점을 넘는 운동에너지는 이를 무력화한다.
④ 태양에서 핵융합 이전 수소, 헬륨 각자의 질량 합계는 핵융합 이후 결과물의 질량보다 크다.

11. 다음 글을 이해한 내용으로 가장 적절한 것은?

> 랑케는 역사적 사실을 '신(神)의 손가락'에 의해 만들어진 자연계의 사물과 동일시했다. 그는 각 시대나 과거의 개체적 사실들은 그 자체로 완결된 고유의 가치를 지녔으며, 시간의 흐름을 초월해 존재한다고 믿었다. 그래서 역사가가 그것을 마음대로 해석하는 것은 신성한 역사를 오염시키는 것이라 여기고 과거의 역사적 사실을 있는 그대로 기술하는 것이 역사가의 몫이라고 주장했다. 이를 위해 역사가는 사료에 대한 철저한 고증과 확인을 통해 역사를 인식해야 하며 목적을 앞세워 역사를 왜곡하지 말아야 한다고 보았다.
>
> 이에 반해 드로이젠은 역사적 사실이란 어디까지나 역사가의 주관적 인식에 의해 학문적으로 구성된 사실이라는 점을 강조했다. 그래서 그는 역사를 단순히 과거 사건들의 집합으로 보지 않았으며 역사가의 임무는 과거 사건들을 이해하고 해석하여 하나의 지식 형태로 구성하는 것이라고 보았다. 그리고 객관적 사실을 파악하기 위한 사료 고증만으로는 과거에 대한 부분적이고 불확실한 설명만 찾아낼 수 있을 뿐이라고 했다.

① 목적을 앞세운 사료 고증은 역사 왜곡 행위이다.
② 랑케는 역사가에 의해 주관적으로 파악된 과거 사실만을 인정했다.
③ 드로이젠에 따르면 과거의 사실은 시간을 초월하여 존재하는 것이다.
④ 드로이젠은 사료 고증만을 떠받드는 것을 부정적으로 여겼다.

[12 ~ 13] 다음 글을 읽고 이어지는 질문에 답하시오.

성인 남성의 생식기관은 정자(sperm, spermatozoa)를 만들고 공급한다. 여러 분비샘이 배출한 물질이 정자와 섞여 정액을 이룬 뒤, 몸 밖으로 사정된다. 정자를 생산하고 저장하는 장소인 두 고환에서는 남성호르몬인 테스토스테론이 생성된다. 고환에서 정자가 생산되는 과정이 정자발생(spermatogenesis)이다. 두 고환에는 정세관(seminiferous tubule)이 각각 500개쯤 밀집되어 있고, 정세관에는 정조세포(spermatogonium)라는 미성숙한 남성 생식세포들이 담겨있다. 성숙 과정을 거쳐 정자가 되는 정자세포(spermatid)는 정자의 전 단계로, 한 사람을 만드는 데 필요한 유전물질의 절반만을 담은 홑배수체(haploid cell)가 더 분열하여 만들어진다. 홑배수체는 생식세포가 정상적인 세포분열인 유사분열로 만든 정모세포(spermatocyte)가 감수분열(meiosis)이라는 특수한 분열을 거치는 과정에서 염색체 수가 46개에서 23개로 반감되며 만들어진다. 남성은 사춘기부터 노년기까지 하루에 수억 개씩 정자를 생산한다. 정세관의 버팀세포들은 서로 단단히 결합해 혈액고환장벽(blood-testis barrier)을 형성한다. 혈관 속의 해로운 물질이 세관으로 들어와 발달 중인 정자에게 해를 끼치는 것을 막는 장벽이다.

여성의 생식기관은 저장된 난자를 다달이 내보낸다. 그 결과는 둘 중 하나다. 월경이 일어나 자궁내막이 출혈로 떨어져 나가는 것 아니면 수정과 착상이 진행되어 배아를 발달시키는 것이다. 난소는 두 자궁관(fallopian tube) 끝에 하나씩 놓인 아몬드만 한 타원형 장기이다. 여성의 생식세포(난자)는 난소에서 성숙한 뒤 배란(ovulation) 과정을 거쳐 규칙적으로 배출된다. 난자는 난포라는 보호용 덮개에 둘러싸여 있는데, 한 달에 10여 개씩 난포들이 성숙하기 시작한다. 보통은 그중 하나만 오른쪽이나 왼쪽 난소 중 한쪽에서 난자를 내놓는다. 오른쪽 난소에서 배란되는 확률이 60% 정도이다. 난자는 자궁관을 내려와 자궁으로 들어가고, 다음 월경기에 자궁내막과 함께 떨어져 나간다.

12. 윗글에서 언급된 내용을 근거로 할 때, 다음 중 '버팀세포'와 가장 유사한 기능을 하는 것은?

① 난소 ② 자궁
③ 난포 ④ 자궁관

13. 다음 중 각 세포(물질)들의 생성 순서로 올바른 것은?

① 정모세포 – 정조세포 – 홑배수체 – 정자세포
② 정조세포 – 정모세포 – 정자세포 – 홑배수체
③ 정조세포 – 정모세포 – 홑배수체 – 정자세포
④ 정조세포 – 홑배수체 – 정모세포 – 정자세포

14. 다음 빈칸 (가)~(다)에 들어갈 말을 바르게 나열한 것은?

> 2~3개의 층을 터서 하나의 주거 공간으로 꾸미는 복층 디자인은 일반 주택에서 종종 만날 수 있었지만 아파트에서는 쉽게 만날 수 있는 구조가 아니었다. 그런데 최근 주택분양시장의 일반 아파트에서 복층 구조가 점점 주목을 받고 있다. 부동산 침체와 불황이 (가)되면서 건설업체들이 소비자를 유도하기 위해 다양한 아이디어를 내고 있는 것이다. 이런 추세를 반영하여 아파트에도 복층 구조 도입을 서두르는 민간 건설사가 늘고 있으며, 다양한 형태의 복층 세대 평면을 개발하여 특허 등록에 나서고 있다. 이에 소비자들은 기존의 단순했던 주택 디자인에서 벗어나 선택의 폭이 넓어졌다는 점에서 복층 디자인을 긍정적으로 평가하고 있다.
> 얼마 전 김포 한강 신도시의 한 타운하우스에 분양을 마친 어느 소비자는 2층까지 시원하게 높아진 층고와 문화공간으로 이용할 수 있는 다락방이 있어 입주할 날을 손꼽아 기다린다고 하였다. 또한 그는 아이들 방을 2층으로 배치하여 독립성을 살릴 것이라고 하였다. 이 타운하우스의 분양소장은 인터뷰에서 "그간 주택 유형이 (나) 구조였다면, 지금은 복합적이고 수직적인 구조로 변화하고 있어서 개개인별로 (다)인 공간 확보가 용이해져 앞으로 더욱 수요가 증가할 것"이라고 말하였다.

	(가)	(나)	(다)		(가)	(나)	(다)
①	가시화	일률적	기능적	②	가속화	평면적	합리적
③	가속화	수평적	창조적	④	가속화	일률적	평면적

15. 다음 글의 흐름에 따라 빈칸에 들어갈 알맞은 접속어는?

> 약 1만 년 전 농업이 시작되기 이전에 지구는 62억 헥타르의 삼림으로 덮여 있었던 것으로 추정된다. 그러나 개간, 벌채, 방목 등에 의하여 현재는 13억 헥타르의 엉성한 소림(疏林)을 포함해 41억 헥타르로 줄어든 상태이다. (   ) 그 삼림은 몇 번이나 거듭된 노력으로 간신히 재생된 재생림, 연료재료용으로 조성된 상록수림 등 질적인 측면에서도 이전과 비교할 수 없을 정도로 저하되었다.

① 게다가 ② 그런데
③ 그러므로 ④ 따라서

[생산기술직] 인적성검사

[16 ~ 17] 다음 설문조사 결과를 보고 이어지는 질문에 답하시오.

〈국가별 여성 사회 참여에 대한 인식〉

(단위 : %)

구분	전업주부가 되는 것은 소득이 있는 직장을 갖는 것만큼 값지다.					
	강하게 동의	동의	반대	강하게 반대	무응답	모름
미국	24.0	50.5	20.2	4.0	1.3	-
㉠	13.8	51.7	6.9	0.6	-	27.0
㉡	11.2	48.8	24.2	2.5	3.2	10.1
㉢	21.8	30.6	31.3	11.7	-	4.6
한국	8.9	38.2	38.9	12.0	1.9	0.1
㉣	12.4	31.9	34.8	10.3	2.8	7.8
네덜란드	7.7	32.6	29.4	7.5	0.2	22.6
스웨덴	8.5	26.8	37.0	11.4	2.3	14.0

〈우리나라의 연도별 여성 사회 참여에 대한 인식〉

(단위 : %)

구분	전업주부가 되는 것은 소득이 있는 직장을 갖는 것만큼 값지다.					
	강하게 동의	동의	반대	강하게 반대	무응답	모름
2001년	40.9	45.4	10.2	1.1	-	2.4
2005년	46.5	40.2	12.7	0.6	-	-
2010년	8.9	38.2	38.9	12.0	1.9	0.1

16. 다음 중 위의 표를 올바르게 이해하지 못한 것은?

① 우리나라는 2001년에서 2010년으로 이동하면서 유급노동을 더욱 중시하는 풍토가 급격히 확산되었다.

② 설문의 답변으로 '동의'를 선택한 사람의 비율이 가장 높은 나라의 수는 전체 조사국 수의 절반을 넘는다.

③ 우리나라는 2010년에는 전업주부가 되는 것이 직장을 갖는 것만큼 값지다고 생각하는 사람이 절반에도 못 미친다.

④ 우리나라는 '강하게 동의', '동의'를 선택한 사람의 비율이 5번째로 많다.

17. 다음 〈보기〉를 참고로 표의 빈칸 ㉠ ~ ㉣에 들어갈 국가명(독일, 스페인, 일본, 중국)을 올바르게 나열한 것은?

| 보기 |

가. 독일과 스페인은 '동의'의 비율이 한국보다 낮다.
나. 독일과 스페인의 '모름'의 비율의 합은 일본의 '모름' 비율의 절반 이하이다.
다. 스페인은 독일보다 더 유급노동을 중시한다.

	㉠	㉡	㉢	㉣
①	중국	일본	독일	스페인
②	일본	중국	독일	스페인
③	일본	독일	중국	스페인
④	스페인	중국	독일	일본

18. 다음은 OECD 국가별 고용률 비교 자료이다. 25 ~ 29세와 30 ~ 34세에서 2000 ~ 2020년의 고용률 변동 추이가 한국과 같은 나라를 순서대로 나열한 것은?

〈국가별 청년 고용률 비교〉

(단위 : %)

구분	25 ~ 29세					30 ~ 34세				
	2000년	2005년	2010년	2015년	2020년	2000년	2005년	2010년	2015년	2020년
한국	86.3	88.2	74.7	70.0	69.3	95.4	91.2	89.8	87.5	90.0
프랑스	82.4	83.5	83.2	81.9	77.9	89.0	88.5	89.1	88.0	83.5
독일	79.2	81.1	74.2	78.7	80.6	88.4	89.3	84.8	87.1	88.5
이탈리아	71.1	69.4	72.7	66.8	58.6	86.5	86.3	86.6	82.6	76.3
일본	92.8	90.3	87.6	86.5	87.8	95.6	93.7	92.1	91.2	91.7
영국	83.0	87.6	86.4	83.4	84.9	86.2	89.7	89.0	86.6	89.4
미국	87.1	88.9	85.8	78.0	82.0	89.2	91.5	89.0	82.1	85.9
OECD	84.4	85.2	83.1	79.5	80.5	89.3	90.4	88.9	86.0	87.0

① 독일, 일본
② 프랑스, 영국
③ 프랑스, 일본
④ 미국, 이탈리아

19. 다음 자료에 대한 설명으로 옳은 것을 〈보기〉에서 모두 고르면?

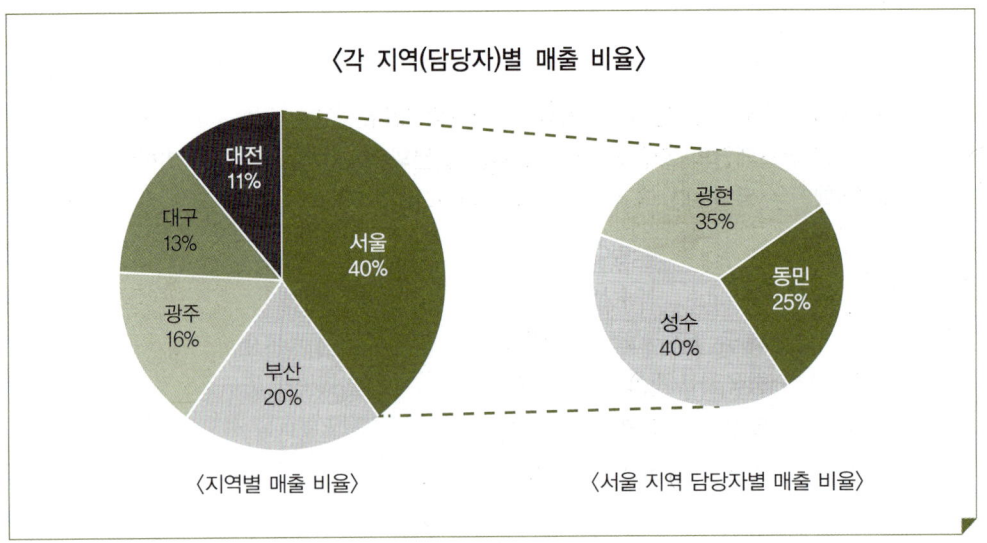

| 보기 |

ㄱ. 전체 매출 중 광현이 차지하는 비율은 13% 미만이다.
ㄴ. 전체 매출 중 동민이 차지하는 비율은 10% 이상이다.
ㄷ. 전체 매출 중 광현과 동민이 차지하는 비율은 대구와 대전의 매출 비율의 합보다 작다.
ㄹ. 전체 매출 중 성수가 차지하는 비율은 대구의 비율보다 많다.

① ㄱ, ㄴ   ② ㄱ, ㄷ
③ ㄴ, ㄷ   ④ ㄴ, ㄹ

20. 다음 수출입 관련 자료에 대한 해석으로 옳지 않은 것은?

〈교역 국가 수별·기업규모별 수출입 기업 수〉

(단위 : 개, %)

구분		수출			수입		
		2021년	2023년	구성비	2021년	2023년	구성비
전체		90,761	93,922	100.0	169,044	178,104	100.0
10개국 미만		83,734	86,440	92.0	162,262	170,530	95.7
	대기업	446	450	(0.5)	577	544	(0.3)
	중견기업	1,036	977	(1.1)	1,335	1,240	(0.7)
	중소기업	82,252	85,013	(98.3)	160,350	168,746	(99.0)
20개국 이상		2,432	2,616	2.8	1,318	1,545	0.9
	대기업	191	203	(7.8)	309	333	(21.6)
	중견기업	334	322	(12.3)	313	309	(20.0)
	중소기업	1,907	2,091	(79.9)	696	903	(58.4)

① 우리나라 수출입 기업은 교역 국가 수가 10개 미만인 기업과 20개 이상인 기업으로 나뉘는군.

② 우리나라엔 교역 국가 수 10개 미만인 기업이 가장 많군.

③ 중소기업은 두 가지 교역 국가 수 구분 기준에서 모두 가장 많은 기업 수를 보이네.

④ 2023년 수입에서 20개국 이상 교역 국가 수를 가진 대기업이 21.6%라는 것은 우리나라 전체 기업 수에 대한 비율이 아니군.

[21 ~ 22] 다음은 보험회사의 자산현황 추이를 나타낸 그래프이다. 이어지는 질문에 답하시오.

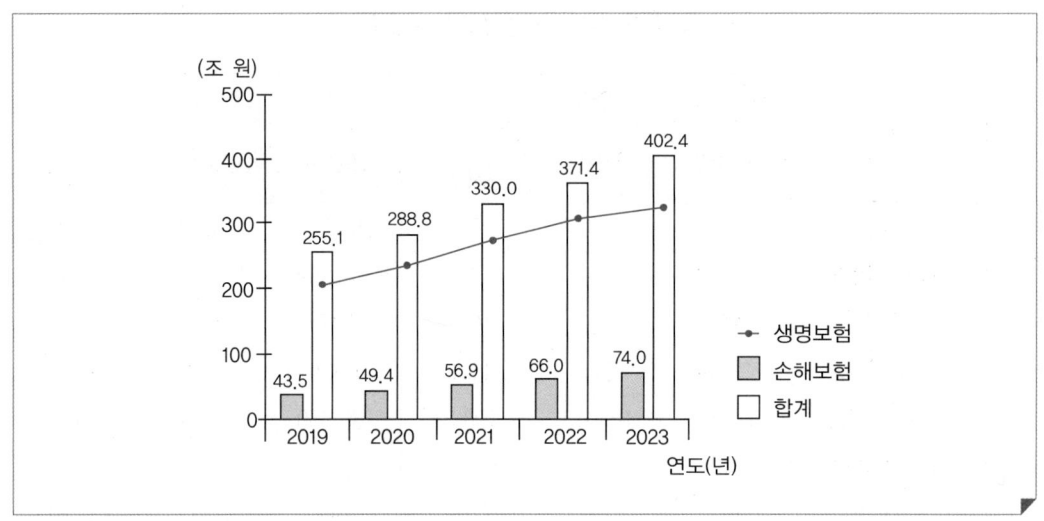

21. 2023년의 손해보험 자산은 2022년 손해보험 자산에 비해 약 몇 % 증가했는가? (단, 소수점 아래 첫째 자리에서 반올림한다)

① 약 9% ② 약 10%
③ 약 11% ④ 약 12%

22. 2022년의 생명보험 자산은 2020년 생명보험 자산의 약 몇 배인가? (단, 소수점 아래 셋째 자리에서 반올림한다)

① 약 0.95배 ② 약 1.19배
③ 약 1.23배 ④ 약 1.28배

23. 다음 자료에 대한 설명으로 옳지 않은 것은? (단, 소수점 아래 첫째 자리에서 반올림한다)

〈기업부설 연구소 · 연구원 추이〉

(단위 : 개소, 명)

구분	20X0년	20X1년	20X2년	20X3년	20X4년	20X5년	20X6년	20X7년
대기업 부설 연구소	10,270	11,810	13,324	14,975	16,719	18,772	21,785	24,291
중소기업 부설 연구소	9,387	10,894	12,398	14,014	15,696	17,703	20,659	22,876
대기업 연구원	145,490	163,646	179,709	193,340	209,137	219,975	235,596	257,510
중소기업 연구원	79,209	90,601	100,595	111,348	122,944	131,031	141,080	147,406

〈20X7년 기업부설 연구소 학위별 연구원 현황〉

(단위 : 명)

구분	박사	석사	학사	전문학사	기타	합계
대기업 연구원	13,351	69,328	148,910	23,745	2,176	257,510
중소기업 연구원	4,230	27,908	89,657	23,738	1,873	147,406

① 기업부설 연구소와 연구원은 대기업과 중소기업 모두 지속적으로 증가하였다.
② 20X7년의 대기업 부설 연구소 1개당 평균 연구원 수는 20X0년보다 약 3명이 적다.
③ 20X2년 중소기업 부설 연구소는 전년 대비 약 11% 가량 증가하였다.
④ 20X7년 중소기업 연구원 가운데 학사 학위를 가진 연구원의 비율은 60% 이상이다.

[생산기술직] 인적성검사

24. 다음 프로야구 선수 K의 타격기록에 대한 분석으로 잘못된 것을 모두 고르면?

구분	소속 구단	타율	출전 경기 수	타수	안타 수	홈런 수	타점	4사구 수	장타율
2014년	A	0.328	126	442	145	30	98	110	0.627
2015년	A	0.342	126	456	156	27	89	92	0.590
2016년	B	0.323	131	496	160	21	105	87	0.567
2017년	C	0.313	117	432	135	15	92	78	0.495
2018년	C	0.355	124	439	156	14	92	81	0.510
2019년	A	0.276	132	391	108	14	50	44	0.453
2020년	A	0.329	133	490	161	33	92	55	0.614
2021년	A	0.315	132	479	151	28	103	102	0.553
2022년	A	0.261	124	394	103	13	50	67	0.404
2023년	A	0.303	126	413	125	13	81	112	0.477
2024년	A	0.337	123	442	149	22	72	98	0.563

㉠ 2017 ~ 2024년 중 K 선수의 안타 수가 가장 많은 해에 4사구 수는 가장 적었다.
㉡ 2014 ~ 2024년 중 K 선수의 타율이 0.310 이하인 해는 4번 있었다.
㉢ K 선수가 C 구단에 소속된 기간 동안 기록한 평균 타점은 나머지 기간 동안 기록한 평균 타점보다 높았다.
㉣ 2014 ~ 2020년 중 K 선수는 출전경기 수가 가장 많은 해에 가장 많은 홈런 수와 가장 높은 타점을 기록했다.

① ㉠, ㉡
② ㉢, ㉣
③ ㉠, ㉡, ㉣
④ ㉠, ㉢, ㉣

25. 다음 그래프를 보고 추측한 내용이 적절하지 않은 사람은?

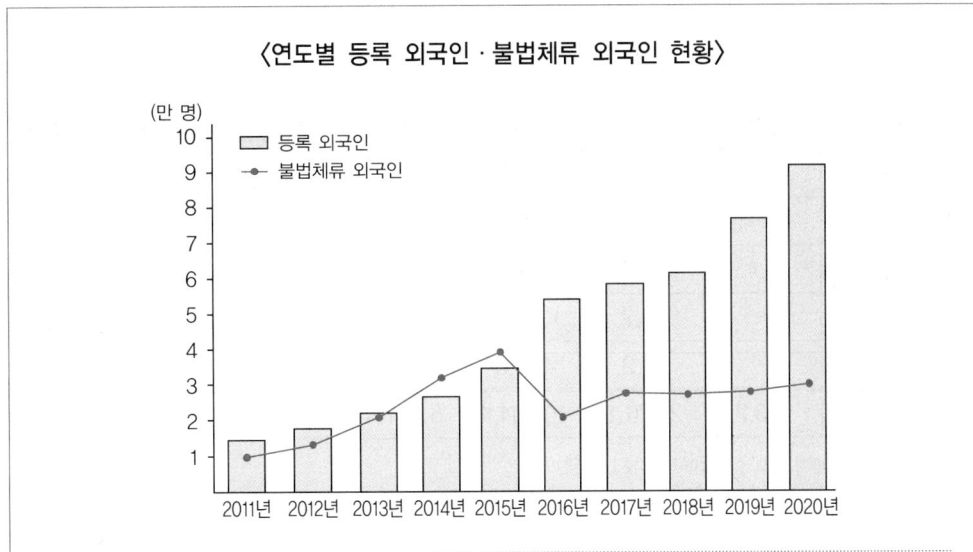

〈연도별 등록 외국인·불법체류 외국인 현황〉

- 미애 : 등록 외국인 수는 매년 증가하고 있지만 변수가 발생하면 증가폭이 줄어들 수도 있어.
- 철이 : 불법체류 외국인의 수는 2015년에 최고치를 기록하면서 처음으로 등록 외국인 숫자보다 많아졌어.
- 혜수 : 2016년에 등록 외국인 수가 급격히 증가하고 불법체류 외국인이 감소한 이유는 불법체류 외국인이 등록 외국인이 되었기 때문이 아닐까?
- 예진 : 2017년 이후 불법체류 외국인의 숫자는 비교적 비슷한 수준으로 유지되고 있어.

① 미애 ② 철이
③ 혜수 ④ 예진

[26 ~ 27] 다음 자료를 보고 이어지는 질문에 답하시오.

〈20X2년 주택형태별 에너지 소비 현황〉

(단위 : 천 TOE)

구분	연탄	석유	도시가스	전력	열에너지	기타	합계
단독주택	411.8	2,051.8	2,662.1	2,118.0	–	110.3	7,354
아파트	–	111.4	5,609.3	2,551.5	1,852.9	–	10,125
연립주택	1.4	33.0	1,024.6	371.7	4.3	–	1,435
다세대주택	–	19.7	1,192.6	432.6	–	–	1,645
상가주택	–	10.2	115.8	77.6	15.0	2.4	221
총합	413.2	2,226.1	10,604.4	5,551.4	1,872.2	112.7	20,780

※ 전력 : 전기에너지와 심야전력에너지 포함.
※ 기타 : 장작 등 임산 연료

26. 위 자료에 대한 해석으로 적절한 것은?

① 단독주택에서 소비한 전력 에너지량은 단독주택 전체 에너지 소비량의 30% 이상을 차지한다.
② 모든 주택형태에서 가장 많이 소비한 에너지 유형은 도시가스 에너지이다.
③ 아파트는 다른 주택형태에 비해 가구당 에너지 소비량이 많다.
④ 모든 주택형태에서 소비되는 에너지 유형은 4가지이다.

27. 아파트 전체 에너지 소비량 중 도시가스 에너지 소비량이 차지하는 비율은? (단, 소수점 아래 둘째 자리에서 반올림한다)

① 25.2%
② 36.2%
③ 52.4%
④ 55.4%

28. 다음 세계 주요국의 20XX년 1～3분기 수출액 동향에 대한 설명으로 적절하지 않은 것은?

〈20XX년 분기별 수출액〉

(단위 : 억 달러)

순위 / 국가명		1분기 수출액	2분기 수출액	3분기 수출액	1～3분기 합계 수출액
1	중국	4,800	5,633	5,891	16,324
2	미국	3,729	3,851	3,811	11,391
3	독일	3,403	3,516	3,736	10,655
4	일본	1,674	1,692	1,764	5,130
5	네덜란드	1,534	1,551	1,642	4,727
6	한국	1,321	1,471	1,510	4,302
7	홍콩	1,246	1,370	1,429	4,045
8	프랑스	1,248	1,321	1,312	3,881
9	이탈리아	1,159	1,261	1,261	3,681
10	영국	1,076	1,076	1,107	3,259
11	벨기에	1,025	1,060	1,093	3,178
12	캐나다	1,034	1,068	1,015	3,117
13	멕시코	947	1,028	1,018	2,993
14	싱가포르	889	906	943	2,738
15	러시아	826	835	844	2,505
16	스페인	777	795	764	2,336
17	대만	721	756	838	2,315
18	인도	770	718	749	2,237
19	스위스	712	762	723	2,197
20	태국	565	571	619	1,755

※ 국가별 순위는 20XX년 1～3분기 수출액 합계를 기준으로 한다.

① 20XX년 1～3분기 수출액을 각각 기준으로 한 국가별 순위는 모두 표에 제시된 순위와 다르다.
② 4～6순위의 1～3분기 수출액 합계를 모두 합해도 1위의 합계 수출액에 못 미친다.
③ 20XX년 1～3분기 수출액 합계가 1조 달러를 초과하는 국가는 3개국이다.
④ 20XX년 1분기에 벨기에보다 수출액이 많은 국가는 10개국이다.

29. 다음 회계감리 결과(위반 또는 종결) 현황에 대한 표의 내용과 일치하지 않는 그래프는?

(단위 : 건)

구분		표본감리	혐의감리	위탁감리	합계
20X5년	감리	204	28	13	245
	위반	16	26	12	54
20X6년	감리	222	30	16	268
	위반	43	26	16	85
20X7년	감리	99	20	18	137
	위반	29	19	18	66
20X8년	감리	79	33	15	127
	위반	19	32	15	66
20X9년	감리	49	16	33	98
	위반	10	14	28	52

① 〈20X5년 회계감리 결과 비율〉

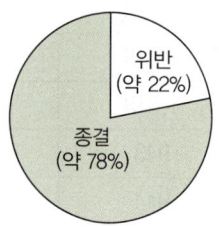

② 〈20X6년 표본감리 결과 비율〉

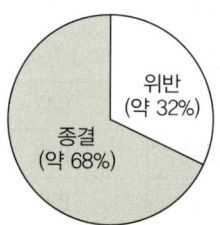

③ 〈20X7년 회계감리 종류별 비율〉

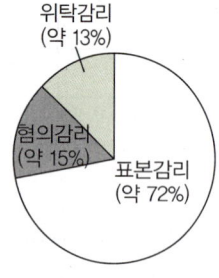

④ 〈20X9년 회계감리 위반 종류별 비율〉

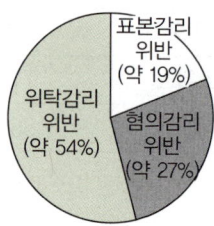

30. 다음은 A 기업의 기업경쟁력 평가에 관한 자료이다. 이에 대한 설명으로 옳은 것을 〈보기〉에서 모두 고르면?

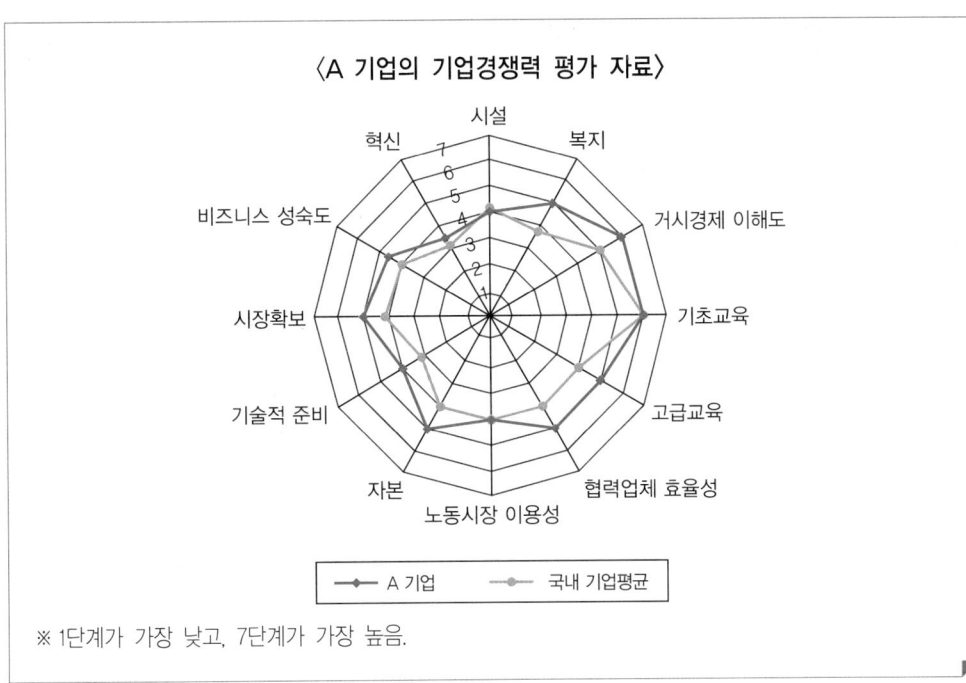

| 보기 |

㉠ A 기업과 국내 기업평균 간의 기업경쟁력 차이는 복지 부문보다 노동시장 이용성 부문에서 더 작게 나타난다.
㉡ 시장확보 부문에서 국내 기업평균 경쟁력 수준은 A 기업보다 높다.
㉢ A 기업의 12개 부문 중 기업경쟁력이 가장 낮게 평가된 분야는 혁신이다.
㉣ A 기업은 12개 부문 모두 국내 기업평균보다 높은 기업경쟁력을 보이고 있다.

① ㉠, ㉡
② ㉠, ㉢
③ ㉡, ㉢
④ ㉡, ㉣

31. 다음 명령체계에 대한 자료를 참고할 때, 순서도에서 출력되는 값은?

〈명령체계〉

명령	의미	True	False
▭	초기 데이터 묶음 항상 True를 출력	모든 값을 다음 명령으로 전달	-
▱	조건을 만족하는 값이 하나라도 있으면 True, 하나도 없으면 False	전달받은 값 중 앞쪽 3개의 값을 다음 명령으로 전달	전달받은 값 중 뒤쪽 3개의 값을 다음 명령으로 전달
⬭	조건을 만족하는 값의 개수가 짝수면 True, 홀수면 False	명령을 하나 건너뛰고 그 다음 명령으로 모든 값 전달	조건을 만족하는 값을 다음 명령으로 전달
◇	모든 값이 조건을 만족하면 True, 그렇지 않으면 False	모든 값을 다음 명령으로 전달	조건을 만족하는 값만 다음 명령으로 전달

※ 데이터는 제시된 순서대로 전달되며, 다음 명령으로 전달해도 순서는 변하지 않음.
※ 마지막 명령까지 통과한 값들을 모두 출력함.

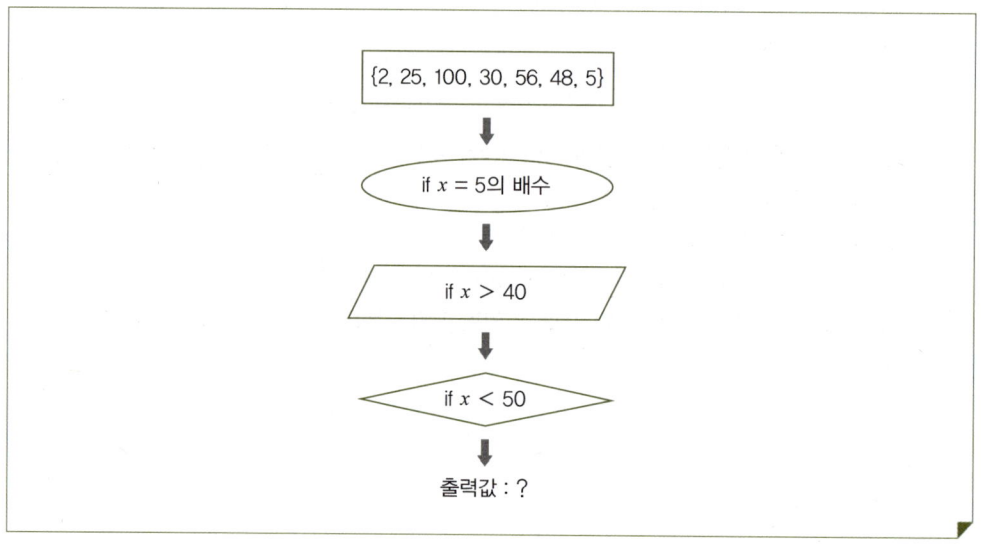

① 출력값 없음.
② 5, 25, 30
③ 2, 25, 30, 48
④ 2, 25, 30, 48, 5

[32 ~ 33] 다음 자료를 보고 이어지는 질문에 답하시오.

〈노트북 PC 사양 비교표〉

제품	A	B	C	D
가격	300만 원대	200만 원대	250만 원대	250만 원대
제조사	L사	S사	A사	L사
CPU	i7 6790	i7 6790	i7 6750	i7 8750
RAM	16GB	11GB	8GB	16GB
SSD	1TB	500GB	500GB	500GB
무게	0.85kg	0.88kg	0.90kg	0.85kg
최대 대기 시간(배터리)	11시간	10시간	11시간	11시간
완전 충전에 소요되는 시간	3시간	4시간	2시간	2시간

32. 박 사원은 이번에 부임하는 부서장의 업무용 노트북 PC를 준비하게 되었다. 위의 자료를 바탕으로 노트북 PC를 준비할 때, 다음 중 부서장의 요구사항을 충족시키는 제품은?

〈부서장의 요구사항〉
1. 무엇보다 최대 대기 시간이 길고 충전이 빠른 제품이면 좋겠어요.
2. 트래픽 편집 관련 작업을 하는 경우가 잦으므로 RAM과 SSD의 용량이 최대한 넉넉한 제품이었으면 좋겠고요.
3. 앞에서 제시한 모든 조건이 동일하다면 무게가 가벼운 제품이면 좋겠고, 무게까지 동일하다면 저렴한 제품을 선택하는 것이 좋겠지요.

① A ② B ③ C ④ D

33. (32와 이어짐) 위 부서장이 해당 노트북 PC를 내근용으로 사용하면서 최대 대기 시간 및 충전 소요시간은 요구사항에서 제외하고 성능과 관련한 나머지 조건과 무게만을 고려하였다. 이때 부서장의 요구사항을 가장 잘 충족시키는 제품은?

① A ② B ③ C ④ D

[34 ~ 35] 다음 자료를 보고 이어지는 질문에 답하시오.

○○기업 마케팅팀에서는 향후 신제품 홍보를 위해 여러 홍보 매체의 특성을 비교하고 각 부서별 주요 목표 고객층과 요구사항을 정리한 자료를 다음과 같이 작성하였다.

〈자료 1〉 홍보 매체별 특성

구분	동영상 전문 사이트 광고	홈쇼핑	웹페이지 배너 광고	신문 광고
비용	2등급	1등급	3등급	4등급
전파속도	1등급	2등급	1등급	3등급
주요 소비층	20대	40대	30 ~ 40대	50 ~ 60대
홍보 지속 기간	1주일	1개월	3개월	1주일

※ 1등급에 가까울수록 비용이 많이 들거나 전파속도가 빠름을 의미함.

〈자료 2〉 부서별 목표 고객과 요구사항

사업부	주요 대상 고객층	선호하는 홍보 방안
화장품 사업부	젊은 남성용 신제품과 중년층 여성 고객용 신제품을 출시	유행에 민감하므로 전파속도가 빠른 매체를 선호
자전거 사업부	젊고 세련된 고객	홍보 비용보다는 전파속도를 더 중요하게 고려
생명보험 사업부	가족을 부양하는 가장	전파속도가 다소 느려도 오래 지속되는 광고를 선호
건강식품 사업부	건강에 관심이 많은 장년층	저렴한 비용을 우선 고려

34. 제시된 자료를 참고할 때 건강식품 사업부에 가장 적합한 홍보 매체는?

① 동영상 전문 사이트 광고　　② 홈쇼핑
③ 웹페이지 배너 광고　　　　　④ 신문 광고

35. ○○기업 전자기기 사업부에서 새로 개발한 제품 홍보를 의뢰하는 공문을 보냈다. 다음의 공문을 참고할 때 전자기기 사업부에 추천할 수 있는 가장 적절한 홍보 매체는?

> 안녕하십니까, 전자기기 사업부입니다.
> 귀 부서로 홍보 전략을 의뢰하고자 연락을 드립니다. 현재 저희가 새로 개발한 상품은 최신형 스마트폰으로 주로 스마트폰 게임에 적합한 성능을 가지고 있으며 주요 고객층은 30대 이하입니다.
> 기존의 제품보다 화면의 선명도가 높고 밝다는 것이 특징이며 방수기능이 특화되어 있어 이를 강조하려고 합니다. 또 바이러스를 스스로 점검하고 예방하는 백신 작업을 자동으로 수행하는 기능도 갖추고 있습니다.
> 스마트폰 제품의 경우 제품의 순환주기가 빠르고 경쟁사의 신제품들도 우리 제품 출시일 앞뒤로 출시될 것이 확실하므로 제품 출시 초기에의 빠른 시장 장악이 가장 중요한 점이라는 것을 고려해 주시기 바랍니다.

① 동영상 전문 사이트 광고　　② 홈쇼핑
③ 웹페이지 배너 광고　　　　　④ 신문 광고

[36 ~ 37] 다음 〈보기〉는 명령어와 그에 따른 그래프 출력 결과이다. 이어지는 질문에 답하시오.

| 보기 |

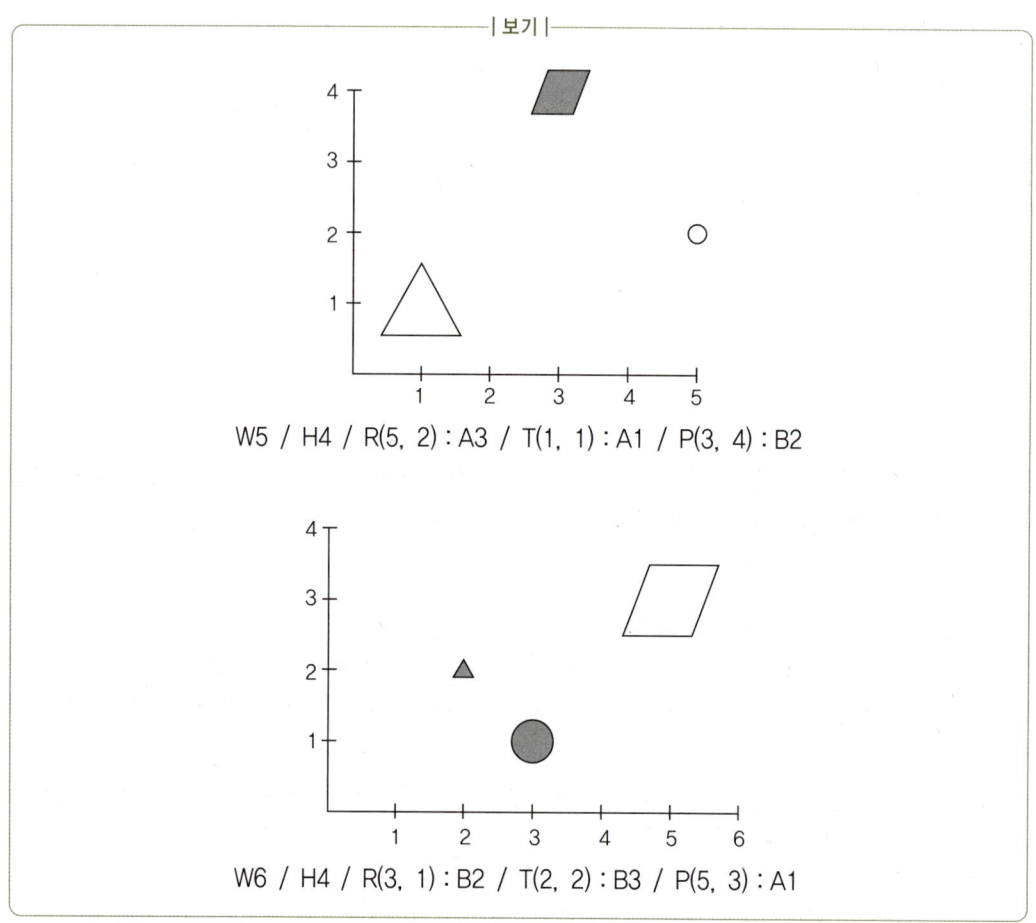

W5 / H4 / R(5, 2) : A3 / T(1, 1) : A1 / P(3, 4) : B2

W6 / H4 / R(3, 1) : B2 / T(2, 2) : B3 / P(5, 3) : A1

36. 〈보기〉를 참고할 때, 다음 그래프에 해당하는 명령어는?

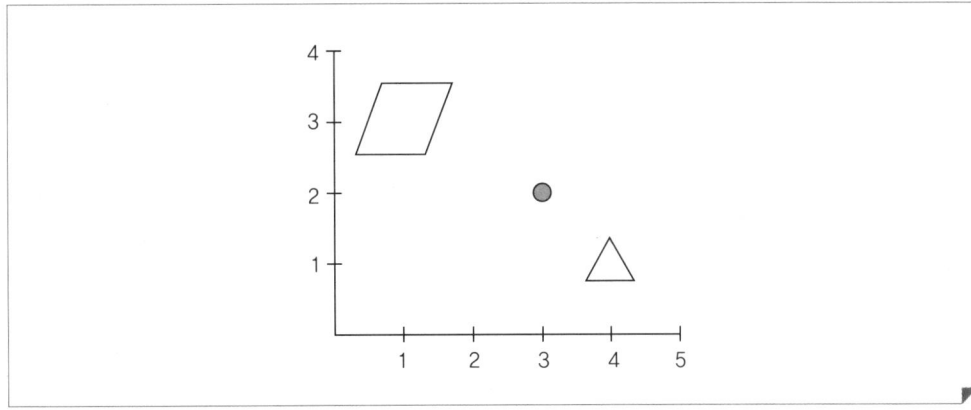

① W5 / H4 / R(3, 2) : B3 / T(4, 1) : A2 / P(1, 3) : A1
② W4 / H5 / R(3, 2) : B2 / T(4, 1) : A2 / P(1, 3) : A1
③ W5 / H4 / R(1, 3) : B2 / T(4, 1) : A2 / P(3, 2) : A3
④ W5 / H4 / R(1, 3) : B3 / T(4, 1) : A2 / P(3, 2) : A1

37. W3 / H5 / R(1, 1) : A1 / T(2, 4) : B1 / P(3, 5) : A2의 그래프를 산출할 때, 오류가 발생하여 다음과 같은 그래프가 산출되었다. 〈보기〉를 참고할 때, 오류가 발생한 값은?

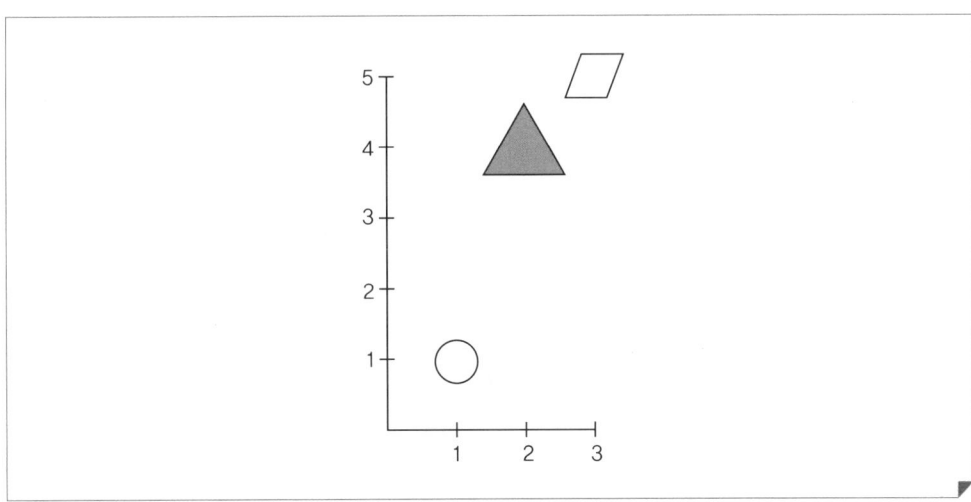

① W3 / H5
② R(1, 1) : A1
③ T(2, 4) : B1
④ P(3, 5) : A2

[38 ~ 39] 다음 〈보기〉는 명령어와 그에 따른 그래프 출력 결과이다. 이어지는 질문에 답하시오.

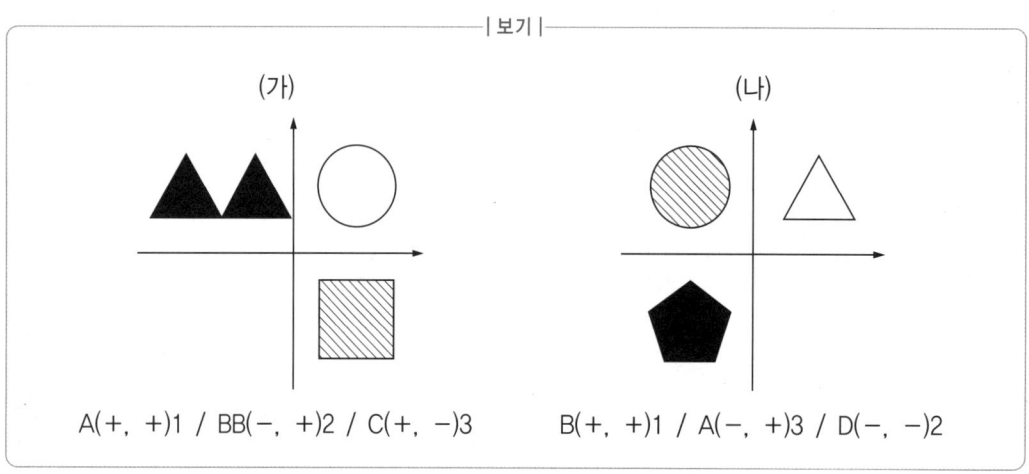

38. 〈보기〉를 참고할 때, 다음 중 명령어 DD(-, +)1, A(+, -)3을 올바르게 나타낸 그래프는 무엇인가?

①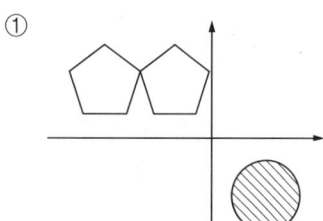

②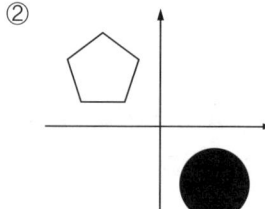

③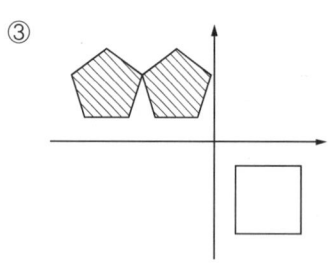

④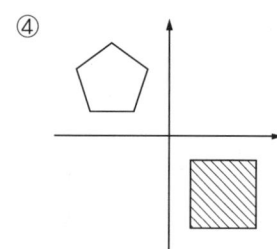

39. ⟨보기⟩를 참고할 때, 다음의 그래프에 알맞은 명령어는 무엇인가?

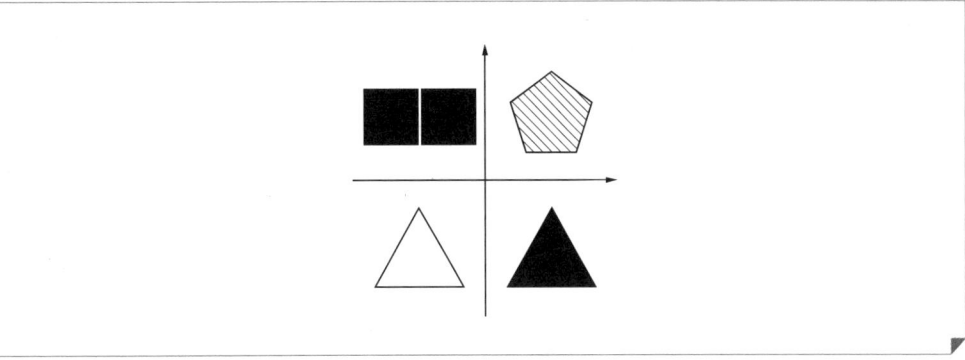

① D(+, +)3 / C(−, +)2 / B(−, +)1 / B(+, −)1
② D(+, +)3 / CC(−, +)2 / B(−, −)1 / B(+, −)1
③ D(+, +)3 / CC(−, +)2 / B(−, −)1 / B(+, −)2
④ D(+, +)2 / B(−, +)2 / C(−, +)1 / C(+, −)2

40. A 지점으로 출장을 나온 조 사원은 업무를 마치고 사무실이 있는 G 지점으로 운전해 돌아가고자 한다. 다음 자료를 참고할 때, 조 사원이 갈 수 있는 최단거리는? (단, 모든 지점을 거칠 필요는 없다)

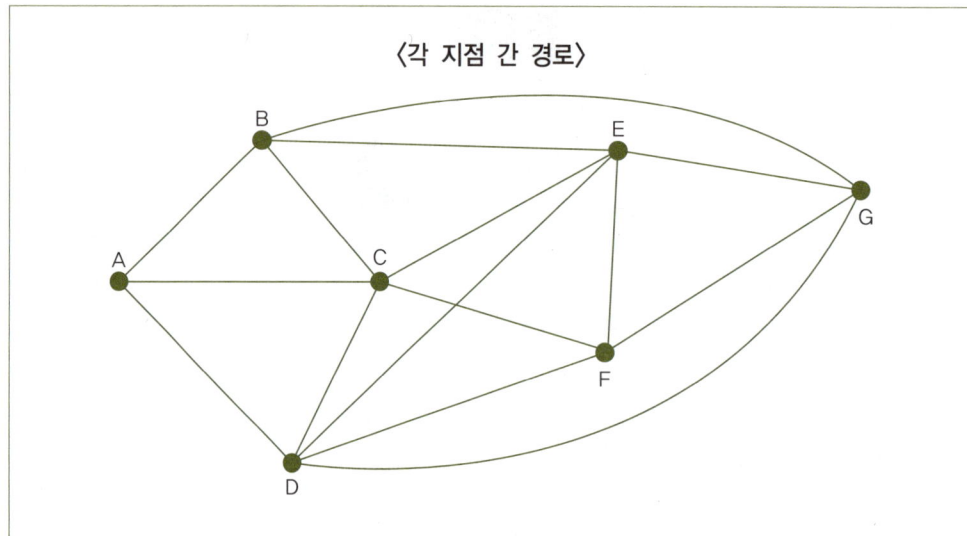

〈각 지점 간 경로〉

〈각 지점별 거리〉

(단위 : km)

구분	A	B	C	D	E	F	G
A	–	52	108	51	–	–	–
B	52	–	53	–	66	–	128
C	108	53	–	56	53	55	–
D	51	–	56	–	62	69	129
E	–	66	53	62	–	59	58
F	–	–	55	69	59	–	54
G	–	128	–	129	58	54	–

① 159km ② 163km
③ 167km ④ 171km

[41 ~ 42] 처음 상태에서 버튼을 세 번 눌렀더니 다음과 같은 모양의 변화가 일어났다. 아래 표를 참고하여 어떤 버튼을 눌렀는지 고르시오.

버튼	기능
A	모든 도형을 180° 회전
B	모든 도형을 왼쪽으로 한 칸 이동
C	모든 도형을 오른쪽 대각선 위로 한 칸 이동
D	모든 도형을 시계 방향으로 90° 회전
E	모든 도형을 반시계 방향으로 90° 회전

41.

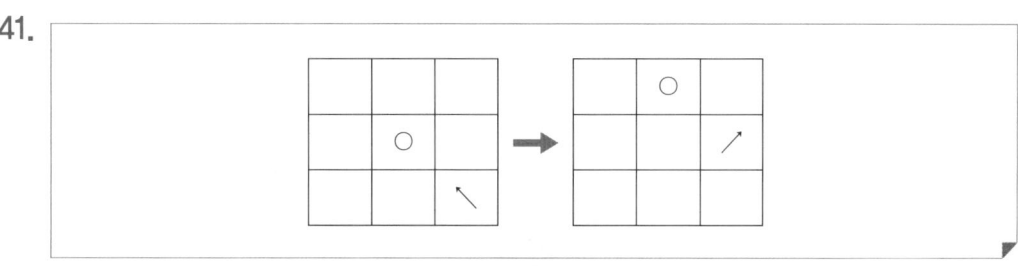

① B → C → D
② B → C → E
③ C → A → D
④ C → D → E

42.

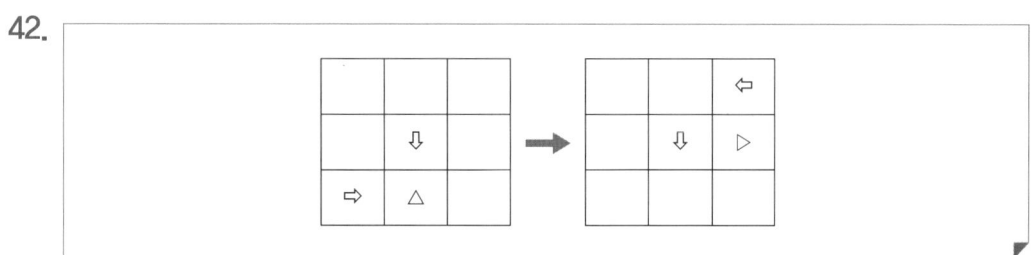

① A → B → D
② A → C → E
③ B → C → D
④ C → D → E

[생산기술직] 인적성검사

[43 ~ 45] 다음 자료를 참고하여 이어지는 질문에 답하시오.

버튼	기능
1번	R과 G 라이트 → ON
2번	Y와 P 라이트 → 반투명
3번	R과 P 라이트 → ON
4번	Y와 G 라이트 → OFF
5번	모든 ON → 반투명
6번	모든 OFF → ON

OFF　ON　반투명

43. 처음 상태에서 버튼을 두 번 눌렀더니 다음과 같은 상태로 바뀌었다면, 누른 버튼과 그 순서로 옳은 것은?

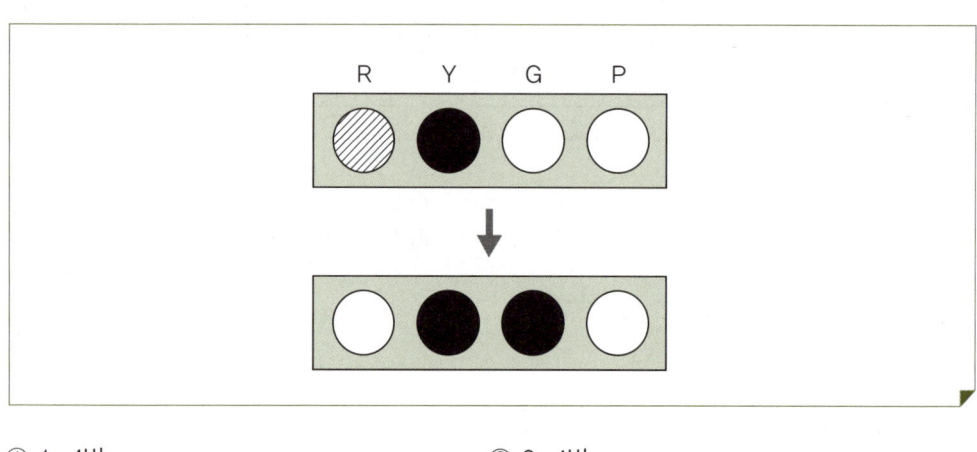

① 1, 4번　　　　② 2, 4번
③ 3, 5번　　　　④ 4, 6번

44. 처음 상태에서 버튼을 두 번 눌렀더니 다음과 같은 상태로 바뀌었다면, 누른 버튼과 그 순서로 옳은 것은?

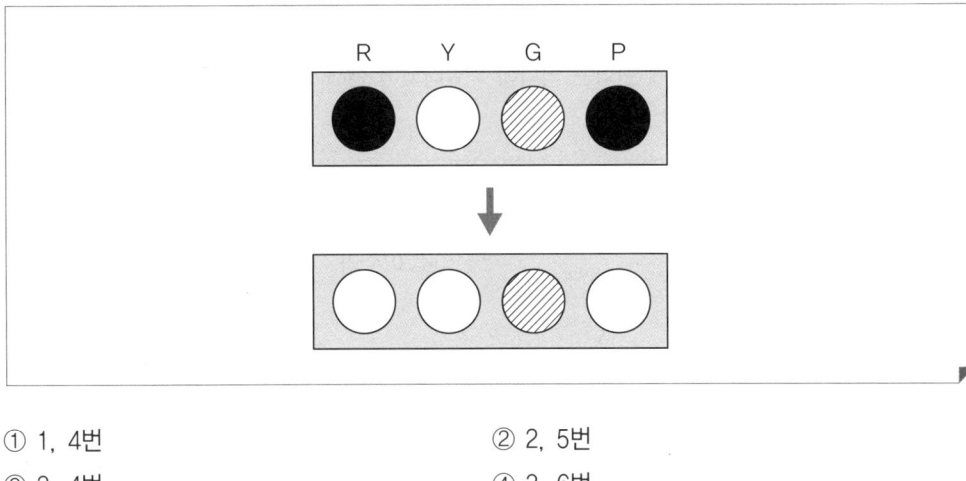

① 1, 4번　　　　　　　　　　② 2, 5번
③ 3, 4번　　　　　　　　　　④ 3, 6번

45. 처음 상태에서 버튼을 세 번 눌렀더니 다음과 같은 상태로 바뀌었다면, 누른 버튼과 그 순서로 옳은 것은?

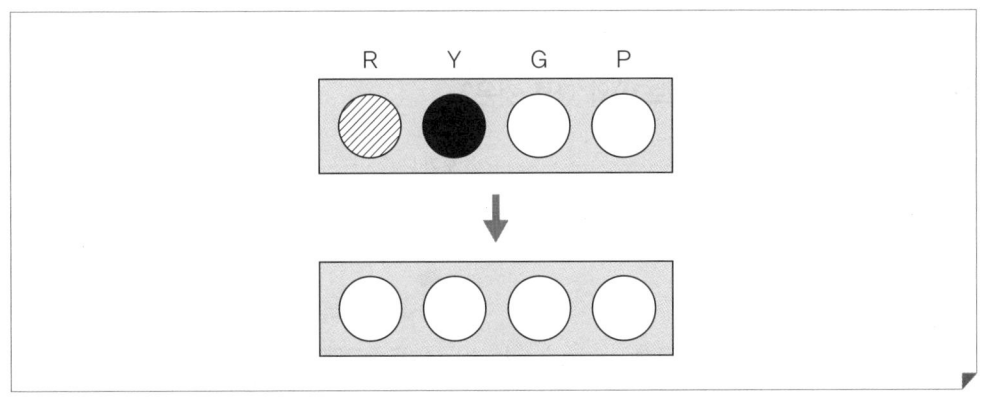

① 1, 3, 5번　　　　　　　　　② 2, 3, 4번
③ 2, 4, 5번　　　　　　　　　④ 3, 4, 6번

[46 ~ 47] 제시된 문장의 밑줄 친 ㉠과 ㉡의 관계와 가장 유사한 것을 고르시오.

46.
조선시대 폭군으로 유명한 연산군은 여색을 즐겨 이를 전담하는 부서인 ㉠흥청을 설치했다. 흥청이 나라를 망하게 한다는 의미에서 유래되어 현재에도 사용하고 있는 말이 ㉡흥청망청이다.

① 머리 : 이마
② 화장실 : 뒷간
③ 데스크톱 : 랩톱
④ 아수라 : 아수라장

47.
㉠외부효과로 인한 문제를 해결하기 위해 ㉡조세를 투입해야 할 경우 정확한 규모와 사용처 등을 먼저 정해야 한다.

① 경찰 : 범인
② 간병 : 환자
③ 범죄 : CCTV
④ 감자 : 고구마

48. 다음 중 단어의 연결이 〈보기〉와 다른 것은?

| 보기 |
대장장이 - 가위 - 엿장수

① 기술자 - 경운기 - 농부
② 디자이너 - 드레스 - 모델
③ 레스토랑 - 스테이크 - 고객
④ 프로그래머 - 게임 - 프로게이머

49. 다음 두 쌍의 단어 관계가 같도록 빈칸에 들어갈 알맞은 단어를 고르면?

> 가야금 : 오동나무 = ( ) : 흙

① 서까래
② 뚝배기
③ 거울
④ 책

50. 다음은 알레르기 반응과 알레르기 약의 효능에 관한 기술이다. 알레르기 반응의 원인이 새우, 복숭아 또는 땅콩이라고 할 때, 옳지 않은 설명은? (단, 알레르기의 원인이 있는 요인들은 독립적으로 영향을 주고, 모든 사람들은 동일한 알레르기 약을 먹었으며, 해당 알레르기 약을 먹은 모든 사람에게 동일한 효과를 보인다)

> ㉠ A는 새우를 먹었고 두드러기가 났다.
> ㉡ A는 새우와 복숭아를 먹고 알레르기 약도 먹었으나 두드러기가 났다.
> ㉢ B는 복숭아를 먹고 두드러기가 났으나 알레르기 약을 먹고 가라앉았다.
> ㉣ C는 땅콩을 먹었고 두드러기가 났다.
> ㉤ C는 땅콩을 먹으면서 알레르기 약을 같이 먹었고, 두드러기가 나지 않았다.

① ㉠, ㉡의 경우만 고려하면 A는 새우와 복숭아 알레르기를 모두 가지고 있다.
② ㉣, ㉤의 경우만 고려하면 알레르기 약은 땅콩 알레르기에 효과가 있다.
③ ㉠, ㉡, ㉢의 경우만 고려하면 알레르기 약은 새우 알레르기에는 효과가 없다.
④ ㉢, ㉣, ㉤의 경우만 고려하면 알레르기 약은 복숭아와 땅콩 알레르기 모두에 효과가 있다.

51. 다음 〈조건〉이 모두 성립할 때, 반드시 참인 명제는?

| 조건 |
- 영화를 좋아하면 감수성이 풍부하다.
- 꼼꼼한 성격이면 편집을 잘한다.
- 영화를 좋아하면 꼼꼼한 성격이다.

① 편집을 잘하지 못하면 영화를 좋아하지 않는다.
② 꼼꼼한 성격이면 감수성이 풍부하다.
③ 편집을 잘하면 영화를 좋아한다.
④ 꼼꼼한 성격이면 영화를 좋아한다.

52. 다음 전제를 바탕으로 참이 되는 결론을 고르면?

[전제] • 아침에 커피를 한 잔씩 마시는 사람은 불면증을 겪는다.
　　　• 생과일주스를 좋아하는 사람은 불면증을 겪지 않는다.
[결론] _____

① 아침에 커피를 한 잔씩 마시는 사람은 생과일주스를 좋아한다.
② 아침에 커피를 한 잔씩 마시는 사람은 생과일주스를 좋아하지 않는다.
③ 생과일주스를 좋아하는 사람은 아침에 커피를 한 잔씩 마신다.
④ 생과일주스를 좋아하지 않는 사람은 불면증을 겪는다.

[53 ~ 60] 다음 숫자들의 배열 규칙을 찾아 '?'에 들어갈 알맞은 숫자를 고르시오.

53.
| 10 11 22 19 20 40 37 (?) |

① 36　　　　　　　　　　　② 37
③ 38　　　　　　　　　　　④ 39

54.
| 2 5 11　　3 9 28　　6 7 (?) |

① 40　　　　　　　　　　　② 41
③ 42　　　　　　　　　　　④ 43

55.
| 7 8 12 19 (?) 42 58 |

① 22　　　　　　　　　　　② 23
③ 25　　　　　　　　　　　④ 29

56.

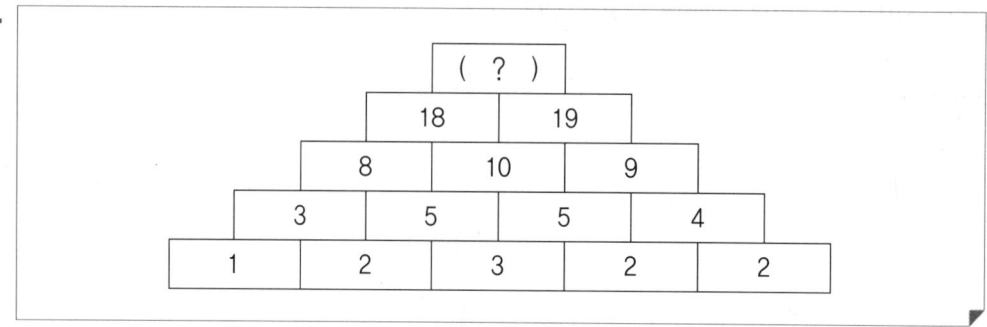

① 20 ② 26
③ 31 ④ 37

57.

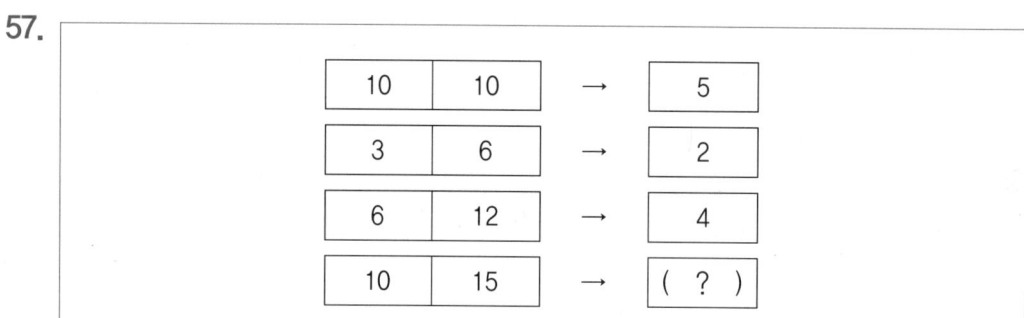

① 4 ② 5
③ 6 ④ 7

58.

20	10	6	4
30	17	2	11
40	21	16	(?)

① 1 ② 2
③ 3 ④ 4

59.

| 2 | 4 | 12 | 48 | (?) |

① 48 ② 60
③ 120 ④ 240

60.

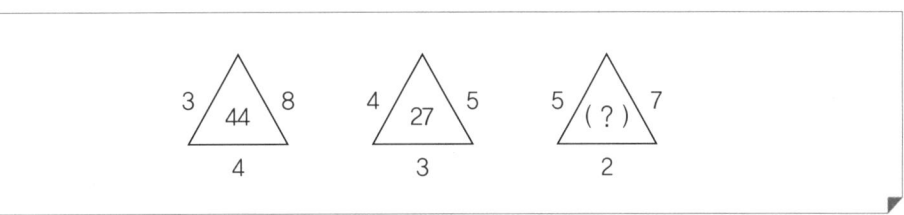

① 21 ② 24
③ 29 ④ 32

[생산기술직] 인적성검사

61. 포스코의 친환경 브랜드에 대한 설명으로 적절하지 않은 것은?

① INNOVILT는 Innovation(혁신), Value(가치), Built(건설)의 합성어이다.
② e Autopos는 친환경차 생산에 필요한 핵심 솔루션을 제공해 '뉴 모빌리티(New Mobility)' 시대를 앞당기고 드라이빙의 혁신을 실현하는 것을 목표로 한다.
③ Greenable은 바람, 태양, 수소 에너지와 철의 선순환을 통한 신재생에너지 설비용 철강 제품과 솔루션의 통합 브랜드이다.
④ Greenable 수소생태계 분야의 제품으로는 수소연료전지가 있다.

62. 다음 중 포스코그룹의 핵심가치로 적절하지 않은 것은?

① 안전　　　　　　　　② 상생
③ 윤리　　　　　　　　④ 도전

63. 다음 중 포스코그룹의 지속가능경영 5대 브랜드에 대한 설명으로 옳은 것은?

① 포스코그룹의 지속가능경영 5대 브랜드는 경제적 가치 창출을 위한 전략으로, 지역사회 기여와 더불어 기업 성장을 최우선 목표로 한다.
② 'Green' 브랜드는 포스코그룹의 지속가능경영 시그니처 브랜드로, 환경 보호와 탄소중립 실현에 중점을 둔다.
③ 'Community' 브랜드는 글로벌 시장에서의 사업 확장 전략을 중심으로 운영되며, 글로벌 네트워크 구축에 초점을 맞춘다.
④ 'Challenge' 브랜드는 함께 성장하고 싶은 회사를 목표로 하며, 기존 사업의 지속적인 개선과 운영 안정성을 핵심 가치로 삼는다.

64. 2050년 포스코그룹의 탄소중립 로드맵의 핵심이 되는 기술로, 철의 생산에 있어서 화석연료 대신 수소를 사용하여 가루 상태의 철광석을 환원하는 포스코형 수소환원제철 공법의 명칭은?

① FINEX
② 트리톤(Triton)
③ HyREX
④ 스마트 세이프티 볼

65. 다음은 포스코의 50년 역사에 관한 내용이다. 밑줄 친 ㉠ ~ ㉣ 중 옳지 않은 것은?

> 한국 철강산업 발전의 꿈은 1960년대 종합제철 건설 계획 수립으로 구체화되었습니다. 포스코는 ㉠1960년 4월 1일 '포항종합제철주식회사'의 이름으로 창립하여 일관제철소 건설의 대장정을 시작했습니다.
>
> 모래바람도, 쏟아지는 잠도, 종합제철소를 향한 열정을 꺾지 못했습니다. ㉡1973년 6월 9일 포항 1고로의 첫 출선(出銑)으로 철인들의 땀방울은 뜨거운 쇳물이 되어 흘러내렸습니다.
>
> 광양만은 세계를 향한 한국 철강업의 위대한 진군을 알렸습니다. ㉢1987년, 바다 위에 제철소를 세운 광양제철소는 기술의 승리로 기록됩니다.
>
> 포항에서 광양으로 이어지는 대역사를 마무리한 포스코는 새로운 시대를 준비했습니다. 세계 철강기업 최고의 신용등급을 바탕으로 뉴욕과 런던 증시 상장에 성공하였고, 국민의 신뢰 속에 ㉣2000년 민영기업으로 거듭났습니다.

① ㉠
② ㉡
③ ㉢
④ ㉣

PAT 4회 기출유형문제

문항수 | 65문항
시험시간 | 60분

▶ 정답과 해설 52쪽

01. 다음은 ○○기업 해외사업부의 사업실적 기사를 읽고 사원들이 나눈 대화이다. 빈칸에 들어갈 내용으로 옳은 것은?

> 올해 우리 회사 반도체 해외 수출액이 작년 대비 18.7% 증가한 것으로 알려졌다. 산업통신지원부에 따르면 우리나라 반도체 수출은 지난 1월 63억 달러, 2월 64억 달러, 3월 75억 달러로 3개월 연속 매출 최대치를 갈아치웠다. 이는 스마트폰 고(高)사양화로 D램 주력품목이 고가인 DDR4 4GB로 바뀌면서 수출원가와 물량이 상승한 결과이다. 또한 IoT(사물인터넷) 시대에 접어들면서 스마트폰이나 컴퓨터 이외에도 반도체를 활용하는 범위가 넓어졌기 때문이라고 해석할 수 있다.
>
> 박 사원 : 기사에 따르면 우리 회사 반도체 수출이 증가한 건 우리나라 반도체 수출액 증가와 무관한 성과라고 볼 수 있습니다.
> 김 사원 : 이번 성과는 우리나라가 세계적으로 반도체 강국 계열에 속한다는 사실을 잘 보여주는 결과라고 생각합니다.
> 최 사원 : 그렇지만 해외사업부가 세계적인 산업 흐름을 제대로 파악하고, 이를 바탕으로 반도체 수출에 미친 영향이 크다는 사실을 무시할 수는 없어요.
> 이 사원 : (   )

① 미래 반도체 기술 경쟁의 성패를 결정짓는 중요한 부분은 미세화 공정과 관련이 있겠군요.
② 해외사업부가 이번 성과를 이어가기 위해서는 지속적인 시장 분석과 산업 트렌드 파악이 필요하겠습니다.
③ 앞으로 우리 회사 반도체 수출액은 꾸준히 증가할 것이라고 예측할 수 있겠네요.
④ 그러나 이번 반도체 수출이 새 정부 출범 이후 자국우선주의를 강화하고 있는 미국에서는 고전을 면치 못했다고 합니다.

02. 다음 글의 주제로 적절한 것은?

우리나라는 1990년대 중반부터 극히 제한된 형태의 간접 광고만을 허용하는 협찬 제도를 운영해 왔다. 이 제도는 프로그램 제작자가 협찬 업체로부터 경비, 물품, 인력, 장소 등을 제공받아 활용하고 프로그램이 종료될 때 협찬 업체를 알리는 협찬 고지를 허용했다. 그러나 프로그램의 내용이 전개될 때 상품명이나 상호를 보여주거나 출연자가 이를 언급해 광고 효과를 주는 것은 법으로 금지했다. 협찬받은 의상의 상표를 보이지 않게 가리는 것도 그 때문이었다.

우리나라는 협찬 제도를 그대로 유지하면서 광고주와 방송사 등의 요구에 따라 방송법에 '간접 광고'라는 조항을 신설하여 2010년부터 시행하였다. 간접 광고 제도가 도입된 취지는 프로그램 내에서 광고를 하는 행위에 대해 법적인 규제를 완화하여 방송 광고 산업을 활성화하겠다는 것이었다. 이로써 프로그램 내에서 상품명이나 상호를 보여 주는 것이 허용되었다. 다만 시청권의 보호를 위해 상품명 또한 상호를 언급하거나 구매와 이용을 권유하는 것은 금지되었다. 또 방송이 대중에게 미치는 영향력이 크기 때문에 객관성과 공정성이 요구되는 보도, 시사, 토론 등의 프로그램에서는 간접 광고가 금지되었다. 그럼에도 불구하고 간접 광고 제도를 비판하는 사람들은 간접 광고로 인해 광고 노출 시간이 길어지고 프로그램의 맥락과 동떨어진 억지스러운 상품 배치가 빈번해 프로그램의 질이 떨어지고 있다고 주장한다.

이처럼 시청자의 인식 속에 은연 중 파고드는 간접 광고에 적절히 대응하기 위해서는 시청자들이 간접 광고에 대한 주체적 해석을 할 수 있어야 한다. 미디어 이론가들에 따르면, 사람들은 외부의 정보를 주체적으로 해석할 수 있는 자기 나름의 프레임을 가지고 있어서 미디어의 콘텐츠를 수동적으로만 받아들이지 않는다고 한다. 이것이 간접 광고를 분석하고 그것을 비판적으로 수용하는 미디어 교육이 필요한 이유이다.

① 간접 광고 제도는 대중에게 미치는 영향력이 막대하므로 폐지해야 한다.
② 간접 광고 제도는 광고주와 방송사의 이득만을 위한 제도이다.
③ 방송이 대중에게 미치는 영향력을 고려할 때, 보다 보수적인 광고 정책인 협찬 제도로 돌아가야 한다.
④ 간접 광고에 대한 시청자들의 주체적인 해석을 위해서 미디어 교육이 필요하다.

[03 ~ 04] 다음 글을 읽고 이어지는 질문에 답하시오.

병원 영안실에서 흔히 보듯 한국적인 장례식은 철저히 산 사람들의 질서를 재현하는 용도로 바뀌어 소비된다. 죽음을 기억하기 위해서가 아니라, 망각하기 위해서 장례라는 절차가 진행되는 것이다. 이것은 기왕의 죽음을 한 번 더 완벽하게 죽이는 것이다. 우리들의 시대는 죽음을 삶의 동기로 인식하는 것이 아니라, 개인으로 하여금 죽음에 대한 감정을 마치 무엇인가 흉측한 것이라도 되는듯 밀쳐 내도록 부추기고 있다.

그러나 ⊙죽음이 항상 이런 대접만을 받은 것은 아니었다. 원시 신앙 시대 이후 중세기에 이르기까지 어쩌면 ⓒ죽음은 삶보다 더한 양지를 누려왔는지도 모른다. 기념비와 종교라는 제도 자체가 죽음의 성전에서 카리스마를 누려온 것을 전적으로 부인하기 어렵다. 더욱이 인간 구원이 영혼의 몫이 되고 덩달아서 ⓒ죽음의 몫이 되었을 때, 영·육의 이원법에서 절대적 지배권을 향유한 것은 ⓔ죽음이지 삶이 아니었다.

그러던 죽음이 이제 망각되어 가고 있다. 근대 이후, 종교의 퇴락 및 문화 전반의 세속화와 물질주의를 전제한다면, 릴케가 한탄한 바와 같이 죽음은 정말 몰가치하고 개성 없는 것이 되고 말았다. 현재 군중 사회에서 죽음은 가고 죽음이란 말만이 황당하게 남아 있을 뿐이다. 현대인의 죽음에 대한 사유의 부족과 또 막연한 공포와 부정이 죽음을 다시 죽게 하고 결국 우리의 삶에서 죽음을 소거해 간 것이다.

03. 다음 밑줄 친 ⊙ ~ ⓔ 중 문맥적 의미가 다른 하나는?

① ⊙
② ⓒ
③ ⓒ
④ ⓔ

04. 다음 중 윗글을 이해한 내용으로 적절한 것은?

① 한국적인 장례식에서는 아직도 죽음을 기억하기 위해 장례 절차가 진행되고 있다.
② 중세에는 삶보다 죽음이 영·육의 이원법에서 절대적 지배권을 누렸다.
③ 중세인은 죽음을 전혀 무서워하거나 부정하지 않았으며, 죽음은 영혼이 소멸하는 일로 여겼다.
④ 현대인의 죽음에 대한 사유의 부족은 죽음을 삶을 위한 동기로 인식하기 때문이다.

05. 다음 글에서 필자가 전달하고자 하는 바로 가장 적절한 것은?

> 사람들은 흔히 뉴스를 세상에서 일어난 일을 사실적이고 객관적으로 기술한 정보라고 생각한다. 만약 어떤 사건이나 이슈가 완벽하게 사실적이고 객관적으로 기술될 수 있다면, 서로 다른 미디어가 취재해서 보도하더라도 같은 뉴스가 만들어질 것이니 우리 사회에는 굳이 그렇게 많은 뉴스 미디어가 존재할 필요가 없을 것이다. 하지만 현실에는 언론사, 포털 뉴스, 뉴스 큐레이션 서비스, 소셜 미디어 및 개인 미디어 등 수많은 뉴스 생산 주체들이 뉴스를 생산한다. 이렇게 많은 언론사 및 개인들이 뉴스를 생산한다는 것은 현실에서 일어난 하나의 사건이 뉴스 미디어에 따라 다르게 보도될 수 있다는 것을 의미한다.
>
> 과거에는 뉴스를 만드는 사람들은 언론사에 속해 있었고, 언론사의 수도 많지 않기에 누가 뉴스를 만들었는지에 대한 대답을 쉽게 얻을 수 있었다. 하지만 미디어 환경 및 뉴스 산업 구조의 변화로 인해 뉴스 생산환경이 급속하게 변화하였고, 지금은 언론사에 속한 기자뿐만 아니라 블로거, 시민기자, 팟캐스터 등 다양한 사람들이 뉴스 생산에 기여한다. 따라서 뉴스를 바르게 이해하기 위해서는 뉴스 생산자의 역할과 임무에 대한 이해가 선행되어야 한다.

① 뉴스가 가지는 가치는 다양성에 있다.
② 뉴스는 생산자에 따라 다르게 구성된다.
③ 뉴스는 이용자의 특성에 따라 다르게 구성된다.
④ 올바른 뉴스 소비를 위해서는 이용자의 능동적인 판단이 필요하다.

06. 다음 글을 토대로 '효과적인 보고서 작성 체크리스트'를 작성할 때, 체크리스트 항목에 해당하지 않는 것은?

> 효과적인 보고서의 핵심은 '짧고 쉽게 쓰기'입니다. 짧은 보고서는 작성 방법과 내용에 따라 100장짜리 보고서보다 알차고 효과적입니다. 보고서 작성을 시작할 때는 결론을 가장 먼저 작성합니다. 이것은 단 한 줄만 읽고도 보고서 전체의 내용을 파악할 수 있도록 하기 위해서입니다. 보고서 내용은 핵심이 명확하게 표기되어야 하고 짧지만 구체적으로 표현되어야 합니다. 또한 어려운 전문용어보다는 가급적 쉬운 말을 사용해야 합니다. 그리고 했던 이야기를 반복하지 않습니다. 앞에서 핵심을 정확하게 드러냈다면 이야기를 반복해서 시간을 낭비할 필요가 없을 것입니다.
>
> 보고서를 마칠 때에는 결론을 다시 정리해 의사결정자가 고려할 사항을 다시 한번 언급합니다. 보고서의 가장 첫 줄과 마찬가지로 마지막 줄을 통해 최종의사결정자가 보고서가 왜 작성되었는지, 의사결정자로서 자신은 무엇을 고려해야 하는지 등을 즉시 파악할 수 있도록 해야 합니다.
>
> 짧은 보고서 작성을 위해서는 민토 피라미드(Minto Pyramid)를 바탕으로 보고서를 작성할 것을 추천합니다. 민토 피라미드는 맥킨지 컨설턴트인 바바라 민토(Barbara Minto)가 만든 시각적 사고법으로, 가장 위쪽에는 핵심 메시지를, 아래쪽에는 상위 메시지에 관한 부연설명을 배치합니다. 메시지를 위에서 아래로 전개할 때 왜(Why), 무엇을(What) 등의 질문을 하면서 그 답에 해당하는 것을 하위 메시지로 만듭니다. 이렇듯 민토 피라미드를 활용해 보고서를 작성할 경우 보고서의 불필요한 부분을 줄여 명확하게 메시지를 전달할 수 있습니다.

① 보고서 페이지 수는 적당히 간결한가?
② 보고서에 전문용어 활용이 부족하지는 않은가?
③ 보고서의 처음과 끝에 핵심내용을 언급했는가?
④ 보고서 작성 시 같은 내용이나 말이 두 번 이상 반복되지 않았는가?

[07 ~ 08] 다음 글을 읽고 이어지는 질문에 답하시오.

우리는 식인 풍습의 긍정적인 형태들(그 기원이 신비적이거나 주술적인, 또는 종교적인 것들이 대부분 여기에 포함됨)을 고찰해 볼 필요가 있다. 식인종은 조상의 신체 일부분이나 적의 시체의 살점을 먹음으로써 죽은 자의 덕을 획득하려 하거나 또는 그들의 힘을 중화시키고자 한다. 이러한 의식은 종종 매우 비밀스럽게 거행된다. 식인종들은 인간의 살점을 다른 음식물과 섞어 먹거나 가루로 만든 유기물 약간과 함께 먹는다. 오늘날 식인 풍습의 요소가 보다 공개적으로 인정받고는 있으나, 그러한 풍습은 여전히 비도덕적이라는 이유로 비난 받기도 한다. 하지만 식인종들의 풍습은 시체가 물리적으로 파괴되면 육체적 부활이 위태로워진다는 생각에서 비롯된 것이거나, 또는 영혼과 육체의 연결과 여기에 따르는 육체와 영혼의 이원론에 대한 확신에서 비롯된 것이라는 점을 인정해야만 한다. 이러한 확신들은 의식적인 식인 풍습의 의미로 시행되고 있는 것에 나타나는 것과 동일한 성격을 지닌다. (㉠) 우리는 어느 편이 더 나은 것이라고 말할 수 있는 어떠한 정당한 이유도 지니고 있지 못하다. 뿐만 아니라 우리는 죽음의 신성시함을 무시한다는 이유에서 식인종을 비난하지만, 어찌 보면 식인종들의 풍습은 우리가 해부학실습을 용인하고 있다는 사실과 별반 다를 것이 없다. (㉡) 무엇보다도, 만약 우리와 다른 사회에서 살아온 관찰자가 우리를 연구하게 된다면 우리에게는 자연스러운 어떤 풍습이, 그에게는 우리가 비문명적이라고 여기는 식인 풍습과 비슷한 것으로 간주될 수 있다는 점을 인식해야만 한다.

07. 다음 중 ㉠과 ㉡에 들어갈 접속어를 순서대로 나열한 것으로 가장 알맞은 것은?

	㉠	㉡		㉠	㉡
①	그리고	따라서	②	그리고	그러나
③	그러므로	따라서	④	더불어	그로 인해

08. 다음 중 저자가 지양하는 태도에 해당하지 않는 것은?

① 음식을 손으로 먹다니, 인도 사람들은 여전히 미개해.
② 저 범죄자들을 감옥에 격리시키기로 했구나. 그들 입장에서는 사형보다 더 잔인하군.
③ 애벌레를 먹다니, 아프리카 사람들은 너무 야만적이야.
④ 이렇게 일 처리가 느리다니, 동남아시아 사람들은 너무 게을러.

09. 다음 글의 전개방식에 관한 설명으로 적절한 것은?

> 바위와 달은 서로 다른 존재인가? 달이라는 것은 결국 바윗덩어리가 아니었던가? 그렇다면 우리가 바위의 성질을 모두 이해한다면 달의 성질도 이해하게 될 수 있지 않을까? 공기 속에서 부는 바람을 바다에 이는 파도와 비슷한 원리로 이해할 수 있을까? 서로 다른 것으로 보이는 여러 움직임의 공통점은 무엇인가? 이런 질문들에 대한 올바른 답을 구하려면 우리는 언뜻 보기에 전혀 다른 듯한 대상들을 순차적으로 분석하여 다른 점이 별로 없는 근본까지 파고 들어가야 한다. 계속 파고 들어가다 보면 공통점이 발견되리라는 희망을 가지고 모든 물질과 자연 현상을 낱낱이 분석해야 한다. 이러한 노력 속에서 우리의 이해는 한층 더 깊어진다.
>
> 무언가를 이해한다는 것의 진정한 의미는 무엇인가? 이 우주의 진행 방식을 하나의 체스 게임에 비유해 보자. 그렇다면 이 체스 게임의 규칙은 신이 정한 것이며, 우리는 규칙을 제대로 이해하지 못한 채로 게임을 관람하는 관객에 불과하다. 우리에게 허락된 것은 오로지 게임을 지켜보는 것뿐이다. 물론 충분한 시간을 두고 지켜본다면 몇 가지 규칙 정도는 알아낼 수도 있다. 체스 게임이 성립되기 위해 반드시 요구되는 기본 규칙들, 이것이 바로 기초 물리학이다. 그런데 체스에 사용되는 말의 움직임이 워낙 복잡한 데다가 인간의 지성에는 명백한 한계가 있기 때문에 모든 규칙을 다 알고 있다 해도 특정한 움직임이 왜 행해졌는지를 전혀 이해하지 못할 수도 있다. 체스 게임의 규칙은 비교적 쉽게 배울 수 있지만, 매 순간 말이 갈 수 있는 최선의 길을 찾아내는 것은 결코 쉬운 일이 아니기 때문이다.

① 대상의 변화 과정을 살펴본 뒤 전망을 제시하고 있다.
② 새로운 이론을 소개한 뒤에 이를 구체적인 현상에 적용하고 있다.
③ 개념에 대한 정의를 분명하게 제시하여 대상의 본질을 나타내고 있다.
④ 낯설고 익숙하지 않은 개념을 쉽고 친숙한 대상에 빗대어 설명하고 있다.

[10 ~ 11] 다음 글을 읽고 이어지는 질문에 답하시오.

2018년 여름에는 기록적인 폭염이 한반도를 덮쳤다. 지구온난화로 티베트 고원에서 달아오른 공기가 북태평양 고기압과 합세해 한반도를 비롯한 지구 북반구에 고온다습한 '열돔'을 형성했다. 이는 2018년에만 일어난 이상현상은 아니다. 미국 국립해양대기국(NOAA)의 2016년 기후현황보고서에 따르면 2016년이 기상관측 이래 가장 더운 해로 기록됐다. 해수면 높이는 6년 연속 최고치를 경신했다. 폭염은 폭염만으로 끝나지 않았다. 겨울에는 혹독한 한파와 여름의 폭염이 번갈아 반복되면서 2018년의 경우 서울의 연교차는 57.4도를 기록했다. 기상청 자료에 의하면 한반도를 둘러싼 해수면 온도 역시 상승하고 있다. 매년 0.34도씩 상승했고, 해수면 온도 상승은 포획 어종까지 바꿔 놓고 있어 생태계의 변화를 실감할 수 있다.

그렇다면 지구온난화 대책으로 무엇이 있을까? 인류는 1992년 리우회의의 유엔기후변화협약, 1997년 교토의정서 이후 많은 논의를 통해 2015년 파리협약을 체결했다. 2020년 만료된 교토의정서를 대체한 이 협약은 2020년 이후의 기후변화 대응을 담았다. 한국은 2050년 온실가스 배출 전망치 대비 37%를 감축하기로 했다. 정부나 지자체의 정책적 규제나 노력이 반드시 선행되어야 하겠지만, 우리 각자의 자발적인 고민 역시 필수적이다.

10. 다음 중 글쓴이가 윗글을 작성할 때 고려한 사항이 아닌 것은?

① 근거 내용의 출처를 제시해야겠군.
② 질문을 던져 주의를 환기시켜야겠군.
③ 2018년 폭염이 나타난 원인을 제시해야겠군.
④ 정부에서 추진하는 구체적인 규제방법을 제시해야겠군.

11. 다음 중 윗글을 회의 자료로 사용할 수 있는 기관으로 적절한 것은?

① 화력발전량의 일정비율을 신재생에너지로 공급하는 기관
② 담배사업의 내수 안정화와 해외 수출에 앞장서는 기관
③ 국민이 믿고 탈 수 있는, 안전한 철도를 만드는 기관
④ 국민주거생활의 향상 및 국토의 효율적인 이용을 도모하는 기관

[12 ~ 13] 다음 글을 읽고 이어지는 질문에 답하시오.

> 바이오시밀러(Biosimilar)는 사람이나 다른 생물체에서 유래된 세포·조직·호르몬 등의 유효물질을 이용하여 유전자재결합 또는 세포배양기술을 통해 분자생물학적 기법으로 개발한 의약품인 바이오의약품(생물학적제제·유전자재조합의약품·세포배양의약품·세포치료제·유전자치료제 등)의 복제약(특허가 만료된 오리지널 의약품을 모방하여 만든 약품)을 뜻하는 말이다.
> 바이오시밀러는 동등생물의약품 또는 FOB(Follow-on Biologics)라고도 하며, 오리지널 바이오의약품과 동등한 품목·품질을 지니며, 비임상·임상적 비교동등성이 입증된 의약품이다.
> 화학 합성의약품 복제약(제네릭;Generic)의 경우 오리지널 약품의 화학식만 알면 쉽게 만들 수 있고, 화학반응에 이변이 없어 오리지널 의약품의 공정과 똑같이 생산된다. 반면 살아 있는 단백질 세포 등을 이용하여 만드는 바이오시밀러의 경우 아무리 염기서열이 동일한 의약품을 개발하려 해도 구조적 복잡성으로 인하여 특성 분석이 어렵고, 배양배지·배양온도·배양크기에 따라 매우 민감하여 오리지널 약품과 똑같은 복제약을 제조하는 것은 불가능하며, 단지 유사한 복제약을 개발할 수 있을 뿐이다. 또 합성의약품 복제약을 개발할 때에는 임상시험이 생략되지만 바이오시밀러의 경우에는 비임상·임상시험에 통과해야 한다.
> 바이오시밀러는 고가의 오리지널 바이오의약품에 비해 상대적으로 저렴하다는 장점이 있으며, 많은 오리지널 바이오의약품들이 2012년 이후 특허가 만료되어 바이오시밀러 시장이 확대될 것으로 보인다.

12. 다음 중 윗글의 자료를 정리한 내용으로 적절하지 않은 것은?

구분	바이오시밀러	제네릭
① 복제대상	바이오의약품	화학 합성의약품
② 안정성	환경에 따라 민감	비교적 안정적
③ 허가 절차	비임상·임상시험	임상시험 생략
④ 개발 비용	상대적으로 낮음.	상대적으로 높음.

13. 김 사원은 바이오시밀러 산업을 지원해야 하는 이유를 설명하고자 한다. 그 내용으로 적절하지 않은 것은?

① 오리지널 바이오의약품과 거의 동일한 효과를 보인다면 바이오시밀러가 가격면에서 경쟁력이 있다.
② 가격이 비싸 의약품 혜택을 못 받는 저개발국 환자들을 치료할 수 있는 길을 열 수 있다.
③ 제네릭에 비해 엄격한 허가 기준을 충족시켜야 하므로 진입 장벽이 높아 경쟁력이 있고, 오리지널 바이오의약품만큼 또는 그 이상으로 좋은 제품이 될 수 있다.
④ 고령화 등으로 인하여 고가의 바이오의약품에 대한 수요가 증가하는 상황에서 바이오시밀러가 의료 관련 사회적 부담 비용을 낮출 수 있다.

14. 다음 글에서 추론할 수 있는 내용으로 가장 적절한 것은?

> 통화 스와프(Currency Swap)는 외환 부족 등 유사시에 상대국의 통화를 이용하여 환시세의 안정을 도모하기 위한 것으로, 국가 간에 그 해당하는 액수만큼의 통화를 맞교환하는 것, 즉 거래 당사국들이 일정 기간 동안 자국의 상품이나 금융 자산을 상대국의 것과 바꾸는 것을 말한다. 예를 들어 우리나라와 미국이 통화 스와프 협정을 맺으면 우리는 달러가 부족할 때 미국에 원화를 맡기고 일정액의 수수료를 부담하면 달러를 공급받을 수 있게 된다. 변제할 때에도 서로 계약에 따른 예치 당시의 환시세를 적용하도록 하여 시세 변동에 따른 위험을 예방할 수 있다.
>
> 외환 거래가 많은 다국적 기업들은 장기적인 환 위험 관리 수단과 투자 수익의 원천으로 통화 스와프를 적극 활용하고 있으며, 국가 간에는 외환 위기에 대응하기 위한 공동 협조 체제로 국가 간 상호 협력 강화 수단으로써 활용되고 있다.

① 일정액의 수수료는 스와프를 요청하는 국가에서 부담한다.
② 스와프 협정으로 외환 공급을 받은 후 변제할 때에는 변동금리를 적용한다.
③ 다국적 기업은 장기적인 환 위험 관리 수단으로 통화 스와프를 필수적으로 활용한다.
④ 환율의 변동에 상관없이 협정국에서 차입할 때 소요되는 외환액수와 변제금액은 동일하다.

15. 다음 글을 쓴 목적으로 적절한 것은?

> 저는 오늘 시대와 시민의 요구 앞에 엄중한 소명의식과 책임감을 갖고 이 자리에 섰습니다. ○○시민의 삶을 책임지는 시장으로서 대승적 차원에서 힘겨운 결단을 하였습니다.
> 우리 0~5세 아이들의 무상보육을 위해 ○○시가 지방채를 발행하겠습니다. 올 한 해 ○○시의 자치구가 부담해야 할 몫까지도 ○○시가 책임지겠습니다. 단, 무상보육을 위한 지방채 발행은 올해가 처음이자 마지막이 돼야만 합니다. 더 이상 이렇게 지방 재정을 뿌리째 흔드는 극단적인 선택을 할 수는 없습니다. 이 결정은 올 여름을 뜨겁게 달군 무상보육 논쟁 속에서 과연 ○○시의 주인인 시민 여러분을 위한 길이 무엇인지, 오로지 시민 여러분만 기준으로 놓고 고민하고 또 고민한 결과입니다. 우리 사회는 그 누구도 부정할 수 없고, 그 누구도 거스를 수 없는 보편적 복지의 길로 나아가고 있습니다.
> – 중략 –
> 무상보육은 대한민국이 복지국가로 나아가는 중요한 시험대가 될 것입니다. 무상보육은 우리의 공동체가, 우리 사회가 나아가야 할 비전과 방향, 원칙과 철학의 문제입니다. 그 핵심은 바로 지속가능성입니다. ○○시가 어렵고 힘든 결단을 내렸습니다. 이것은 오로지 시민을 위한 판단이고 무상보육을 지속적으로 이어가기 위한 절박한 선택입니다.
> – 중략 –
> 지속 가능한 원칙과 기준을 마련하지 않으면 무상보육의 위기는 앞으로도 계속 되풀이될 것입니다. 부디 지금부터라도 중앙 정부와 국회가 결자해지의 자세로 이 문제를 해결하길 바랍니다. 중앙정부와 국회가 국민을 위한 현명한 판단을 한다면, ○○시는 전력을 다해 그 길을 함께하겠습니다. 우리 아이들의 희망과 미래를 위해 이제 정부와 국회가 답해 주시기를 간절히 바랍니다.
> 감사합니다.

① 새롭게 발견된 사실에 대한 정보를 제공하기 위함이다.
② 자신이 알고 있는 사실을 다른 사람에게 알리기 위함이다.
③ 새로운 정책을 알리고, 이에 대한 동의를 구하고 설득하기 위함이다.
④ 중요한 지식을 설명하고 이를 듣는 사람들과 공유하기 위함이다.

16. 다음은 우리나라의 코로나19 바이러스 환자 추이이다. 이에 대한 설명으로 옳지 않은 것은? (단, 완치자는 바로 퇴원했다고 가정한다)

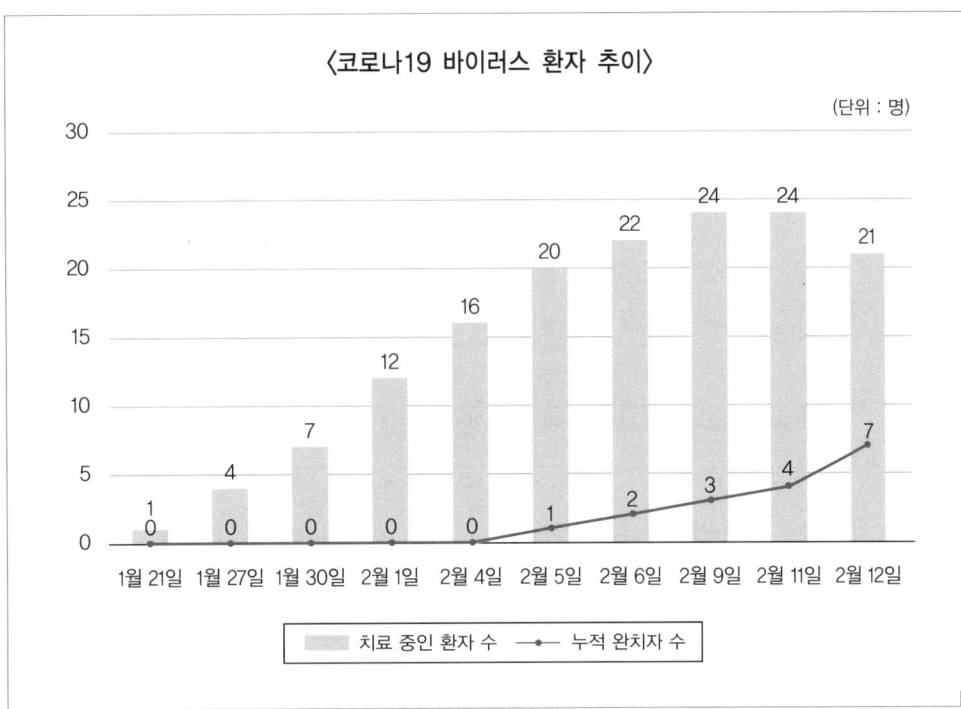

① 2월 12일까지 총 28명의 환자가 발생했다.
② 2월 9일과 2월 11일 사이에는 추가로 확진자가 발생하지 않았다.
③ 확진 판정을 받고 치료 중인 환자는 2월 12일 기준 21명이다.
④ 2월 11일까지 누적 확진자는 28명이며 다음날은 추가로 확진자가 발생하지 않았다.

17. 다음 그래프를 바르게 분석한 것은?

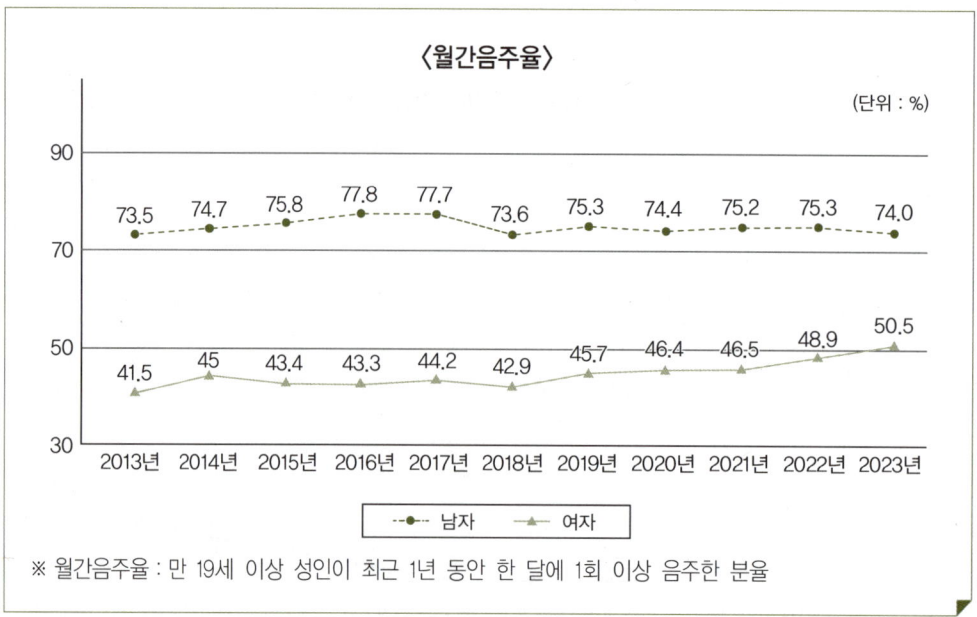

① 2017년 이후로 남성의 월간음주율은 매년 증가와 감소가 교대로 반복되었다.
② 2023년 여성의 월간음주율은 지난해에 비해 1.6%p 증가하였으나 남성의 월간음주율은 지난해에 비해 1.2%p 줄었다.
③ 2014년 만 19세 이상 여성인구를 1,160만 명으로 보면 2014년 매달 1번 이상 음주한 여성의 수는 500만 명보다 많다.
④ 2016년 만 19세 이상 남성인구를 1,390만 명이라고 보면 2016년 매달 1번도 음주하지 않은 남성의 수는 약 309만 명이다.

18. 다음 자료에 대한 설명으로 옳지 않은 것은?

〈S사 연구기관 직종별 인력 현황〉

구분		20X5년	20X6년	20X7년	20X8년	20X9년
정원(명)	연구 인력	80	80	85	90	95
	지원 인력	15	15	18	20	25
	계	95	95	103	110	120
현원(명)	연구 인력	79	79	77	75	72
	지원 인력	12	14	17	21	25
	계	91	93	94	96	97
박사학위 소지자(명)	연구 인력	52	53	51	52	55
	지원 인력	3	3	3	3	3
	계	55	56	54	55	58
평균 연령 (세)	연구 인력	42.1	43.1	41.2	42.2	39.8
	지원 인력	43.8	45.1	46.1	47.1	45.5
평균 연봉 지급액(만 원)	연구 인력	4,705	5,120	4,998	5,212	5,430
	지원 인력	4,954	5,045	4,725	4,615	4,540

※ 충원율(%) = $\dfrac{\text{현원}}{\text{정원}} \times 100$

① 지원 인력의 충원율이 100%를 초과하는 해가 있다.
② 연구 인력과 지원 인력의 평균 연령 차이는 전년 대비 계속해서 커지고 있다.
③ 지원 인력 가운데 박사학위 소지자의 비율은 매년 줄어들고 있다.
④ 20X6년 이후로 지원 인력의 평균 연봉 지급액이 연구 인력을 앞지른 해는 없다.

[19 ~ 20] 다음 자료를 보고 이어지는 질문에 답하시오.

〈근로자 1인당 월평균 임금총액〉

(단위 : 천 원, 전년 동월 대비 %)

구분	20X2년 1월		20X2년 12월		20X3년 1월	
전 산업	4,118	15.6	3,997	1.0	4,024	-2.3
숙박 및 음식점업	2,144	15.1	2,054	5.9	2,181	1.7
사업시설관리 및 사업지원 서비스업	2,244	8.5	2,247	0.1	2,206	-1.7
예술, 스포츠 및 여가관련 서비스업	2,908	13.0	3,449	10.9	2,919	0.4

〈근로자 1인당 월평균 총근로시간〉

(단위 : 시간, 전년 동월 대비 %)

구분	20X2년 1월		20X2년 12월		20X3년 1월	
전 산업	166.2	-1.5	164.8	-8.1	176.7	6.3
숙박 및 음식점업	170.4	-1.0	169.2	-5.8	178.1	4.5
사업시설관리 및 사업지원 서비스업	167.0	-2.6	167.3	-7.7	174.5	4.5
예술, 스포츠 및 여가관련 서비스업	153.0	-2.0	158.3	-4.5	163.2	6.7

19. 다음 중 '전 산업'과 '숙박 및 음식점업'의 20X1년 1월 근로자 1인당 월평균 임금총액을 순서대로 나열한 것은? (단, 백의 자리에서 반올림한다)

① 3,562천 원, 1,863천 원
② 2,068천 원, 2,573천 원
③ 1,863천 원, 3,562천 원
④ 2,573천 원, 2,068천 원

20. 20X3년 1월의 전월 대비 근로자 1인의 월평균 근로시간 변화와 임금의 변화 등을 분석할 때, 옳지 않은 것은?

① 제시된 3개 분야의 월평균 근로시간은 모두 '전 산업'의 월평균 근로시간보다 적게 증가하였다.
② '숙박 및 음식점업'은 '전 산업'보다 월평균 임금 증가분이 더 많이 증가하였다.
③ 20X2년 12월의 근로시간당 평균 임금은 '숙박 및 음식점업'보다 '사업시설관리 및 사업지원 서비스업'이 더 많다.
④ 월평균 임금은 월평균 근로시간의 증가에 비례하여 증가하였다.

21. 다음 수도권 5대 대형병원의 수익 자료에 대한 설명으로 옳지 않은 것은?

〈수도권 5대 대형병원 의료 통계 자료〉

(단위 : 억 원, %, 명)

순위	병원명	의료수익	의료이익	의료이익률	의사 수	의사 1인당 의료수익
1	A 병원	13,423	825	6.1	1,625	8.3
2	B 병원	10,612	−463	−4.4	1,230	8.6
3	C 병원	10,244	1,640	16.0	1,240	8.3
4	D 병원	8,715	−41	−0.5	1,208	7.2
5	E 병원	6,296	399	6.3	830	7.6
5대 대형병원 평균		9,858	472	4.7	1,227	8.0

※ 의료이익률 = $\dfrac{\text{의료이익}}{\text{의료수익}} \times 100$

※ 의사 1인당 의료수익 = $\dfrac{\text{의료수익}}{\text{의사 수}}$

① 의사 수가 가장 많은 병원은 의료수익도 가장 많다.
② 의사 1인당 의료수익이 가장 큰 병원은 B 병원이다.
③ 5대 대형병원 의료수익 평균에 미치지 못하는 대형병원은 2곳이다.
④ E 병원의 의사 1인당 의료이익은 A 병원의 의사 1인당 의료이익보다 많다.

22. 다음 20X2 ~ 20X9년 국내 자동차산업 동향을 나타낸 자료에 대한 설명으로 옳지 않은 것은?
(단, 모든 계산은 소수점 아래 첫째 자리에서 반올림한다)

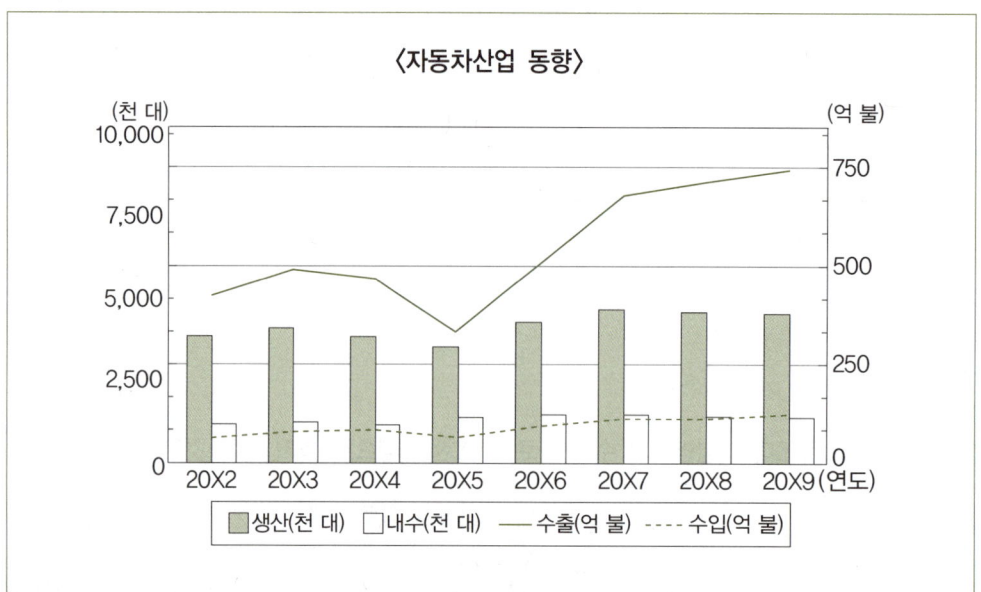

구분	20X2년	20X3년	20X4년	20X5년	20X6년	20X7년	20X8년	20X9년
생산	3,840	4,086	3,827	3,513	4,272	4,657	4,562	4,522
내수	1,164	1,219	1,154	1,394	1,465	1,475	1,411	1,383
수출	432.0	497.0	489.0	371.0	544.0	684.0	718.0	747.0
수입	58.1	71.7	76.4	58.7	84.9	101.1	101.6	112.2

※ 생산·내수는 국내 완성차 업계의 실적 집계이며, 수출·수입은 통관 기준 금액이다.

① 무역적자를 달성한 해는 없다.
② 자동차를 가장 많이 생산한 해는 20X7년이다.
③ 20X6년 이후 수출이 꾸준히 증가하였다.
④ 20X4년과 비교하여 20X5년에 생산·내수는 증가하고, 수출·수입은 감소하였다.

23. 다음은 출발지에서 목적지로 항해하는 선박이 중국으로 표류한 횟수를 나타낸 자료이다. 이에 대한 설명으로 옳지 않은 것을 〈보기〉에서 모두 고르면?

(단위 : 회)

목적지 출발지	A	B	C	D	E	F	G	합계
A	7	(나)	5	58	2	1	0	138
B	(가)	68	22	16	2	0	1	(마)
C	22	30	(다)	1	13	9	1	(바)
D	6	24	0	7	2	0	0	39
E	11	6	11	2	7	2	3	42
F	0	0	4	0	2	0	7	13
G	0	2	1	1	9	4	1	18
합계	73	195	136	(라)	37	16	13	(사)

―| 보기 |―

㉠ 목적지를 기준으로 할 때, 중국으로 표류한 횟수의 합이 세 번째로 많은 곳은 D이다.
㉡ 출발지와 목적지가 같은 선박이 중국으로 표류한 횟수를 모두 합하면 출발지가 C인 선박이 중국으로 표류한 횟수의 합보다 많다.
㉢ 출발지를 기준으로 할 때, 출발지가 B인 선박이 중국으로 표류한 횟수의 합이 가장 적다.
㉣ 중국으로 표류한 횟수의 총합은 555회이다.
㉤ 출발지를 기준으로 할 때, 중국으로 표류한 횟수의 합이 가장 많은 곳은 D이다.

① ㉠, ㉢
② ㉢, ㉤
③ ㉣, ㉤
④ ㉡, ㉢, ㉣

[24 ~ 25] 다음 자료를 보고 이어지는 질문에 답하시오.

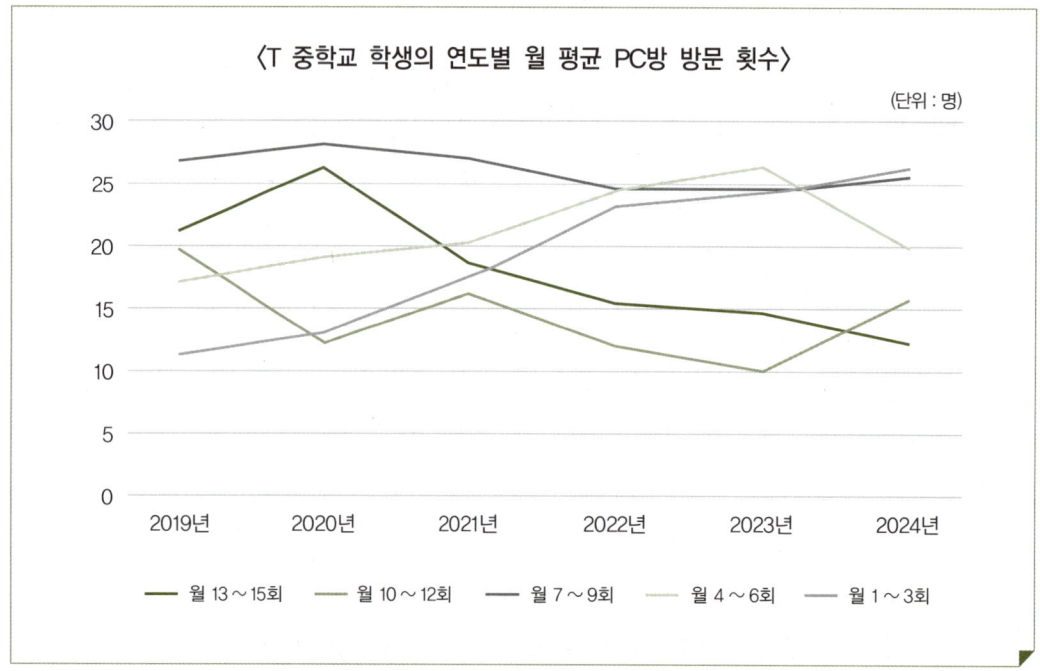

24. 2019 ~ 2022년의 기간 동안 PC방 방문 횟수의 응답자 증감 추이가 동일한 빈도끼리 짝지은 것은?

① 월 1 ~ 3회, 월 4 ~ 6회
② 월 4 ~ 6회, 월 7 ~ 9회
③ 월 1 ~ 3회, 월 13 ~ 15회
④ 월 1 ~ 3회, 월 7 ~ 9회

25. 위의 자료에 대한 설명으로 옳은 것은?

① 전체 기간 동안 매년 응답자 수가 증가한 빈도는 2개 항목이다.
② 5개 빈도 항목 모두 응답자 수가 전년보다 감소한 시기는 한 번이다.
③ 2024년에 전년보다 응답자 수가 증가한 빈도는 3개 항목이다.
④ 2019년보다 2024년에 응답자 수가 더 많은 빈도 항목은 1개이다.

[26 ~ 27] 다음은 대한민국 국민 전체와 고령자의 건강보험상 진료비에 관한 자료이다. 이어지는 질문에 답하시오.

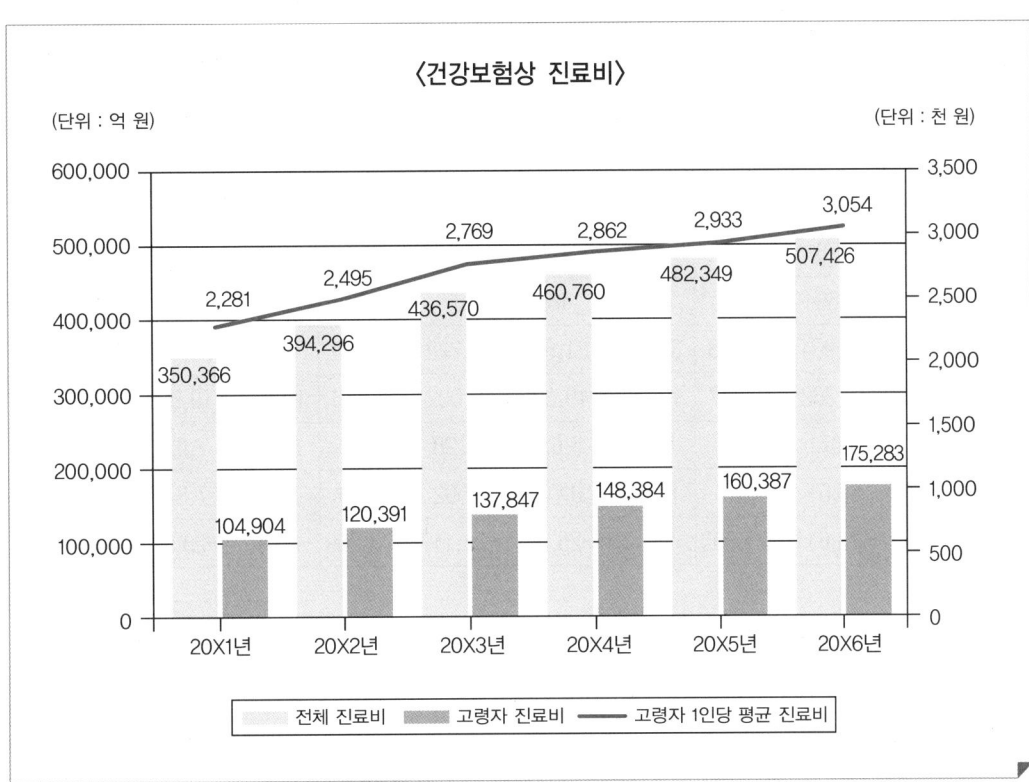

26. 다음 중 위 자료를 통해 알 수 있는 내용으로 적절한 것은?

① 20X6년의 고령자 1인당 평균 진료비는 3,054만 원이다.
② 전체 진료비의 액수가 전년도에 비해 가장 많이 증가한 연도는 20X2년이다.
③ 전체 진료비 중 고령자 진료비가 차지하는 비율은 20X6년보다 20X1년이 더 높다.
④ 고령자 진료비와 달리 전체 진료비, 고령자 1인당 평균 진료비는 모두 조사기간 동안 지속적으로 증가했다.

27. 20X3 ~ 20X6년 중 고령자의 수가 가장 많았던 해는?

① 20X3년
② 20X4년
③ 20X5년
④ 20X6년

[28 ~ 29] 다음 자료를 보고 이어지는 질문에 답하시오.

〈농림축산식품 수출입 동향〉

(단위 : 백만 달러)

구분		20X1년	20X2년	20X3년	20X4년	20X5년	20X6년	20X7년	20X8년	20X9년
수출	소계	5,383	5,645	5,725	6,183	6,105	6,464	6,827	6,926	7,024
	농산물	4,941	4,785	4,741	5,224	5,221	5,581	6,047	5,985	6,146
	축산물	176	395	436	470	497	458	341	417	460
	임산물	266	465	548	489	387	425	439	524	418
수입	소계	28,994	29,448	30,300	31,634	30,222	29,673	32,294	35,302	34,304
	농산물	18,362	18,717	19,106	19,308	17,902	17,666	18,594	19,903	19,876
	축산물	5,071	4,721	4,688	5,622	5,728	5,807	6,603	7,522	7,786
	임산물	5,561	6,010	6,506	6,704	6,592	6,200	7,097	7,877	6,642
무역수지		-23,611	-23,803	-24,575	-25,451	-24,117	-23,209	-25,467	-28,376	-27,280

28. 다음 중 자료에 대한 설명으로 옳지 않은 것은?

① 축산물 수입액은 20X3년까지 감소하다가 이후 지속적으로 증가하였다.
② 20X1년 대비 20X9년에 수입액의 증가율이 가장 작은 품목은 임산물이다.
③ 전체 농림축산식품 수출액은 20X1년 대비 20X9년에 약 30.5% 증가하였다.
④ 20X2년 대비 20X8년 임산물의 수출액 증가율은 축산물의 수출액 증가율의 2배 이상이다.

29. 제시된 자료를 바탕으로 다음과 같은 그래프를 작성하였다. 적절하지 않은 그래프는?

① 축산물 수출 동향

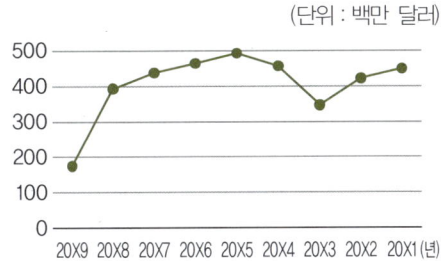

② 임산물 수입 동향

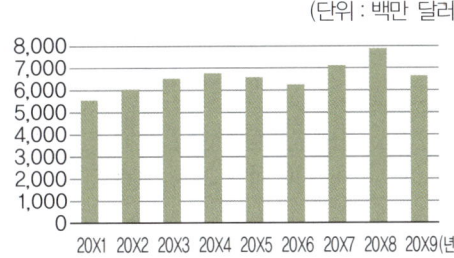

③ 전체 농림축산식품 수출 동향

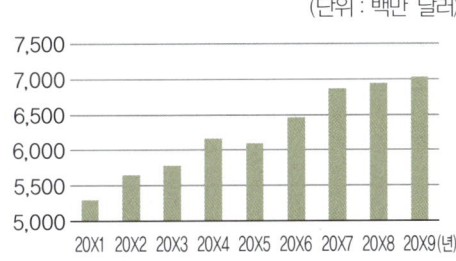

④ 농산물 수출 동향

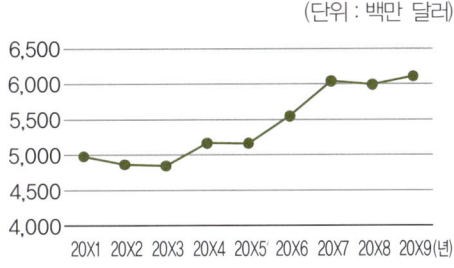

30. 다음은 ○○경제연구소가 보고한 취업자와 비취업자의 시간 활용 현황을 나타낸 자료이다. 이에 대한 설명으로 옳은 것은?

(단위 : 시간)

구분	항목	전체	남	여
취업자	개인유지	10:58	10:20	10:16
	일	11:00	11:01	11:00
	학습	6:56	7:16	6:36
	가정관리	1:30	2:04	2:23
	가족 및 가구원 돌보기	1:26	1:00	1:24
	참여 및 봉사활동	2:03	1:52	2:09
	교제 및 여가활동	2:58	2:07	1:47
	이동	1:58	2:07	1:47
	기타	0:23	0:23	0:34
비취업자	개인유지	10:35	10:48	10:30
	일	1:54	1:57	1:52
	학습	5:17	5:40	4:51
	가정관리	3:11	1:28	3:43
	가족 및 가구원 돌보기	2:31	1:33	2:37
	참여 및 봉사활동	2:22	3:21	1:58
	교제 및 여가활동	7:15	8:34	6:40
	이동	1:36	1:44	1:32
	기타	0:26	0:26	0:26

① 취업자와 비취업자 관계없이 모두 가장 많은 시간을 차지하는 항목은 개인유지 시간이다.
② 시간 분배를 보면 취업자들은 일에 집중되었고, 비취업자들이 교제 및 여가활동과 학습에 각각 할애하는 시간은 채 한 시간도 차이가 나지 않는다.
③ 취업자는 일, 개인유지, 학습, 참여 및 봉사활동 순으로 많은 시간을 차지한다.
④ 비취업자는 개인유지, 교제 및 여가활동, 학습, 가정관리 순으로 많은 시간을 차지한다.

31. 다음 자료를 참고할 때, 최종적으로 선택되는 휴가지는?

〈팀원들의 요구사항〉

K 이사 : 팀 프로젝트를 성공적으로 마친 것을 축하하는 뜻에서 포상휴가를 가고자 하네. 오랜만의 휴가인데 분위기가 좋은 곳으로 가 보자고!
S 팀장 : 감사합니다. 이왕이면 자주 방문했던 곳 말고 익숙하지 않은 곳으로 한번 가 보는 것이 어떨까요?
C 주임 : 교통비가 저렴한 곳으로 가고, 대신 숙소를 업그레이드하면 좋겠어요.
J 주임 : 저는 음식이 맛있는 곳으로 가고 싶어요.
O 사원 : 저는 동남아시아 지역에 한번 가 보고 싶어요.

〈휴가지 특징〉

구분	맛	1인 교통비	분위기	거리	방문횟수
베트남 다낭	★★★★★	400,000	★★	★★★★	3
태국 푸켓	★★★	300,000	★★★★★	★★	5
제주도	★★★★	200,000	★	★★★★★	8
미국령 괌	★★	800,000	★★★★	★	1

※ 각 항목에 ★이 많을수록 높은 점수를 얻는다.

〈의사결정 기준〉

- 총점이 가장 높은 휴가지로 정한다.
- ★ 1개당 1점으로 계산한다.
- 1인당 교통비는 기본 점수를 10점으로 하되 100,000원당 0.1의 점수를 차감한다.
- 단, 각 팀원의 요구사항 관련 항목에서 가장 점수가 높거나 요구사항과 가장 관련 있는 휴가지에 가산점을 부여한다(단, 직급별 가산점은 이사 5점, 팀장 3점, 주임 2점, 사원 1점이다).
- 방문횟수는 적은 순서대로 4 ~ 1점을 부여한다.

① 베트남 다낭　　　　　　　② 태국 푸켓
③ 제주도　　　　　　　　　④ 미국령 괌

[32 ~ 33] 다음은 ○○기업에서 사용되는 소모품에 대한 조사 결과이다. 이어지는 질문에 답하시오.

〈기업 소모품 목록〉

(단위 : 5점 척도)

구분	가격	기능	디자인	사용기간
제품 A	5점	2점	3점	3점
제품 B	1점	2점	4점	5점
제품 C	3점	4점	2점	5점
제품 D	3점	4점	3점	4점

32. 위 〈기업 소모품 목록〉에서 사용기간이 길며, 기능이 뛰어난 소모품을 구매한다면 무엇을 고르겠는가?

① 제품 A
② 제품 B
③ 제품 C
④ 제품 D

33. 김 사원은 기업의 소모품을 구매하려는 중, 장 과장이 디자인과 기능을 중요시한다는 것을 알게 되었다. 장 과장이 만족할 만한 제품은 무엇인가?

① 제품 A
② 제품 B
③ 제품 C
④ 제품 D

34. 어학교를 1년 이상 다닌 사람이 어린이 영어 강사가 되기 위해 〈보기〉 중 반드시 필요한 조건은?

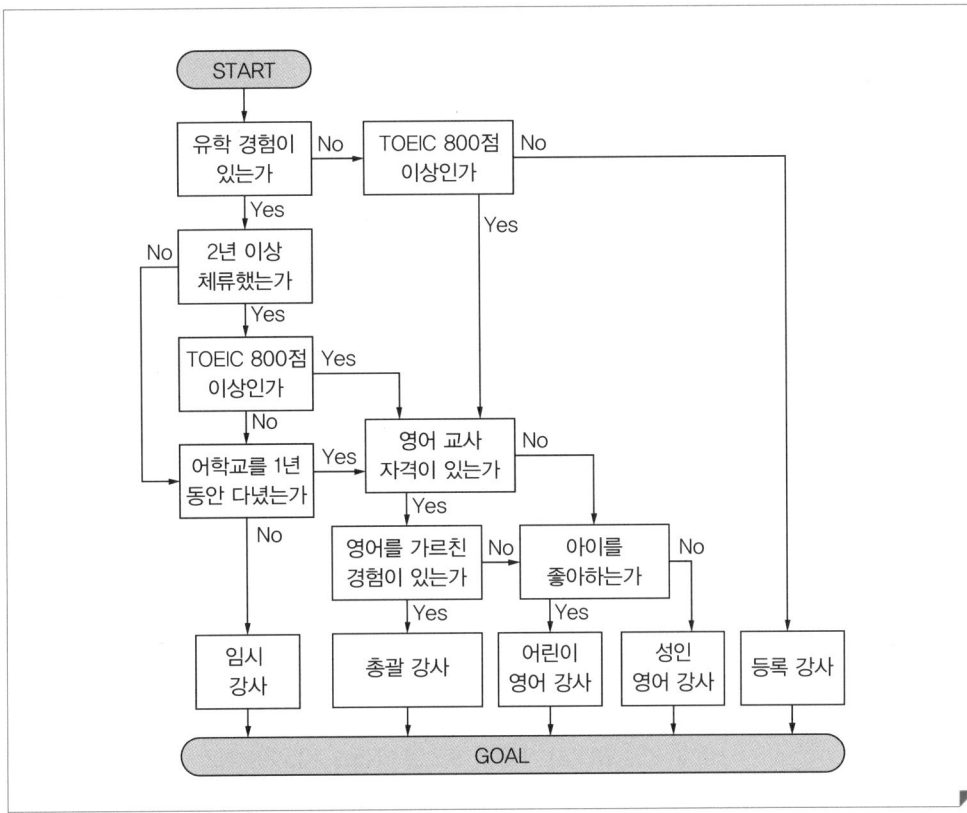

| 보기 |

(가) 영어교사 자격이 있다.　　　(나) 아이를 좋아한다.
(다) 영어를 가르친 경험이 있다.　(라) 영어를 좋아한다.

① (가)　　　② (나)
③ (다)　　　④ (라)

[35 ~ 36] 다음 〈보기〉는 명령어와 그에 따른 그래프 출력 결과이다. 이어지는 질문에 답하시오.

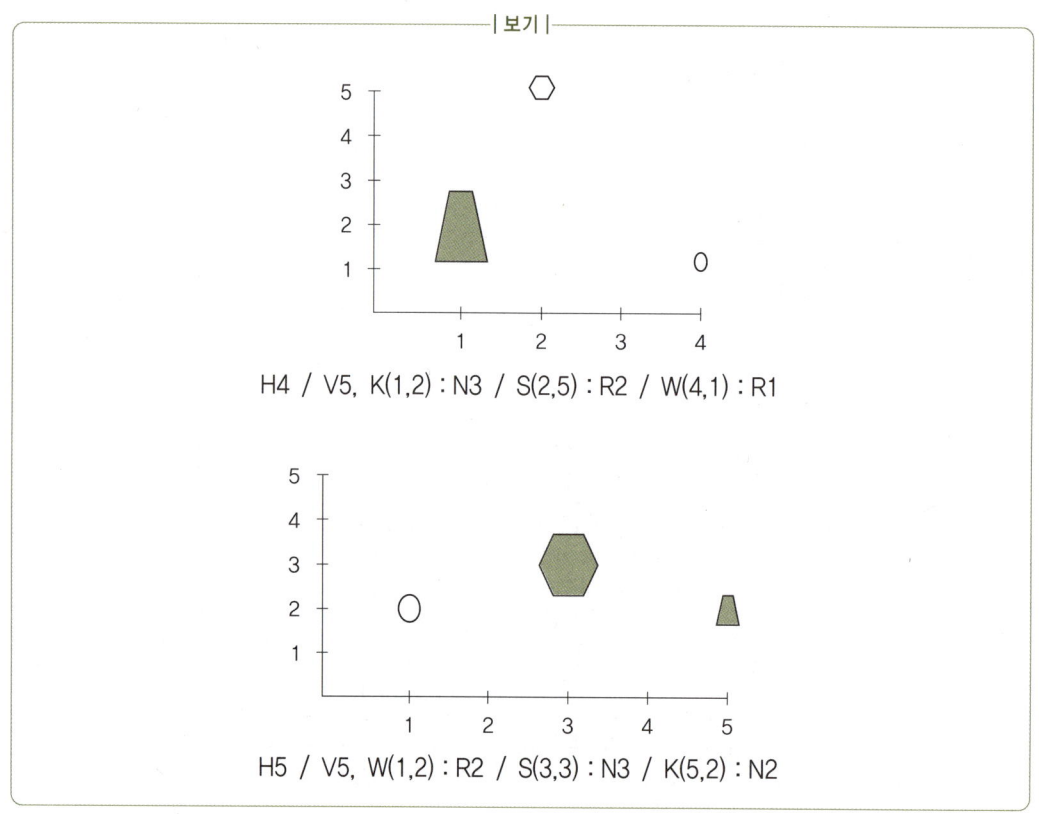

35. 〈보기〉를 참고할 때, 다음 그래프에 알맞은 명령어는?

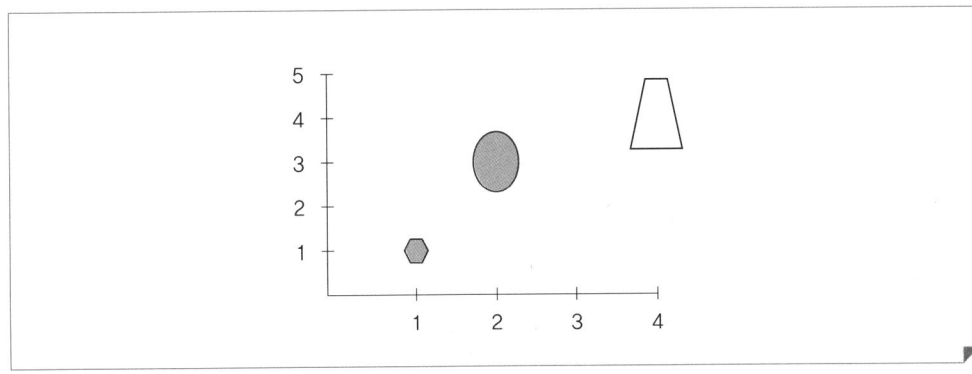

① H4 / V5, S(1,1) : N2 / W(2,3) : N3 / K(4,4) : R3
② H4 / V5, S(1,1) : N3 / W(2,3) : N3 / K(4,4) : R3
③ H4 / V5, S(1,1) : N2 / W(2,3) : N2 / K(4,4) : R3
④ H4 / V5, S(1,1) : R2 / W(2,3) : N3 / K(4,4) : R3

36. H5 / V5, S(1,4) : R3 / W(2,1) : N2 / W(3,1) : N1 / K(5,2) : N3의 그래프를 산출할 때 오류가 발생하여 다음과 같은 결과가 산출되었다. 〈보기〉를 참고할 때, 다음 중 오류가 발생한 값은?

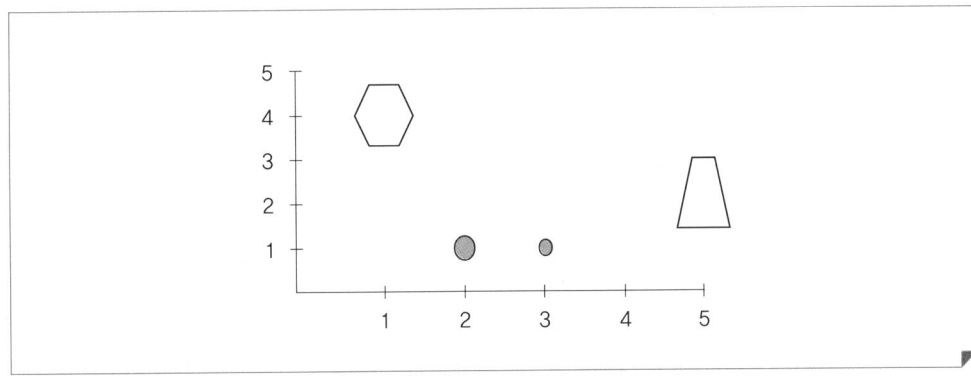

① H5 / V5
② S(1,4) : R3
③ W(2,1) : N2
④ K(5,2) : N3

[37 ~ 38] 다음 〈보기〉는 명령어와 그에 따른 그래프 출력 결과이다. 이어지는 질문에 답하시오.

| 보기 |

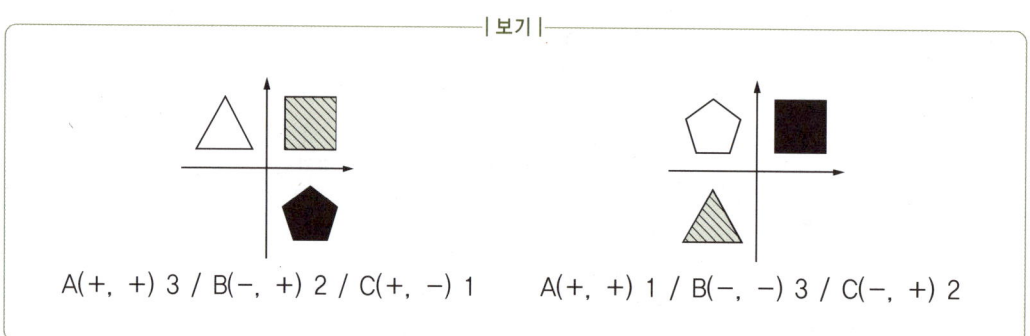

A(+, +) 3 / B(−, +) 2 / C(+, −) 1   A(+, +) 1 / B(−, −) 3 / C(−, +) 2

37. 〈보기〉를 참고할 때, 다음 그래프에 알맞은 명령어는?

① C(+, +) 3 / B(−, +) 3 / A(−, +) 2 / B(+, −) 1
② C(+, +) 3 / B(−, +) 3 / A(−, −) 1 / B(+, −) 2
③ C(+, +) 3 / A(−, +) 3 / B(−, +) 2 / B(+, −) 1
④ C(+, +) 1 / B(−, −) 3 / B(−, +) 2 / B(+, −) 1

38. 〈보기〉를 참고할 때, 다음 중 명령어 C(−, +) 1 / B(−, −) 3를 올바르게 나타낸 것은?

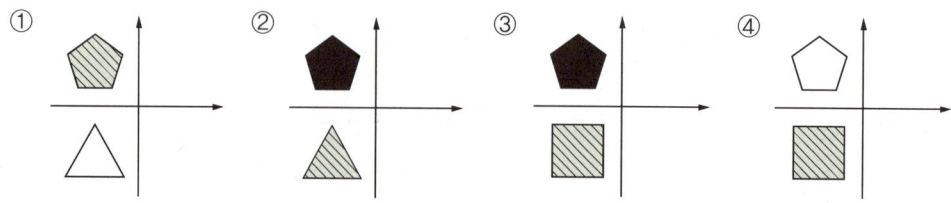

39. A 역에서 대전역까지 화물을 실어 배송할 때, 가장 빨리 도착하는 노선과 가장 늦게 도착하는 노선의 배송시간 차이는?

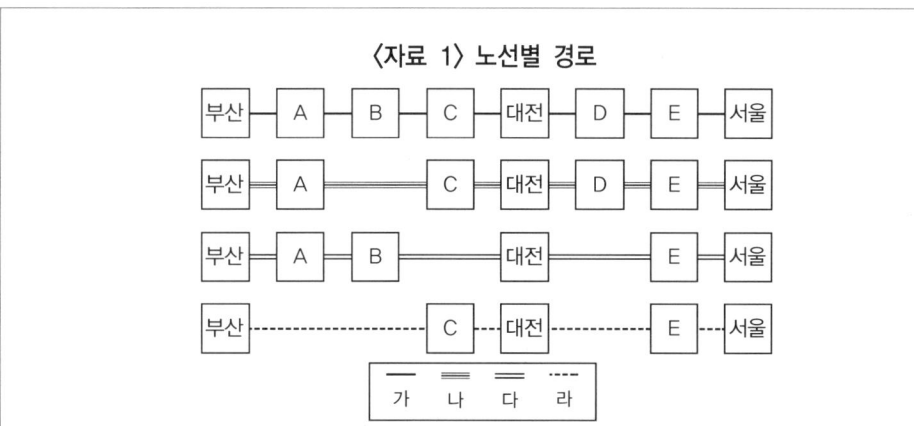

① 1시간 40분 ② 2시간
③ 2시간 20분 ④ 2시간 50분

40. □□사의 남 부장은 회사에서 출발하여 협력업체 A ~ E 5곳을 모두 방문하고자 한다. 다음 약도를 참고할 때, 최단 거리로 방문할 수 있는 경로로 올바른 것은? (단, 모든 협력업체 방문 후 회사로 복귀하지 않으며, 회사를 통과하는 경로는 사용하지 않는다)

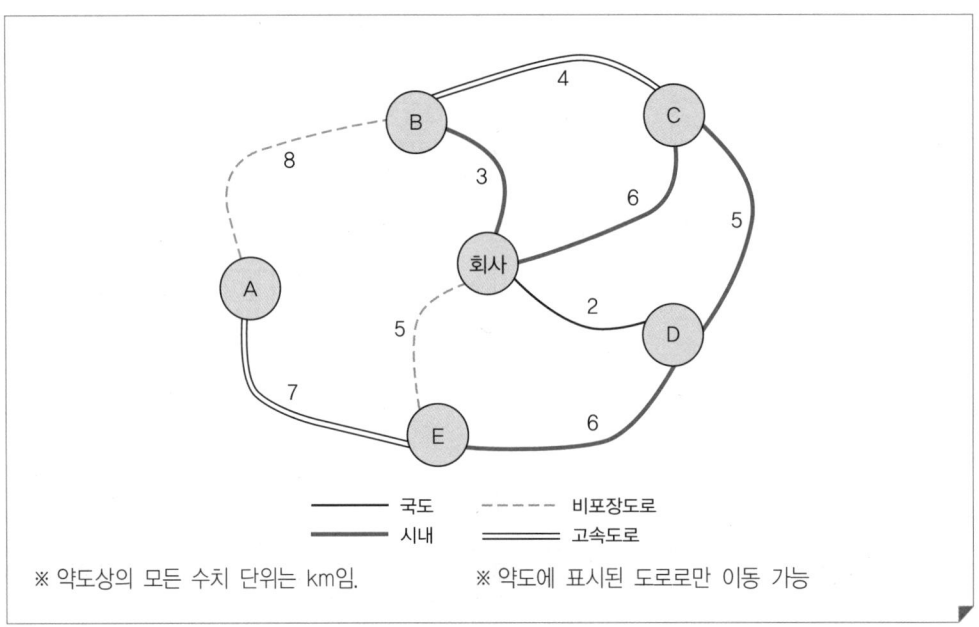

① 회사 - B - A - E - D - C
② 회사 - D - E - A - B - C
③ 회사 - C - D - E - A - B
④ 회사 - B - C - D - E - A

[41 ~ 42] 다음은 도형을 변환시키는 각 버튼이 의미하는 기능을 나타낸 것이다. 이를 참고하여 빈칸에 들어갈 알맞은 도형 또는 버튼을 고르시오.

〈버튼의 기능〉

버튼	기능	버튼	기능
◎	180° 회전(원점 대칭)	♡	반시계 방향으로 90° 회전
◇	색 반전	△	좌우 대칭(Y축 대칭)
☆	시계 방향으로 90° 회전		

41.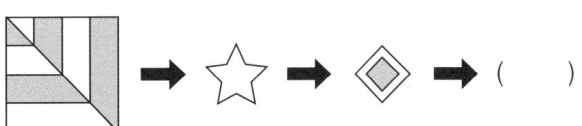

① 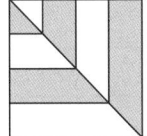   ②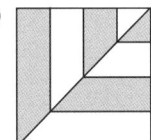

③   ④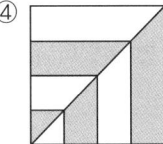

42.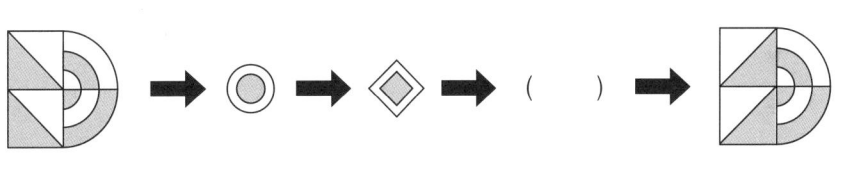

①   ②

③   ④

[43 ~ 45] 다음 표를 참고하여 이어지는 질문에 답하시오.

버튼	기능
♡	1번과 2번 도형을 180° 회전
♤	2번과 3번 도형을 180° 회전
♥	1번과 3번 도형을 180° 회전
♠	3번과 4번 도형을 180° 회전

43. 처음 상태에서 버튼을 두 번 눌렀더니 다음과 같은 상태로 바뀌었다. 어떤 버튼을 눌렀는가?

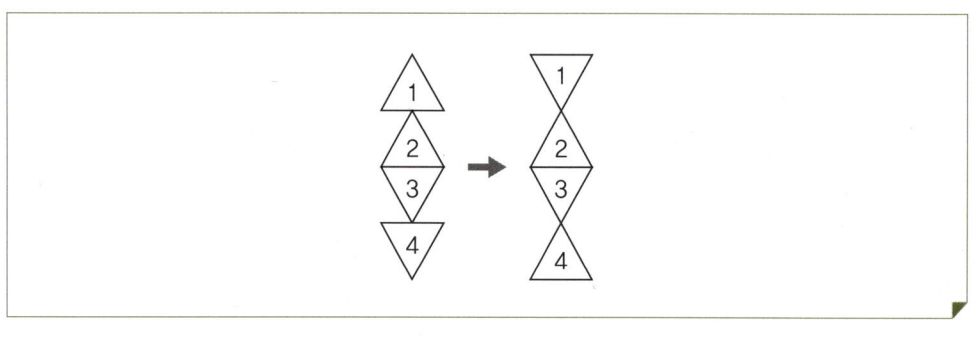

① ♡ ♥
② ♡ ♤
③ ♥ ♠
④ ♤ ♠

44. 처음 상태에서 버튼을 두 번 눌렀더니 다음과 같은 상태로 바뀌었다. 어떤 버튼을 눌렀는가?

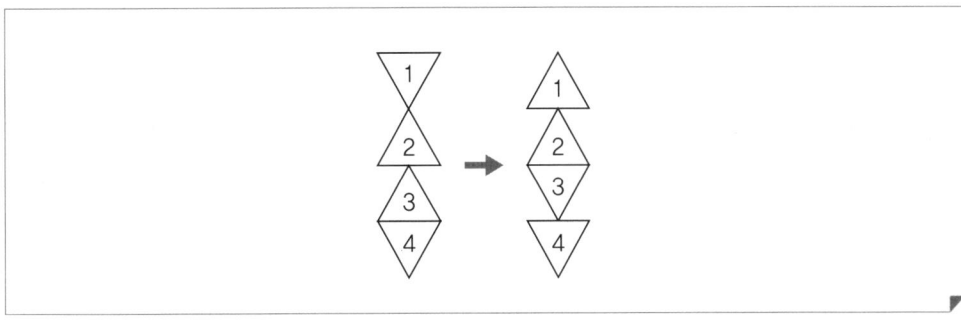

① ♡ ♤
② ♠ ♤
③ ♡ ♥
④ ♥ ♤

45. 처음 상태에서 버튼을 세 번 눌렀더니 다음과 같은 상태로 바뀌었다. 어떤 버튼을 눌렀는가?

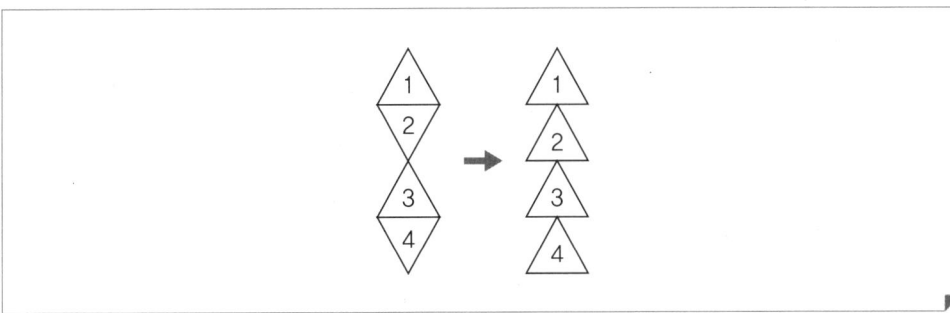

① ♤ ♠ ♡
② ♡ ♤ ♥
③ ♥ ♠ ♤
④ ♡ ♥ ♠

[46 ~ 47] 제시된 문장의 밑줄 친 ⊙과 ⓒ의 관계와 가장 유사한 것을 고르시오.

46.

화산이나 ⊙지진, 계절의 변화는 지구의 관성 모멘트(회전운동을 유지하려는 정도)를 변화시켜 지구의 ⓒ자전 속도에 영향을 미친다.

① 까치 : 까마귀
② 도로 : 과속운전
③ 달리기 : 심박수
④ 심미성 : 가독성

47.

벤겐과 뮈렌은 ⊙자동차가 거의 없는 무공해 마을이다. 톱니바퀴 열차와 노란 포스트 버스만이 다니는 길목에는 거친 ⓒ소음도 먼지도 없다.

① 물 : 얼음
② 여름 : 겨울
③ 공장 : 폐수
④ 열차 : 간이역

48. 다음 두 쌍의 단어 관계가 같도록 빈칸에 들어갈 알맞은 단어의 쌍을 고르면?

쌀 : 탄수화물 = ( ) : ( )

① 옥수수 : 강냉이
② 두부 : 단백질
③ 뿌리 : 나무
④ 보리 : 지방

49. 다음 두 쌍의 단어 관계가 같도록 빈칸에 들어갈 알맞은 단어를 고르면?

싹 : 열매 = 샘 : (   )

① 바다
② 비
③ 구름
④ 이끼

50. 다음 〈조건〉을 참고할 때 A~D에 대한 설명으로 옳지 않은 것은?

야근하는 직원들을 위하여 야식을 준비했다. 준비한 야식은 떡볶이, 도넛, 치킨, 피자이다. A, B, C, D 4명이 좋아하는 음식은 네 개의 음식 중 하나이며, 서로 겹치지 않고 전부 다르다.

| 조건 |

- A는 피자를 좋아한다.
- B는 떡볶이를 좋아하지 않는다.
- C는 도넛과 피자를 좋아하지 않는다.
- D는 떡볶이와 치킨을 좋아하지 않는다.

① B는 도넛을 좋아하지 않는다.
② B는 치킨을 좋아한다.
③ C는 도넛을 좋아하지 않는다.
④ C는 떡볶이를 좋아하지 않는다.

[생산기술직] 인적성검사

51. 다음과 같은 전열기 사용 현황을 참고할 때, 반드시 참이라고 할 수 없는 것은?

> - 전기장판을 사용하면 열풍기도 사용한다.
> - 전기장판을 사용하면 전기히터도 사용하고, 전기밥솥을 사용하면 전기히터도 사용한다.
> - 전기스토브를 사용하면 열풍기도 사용한다.
> - 전기밥솥을 사용하지 않으면 열풍기도 사용하지 않는다.

① 전기장판을 사용하면 전기밥솥도 사용한다.
② 전기장판을 사용하면 전기스토브도 사용한다.
③ 전기밥솥을 사용하지 않으면 전기스토브를 사용하지 않는다.
④ 전기히터를 사용하지 않으면 열풍기도 사용하지 않는다.

52. 다음 진술이 모두 참일 때, 항상 옳은 것은?

> - 회의 장소를 정하는 사람은 회의록을 작성하지 않는다.
> - 발표하는 사람은 회의 장소를 정하지 않는다.
> - 회의 장소를 정하는 사람은 모두 신입사원이다.
> - 회의록을 작성하는 사람은 모두 경력직 사원이다.
> - A는 경력직 사원, B는 신입사원이다.

① A는 회의 장소를 정하지만 회의록은 작성하지 않는다.
② A는 회의록을 작성하지만 회의 장소를 정하지는 않는다.
③ A는 회의 장소를 정하지 않고 B는 회의록을 작성하지 않는다.
④ B는 회의록을 작성하지 않지만 회의 장소를 정한다.

[53 ~ 60] 다음 숫자들의 배열 규칙을 찾아 '?'에 들어갈 알맞은 숫자를 고르시오.

53.

2   6   11   17   24   (?)

① 31 ② 32
③ 33 ④ 34

54.

5   6   11   17   28   45   73   118   (?)

① 189 ② 190
③ 191 ④ 192

55.

16   32   8   64   (?)   128

① 2 ② 4
③ 8 ④ 16

56. 2 7 5   8 9 9   13 3 (?)

① 10 ② 11
③ 12 ④ 13

57.

1	2	1/2		10	5	20
6	18	2		12	18	(?)

① 6   ② 7
③ 8   ④ 9

58.

| 205 | 203 | 211 | 179 | (?) |

① 106 ② 227
③ 261 ④ 307

59.

3			
8	5		
15	7	2	
26	11	4	(?)

① 1 ② 2
③ 3 ④ 4

60.

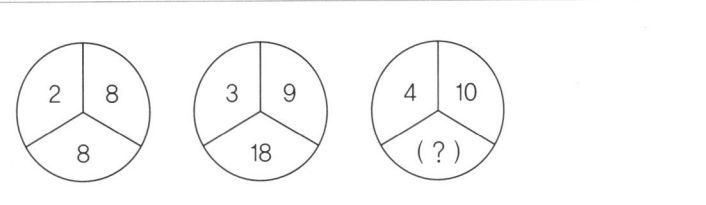

① 20 ② 28
③ 30 ④ 38

61. 다음 중 포스코의 수소환원제철 기술인 HyREX에 대한 설명으로 옳지 않은 것은?

① HyREX는 포스코가 개발 중인 수소환원제철 기술로, 기존 FINEX 공정의 유동환원로 기술을 기반으로 하고 있다.
② HyREX 공법은 샤프트환원로 방식과 달리 철광석 분광을 직접 활용할 수 있어 원료 확보가 용이하고 생산원가가 경제적이다.
③ 포스코는 이미 HyREX 기반의 수소환원제철 공장을 일부 가동 중이며, 이를 통해 탄소중립 목표를 앞당기고 있다.
④ HyREX 기술은 기존 고로 방식과 달리 탄소 대신 수소를 환원제로 사용하여 철광석을 환원하며, 이 과정에서 이산화탄소 대신 물(H_2O)이 발생한다.

62. 다음 포스코그룹의 ESG 경영 5대 전략의 중점영역들 중 그 성격이 다른 하나는?

① 에너지·사업장·생물다양성의 환경영향 최소화
② 안전 및 보건
③ 근로 환경
④ 다양성 및 포용성

63. 국내유일 양·음극재 생산체제를 구축한 포스코케미칼이 경쟁력 있는 소재로 세상의 변화를 이끄는 의미를 담아 2023년 교체한 사명은?

① 포스코퓨처엠　　　　　　　② 포스코인터네셔널
③ 포스코휴먼스　　　　　　　④ 포스코DX

64. 다음 중 포스코그룹의 사업에 대한 설명으로 옳지 않은 것은?

① 포스코그룹은 철강산업을 기반으로 하며, 국내외 생산 거점을 운영하면서 글로벌 시장에서 경쟁력을 유지하고 있다.
② 포스코그룹의 신사업은 철강산업과 별도로 추진되며, 철강 부문의 기술 및 인프라는 신사업 성장과 연관이 없다.
③ 포스코그룹은 이차전지 소재 사업을 확대하기 위해 니켈, 리튬 등의 원료 확보뿐만 아니라 양극재·음극재 생산까지 아우르는 Full Value Chain을 구축하고 있다.
④ 포스코그룹은 에너지, 수소, 물류, DX(디지털 트랜스포메이션) 등 그룹사 사업을 통해 철강 및 미래소재 산업과의 시너지를 강화하고 있다.

65. 다음에서 설명하는 포스코의 대표 캐릭터는?

> 포스코 뉴미디어그룹 사원으로 근무하는 세계관에서 SNS 콘텐츠로 활동 중인 이 캐릭터는 포스코의 무거운 철강 기업의 이미지를 벗어나 친근한 이미지를 제고하기 위해 곰인형을 형상화한 캐릭터이다. 2023년 크라우드 펀딩 플랫폼을 통해 '2024 시즌그리팅 패키지 3종' 굿즈를 선보인 이후, 같은 해 12월에는 '포스코센터에 눈이 내린다'는 상상이 현실이 되었다는 콘셉트로 포스코센터 1층에서 이 캐릭터를 활용한 첫 팝업스토어를 운영하였다.

① 머큐리
② 포동이
③ 포미네이터
④ 포석호

고시넷 포스코그룹(PAT) 생산기술직 인적성검사 최신기출유형모의고사

포스코그룹(PAT) 생산기술직 인적성검사

파트 3 인성검사

- **01** 인성검사의 이해
- **02** 인성검사 연습

01 인성검사의 이해

1 인성검사, 왜 필요한가?

채용기업은 지원자가 '직무적합성'을 지닌 사람인지에 대해 인성검사와 필기시험을 통해 판단한다. 인성검사에서 말하는 인성(人性)이란 그 사람의 성품, 즉 각 개인이 가지고 있는 사고와 태도 및 행동 특성을 의미한다. 인성은 사람의 생김새처럼 사람마다 다르기 때문에 몇 가지 유형으로 분류하고 이에 맞추어 판단한다는 것 자체가 억지스럽고 어불성설일지 모른다. 그럼에도 불구하고 기업들의 입장에서는 입사를 희망하는 사람이 어떤 성품을 가졌는지에 대한 정보가 필요하다. 그래야 해당 기업의 인재상에 적합하고 담당할 업무에 적격인 인재를 채용할 수 있기 때문이다.

지원자의 성격이 외향적인지 아니면 내향적인지, 어떤 직무와 어울리는지, 조직에서 다른 사람과 원만하게 생활할 수 있는지, 업무 수행 중 문제가 생겼을 때 어떻게 대처하고 해결할 수 있는지에 대한 전반적인 개성은 자기소개서나 면접을 통해서도 어느 정도 파악할 수 있다. 그러나 이것들만으로는 인성을 충분히 파악할 수 없기 때문에, 객관화되고 정형화된 인성검사로 지원자의 성격을 판단하고 있다.

채용기업은 직무적성검사를 높은 점수로 통과한 지원자라 하더라도 해당 기업과 거리가 있는 성품을 가졌다면 탈락시키게 된다. 일반적으로 직무적성검사 통과자 중 인성검사로 탈락하는 비율은 10% 내외라고 알려져 있다. 물론 인성검사에서 탈락하였다 하더라도 특별히 인성에 문제가 있는 사람이 아니라면 절망할 필요는 없다. 자신을 되돌아보고 다음 기회를 대비하면 되기 때문이다. 탈락한 기업이 원하는 인재상이 아니었다면 맞는 기업을 찾으면 되고, 적합한 경쟁자가 많았기 때문이라면 자신을 다듬어 경쟁력을 높이면 될 것이다.

2 인성검사의 특징

우리나라 대다수의 채용기업은 인재개발 및 인적자원을 연구하는 한국행동과학연구소(KIRBS), 에스에이치알(SHR), 한국사회적성개발원(KSAD), 한국인재개발진흥원(KPDI) 등 전문기관에 인성검사를 의뢰하고 있다.

이 기관들의 인성검사 개발 목적은 비슷하지만 기관마다 검사 유형이나 평가 척도는 약간의 차이가 있다. 또 지원하는 기업이 어느 기관에서 개발한 검사지로 인성검사를 시행하는지는 사전에 알 수 없다. 그렇지만 공통으로 적용하는 척도와 기준에 따라 구성된 여러 형태의 인성검사지로 사전 테스트를 해 보고 자신의 인성이 어떻게 평가되는가를 미리 알아보는 것은 가능하다.

인성검사는 필기시험 당일 직무능력평가와 함께 실시하는 경우와 직무능력평가 합격자에 한하여 면접과 함께 실시하는 경우가 있다. 인성검사의 문항은 100문항 내외에서부터 최대 500문항까지 다양하다. 인성검사에 주어지는 시간은 문항 수에 비례하여 30~100분 정도가 된다.

문항 자체는 단순한 질문으로 어려울 것은 없지만, 제시된 상황에서 본인의 행동을 정하는 것이 쉽지만은 않다. 문항 수가 많을 경우 이에 비례하여 시간도 길게 주어지지만, 단순하고 유사하며 반복되는 질문에 방심하여 집중하지 못하고 실수하는 경우가 있으므로 컨디션 관리와 집중력 유지에 노력하여야 한다. 특히 같거나 유사한 물음에 다른 답을 하는 경우가 가장 위험하니 주의해야 한다.

3 인성검사 척도 및 구성

1 미네소타 다면적 인성검사(MMPI)

MMPI(Minnesota Multiphasic Personality Inventory)는 1943년 미국 미네소타 대학교수인 해서웨이와 매킨리가 개발한 대표적인 자기 보고형 성향 검사로서, 오늘날 가장 대표적으로 사용되는 객관적 심리검사 중 하나이다. MMPI는 약 550여 개의 문항으로 구성되며, 각 문항을 읽고 '예(YES)' 또는 '아니오(NO)'로 대답하게 되어 있다.

MMPI는 4개의 타당도 척도와 10개의 임상척도로 구분된다. 500개가 넘는 문항들 중 중복되는 문항들이 포함되어 있는데 내용이 똑같은 문항도 10문항 이상 포함되어 있다. 이 반복 문항들은 응시자가 얼마나 일관성 있게 검사에 임했는지를 판단하는 지표로 사용된다.

구분	척도명	약자	주요 내용
타당도 척도 (바른 태도로 임했는지, 신뢰할 수 있는 결론인지 등을 판단)	무응답 척도 (Can not say)	?	응답하지 않은 문제와 복수로 답한 문제들의 총합으로 빠진 문제를 최소한으로 줄이는 것이 중요하다.
	허구 척도 (Lie)	L	자신을 좋은 사람으로 보이게 하려고 고의적으로 정직하지 못한 답을 판단하는 척도이다. 허구 척도가 높으면 장점까지 인정받지 못하는 결과가 발생한다.
	신뢰 척도 (Frequency)	F	검사 문제에 빗나간 답을 한 경향을 평가하는 척도로 정상적인 집단의 10% 이하의 응답을 기준으로 일반적인 경향과 다른 정도를 측정한다.
	교정 척도 (Defensiveness)	K	정신적 장애가 있음에도 다른 척도에서 정상적인 면을 보이는 사람을 구별하는 척도로 허구 척도보다 높은 고차원으로 거짓 응답을 하는 경향이 나타난다.
임상척도 (정상적 행동과 그렇지 않은 행동의 종류를 구분하는 척도로, 척도마다 다른 기준으로 점수가 매겨짐)	건강염려증 (Hypochondriasis)	Hs	신체에 대한 지나친 집착이나 신경질적 혹은 병적 불안을 측정하는 척도로 이러한 건강염려증이 타인에게 어떤 영향을 미치는지도 측정한다.
	우울증 (Depression)	D	슬픔 · 비관 정도를 측정하는 척도로 타인과의 관계 또는 본인 상태에 대한 주관적 감정을 나타낸다.
	히스테리 (Hysteria)	Hy	갈등을 부정하는 정도를 측정하는 척도로 신체 증상을 호소하는 경우와 적대감을 부인하며 우회적인 방식으로 드러내는 경우 등이 있다.
	반사회성 (Psychopathic Deviate)	Pd	가정 및 사회에 대한 불신과 불만을 측정하는 척도로 비도덕적 혹은 반사회적 성향 등을 판단한다.
	남성-여성특성 (Masculinity-Feminity)	Mf	남녀가 보이는 흥미와 취향, 적극성과 수동성 등을 측정하는 척도로 성에 따른 유연한 사고와 융통성 등을 평가한다.

	편집증 (Paranoia)	Pa	과대망상, 피해망상, 의심 등 편집증에 대한 정도를 측정하는 척도로 열등감, 비사교적 행동, 타인에 대한 불만과 같은 내용을 질문한다.
	강박증 (Psychasthenia)	Pt	과대 근심, 강박관념, 죄책감, 공포, 불안감, 정리정돈 등을 측정하는 척도로 만성 불안 등을 측정한다.
	정신분열증 (Schizophrenia)	Sc	정신적 혼란을 측정하는 척도로 자폐적 성향이나 타인과의 감정 교류, 충동 억제불능, 성적 관심, 사회적 고립 등을 평가한다.
	경조증 (Hypomania)	Ma	정신적 에너지를 측정하는 척도로 생각의 다양성 및 과장성, 행동의 불안정성, 흥분성 등을 나타낸다.
	사회적 내향성 (Social introversion)	Si	대인관계 기피, 사회적 접촉 회피, 비사회성 등의 요인을 측정하는 척도로 외향성 및 내향성을 구분한다.

2 캘리포니아 성격검사(CPI)

CPI(California Psychological Inventory)는 캘리포니아 대학의 연구팀이 개발한 인성검사로 MMPI와 함께 세계에서 가장 널리 사용되고 있는 인성검사 툴이다. CPI는 다양한 인성 요인을 통해 지원자가 답변한 응답 왜곡 가능성, 조직 역량 등을 측정한다. MMPI가 주로 정서적 측면을 진단하는 특징을 보인다면, CPI는 정상적인 사람의 심리적 특성을 주로 진단한다.

CPI는 약 480개 문항으로 구성되어 있으며 다음과 같은 18개의 척도로 구분된다.

구분	척도명	주요 내용
제1군 척도 (대인관계 적절성 측정)	지배성(Do)	리더십, 통솔력, 대인관계에서의 주도권을 측정한다.
	지위능력성(Cs)	내부에 잠재되어 있는 내적 포부, 자기 확신 등을 측정한다.
	사교성(Sy)	참여 기질이 활달한 사람과 그렇지 않은 사람을 구분한다.
	사회적 자발성(Sp)	사회 안에서의 안정감, 자발성, 사교성 등을 측정한다.
	자기 수용성(Sa)	개인적 가치관, 자기 확신, 자기 수용력 등을 측정한다.
	행복감(Wb)	생활의 만족감, 행복감을 측정하며 긍정적인 사람으로 보이고자 거짓 응답하는 사람을 구분하는 용도로도 사용된다.
제2군 척도 (성격과 사회화, 책임감 측정)	책임감(Re)	법과 질서에 대한 양심, 책임감, 신뢰성 등을 측정한다.
	사회성(So)	가치 내면화 정도, 사회 이탈 행동 가능성 등을 측정한다.
	자기 통제성(Sc)	자기조절, 자기통제의 적절성, 충동 억제력 등을 측정한다.
	관용성(To)	사회적 신념, 편견과 고정관념 등에 대한 태도를 측정한다.
	호감성(Gi)	타인이 자신을 어떻게 보는지에 대한 민감도를 측정하며, 좋은 사람으로 보이고자 거짓 응답하는 사람을 구분한다.
	임의성(Cm)	사회에 보수적 태도를 보이고 생각 없이 적당히 응답한 사람을 판단하는 타당성 척도로도 사용된다.

제3군 척도 (인지적, 학업적 특성 측정)	순응적 성취(Ac)	성취동기, 내면의 인식, 조직 내 성취 욕구 등을 측정한다.
	독립적 성취(Ai)	독립적 사고, 창의성, 자기실현을 위한 능력 등을 측정한다.
	지적 효율성(Le)	지적 능률, 지능과 연관이 있는 성격 특성 등을 측정한다.
제4군 척도 (제1~3군과 무관한 척도의 혼합)	심리적 예민성(Py)	타인의 감정 및 경험에 대해 공감하는 정도를 측정한다.
	융통성(Fx)	개인적 사고와 사회적 행동에 대한 유연성을 측정한다.
	여향성(Fe)	남녀 비교에 따른 흥미의 남향성 및 여향성을 측정한다.

3 SHL 직업성격검사(OPQ)

OPQ(Occupational Personality Questionnaire)는 세계적으로 많은 외국 기업에서 널리 사용하는 CEB 사의 SHL 직무능력검사에 포함된 직업성격검사이다. 4개의 질문이 한 세트로 되어 있고 총 68세트 정도 출제되고 있다. 4개의 질문 안에서 '자기에게 가장 잘 맞는 것'과 '자기에게 가장 맞지 않는 것'을 1개씩 골라 '예', '아니오'로 체크하는 방식이다. 단순하게 모든 척도가 높다고 좋은 것은 아니며, 척도가 낮은 편이 좋은 경우도 있다.

기업에 따라 척도의 평가 기준은 다르다. 희망하는 기업의 특성을 연구하고, 채용 기준을 예측하는 것이 중요하다.

척도	내용	질문 예
설득력	사람을 설득하는 것을 좋아하는 경향	- 새로운 것을 사람에게 권하는 것을 잘한다. - 교섭하는 것에 걱정이 없다. - 기획하고 판매하는 것에 자신이 있다.
지도력	사람을 지도하는 것을 좋아하는 경향	- 사람을 다루는 것을 잘한다. - 팀을 아우르는 것을 잘한다. - 사람에게 지시하는 것을 잘한다.
독자성	다른 사람의 영향을 받지 않고, 스스로 생각해서 행동하는 것을 좋아하는 경향	- 모든 것을 자신의 생각대로 하는 편이다. - 주변의 평가는 신경 쓰지 않는다. - 유혹에 강한 편이다.
외향성	외향적이고 사교적인 것을 좋아하는 경향	- 다른 사람의 주목을 끄는 것을 좋아한다. - 사람들이 모인 곳에서 중심이 되는 편이다. - 담소를 나눌 때 주변을 즐겁게 해 준다.
우호성	친구가 많고 대세의 사람이 되는 것을 좋아하는 경향	- 친구와 함께 있는 것을 좋아한다. - 무엇이라도 얘기할 수 있는 친구가 많다. - 친구와 함께 무언가를 하는 것이 많다.
사회성	세상 물정에 밝고 사람 앞에서도 낯을 가리지 않는 성격	- 자신감이 있고 유쾌하게 발표할 수 있다. - 공적인 곳에서 인사하는 것을 잘한다. - 사람들 앞에서 발표하는 것이 어렵지 않다.

겸손성	사람에 대해서 겸손하게 행동하고 누구라도 똑같이 사귀는 경향	- 자신의 성과를 그다지 내세우지 않는다. - 절제를 잘하는 편이다. - 사회적인 지위에 무관심하다.
협의성	사람들에게 의견을 물으면서 일을 진행하는 경향	- 사람들이 의견을 구하며 일하는 편이다. - 타인의 의견을 묻고 일을 진행시킨다. - 친구와 상담해서 계획을 세운다.
돌봄	측은해 하는 마음이 있고, 사람을 돌봐 주는 것을 좋아하는 경향	- 개인적인 상담에 친절하게 답해 준다. - 다른 사람의 상담을 진행하는 경우가 많다. - 후배의 어려움을 돌보는 것을 좋아한다.
구체적인 사물에 대한 관심	물건을 고치거나 만드는 것을 좋아하는 경향	- 고장 난 물건을 수리하는 것이 재미있다. - 상태가 안 좋은 기계도 잘 사용한다. - 말하기보다는 행동하기를 좋아한다.
데이터에 대한 관심	데이터를 정리해서 생각하는 것을 좋아하는 경향	- 통계 등의 데이터를 분석하는 것을 좋아한다. - 표를 만들거나 정리하는 것을 좋아한다. - 숫자를 다루는 것을 좋아한다.
미적가치에 대한 관심	미적인 것이나 예술적인 것을 좋아하는 경향	- 디자인 감각이 뛰어나다. - 미술이나 음악을 좋아한다. - 미적인 감각에 자신이 있다.
인간에 대한 관심	사람의 행동에 대한 동기나 배경을 분석하는 것을 좋아하는 경향	- 다른 사람을 분석하는 편이다. - 타인의 행동을 보면 동기를 알 수 있다. - 다른 사람의 행동을 잘 관찰한다.
정통성	이미 있는 가치관을 소중히 하고, 익숙한 방법으로 사물을 대하는 것을 좋아하는 경향	- 실적이 보장되는 확실한 방법을 취한다. - 낡은 가치관을 존중하는 편이다. - 보수적인 편이다.
변화 지향	변화를 추구하고 변화를 받아들이는 것을 좋아하는 경향	- 새로운 일을 하는 것을 좋아한다. - 해외여행을 좋아한다. - 경험이 없는 일이라도 시도해 보는 것을 좋아한다.
개념성	지식욕이 있고 논리적으로 생각하는 것을 좋아하는 경향	- 개념적인 사고가 가능하다. - 분석적인 사고를 좋아한다. - 순서를 만들고 단계에 따라 생각한다.
창조성	새로운 분야에 대해 공부를 하는 것을 좋아하는 경향	- 새로운 것을 추구한다. - 독창성이 있다. - 신선한 아이디어를 낸다.
계획성	앞을 생각해서 사물을 예상하고, 계획적으로 실행하는 것을 좋아하는 경향	- 과거를 돌이켜보며 계획을 세운다. - 앞날을 예상하며 행동한다. - 실수를 돌아보며 대책을 강구하는 편이다.

치밀함	정확한 순서를 세워서 진행하는 것을 좋아하는 경향	- 사소한 실수는 거의 하지 않는다. - 정확하게 요구되는 것을 좋아한다. - 사소한 것에도 주의하는 편이다.
꼼꼼함	어떤 일이든 마지막까지 꼼꼼하게 마무리 짓는 경향	- 맡은 일을 마지막까지 해결한다. - 마감 시한은 반드시 지킨다. - 시작한 일은 중간에 그만두지 않는다.
여유	평소에 침착하고 스트레스에 강한 경향	- 감정의 회복이 빠르다. - 분별없이 함부로 행동하지 않는다. - 스트레스에 잘 대처한다.
근심·걱정	어떤 일이 잘 진행되지 않으면 불안을 느끼고, 중요한 약속이나 일의 앞에는 긴장하는 경향	- 계획대로 되지 않으면 근심·걱정이 많다. - 신경 쓰이는 일이 있으면 불안하다. - 중요한 만남 전에는 기분이 편하지 않다.
호방함	사람들이 자신을 어떻게 생각하는지를 신경 쓰지 않는 경향	- 사람들이 자신을 어떻게 생각하는지 그다지 신경 쓰지 않는다. - 상처받아도 동요하지 않고 아무렇지 않은 태도를 취한다. - 사람들의 비판을 신경 쓰지 않는다.
억제	감정을 표현하지 않는 경향	- 쉽게 감정적으로 되지 않는다. - 분노를 억누른다. - 격분하지 않는다.
낙관적	사물을 낙관적으로 보는 경향	- 낙관적으로 생각하고 일을 진행시킨다. - 문제가 일어나도 낙관적으로 생각한다.
비판적	비판적으로 사물을 생각하고, 이론·문장 등의 오류에 신경 쓰는 경향	- 이론의 모순을 찾아낸다. - 계획이 갖춰지지 않은 것이 신경 쓰인다. - 누구도 신경 쓰지 않는 오류를 찾아낸다.
행동력	운동을 좋아하고 민첩하게 행동하는 경향	- 동작이 날렵하다. - 여가를 활동적으로 보낸다. - 몸을 움직이는 것을 좋아한다.
경쟁성	지는 것을 싫어하는 경향	- 승부를 겨루게 되면 지는 것을 싫어한다. - 상대를 이기는 것을 좋아한다. - 싸워 보지 않고 포기하는 것을 싫어한다.
출세 지향	출세하는 것을 중요하게 생각하고, 야심적인 목표를 향해 노력하는 경향	- 출세 지향적인 성격이다. - 어려운 목표도 달성할 수 있다. - 실력으로 평가받는 사회가 좋다.
결단력	빠르게 판단하는 경향	- 답을 빠르게 찾아낸다. - 문제에 대한 상황 파악이 빠르다. - 위험을 감수하고도 결단을 내리는 편이다.

01 인성검사의 이해

4 인성검사 합격 전략

1 포장하지 않은 솔직한 답변

'다른 사람을 험담한 적이 한 번도 없다', '물건을 훔치고 싶다고 생각해 본 적이 없다'
이 질문에 당신은 '그렇다', '아니다' 중 무엇을 선택할 것인가? 채용기업이 인성검사를 실시하는 가장 큰 이유는 '이 사람이 어떤 성향을 가진 사람인가'를 효율적으로 파악하기 위해서이다.

인성검사는 도덕적 가치가 빼어나게 높은 사람을 판별하려는 것도 아니고, 성인군자를 가려내기 위함도 아니다. 인간의 보편적 성향과 상식적 사고를 고려할 때, 도덕적 질문에 지나치게 겸손한 답변을 체크하면 오히려 솔직하지 못한 것으로 간주되거나 인성을 제대로 판단하지 못해 무효 처리가 되기도 한다. 자신의 성격을 포장하여 작위적인 답변을 하지 않도록 솔직하게 임하는 것이 예기치 않은 결과를 피하는 첫 번째 전략이 된다.

2 필터링 함정을 피하고 일관성 유지

앞서 강조한 솔직함은 일관성과 연결된다. 인성검사를 구성하는 많은 척도는 여러 형태의 문장 속에 동일한 요소를 적용해 반복되기도 한다. 예컨대 '나는 매우 활동적인 사람이다'와 '나는 운동을 매우 좋아한다'라는 질문에 '그렇다'고 체크한 사람이 '휴일에는 집에서 조용히 쉬며 독서하는 것이 좋다'에도 '그렇다'고 체크한다면 일관성이 없다고 평가될 수 있다.

그러나 일관성 있는 답변에만 매달리면 '이 사람이 같은 답변만 체크하기 위해 이 부분만 신경 썼구나'하는 필터링 함정에 빠질 수도 있다. 비슷하게 보이는 문장이 무조건 같은 내용이라고 판단하여 똑같이 답하는 것도 주의해야 한다. 일관성보다 중요한 것은 솔직함이다. 솔직함이 전제되지 않은 일관성은 허위 척도 필터링에서 드러나게 되어 있다. 유사한 질문의 응답이 터무니없이 다르거나 양극단에 치우치지 않는 정도라면 약간의 차이는 크게 문제되지 않는다. 중요한 것은 솔직함과 일관성이 하나의 연장선에 있다는 점을 명심하자.

3 지원한 직무와 연관성을 고려

다양한 분야의 많은 계열사와 큰 조직을 통솔하는 대기업은 여러 사람이 조직적으로 움직이는 만큼 각 직무에 걸맞은 능력을 갖춘 인재가 필요하다. 그래서 기업은 매년 신규채용으로 입사한 신입사원들의 젊은 패기와 참신한 능력을 성장 동력으로 활용한다.

기업은 사교성 있고 활달한 사람만을 원하지 않는다. 해당 직군과 직무에 따라 필요로 하는 사원의 능력과 개성이 다르기 때문에, 지원자가 희망하는 계열사나 부서의 직무가 무엇인지 제대로 파악하여 자신의 성향과 맞는지에 대한 고민은 반드시 필요하다. 같은 질문이라도 기업이 원하는 인재상이나 부서의 직무에 따라 판단 척도가 달라질 수 있다.

4 평상심 유지와 컨디션 관리

역시 솔직함과 연결된 내용이다. 한 질문에 대해 오래 고민하고 신경 쓰면 불필요한 생각이 개입될 소지가 크다. 이는 직관을 떠나 이성적 판단에 따라 포장할 위험이 높아진다는 뜻이기도 하다. 오래 생각하지 말고 자신의 평상시 생각과 감정대로 답하는 것이 중요하며, 가능한 한 건너뛰지 말고 모든 질문에 답하도록 한다. 300~400개 정도의 문항을 출제하는 기업이 많기 때문에 끝까지 집중하여 임하는 것이 중요하다.

특히 적성검사와 같은 날 실시하는 경우, 적성검사를 마친 후 연이어 보기 때문에 신체적·정신적으로 피로한 상태에서 자세가 흐트러질 수도 있다. 따라서 컨디션을 유지하면서 문항당 7~10초 이상 쓰지 않도록 하고 문항 수가 많을 때는 답안지에 바로 바로 표기하도록 한다.

인성검사 연습

인성검사 Tip

1. 응시 전 스스로를 돌아보며 나는 어떤 사람인가를 생각하는 시간을 가진다.
2. 지원한 분야의 직무에 적합한 요소에 대해 생각해 본다.
3. 많이 고민하기보다는 직관적으로 풀어 나간다.
4. 일관성을 유지하기 위해 노력한다.
5. 누가 보아도 비상식적인 답안을 선택하지 않도록 주의한다.

1 예 / 아니오 선택 유형

PAT 인성검사는 450문항에 50분이 배정된다. 제시된 질문을 읽고 'Yes' 또는 'No'에 자신의 성향에 더 가까운 것을 고르는 유형이다.

경우에 따라 적성검사에서 평균보다 높은 점수를 얻었음에도 불구하고 인성검사에서 불합격 처리되어 탈락한 지원자도 있으므로 성실하게 임하도록 한다. Yes/No 선택형이기 때문에 5점 척도 혹은 6점 척도 유형으로 실시하는 기업에 비해 시간이 오래 걸리지는 않지만 같은 문항이 여러 번 반복된다는 평이 있었던 만큼 일관성을 유지할 수 있도록 유의한다. 다만 회사 인재상에만 초점을 맞추면 자칫 신뢰도가 하락할 수 있으므로 솔직하게 답할 수 있도록 한다.

[01~100] 질문에 해당된다고 생각하면 '예', 해당되지 않는다면 '아니오'를 고르시오.

번호	질문	응답	
		예	아니오
1	어두운 곳을 무서워하는 편이다. 2019. PAT	Y	N
2	국회의원이 되고 싶다. 2019. PAT	Y	N
3	작은 일에는 별로 관심을 갖지 않는다.	Y	N
4	규칙이나 환경이 바뀌는 것을 싫어한다.	Y	N
5	수리영역보다 언어영역이 더 좋다.	Y	N
6	상대가 약속을 어겨도 이해하는 편이다.	Y	N
7	지나간 일을 쉽게 잊어버리지 못한다.	Y	N
8	주변 사람들에게 배려심이 많다는 말을 자주 듣는다.	Y	N

번호	질문	Y	N
9	모든 상황을 긍정적으로 인식한다.	Ⓨ	Ⓝ
10	분위기에 쉽게 동화된다.	Ⓨ	Ⓝ
11	남의 의견에 좌우되어서 쉽게 의견이 바뀐다.	Ⓨ	Ⓝ
12	허세를 부린 적이 한 번도 없다.	Ⓨ	Ⓝ
13	모든 일을 계획적으로 처리한다.	Ⓨ	Ⓝ
14	질서보다는 자유를 존중한다.	Ⓨ	Ⓝ
15	스포츠를 매우 좋아한다.	Ⓨ	Ⓝ
16	사람들과 만나면 이야기를 주도하는 편이다.	Ⓨ	Ⓝ
17	화가 나면 마음에 오래 담아 두는 편이다.	Ⓨ	Ⓝ
18	주변 사람들의 생일이나 경조사를 잘 챙긴다.	Ⓨ	Ⓝ
19	한 번도 법을 위반한 적이 없다.	Ⓨ	Ⓝ
20	법도 사회의 변화에 따라 달라져야 한다고 생각한다.	Ⓨ	Ⓝ
21	가끔 색다른 음식을 의도적으로 먹는다.	Ⓨ	Ⓝ
22	복잡한 곳보다 조용한 곳이 좋다.	Ⓨ	Ⓝ
23	친구가 많지 않다.	Ⓨ	Ⓝ
24	다른 사람을 가르치는 일을 좋아한다.	Ⓨ	Ⓝ
25	술을 자주 마시는 편이다.	Ⓨ	Ⓝ
26	자신감이 없는 편이다.	Ⓨ	Ⓝ
27	창의성을 발휘하는 업무가 적성에 맞는다.	Ⓨ	Ⓝ
28	어떤 일을 결심하기까지 시간이 걸리는 편이다.	Ⓨ	Ⓝ
29	쉬운 문제보다 어려운 문제를 더 좋아한다.	Ⓨ	Ⓝ
30	쉽게 좌절하거나 의기소침해지지 않는다.	Ⓨ	Ⓝ
31	짜여진 틀에 얽매이는 것을 싫어한다.	Ⓨ	Ⓝ
32	일을 주도하는 것보다 따르는 것이 좋다.	Ⓨ	Ⓝ
33	다른 사람의 마음을 잘 읽는 편이다.	Ⓨ	Ⓝ

34	신중하다는 말을 자주 듣는다.	Ⓨ	Ⓝ
35	맡은 일은 무슨 일이 생겨도 끝까지 완수한다.	Ⓨ	Ⓝ
36	계산 문제를 다루는 것이 좋다.	Ⓨ	Ⓝ
37	우리 가족은 항상 화목하다.	Ⓨ	Ⓝ
38	아침에 일어났을 때가 하루 중 가장 기분이 좋다.	Ⓨ	Ⓝ
39	어떤 문제가 생기면 그 원인부터 따져 보는 편이다.	Ⓨ	Ⓝ
40	상상력이 풍부한 편이다.	Ⓨ	Ⓝ
41	다른 사람에게 명령이나 지시하는 것을 좋아한다.	Ⓨ	Ⓝ
42	끈기가 있고 성실하다.	Ⓨ	Ⓝ
43	새로운 학문을 배우는 것을 좋아한다.	Ⓨ	Ⓝ
44	여러 가지 일을 동시에 하지 못한다.	Ⓨ	Ⓝ
45	가끔 지저분한 농담을 듣고 웃는다.	Ⓨ	Ⓝ
46	긴박한 상황에서도 차분함을 잃지 않으며 상황 판단이 빠르다.	Ⓨ	Ⓝ
47	어떤 상황에서든 빠르게 결정하고 과감하게 행동한다.	Ⓨ	Ⓝ
48	성공하고 싶은 욕망이 매우 강하다.	Ⓨ	Ⓝ
49	가끔 사물을 때려 부수고 싶은 충동을 느낄 때가 있다.	Ⓨ	Ⓝ
50	무슨 일이든 도전하는 편이다.	Ⓨ	Ⓝ
51	사람들과 어울릴 수 있는 모임을 좋아한다.	Ⓨ	Ⓝ
52	다른 사람이 한 행동의 이유를 잘 파악하는 편이다.	Ⓨ	Ⓝ
53	조직적으로 행동하는 것을 좋아한다.	Ⓨ	Ⓝ
54	실질도 중요하지만 형식을 갖추는 사람이 더 좋다.	Ⓨ	Ⓝ
55	나도 모르게 끙끙 앓고 고민하는 편이다.	Ⓨ	Ⓝ
56	지진이 일어날까 봐 불안해서 안절부절못한다.	Ⓨ	Ⓝ
57	나의 가치관은 확고부동하여 잘 변하지 않는다.	Ⓨ	Ⓝ
58	다른 사람들의 행동을 주의 깊게 관찰하는 경향이 있다.	Ⓨ	Ⓝ

59	주변 사람들에게 독특한 사람으로 통한다.	Ⓨ	Ⓝ
60	다른 사람들의 이야기를 귀담아듣는다.	Ⓨ	Ⓝ
61	동창 모임이나 동기 모임에 자주 참석한다.	Ⓨ	Ⓝ
62	다소 무리를 해도 쉽게 지치지 않는 편이다.	Ⓨ	Ⓝ
63	논리가 뛰어나다는 말을 듣는 편이다.	Ⓨ	Ⓝ
64	현실적인 사람보다 이상적인 사람을 더 좋아한다.	Ⓨ	Ⓝ
65	비교적 금방 마음이 바뀌는 편이다.	Ⓨ	Ⓝ
66	쓸데없는 고생을 하는 타입이다.	Ⓨ	Ⓝ
67	아무리 힘들더라도 힘든 내색을 하지 않는다.	Ⓨ	Ⓝ
68	주어진 시간 내에 맡겨진 과제를 마칠 수 있다.	Ⓨ	Ⓝ
69	임기응변으로 대응하는 것에 능숙하다.	Ⓨ	Ⓝ
70	항상 일에 대한 결과를 얻고자 한다.	Ⓨ	Ⓝ
71	가끔 의지가 약하다는 말을 듣는다.	Ⓨ	Ⓝ
72	처음 보는 사람에게도 내 의견을 자신 있게 말할 수 있다.	Ⓨ	Ⓝ
73	내향적이며 조용한 편이다.	Ⓨ	Ⓝ
74	남이 나를 어떻게 생각하는지 신경이 쓰인다.	Ⓨ	Ⓝ
75	나도 모르게 충동구매를 하는 경우가 많다.	Ⓨ	Ⓝ
76	비교적 상처받기 쉬운 타입이다.	Ⓨ	Ⓝ
77	낯선 사람과 대화하는 데 어려움이 있다.	Ⓨ	Ⓝ
78	사람들의 부탁을 잘 거절하지 못한다.	Ⓨ	Ⓝ
79	융통성이 없는 편이다.	Ⓨ	Ⓝ
80	세상에는 바보 같은 사람이 너무 많다고 생각한다.	Ⓨ	Ⓝ
81	스포츠 경기를 관람하다가 금방 흥분한다.	Ⓨ	Ⓝ
82	약속을 어긴 적이 한 번도 없다.	Ⓨ	Ⓝ
83	신경과민적인 면이 있다고 생각한다.	Ⓨ	Ⓝ

84	새로운 분야에 도전하는 것을 좋아한다.	Ⓨ	Ⓝ
85	다른 사람의 실수를 용납하지 않는다.	Ⓨ	Ⓝ
86	마감시간을 매우 잘 지킨다.	Ⓨ	Ⓝ
87	나와 다른 의견을 가진 사람을 설득할 수 있다.	Ⓨ	Ⓝ
88	모든 일에 대해 분석적으로 생각하는 편이다.	Ⓨ	Ⓝ
89	문화생활을 좋아한다.	Ⓨ	Ⓝ
90	무슨 일이 있더라도 상대방을 이겨야 직성이 풀린다.	Ⓨ	Ⓝ
91	다른 사람의 말에 쉽게 흔들린다.	Ⓨ	Ⓝ
92	감정을 쉽게 드러내지 않는다.	Ⓨ	Ⓝ
93	어떤 일에든 적극적으로 임하는 편이다.	Ⓨ	Ⓝ
94	팀을 위해 희생하는 편이다.	Ⓨ	Ⓝ
95	타인의 잘못을 잘 지적한다.	Ⓨ	Ⓝ
96	수업시간에 발표하는 것을 즐기는 편이다.	Ⓨ	Ⓝ
97	내가 모르는 분야라도 금세 배울 자신이 있다.	Ⓨ	Ⓝ
98	내 전공 분야와 상관없는 분야의 지식에도 관심이 많다.	Ⓨ	Ⓝ
99	통계적으로 분석된 자료를 좋아한다.	Ⓨ	Ⓝ
100	낙천적인 편이다.	Ⓨ	Ⓝ

고시넷 포스코그룹(PAT) 생산기술직 인적성검사 최신기출유형모의고사

포스코그룹(PAT) 생산기술직 인적성검사

파트 4 면접가이드

- 01 면접의 이해
- 02 구조화 면접 기법
- 03 면접 최신 기출 주제

01 면접의 이해

※ 능력중심 채용에서는 타당도가 높은 구조화 면접을 적용한다.

1 면접이란?

일을 하는 데 필요한 능력(직무역량, 직무지식, 인재상 등)을 지원자가 보유하고 있는지에 대해 다양한 면접기법을 활용하여 확인하는 절차이다. 자신의 환경, 성취, 관심사, 경험 등에 대해 이야기하여 본인이 적합하다는 것을 보여 줄 기회를 제공하고, 면접관은 평가에 필요한 정보를 수집하고 평가하는 것이다.

- 지원자의 태도, 적성, 능력에 대한 정보를 심층적으로 파악하기 위한 방법
- 선발의 최종 의사결정에 주로 사용되는 방법
- 전 세계적으로 선발에서 가장 많이 사용되는 핵심적이고 중요한 방법

2 면접의 특징

서류전형이나 인적성검사에서 드러나지 않는 것들을 볼 수 있는 기회를 제공한다.

- 직무수행과 관련된 다양한 지원자 행동에 대한 관찰이 가능하다.
- 면접관이 알고자 하는 정보를 심층적으로 파악할 수 있다.
- 서류상의 미비한 사항과 의심스러운 부분을 확인할 수 있다.
- 커뮤니케이션, 대인관계행동 등 행동·언어적 정보도 얻을 수 있다.

3 면접의 평가요소

1 인재적합도

해당 기관이나 기업별 인재상에 대한 인성 평가

2 조직적합도

조직에 대한 이해와 관련 상황에 대한 평가

3 직무적합도

직무에 대한 지식과 기술, 태도에 대한 평가

4 면접의 유형

구조화된 정도에 따른 분류

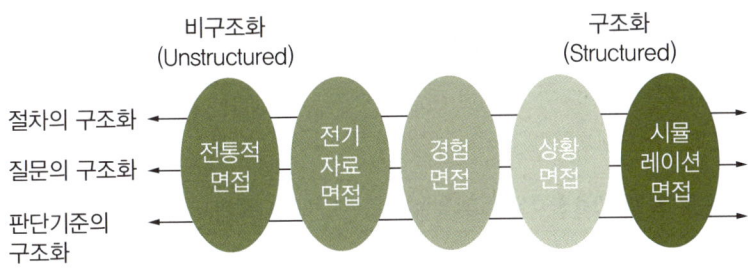

1 구조화 면접(Structured Interview)

사전에 계획을 세워 질문의 내용과 방법, 지원자의 답변 유형에 따른 추가 질문과 그에 대한 평가역량이 정해져 있는 면접 방식(표준화 면접)

- 표준화된 질문이나 평가요소가 면접 전 확정되며, 지원자는 편성된 조나 면접관에 영향을 받지 않고 동일한 질문과 시간을 부여받을 수 있음.
- 조직 또는 직무별로 주요하게 도출된 역량을 기반으로 평가요소가 구성되어, 조직 또는 직무에서 필요한 역량을 가진 지원자를 선발할 수 있음.
- 표준화된 형식을 사용하는 특성 때문에 비구조화 면접에 비해 신뢰성과 타당성, 객관성이 높음.

2 비구조화 면접(Unstructured Interview)

면접 계획을 세울 때 면접 목적만 명시하고 내용이나 방법은 면접관에게 전적으로 일임하는 방식(비표준화 면접)

- 표준화된 질문이나 평가요소 없이 면접이 진행되며, 편성된 조나 면접관에 따라 지원자에게 주어지는 질문이나 시간이 다름.
- 면접관의 주관적인 판단에 따라 평가가 이루어져 평가 오류가 빈번히 일어남.
- 상황 대처나 언변이 뛰어난 지원자에게 유리한 면접이 될 수 있음.

구조화 면접 기법

※ 능력중심 채용에서는 타당도가 높은 구조화 면접을 적용한다.

1 경험면접(Behavioral Event Interview)

면접 프로세스

- 안내 ─ 지원자는 입실 후, 면접관을 통해 인사말과 면접에 대한 간단한 안내를 받음.
- 질문 ─ 지원자는 면접관에게 평가요소(직업기초능력, 직무수행능력 등)와 관련된 주요 질문을 받게 되며, 질문에서 의도하는 평가요소를 고려하여 응답할 수 있도록 함.
- 세부질문 ─
  - 지원자가 응답한 내용을 토대로 해당 평가기준들을 충족시키는지 파악하기 위한 세부질문이 이루어짐.
  - 구체적인 행동·생각 등에 대해 응답할수록 높은 점수를 얻을 수 있음.

- 방식
  해당 역량의 발휘가 요구되는 일반적인 상황을 제시하고, 그러한 상황에서 어떻게 행동했었는지(과거 경험)를 이야기하도록 함.
- 판단기준
  해당 역량의 수준, 경험자체의 구체성, 진실성 등
- 특징
  추상적인 생각이나 의견 제시가 아닌 과거 경험 및 행동 중심의 질의가 이루어지므로 지원자는 사전에 본인의 과거 경험 및 사례를 정리하여 면접에 대비할 수 있음.
- 예시

지원분야		지원자		면접관	(인)
경영자원관리 조직이 보유한 인적자원을 효율적으로 활용하여, 조직 내 유·무형 자산 및 재무자원을 효율적으로 관리한다.					
주질문					
A. 어떤 과제를 처리할 때 기존에 팀이 사용했던 방식의 문제점을 찾아내 이를 보완하여 과제를 더욱 효율적으로 처리했던 경험에 대해 이야기해 주시기 바랍니다.					
세부질문					
[상황 및 과제] 사례와 관련해 당시 상황에 대해 이야기해 주시기 바랍니다. [역할] 당시 지원자께서 맡았던 역할은 무엇이었습니까? [행동] 사례와 관련해 구성원들의 설득을 이끌어 내기 위해 어떤 노력을 하였습니까? [결과] 결과는 어땠습니까?					

기대행동	평점
업무진행에 있어 한정된 자원을 효율적으로 활용한다.	① - ② - ③ - ④ - ⑤
구성원들의 능력과 성향을 파악해 효율적으로 업무를 배분한다.	① - ② - ③ - ④ - ⑤
효과적 인적/물적 자원관리를 통해 맡은 일을 무리 없이 잘 마무리한다.	① - ② - ③ - ④ - ⑤

척도해설

1 : 행동증거가 거의 드러나지 않음	2 : 행동증거가 미약하게 드러남	3 : 행동증거가 어느 정도 드러남	4 : 행동증거가 명확하게 드러남	5 : 뛰어난 수준의 행동증거가 드러남

관찰기록 :

총평 :

※ 실제 적용되는 평가지는 기업/기관마다 다름.

2 상황면접(Situational Interview)

면접 프로세스

안내 → 지원자는 입실 후, 면접관을 통해 인사말과 면접에 대한 간단한 안내를 받음.

↓

질문 →
- 지원자는 상황질문지를 검토하거나 면접관을 통해 상황 및 질문을 제공받음.
- 면접관의 질문이나 질문지의 의도를 파악하여 응답할 수 있도록 함.

↓

세부질문 →
- 지원자가 응답한 내용을 토대로 해당 평가기준들을 충족시키는지 파악하기 위한 세부질문이 이루어짐.
- 구체적인 행동·생각 등에 대해 응답할수록 높은 점수를 얻을 수 있음.

- 방식
  직무 수행 시 접할 수 있는 상황들을 제시하고, 그러한 상황에서 어떻게 행동할 것인지(행동의도)를 이야기하도록 함.

- 판단기준
  해당 상황에 맞는 역량의 구체적 행동지표

- 특징
  지원자의 가치관, 태도, 사고방식 등의 요소를 평가하는 데 용이함.

• 예시

지원분야		지원자		면접관	(인)

유관부서협업
타 부서의 업무협조요청 등에 적극적으로 협력하고 갈등 상황이 발생하지 않도록 이해관계를 조율하며 관련 부서의 협업을 효과적으로 이끌어 낸다.

주질문
당신은 생산관리팀의 팀원으로, 2개월 뒤에 제품 A를 출시하기 위해 생산팀의 생산 계획을 수립한 상황입니다. 그러나 원가가 곧 실적으로 이어지는 구매팀에서는 최대한 원가를 줄여 전반적 단가를 낮추려고 원가절감을 위한 제안을 하였으나, 연구개발팀에서는 구매팀이 제안한 방식으로 제품을 생산할 경우 대부분이 구매팀의 실적으로 산정될 것이므로 제대로 확인도 해 보지 않은 채 적합하지 않은 방식이라고 판단하고 있습니다. 당신은 어떻게 하겠습니까?

세부질문
[상황 및 과제] 이 상황의 핵심적인 이슈는 무엇이라고 생각합니까?
[역할] 당신의 역할을 더 잘 수행하기 위해서는 어떤 점을 고려해야 하겠습니까? 왜 그렇게 생각합니까?
[행동] 당면한 과제를 해결하기 위해서 구체적으로 어떤 조치를 취하겠습니까? 그 이유는 무엇입니까?
[결과] 그 결과는 어떻게 될 것이라고 생각합니까? 그 이유는 무엇입니까?

척도해설

1 : 행동증거가 거의 드러나지 않음	2 : 행동증거가 미약하게 드러남	3 : 행동증거가 어느 정도 드러남	4 : 행동증거가 명확하게 드러남	5 : 뛰어난 수준의 행동증거가 드러남

관찰기록 :

총평 :

※ 실제 적용되는 평가지는 기업/기관마다 다름.

3 발표면접(Presentation)

면접 프로세스

안내
- 입실 후 지원자는 면접관으로부터 인사말과 발표면접에 대해 간략히 안내받음.
- 면접 전 지원자는 과제 검토 및 발표 준비시간을 가짐.

발표
- 지원자들이 과제 주제와 관련하여 정해진 시간 동안 발표를 실시함.
- 면접관은 발표내용 중 평가요소와 관련해 나타난 가점 및 감점요소들을 평가하게 됨.

질문응답
- 발표 종료 후 면접관은 정해진 시간 동안 지원자의 발표내용과 관련해 구체적인 내용을 확인하기 위한 질문을 함.
- 지원자는 면접관의 질문의도를 정확히 파악하여 적절히 응답할 수 있도록 함.
- 응답 시 명확하고 자신있게 전달할 수 있도록 함.

- 방식
  지원자가 특정 주제와 관련된 자료(신문기사, 그래프 등)를 검토하고, 그에 대한 자신의 생각을 면접관 앞에서 발표하며 추가 질의응답이 이루어짐.
- 판단기준
  지원자의 사고력, 논리력, 문제해결능력 등
- 특징
  과제를 부여한 후, 지원자들이 과제를 수행하는 과정과 결과를 관찰·평가함. 과제수행의 결과뿐 아니라 과제수행 과정에서의 행동을 모두 평가함.

4 토론면접(Group Discussion)

면접 프로세스

안내
- 입실 후, 지원자들은 면접관으로부터 토론 면접의 전반적인 과정에 대해 안내받음.
- 지원자는 정해진 자리에 착석함.

토론
- 지원자들이 과제 주제와 관련하여 정해진 시간 동안 토론을 실시함(시간은 기관별 상이).
- 지원자들은 면접 전 과제 검토 및 토론 준비시간을 가짐.
- 토론이 진행되는 동안, 지원자들은 다른 토론자들의 발언을 경청하여 적절히 본인의 의사를 전달할 수 있도록 함. 더불어 적극적인 태도로 토론면접에 임하는 것도 중요함.

마무리 (5분 이내)
- 면접 종료 전, 지원자들은 토론을 통해 도출한 결론에 대해 첨언하고 적절히 마무리 지음.
- 본인의 의견을 전달하는 것과 동시에 다른 토론자를 배려하는 모습도 중요함.

- 방식
  상호갈등적 요소를 가진 과제 또는 공통의 과제를 해결하는 내용의 토론 과제(신문기사, 그래프 등)를 제시하고, 그 과정에서의 개인 간의 상호작용 행동을 관찰함.
- 판단기준
  팀워크, 갈등 조정, 의사소통능력 등
- 특징
  면접에서 최종안을 도출하는 것도 중요하나 주장의 옳고 그름이 아닌 결론을 도출하는 과정과 말하는 자세 등도 중요함.

5 역할연기면접(Role Play Interview)

- 방식
  기업 내 발생 가능한 상황에서 부딪히게 되는 문제와 역할을 가상적으로 설정하여 특정 역할을 맡은 사람과 상호작용하고 문제를 해결해 나가도록 함.
- 판단기준
  대처능력, 대인관계능력, 의사소통능력 등
- 특징
  실제 상황과 유사한 가상 상황에서 지원자의 성격이나 대처 행동 등을 관찰할 수 있음.

6 조별활동(GA : Group Activity)

- 방식
  지원자들이 팀(집단)으로 협력하여 정해진 시간 안에 활동 또는 게임을 하며 면접관들은 지원자들의 행동을 관찰함.
- 판단기준
  대인관계능력, 팀워크, 창의성 등
- 특징
  기존 면접보다 오랜 시간 관찰을 하여 지원자들의 평소 습관이나 행동들을 관찰하려는 데 목적이 있음.

7 에세이 평가

에세이 평가 대책

1 논점에 대한 정확한 이해

에세이를 대비하는 많은 사람들이 일반적으로 범하는 실수 중 하나는 에세이를 단순히 글쓰기로 생각하고 글의 구성이나 수식 또는 개요짜기를 우선시한다는 점이다. 그러나 가장 중요한 것은 논점에서 벗어나는 잘못을 범하지 않기 위해서 문제를 올바르게 이해하고 그 핵심을 정확하게 파악해서 논점을 파악하는 것이다. 이를 위해서는 주어진 문제의 의도와 과제의 성격을 정확히 파악할 수 있는 능력이 필요하다.

2 논지 전개와 글감의 배열

먼저 논점에 따른 글감을 나열한다. 그리고 글감 자체의 모순이나 통일성을 해치는 것은 없는지, 중복된 내용이나 같은 범주에 든 것을 부연한 것은 없는지를 점검한 후 가치가 높고 효용성이 높은 것부터 배열하도록 한다.

3 개략적인 개요짜기

개요짜기가 글의 뼈대를 세우는 작업이기는 하나 2,500자 이하의 글에서는 크게 중요하지 않을뿐더러 시간만 낭비되는 경우가 될 수도 있다. 포스코그룹에서 요구하는 에세이는 비교적 짧은 글이므로 개요짜기에 너무 많은 시간을 쓰기보다는 글을 어떻게 전개해 가며 어떤 논거를 들고 어떻게 결론을 내려야 하겠다는 개략적인 개요만 생각해 놓는 연습이 필요하다.

만일 생각해 놓은 개요대로 글이 잘 써지지 않는다면 개략적인 개요를 문제지나 연습지에 기록해 놓고 그에 따라 구상한 뒤 글을 쓰는 연습을 하는 것도 한 방법이다.

4 서술하기

서론은 크게 직접적인 방법과 우회적인 방법 두 가지가 있는데 1,500자 이하의 짧은 글에서는 직접적인 방법으로 작성하는 것이 효율적이다.

본론은 서론에서 든 논점을 심화시켜서 문제의 해결을 모색하는 과정으로, 서론에서 든 논점을 전개하면서 논지의 방향을 정립하고 그에 따른 논거를 제시하며 그 과정을 통해 해결방안을 모색하도록 한다.

결론에서는 본론에 따른 대안이나 해결책을 제시하며 글을 마무리한다.

[생산기술직] 인적성검사

> **TiP**
> 1. 사고능력을 기르기 위해서는 글쓰기 연습이 필요하다. 설득력 있는 글을 위해서는 주장이 명쾌해야 하고 그것을 뒷받침해 주는 타당한 논증이 필요한데, 이때 글쓰기를 통해 논증에 문제가 없는지 서술 과정을 확인하고 개선하는 능력이 길러진다. 주장과 논거를 치밀하게 설계하는 훈련의 반복을 통해 글쓰기에 대한 부담감을 경감해야 한다.
> 2. 답안을 지루하지 않게 써야 한다. 이는 논술형 답안의 채점 기준에서 높은 배점을 차지하고 있는 창의성 항목을 강조하는 것이기도 하지만 한편으로는 이해력이나 분석력 항목과 직결되는 것이기도 하다. 글을 지루하지 않게 하는 데는 두 가지 방법이 있는데, 하나는 상대방이 모르는 것을 이야기하거나 알고 있는 것이더라도 새롭게 이야기하여 신선하게 보이는 것이며, 다른 하나는 상대방이 알고 있는 것을 잘 이야기하여 노련함을 드러내는 것이다. 고득점을 받기 위해서는 이러한 요소들도 세심하게 파악해야 한다.

포스코그룹의 면접

포스코그룹 생산기술직의 면접은 1차 면접과 2차 면접으로 진행된다. 1차 면접인 직무역량평가는 인성/직무/분석발표 면접 등 다양한 형태로 운영되며, 지원자의 직무역량을 집중적으로 평가하는 단계로 다음과 같은 것들이 있다.

- 직무면접 : 전공분야, 보유 자격증과 관련된 직무지식 등을 심사한다.
- 인성(HR)면접 : 회사정착성, 적응력, 성장 잠재력과 지원자의 인성, 가치관, 성격 등을 확인한다.
- 조직역량면접 : 조직 내에서 맞닥뜨릴 수 있는 상황에 대한 대처 능력과 같은 조직 적합성을 확인한다.

특히 구조적 선발기법을 활용하여 정해진 평가기준과 절차에 따라 다양한 면접을 체계적으로 운영함으로써 평가자 간 차이를 최소화하고 목적에 적합한 인재를 선발하는 데 초점을 둔다.

2차 면접인 가치적합성평가는 포스코그룹이 추구하는 인재상에 얼마나 부합한지를 확인하는 단계로 다음과 같은 것들이 있다.

- 조직가치적합성면접(임원면접) : 지원자의 가치관, 직업관 등에 대해 질의응답하며 조직적응력, 회사정착성 등을 심사한다.
- GA(Group Activity)평가 : 조별과제를 부여하여 문제해결능력을 심사한다.
- 독서퀴즈 · Essay평가 : 주요 쟁점에 대한 지원자의 기초지식, 가치관 등에 대해 평가한다.

지원자가 입사지원서에 작성한 내용을 바탕으로 성장과정, 직무전문성, 가치관, 직업관 등 다양한 주제의 질의응답이 이루어지며 도전정신, 창의력, 조직적응성, 윤리성 등을 종합적으로 평가한다.

※ 단, 포스코그룹의 그룹사별 면접 전형 방식이 상이할 수 있음에 유의한다.

03 면접 최신 기출 주제

1 포스코그룹 면접 기출 질문

1 조별활동(GA)

〈기출문제〉
1. 3인 1조로 도미노를 완성해 보시오.
2. 주어진 사진들을 모두 활용하여 사진의 주제에 맞는 건축적 이야기를 만들어 보시오.
3. 주어진 자료들을 참고하여 6개의 기업 중 어떤 기업과 계약을 할 것인지 결정하시오.
4. 노후 대책으로 커피숍을 차린다고 할 때, 다음 자료를 참고하여 개업 위치 1, 2, 3순위를 결정하고 인테리어, 가격 등 영업 전략을 세우시오.
5. 경영, 사회, 사람이라는 주제 중 하나를 선택하여 포스코그룹이 기업시민의 정신을 수행할 수 있는 방안을 제시해 보시오.
6. 쇳물을 옮기는 트럭(토페도카)을 수수깡, 나무젓가락, 종이컵, 테이프, 빨대 등의 재료로 만들어 주어진 시간 동안 최대한 많은 물을 옮겨보시오.

〈예상문제〉
1. 주어진 레고 블록을 사용하여 고객의 요청에 맞는 제품을 만들어 보시오.
2. 주어진 자료에 해당하는 섬이 있다고 할 때, 그 섬의 개발 방안에 대하여 토론하시오.
3. 고객들의 요청을 고려하여 인터넷 웹 사이트 제작 방안을 수립하시오.
4. 신약을 개발한 제약사의 입장에서 경제 상황과 약제청의 권고 등을 고려하여 신약의 출시 가격을 정하시오.
5. 사막에서 비행기가 추락하여 조난을 당하였을 때 가지고 나갈 수 있는 물건의 개수가 정해져 있다면 어떤 물건을 먼저 챙길 것인지 우선순위를 결정하시오.
6. 주어진 자료를 활용하여 제한 시간 내에 포스코 제품의 TV 광고 콘티를 완성하시오.
7. 공장을 건립한 지역사회에 기업이익을 환원하기 위한 사회공헌 방안에 대하여 토론하시오.
8. 부품별 원가와 기능을 참고하여 이미 존재하는 제품에 독창적인 기능이 첨가된 제품을 만들어 보시오.

2 그 외 면접 기출 질문

포항에서 오래 살았는데, 포항에서 포스코가 가지는 의미를 말해 보시오.
포스코의 작년 매출액을 말해 보시오.
경력 공백 기간 동안 무엇을 하였는가?
대학생 때 가장 어려웠던 전공 과목은 무엇인가?
포스코에 지원한 이유는 무엇인가?
자신이 꿈꾸는 10년 뒤 모습에 대하여 말해 보시오.
남들보다 뛰어나게 잘할 수 있다고 생각하는 것은 무엇인가?

[생산기술직] 인적성검사

- 현재 서울에 살고 있는데 채용된 후 지방으로 발령이 난다면 어떻게 하겠는가?
- 받고 싶은 연봉은 얼마 정도인가? 그렇게 생각하는 이유는 무엇인가?
- 제선, 제강 공정의 흐름에 대해 설명해 보시오.
- 철을 사용하지 않은 물건 가운데 철로 대체할 수 있는 것을 두 가지 말해 보시오.
- 독도 문제와 관련하여 일본과 바람직한 관계를 유지할 수 있는 방법에 대해 말해 보시오.
- 파이넥스 공정은 무엇인가?
- 물, 태양, 석유, 바람 등 여러 자원 가운데 가장 소중한 것은 무엇이라고 하는가?
- 실질 GDP와 명목 GDP의 차이점에 대해 설명해 보시오.
- 영업인에게 가장 중요한 덕목은 무엇이라고 생각하는가?
- IRR(내부수익률)은 무엇의 약자이며, 어떻게 계산하는지 설명해 보시오.
- 헤일로 효과(halo effect)에 대해 설명해 보시오.
- 간단하게 자기소개를 해 보시오.
- 정의와 의리의 차이점이 무엇인지 말해 보시오.
- 행복이란 무엇이라고 생각하는가?
- 전에 있던 회사에서 이직을 결심하게 된 계기는 무엇인가?
- 포스코에 관심을 가지게 된 계기는 무엇인가?
- 휴학을 한 번도 하지 않고 바로 졸업했는데 특별한 이유가 있는가?
- 디자인이 세상을 바꾼다는 말에 대하여 어떻게 생각하는가?
- 일상생활을 하다가 바꾸고 싶었던 것이 있었는가?
- 자신의 강점은 무엇인가?
- 포스코에 대해 아는 대로 말해 보시오.
- 포스코에 입사하여 하고 싶은 일이 무엇인가?
- 대학생활 가운데 가장 기억에 남는 경험에 대해 말해 보시오.
- 팀워크를 유지하기 위한 본인만의 방법이 있는가?
- 조직생활을 할 때 자신은 주로 어떠한 역할을 하는 편인가?
- 본인의 성격을 한마디로 표현해 보시오.
- 자신의 인생에 가장 큰 영향을 끼친 사람은 누구인가?
- 성격 좋고 일 못하는 상사와 성격 안 좋고 일 잘 하는 상사 중 누구와 일하고 싶은가?
- 자신이 해 온 프로젝트 하나를 설명하시오.
- AI 기술 트렌드가 빠르게 변화하는데 이에 어떻게 대처해야 하는가?

- 디지털 트윈과 관련하여 포스코가 업무에 적용할 만한 방안을 말해 보시오.
- AI가 다시 주목받은 이유에 대해 설명해 보시오.
- 타인이 평가하는 성격의 장단점은 무엇인가?
- 직무 순환에 대하여 어떻게 생각하는가?
- 자신의 좌우명이 무엇인지 말해 보시오.
- 노사갈등을 줄이기 위해 회사가 나아가야 하는 방향에 대해 말해 보시오.
- 인턴 경험을 통해 향상한 능력은 무엇인가?
- AI와 관련하여 어떠한 경험을 해 보았는가?
- 자신과 포스코가 잘 맞는다고 생각하는 이유를 말해 보시오.
- 포스코 입사를 위해 어떠한 역량을 강화해 왔는가?
- 해외 경험이 있는가?
- 취미와 특기는 무엇인가?
- 좋아하는 영화는 무엇인가?
- 하청업체 등에서 상생을 외치며 단가 인상을 요구한다면 어떻게 대처하겠는가?
- 전공과 직무가 연관이 없는데 지원한 이유가 무엇인가?
- 상사가 비윤리적인 일을 시킨다면 어떻게 대응할 것인가?
- 평소에 주로 하는 일은 무엇인가?
- 교대 업무 경험이 있는가?
- 직류 대신 교류를 사용하는 이유는 무엇인가?
- 교류를 직류로 변환할 때 사용할 수 있는 방법은 무엇이 있는가?
- 발전소에서 수요가까지 전기가 오는 과정을 설명해 보시오.
- 현재 다니고 있는 직장에서 힘든 점이 있다면 무엇인가?
- 인생에서 가장 자랑할 만한 경험은 무엇인가?
- 이력서에 봉사 경력이 많은데, 봉사를 많이 한 이유는 무엇인가?
- 지원한 직무와 관련된 경험이 있는가?

[생산기술직] 인적성검사

2 면접 예상질문

1 인성

- 포스코에 지원한 이유는 무엇인가?
- 주변 사람들과 트러블이 생기면 어떻게 해결하는가?
- 본인 성격의 장단점에 대해 말해 보시오.
- 포스코에 입사하기 위해 어떠한 노력을 하였는가?
- 지금까지 살면서 가장 힘들었던 경험은 무엇인가?
- 포스코에 입사한 후 어떠한 자기계발을 할 생각인가?
- 자신이 취업할 기업을 선정함에 있어 기준이 되는 것은 무엇인가?
- 자신의 창의적인 아이디어가 조직에 도움이 되었던 경험이 있는가?
- 기존의 방식과는 다른 새로운 방식으로 일을 해 본 경험이 있는가?
- 다른 사람에게 도움을 주고, 도움을 받았던 경험에 대해 말해 보시오.
- 회사에서 부당한 업무를 시킨다면 어떻게 하겠는가?
- 리더십을 발휘했던 경험을 말해 보시오.
- 가장 최근에 읽은 책은 무엇인가?
- 10년 후 자신의 모습을 상상하여 말해 보시오.
- 어학연수 경험을 통해 무엇을 배웠는가?
- 자신이 지휘관과 참모 가운데 어떤 역할에 더 어울리는지 말하고, 그 이유에 대해 설명해 보시오.
- 자신이 성공했던 경험과 이를 통해 깨달은 점을 말해 보시오.
- 공동의 목표를 위해 내가 희생한 경험을 말해 보시오.
- 개인 휴식 시간에는 주로 무엇을 하는가?
- 직장 동료가 들어주기 난감한 부탁을 한다면 어떻게 대처하겠는가?

2 학업

영어 성적이 좋지 않은데 글로벌 시대에 뒤떨어진다고 생각하지 않는가?

학창시절 가장 좋아했던 과목은 무엇인가?

학교 성적이 매우 좋은데 특별한 비결이 있는가?

동아리 활동을 통해 가장 크게 얻은 점은 무엇인가?

가장 기억에 남는 선생님은 누구인가?

검정고시 출신인데, 자퇴를 한 이유가 무엇인가?

편입을 한 이유는 무엇인가?

전공공부는 어떠한 방식으로 하였는가?

관련 전공을 선택한 이유는 무엇인가?

공부하기 가장 힘들었던 전공 과목과 그에 대한 대처 방법은 무엇인가?

3 포스코 관련

포스코를 생각하면 떠오르는 이미지는 무엇인가?

포스코의 장단점을 말해 보시오.

포스코에서 생산하고 있는 제품에 대해 말해 보시오.

포스코의 사업 분야에 대해 얼마나 알고 있는가?

포스코에서 자신을 채용해야 하는 이유는 무엇인가?

포스코에서 요구하는 인재의 조건은 무엇이라고 생각하는가?

최근 읽은 신문기사 중에서 포스코와 관련된 것을 말해 보시오.

포스코의 발전을 위해 자신이 기여할 수 있는 방안을 말해 보시오.

생소할 수 있는 철강산업에 지원한 이유는 무엇인가?

다른 회사에 지원한 곳이 있는가?

포스코의 사업 중 맡아 진행해 보고 싶은 것은 무엇인가?

포스코에 대하여 SWOT 분석을 해 보시오.

포스코의 주요 제품과 그 성과에 대해 말해 보시오.

남북이 통일된다면 포스코는 어떠한 일을 할 수 있겠는가?

[생산기술직] 인적성검사

4 시사 및 전공

북한의 핵문제에 대한 자신의 생각을 말해 보시오.

철강 제조 공정을 순서대로 설명해 보시오.

관성모멘트란 무엇이며, 원통에서 관성모멘트를 줄일 수 있는 방법을 설명해 보시오.

서징(surging), 캐비테이션(cavitation, 공동현상), 워터 해머(water hammer, 수격작용) 현상에 대해 간단히 설명해 보시오.

현재 국방부에서 진행하고 있는 사업에 대해 아는 대로 말해 보시오.

가상 화폐에 대한 자신의 생각을 말해 보시오.

신재생에너지의 종류에는 어떠한 것들이 있는가?

우리나라가 향후 FTA를 체결해야 할 국가나 지역은 어디이며, 그 이유는 무엇인가?

최근에 가장 관심 있었던 사회 이슈는 무엇인가?

베르누이의 법칙에 대해 설명해 보시오.

금속이 갖는 결함의 종류에 대해 말해 보시오.

깁스 프리에너지(Gibb's free energy)란 무엇인가?

대기업의 사회 공헌에 대한 자신의 생각을 말해 보시오.

진정한 남녀평등이란 무엇이라고 생각하는가?

우리나라 청년실업자 문제의 원인은 무엇이고, 정부는 이를 해결하기 위해 어떻게 해야 하는지 말해 보시오.

제대군인 가산점 제도에 대해 어떻게 생각하는가?

저출산 문제의 근본적인 원인은 무엇이라고 생각하는가?

액티브하우스와 패시브하우스의 차이를 설명해 보시오.

비행기의 원리에 대해 설명해 보시오.

Overfitting이 무엇인지 설명해 보시오.

Supervised와 Unsupervised의 차이를 설명해 보시오.

재결정온도의 정의에 대해 말해 보시오.

강의 열처리방법에 대해 설명해 보시오.

재료공학이란 무엇인지 설명해 보시오.

BCC와 FCC의 구조의 차이점을 설명해 보시오.

포스코 관련 산업과 연관된 최근의 사회 이슈와 그에 대한 생각을 말해 보시오.

응력집중계수에 대해 설명해 보시오.

열전달의 세 가지 방법에 대해 말해 보시오.

설비관리기법을 아는 대로 말해 보시오.

후크의 법칙에 대해 설명해 보시오.

3 에세이 출제예상문제

01 최근 90년대 생들의 회사 퇴사율이 높다고 한다. 왜 그들이 빠르게 퇴사하는지에 대한 이유를 서술하시오.

02 4차 산업 혁명으로 인한 가장 큰 변화는 무엇이며, 그 변화가 기업과 개인에게 어떠한 영향을 미치는지를 서술하시오.

03 기업들은 불확실성이 높은 현 시대에서의 생존을 위해 새로운 성공 전략으로 ESG경영을 추구하고 있다. ESG 경영이란 무엇인지 쓰고, 효과적인 ESG 경영을 위해 자사가 어떠한 방향으로 나아가야 하는지에 대해 견해를 서술하시오.

04 인생에서 가장 화가 난 경험과 그 이유를 쓰고, 극복 방안을 서술하시오.

05 나이 기준을 만 나이로 통일하는 것을 내용으로 하는 행정기본법과 민법 개정안이 발의되었다. 이에 대한 자신의 견해를 근거와 함께 서술하시오.

Memo

미래를 창조하기에 꿈만큼 좋은 것은 없다.
오늘의 유토피아가 내일 현실이 될 수 있다.
There is nothing like dream to create the future.
Utopia today, flesh and blood tomorrow.
빅토르 위고 Victor Hugo

포스코그룹(PAT) 생산기술직

감독관 확인란

전두부록 최신기출유형

인적성검사

문번	답란	문번	답란	문번	답란	문번	답란
1	① ② ③ ④	21	① ② ③ ④	41	① ② ③ ④	61	① ② ③ ④
2	① ② ③ ④	22	① ② ③ ④	42	① ② ③ ④	62	① ② ③ ④
3	① ② ③ ④	23	① ② ③ ④	43	① ② ③ ④	63	① ② ③ ④
4	① ② ③ ④	24	① ② ③ ④	44	① ② ③ ④	64	① ② ③ ④
5	① ② ③ ④	25	① ② ③ ④	45	① ② ③ ④	65	① ② ③ ④
6	① ② ③ ④	26	① ② ③ ④	46	① ② ③ ④		
7	① ② ③ ④	27	① ② ③ ④	47	① ② ③ ④		
8	① ② ③ ④	28	① ② ③ ④	48	① ② ③ ④		
9	① ② ③ ④	29	① ② ③ ④	49	① ② ③ ④		
10	① ② ③ ④	30	① ② ③ ④	50	① ② ③ ④		
11	① ② ③ ④	31	① ② ③ ④	51	① ② ③ ④		
12	① ② ③ ④	32	① ② ③ ④	52	① ② ③ ④		
13	① ② ③ ④	33	① ② ③ ④	53	① ② ③ ④		
14	① ② ③ ④	34	① ② ③ ④	54	① ② ③ ④		
15	① ② ③ ④	35	① ② ③ ④	55	① ② ③ ④		
16	① ② ③ ④	36	① ② ③ ④	56	① ② ③ ④		
17	① ② ③ ④	37	① ② ③ ④	57	① ② ③ ④		
18	① ② ③ ④	38	① ② ③ ④	58	① ② ③ ④		
19	① ② ③ ④	39	① ② ③ ④	59	① ② ③ ④		
20	① ② ③ ④	40	① ② ③ ④	60	① ② ③ ④		

수험생 유의사항

※ 답안은 반드시 컴퓨터용 사인펜으로 보기와 같이 바르게 표기해야 합니다.
〈보기〉 ① ② ③ ● ⑤
※ 성명표기란 위 칸에는 성명을 한글로 쓰고 아래 칸에는 성명을 정확하게 표기하십시오. (맨 왼쪽 칸부터 성과 이름은 붙여 씁니다)
※ 수험번호/월일 위 칸에는 아라비아 숫자로 쓰고 아래 칸에는 숫자와 일치하게 표기하십시오.
※ 월일은 반드시 본인 주민등록번호의 생년을 제외한 두 자리, 일 두 자리를 표기하십시오. 〈예〉 1994년 1월 12일 → 0112

포스코그룹(PAT) 생산기술직 4회 기출유형문제 답안지

포스코그룹(PAT) 생산기술직 기출유형문제_연습용

대기업·금융

저마다의 일생에는,
특히 그 일생이 동터 오르는 여명기에는
모든 것을 결정짓는 한 순간이 있다.
그 순간을 다시 찾아내는 것은 어렵다.
그것은 다른 수많은 순간들의 퇴적 속에
깊이 묻혀있다.

- 장 그르니에, 섬 LES ILES

인·적성검사

2025 고시넷 대기업

3년 연속 베스트셀러 1위*

실제 시험과 동일한 구성의 모의고사

동영상 강의 WWW.GOSINET.CO.KR

포스코 생산기술직
온라인 인적성검사 PAT
최신 기출유형 모의고사

정답과 해설

gosinet
(주)고시넷

 스마트폰에서 검색 **고시넷**

고시넷
공기업 NCS & 대기업 인적성
수리능력 전략과목 만들기

237개 테마　　　Lv1 ~ Lv3 단계적 문제풀이

빨강이 응용수리　파랑이 자료해석 완전 정복 시리즈

기초에서 완성까지
문제풀이 시간단축
모든유형 단기공략

고시넷 수리능력
빨강이 응용수리

고시넷 수리능력
파랑이 자료해석

동영상 강의 **WWW.GOSINET.CO.KR**

인·적성검사

2025
고시넷
대기업

3년 연속
베스트셀러
1위*

실제 시험과
동일한 구성의
모의고사

포스코 생산기술직
온라인 인적성검사 PAT
최신 기출유형 모의고사

동영상 강의 WWW.GOSINET.CO.KR

정답과 해설

gosinet
(주)고시넷

PAT 정답과 해설

권두부록 최신기출유형

▶ 문제 22쪽

01	④	02	①	03	③	04	②	05	③
06	③	07	②	08	④	09	④	10	④
11	③	12	④	13	④	14	④	15	②
16	④	17	②	18	①	19	③	20	③
21	②	22	④	23	②	24	①	25	③
26	②	27	①	28	②	29	②	30	②
31	③	32	②	33	④	34	②	35	①
36	④	37	②	38	②	39	②	40	③
41	④	42	②	43	④	44	③	45	③
46	③	47	①	48	②	49	③	50	④
51	②	52	④	53	②	54	②	55	②
56	④	57	③	58	④	59	④	60	④
61	②	62	④	63	③	64	①	65	①

01

| 정답 | ④

| 해설 | 제시된 글은 마을의 화재 소식이 자신들과는 상관없다며 연못에 남은 물고기는 모두 죽고, 다른 연못으로 대피한 소수의 물고기는 살아남았다는 이야기를 통하여 정보와 지식의 차이를 설명하고 있다. 마을의 화재 발생이라는 소식은 정보이고, 이 정보를 통해 연못의 물이 줄어들 것이라고 판단 또는 예측한 내용은 지식이라는 것이다. 따라서 글의 주제로 '정보와 지식의 차이성'이 적절하다.

02

| 정답 | ①

| 해설 | 빅데이터를 모으면 제품 시장 지배와 더불어 추가적이고 차별적인 수익 구조를 창출할 수 있다는 내용과 "이제 우리 기업들도 빅데이터 플랫폼 확보를 위한 창조적 노력을 치열하게 해야 한다."라는 문장으로 필자가 주장하는 바를 알 수 있다.

| 오답풀이 |

② 우수한 하드웨어 기반 플랫폼을 통해서 빅데이터 플랫폼 확보를 위한 노력을 해야 한다고 주장하고 있다.

③ 빌게이츠의 책 읽는 AI 컴퓨터 기업은 빅데이터 플랫폼과 관련한 예시일 뿐 국내 기업에게 이와 동일한 사업을 촉구하는 내용은 아니다.

④ 하드웨어 기반 플랫폼이 빅데이터 플랫폼을 구축하기 위한 하나의 좋은 방법이 될 수 있다는 것이지, 반드시 선행되어야 한다고 주장하는 것은 아니다.

03

| 정답 | ③

| 해설 | 제시된 글에서는 H사가 인도한 선박의 정확한 부피와 인도한 선박의 수 등을 구체적으로 제시하여 독자들에게 해당 기업의 업적을 강조하고 있다.

| 오답풀이 |

① '지난 8일', '울산 본사' 등의 정보가 언급되기는 하지만, 이는 사건의 현장감을 강조하기보다는 업적을 설명하는 과정에서 부가적으로 제공되는 정보이다.

04

| 정답 | ②

| 해설 | 제시된 글은 경제 위기가 여성 노동에 미치는 영향에 관한 세 가지 가설을 통해 각각의 가설을 경험적으로 검토하면서 세 가지 가설로는 설명될 수 없는 두 가지 반례를 들어 가설의 설명력이 차별적이라 결론내리고 있다. 그중 1970~1980년대 경기 침체기의 상황에서 불황의 초기 국면에서는 여성 고용이 감소하였다고 하였으므로, 경기 변동과 관계없이 여성의 경제 활동 참여가 지속적으로 증가하고 있다고 유추하기는 어렵다.

| 오답풀이 |
① 경험적 연구를 근거로 세 가설의 설명력이 차별적이라고 하였다. 그러므로 경험 자료에 따라 어떤 현상을 추측하여 설명하는 가설의 타당성이 결정되어 그 가설은 기각되거나 채택됨을 알 수 있다.
③ 경제 위기가 여성 노동에 미치는 영향에 관한 가설이 대표적으로 3가지가 있고, 이 또한 경기의 국면과 산업 부문에 따라 부적합할 수 있다. 따라서 사회 현상을 특정 입장으로 명료하게 설명하기가 어렵다는 것을 유추할 수 있다.
④ 대체 가설에서 기업은 비용 절감과 생산의 유연성 증대로 남성 대신 여성 노동력을 사용한다고 하였으므로, 이 가설에 따르면 여성의 임금이 남성보다 낮다.

05

| 정답 | ③

| 해설 | ㉠ 빈칸 앞의 내용은 경제 위기에서의 여성 고용 추이에 대한 여러 연구 내용을 소개하는 것이고, 빈칸 뒤의 내용은 1970 ~ 1980년대 서구의 경험적 연구를 소개한다. 즉, 세 가지의 연구 입장을 소개한 후 이와 관련시키며 서구의 경험적 연구라는 또 다른 방향으로 내용을 이끌어 가는 '그런데'가 적절하다.
㉡ 빈칸 앞, 뒤 내용 모두 1970 ~ 1980년대 서구의 경험적 연구에 관한 설명이므로 '그 위에 더. 또는 거기에다 더'라는 의미를 지닌 '또한'이 적절하다.

| 오답풀이 |
① '즉'은 앞의 내용을 다시 설명할 때 쓰는 접속어이고, '반면'은 앞뒤 내용이 상반될 때 쓰는 접속어이다.
② '그러나'는 앞뒤 내용이 상반될 때 쓰는 접속어이고, '따라서'는 앞의 내용이 뒤의 내용의 원인이나 이유, 근거가 될 때 쓰는 접속어이다.
④ '그러므로'는 앞의 내용이 뒤의 내용의 원인이나 이유, 근거가 될 때 쓰는 접속어이고, '하지만'은 앞뒤 내용이 서로 상반될 때 쓰는 접속어이다.

06

| 정답 | ③

| 해설 | 국가유공자 명패 달아드리기 사업 추진을 위해 필요한 국가유공자 상징체계의 도입에 대해 언급하고 있다. 두 번째 문단의 첫 번째 문장에서 알 수 있듯이 상징체계 개발에 착수하였으며, 마지막 문단에서 상징체계 도입의 의의를 언급하고 있기에 ③이 중심내용으로 가장 적절하다.

| 오답풀이 |
① 국가유공자 명패 달아드리기 사업 추진이 언급되고 있으나, 그 과정에서 필요하다고 판단하여 개발에 착수하게 된 국가유공자 상징체계가 주된 소재이므로 적절하지 않다.
② 국가유공자를 위한 단독 상징체계를 만드는 것이 처음이라는 내용은 있지만, 국가 주도 상징체계가 처음이라는 내용은 없다.
④ 글의 핵심은 '국가유공자 상징체계의 도입과 개발'이며, 독립유공자는 명패 달아드리기 사업의 시범 대상자로 언급되었을 뿐 중심소재가 아니다.

07

| 정답 | ②

| 해설 | 제시된 글은 대인관계 욕망을 중심으로 하는 인간의 경제적 욕구 충족이 로봇이나 인공지능이 아닌 인간을 통해서만 가능하다고 하였다. 따라서 인간 욕망이 로봇이나 인공지능으로 대표되는 과학 발전의 필수요소라는 이□□의 발언은 적절하지 않다.

08

| 정답 | ④

| 해설 | 제시된 '답습(踏襲)'의 뜻은 '전부터 해 오던 방식이나 수법을 비판적으로 검토하지 않고 있는 그대로 받아들이거나 따르다'이다.

| 오답풀이 |
① '관습(慣習)'의 뜻이다.
② '습관(習慣)'의 뜻이다.
③ '실습(實習)'의 뜻이다.

09

| 정답 | ④

| 해설 | '자전거 △△나눔' 앱을 통해 인증센터에 부착된 사이버 인증 QR코드를 찍거나 인증센터에 접근하기만 하면 인증수첩에 도장을 찍지 않아도 자동으로 인증되는 기능을 사용할 수 있다. 그러므로 국토종주인증제를 위해 인증수첩이 반드시 필요하지는 않다.

| 오답풀이 |
① 세 번째 문단에서 '자전거 △△나눔' 앱은 라이딩하는 동안 운동량을 알려주는 기능이 있다고 언급되어 있다.
② 첫 번째 문단에서 자전거로 이동하면 탄소 배출을 줄일 수 있다고 언급하고, 세 번째 문단의 마지막 문장에서 탄소 배출을 줄이는 자전거 여행을 독려하고 있다.
③ 두 번째 문단에서 국토종주인증제가 성취감과 즐거움을 배가한다고 언급하고 있다.

10

| 정답 | ④

| 해설 | K 씨는 제시된 홍보자료를 바탕으로 J 씨의 의견에 반응해야 한다.
J 씨는 휴식을 통해 평소에 직장생활에서 쌓인 스트레스를 푸는 것이 여행의 목적이라고 주장한다. 따라서 제시된 글에서 설명하는 탄소 배출을 줄이며 하는 자전거 여행이 J 씨가 주장하는 여행의 목적인 스트레스 해소와 연관이 있다고 언급하는 ④가 가장 적절한 반응이다.

| 오답풀이 |
① 제시된 글의 탄소 배출을 줄이며 하는 여행과 관련 없이 J 씨의 의견만 반영된 내용이다.
②, ③ 제시된 글의 탄소 배출을 줄이며 하는 여행과 관련 없는 내용이다.

11

| 정답 | ③

| 해설 | 제시된 글을 통해 사용가치는 사용자 개인에게 있어 물건의 효용 또는 유용성과 관련된 가치이고, 교환가치는 다른 물건들을 구매할 수 있는 능력과 관련된 가치임을 알 수 있다.

ㄱ. 국가의 재정은 자금, 돈과 관련된 재화이다. 돈은 그 자체로 가치를 가지기보다 돈으로 어떤 상품을 구매할 수 있는지에 따라 그 가치가 결정된다. 즉, 돈은 상품과 교환할 수 있는 능력과 관련된 재화이므로 사용가치보다 교환가치에 더 큰 영향을 받는다고 추론할 수 있다.
ㄴ. 마지막 문장에서 가장 큰 사용가치나 교환가치를 지닌 물건들이 때때로 교환가치나 사용가치를 거의 지니지 않거나 전혀 지니지 않는다고 했으므로 둘 중 하나의 특징만을 가질 수 없다는 추론은 타당하지 않다.

| 오답풀이 |
ㄷ. 물은 생존과 직결되므로 사용자에게 그 자체의 효용이 크지만 다른 물건과 교환할 수 있는 능력이 현저히 없으므로, 사용가치는 크고 교환가치는 낮다고 추론할 수 있다.
ㄹ. 가장 큰 교환가치를 지닌 물건들이 때때로 사용가치를 거의 지니지 않거나 전혀 지니지 않는 경우도 있다고 했으므로, 사용가치가 더 높은 재화가 더 낮은 재화보다 교환가치가 낮을 수 있다. 사용자에게 매우 소중한 물건일지라도 교환하여 다른 물건을 얻을 수 있는 능력은 낮을 수 있다.

12

| 정답 | ④

| 해설 | 제시된 기사는 H사가 2014년 독일에서 열린 국제 물류 박람회 '세마트(CeMAT) 2014'에 참가하여 새로운 지게차 모델을 전시하며 유럽 시장 공략을 본격화한 내용을 다루고 있다. 또한, 현재도 유럽 시장 진출을 활발히 추진하고 있으며, 글로벌 매출 확대를 목표로 하고 있음을 강조한다. 따라서 기사의 제목으로 '2014년 H사 유럽 지게차 시장 진출 활발'이 가장 적절하다.

| 오답풀이 |
① 2014년 H사는 유럽 지게차 시장을 석권한 것이 아니라 공략하고 있다.
② H사가 9 시리즈를 유럽 시장에 처음으로 공개하며 친환경 장비임을 강조하였으나, 이는 유럽 시장의 공략 전략 중 하나일 뿐 기사의 핵심 주제는 아니다.

13

| 정답 | ④

| 해설 |
• 민지, 정한 : 두 번째 문단을 통해 H사가 유럽의 배기가스 규제 등급을 충족하는 친환경적인 엔진을 장착하여 유럽 시장을 공략한 것을 알 수 있다.
• 희성 : 첫 번째 문단의 독일 하노버에서 개최되었던 '세마트(CeMAT) 2014'와 같은 박람회에 참여한 것을 통해 알 수 있다.

| 오답풀이 |
• 재승 : H사는 세계 3대 디자인 공모전 중 하나인 '레드닷 디자인 어워드'를 수상한 신형 지게차 모델을 유럽 시장에 내세웠으므로 지금보다 디자인에 신경 써야 한다는 말은 적절하지 않다.

14

| 정답 | ④

| 해설 | B는 '하지만'으로 대화 내용을 반전시키고 있으므로 ㉠은 앞의 내용과 상반된 내용이어야 한다. B의 발언 이전에 P, T는 긍정적인 반응을 보이며 탄력점포가 나타난 배경 등을 이야기하고 있고, B 이후에 D는 인력 배치의 변화에 대해 이야기하고 있다. 따라서 ㉠에는 인력과 관련된 직원 채용, 실업률을 언급하며 앞의 내용과 반대되는 분위기의 내용인 ④가 적절하다.

15

| 정답 | ②

| 해설 | N사의 댓글 이력 공개 정책을 K사에서도 반영하면 좋겠다는 예지와 정인의 의견을 토대로 낸 현우의 의견에 현진이 동의하며 해당 계획을 구체화했으면 좋겠다는 상황이다. 따라서 ㉠에는 댓글 이력 공개 정책과 유사하거나 관련된 정책을 제시해야 한다. ②의 경우 N사의 정책을 비판하는 내용이며 의견만 제시할 뿐 특정 방안을 제시하지는 않으므로 현진의 언급에서처럼 회의를 통해 구체화하기 어렵다.

16

| 정답 | ④

| 해설 | 20X1 ~ 20X4년 동안 비료와 농약 부분의 영농비 절감액은 1,562+1,924+1,550+356+1,443+272+1,100+53=8,260(억 원)이다.

| 오답풀이 |
① 20X4년에는 총 1,562+1,924+184+145+247=4,062(억 원)의 영농비를 절감했다.
② 20X3년 영농비 총절감액은 1,550+356+176+145+174=2,401(억 원), 20X2년 영농비 총절감액은 1,443+272+125+98+120=2,058(억 원)이므로 20X3년 영농비 총절감액은 전년 대비 2,401-2,058=343(억 원) 증가했다.
③ 20X1년 영농비 총절감액은 1,100+53+38+47+65=1,303(억 원)이므로 20X1 ~ 20X4년 동안의 절감액은 총 1,303+2,058+2,401+4,062=9,824(억 원)이다.

17

| 정답 | ③

| 해설 | 60대와 70대 이상의 저축률은 모두 증가 → 감소 → 감소의 동일한 변화를 보인다.

| 오답풀이 |
① 40대 : 증가 → 증가 → 감소 / 50대 : 감소 → 증가 → 감소
② 40대 : 증가 → 증가 → 감소 / 60대 : 증가 → 감소 → 감소
④ 30대 이하 : 감소 → 증가 → 감소 / 70대 이상 : 증가 → 감소 → 감소

18

| 정답 | ①

| 해설 | 중국을 제외한 국가들의 특허출원 수의 합은 597,172+288,472+226,759+62,105+56,771+34,565+24,338=1,290,182(건)으로, 중국의 특허출원 수인 1,497,159건에 미치지 못한다.

| 오답풀이 |

② 일본의 특허출원 수의 2배는 288,472×2=576,944(건)으로 미국의 특허출원 수인 597,172건보다 적다. 반면, 특허등록 수는 일본의 2배가 179,383×2=358,766(건)으로 미국의 351,993건보다 많다.

③ 특허등록 수가 여섯 번째로 많은 국가는 21,284건인 캐나다이고, 특허출원 수는 34,565건으로 50,000건보다 적다.

④ 특허등록 수가 특허출원 수의 절반보다 큰 국가는 미국, 일본, 대한민국, 캐나다, 브라질 5개국으로, 이들이 특허출원 수 대비 특허등록 수 비율이 50% 이상인 국가이다. 따라서 나머지 3개국은 50% 이하인 국가로, 그 수가 50% 이상인 국가보다 적다.

19

| 정답 | ③

| 해설 | ㉠ 20X1년 대비 20X7년 순이익 증가율은
$\frac{1,800-850}{850} \times 100 ≒ 112(\%)$로, 100% 이상이다.

㉡ 연도별 전년 대비 순이익 증가율은 다음과 같다.

- 20X2년 : $\frac{1,000-850}{850} \times 100 ≒ 17.6(\%)$
- 20X3년 : $\frac{1,100-1,000}{1,000} \times 100 = 10(\%)$
- 20X4년 : $\frac{1,100-1,100}{1,100} \times 100 = 0(\%)$
- 20X5년 : $\frac{1,500-1,100}{1,100} \times 100 ≒ 36.4(\%)$
- 20X6년 : $\frac{1,600-1,500}{1,500} \times 100 ≒ 6.7(\%)$
- 20X7년 : $\frac{1,800-1,600}{1,600} \times 100 = 12.5(\%)$

따라서 전년 대비 증가율이 가장 높은 해는 20X5년이다.

| 오답풀이 |

㉢ 20X6년 순이익은 1조 6천억 원으로, 20X2년 순이익 1조 원에 비해 6천억 원이 증가하여 60% 증가했다.

20

| 정답 | ③

| 해설 | 2023년 과학기술 연구원 수가 33만 명이라고 할 때, 여성 연구원 수는 46,677명이므로 그 비중은 $\frac{46,677}{330,000} \times 100 ≒ 14.1(\%)$이다. 그러나 2023년 여성 연구원의 비중은 그보다 큰 15.6%이므로 과학기술 연구원 수는 33만 명보다 적어야 한다.

| 오답풀이 |

① 두 항목 모두 2019 ~ 2023년 동안 지속적으로 증가하였다.

② 대학 연구원 수가 공공연구기관 연구원 수보다 4배 이상 많았던 해는 2020년, 2022년으로 두 번이다.

④ 2019년에 비해 2023년 연구원 수의 변화폭은 공공연구기관은 0.5%p, 대학은 1.1%p, 기업체는 1.6%p이다. 따라서 기업체의 변화폭이 가장 크다.

21

| 정답 | ②

| 해설 | 직업별 남성 대비 여성의 사망자 수는 다음과 같다.

- 관리자 : $\frac{235}{2,317} ≒ 0.1(명)$
- 전문가 및 관련 종사자 : $\frac{877}{3,440} ≒ 0.3(명)$
- 사무 종사자 : $\frac{797}{2,712} ≒ 0.3(명)$
- 서비스 및 판매 종사자 : $\frac{1,965}{5,555} ≒ 0.4(명)$
- 농업, 임업 및 어업 숙련 종사자 : $\frac{463}{2,873} ≒ 0.2(명)$
- 기능원 및 관련 기능 종사자 : $\frac{140}{2,344} ≒ 0.1(명)$
- 장치, 기계조작 및 조립 종사자 : $\frac{61}{1,961} ≒ 0.0(명)$
- 단순노무 종사자 : $\frac{624}{5,306} ≒ 0.1(명)$
- 무직, 가사, 학생 : $\frac{13,808}{20,191} ≒ 0.7(명)$

• 기타 : $\frac{559}{2,011} ≒ 0.3$(명)

따라서 무직, 가사, 학생 직업의 사망자 수가 남성 1인당 여성이 약 0.7명으로 가장 많다.

22

|정답| ④

|해설| 남성보다 여성의 사망자 비율이 가장 낮은 직업은 장치, 기계조작 및 조립 종사자이다. 전체 2,022명 사망자 중 여성이 61명, 남성이 1,961명으로 여성은 해당 직업 전체 사망자의 $\frac{61}{2,022} \times 100 ≒ 3(\%)$이며, 남성 대비 사망자 수는 $\frac{61}{1,961} ≒ 0.03$(명)이다.

|오답풀이|

① 전체 사망자 중 여성이 차지하는 비율은 $\frac{19,529}{68,239} \times 100$ ≒28.6(%)로 30% 이하이다.

② 무직, 가사, 학생을 제외한 여성 사망자 수가 가장 많은 직업은 서비스 및 판매 종사자로 1,965명이다. 여성 사망자 수가 가장 적은 직업은 여성 사망자 수가 61명인 장치, 기계조작 및 조립 종사자이다. 이 직업의 전체 사망자 수는 2,022명으로 서비스 및 판매 종사자의 여성 사망자 수보다 많다.

③ 직업별 전체 사망자 중 무직, 가사, 학생이 33,999명으로 가장 많고 그 다음으로 사망자가 많은 직업은 서비스 및 판매 종사자로 7,520명이다.

23

|정답| ②

|해설| 20X3 ~ 20X5년 유럽과 북미의 게임산업 수출액은 동일하게 계속 증가한다.

|오답풀이|

① 연도별 게임산업 주요 국가 수출액 총합을 구하면 다음과 같다.

• 20X1년 : $824,036+410,366+272,311=1,506,713$ (천 $)
• 20X2년 : $907,981+1,020,542+418,469=2,346,992$ (천 $)
• 20X3년 : $684,948+607,709+399,499=1,692,156$ (천 $)
• 20X4년 : $308,533+916,414+683,505=1,908,452$ (천 $)
• 20X5년 : $913,075+1,092,410+1,087,565=3,093,050$ (천 $)

따라서 주요 국가 수출액 총합은 20X4년까지 증감을 반복하다가 20X5년에 증가하였다.

그래프만 살펴보아도 20X3년에 일본, 북미, 유럽의 수출액이 모두 전년보다 작으므로 그 총합이 감소했음을 알 수 있다.

③ 1,506,713천 $로 20X1년의 총합이 가장 작다.

④ 20X3년에 유럽 국가의 게임산업 수출액은 감소하였다.

24

|정답| ①

|해설| 10대와 20대의 각 전체 조사대상자 수를 x명이라고 하면 30대와 40대 이상의 각 전체 조사대상자 수는 1.5x명이다. '수강자 수×100=수강률×전체 조사대상자 수'이므로, 20X5년 온·오프라인 강의를 수강하는 20대와 30대의 각 조사대상자 수에 100을 곱한 값의 연령대별 합을 구하면 다음과 같다.

• 20대 : $(77.2+48) \times x = 125.2x$
• 30대 : $(59.6+31.6) \times 1.5x = 136.8x$

따라서 20X5년 온라인과 오프라인 강의를 수강하는 20대 조사대상자 수의 합은 30대 조사대상자 수의 합보다 적다.

|오답풀이|

② 20X1년 온라인 강의를 수강하는 10대와 20대의 수강률 합은 80.8+66.2=147이고, 30대와 40대 이상의 합은 58.8+32.3=91.1이다. 91.1×1.5=136.65이므로 10대와 20대의 조사대상자 수가 더 많다.

③ 30대와 40대 이상의 온라인 강의 수강률에 1.5를 곱한 값을 정리하면 다음과 같다.

(단위 : %)

구분	20X1년	20X2년	20X3년	20X4년	20X5년
10대	80.8	81.7	83.5	83.5	83.7
20대	66.2	66.3	67.0	77.1	77.2
30대	88.2	88.35	88.95	89.25	89.4
40대 이상	48.45	50.85	50.85	52.8	53.25

따라서 매년 모든 연령대 중에 40대 이상이 가장 적다.

④ 오프라인 강의를 수강하는 30대 조사대상자 수강률에 1.5를 곱하면 순서대로 47.25, 45.45, 46.2, 46.65, 47.4이고, 이는 모두 각 연도별 20대 오프라인 강의 수강률보다 작은 수치이다.

25

| 정답 | ③

| 해설 | 〈자료 2〉의 그래프를 통해 20X2년 전체 사교육비 총액은 26조 원인 것을 알 수 있다. 이를 〈자료 1〉의 단위인 천억 원으로 변환하면 되는데, 천억과 조는 0의 개수가 하나 차이 나므로 ⓐ에는 260이 들어가는 것이 적절하다.

26

| 정답 | ②

| 해설 | 〈자료 2〉의 그래프를 통해 20X2년 초등학교 학생의 사교육비 총액이 11.9조 원인 것을 알 수 있다. 이는 119 천억 원이며, 20X1년에 비해 12% 증가한 수치이므로 20X1년 초등학교 학생의 사교육비 총액은 $119 \times \frac{100}{112} ≒ 106$(천억 원)이다. 따라서 ⓑ에는 106이 들어가는 것이 적절하다.

27

| 정답 | ①

| 해설 | 'GDP 대비 외환보유액 비중 $= \frac{외환보유액}{GDP} \times 100$'

이다. 2023년과 2024년의 대략적인 GDP를 구하면 다음과 같다.

- 2023년 : $\frac{3,260}{29} \times 100 ≒ 11,241$(억 달러)
- 2024년 : $\frac{3,460}{28} \times 100 ≒ 12,357$(억 달러)

따라서 전년에 비해 2024년의 GDP는 증가하였다.
또한 2023년과 비교하여 2024년의 외환보유액은 증가하였는데 GDP 대비 외환보유액 비중은 감소하였으므로 GDP가 크게 증가해야 가능하다는 점을 통해 이를 추론할 수 있다.

| 오답풀이 |

②, ③ 전년 대비 외환보유액 증가량은 순서대로 210억 달러, 150억 달러, 200억 달러, 200억 달러로 증가량이 가장 적은 연도는 2022년, 가장 많은 연도는 2021년이다.

④ GDP 대비 외환보유액 비중은 2023년에 전년 대비 증가하였다.

28

| 정답 | ②

| 해설 | 서울과 경기의 휴업 중인 통신판매업체 수의 합은 $725+414=1,139$(개)로 전체 휴업 중인 업체의 $\frac{1,139}{1,598} \times 100 ≒ 71.3$(%)이다.

| 오답풀이 |

① 서울과 강원의 직권말소된 통신판매업체 수는 $7,300+689=7,989$(개)로 8,000개를 넘지 않는다.

③ 전체 직권말소된 업체 중 부산의 업체 수의 비중은 $\frac{1,079}{17,868} \times 100 ≒ 6.0$(%)로 10%에 한참 미치지 못한다.

④ 유일하게 폐업한 통신판매업체 수가 영업 중인 통신판매업체 수의 절반보다 큰 서울이 가장 많은 지역이고, 영업 중인 업체 수 대비 폐업한 업체 수가 $\frac{1,436}{6,763} ≒ 0.21$인 전남이 가장 적은 지역이다.

29

|정답| ②

|해설| 서울과 경기의 항목별 통신판매업체 신고 비중은 다음과 같다.

• 서울

영업 중 : $\frac{142,981}{235,739} \times 100 ≒ 60.7(\%)$

휴업 중 : $\frac{725}{235,739} \times 100 ≒ 0.3(\%)$

폐업 : $\frac{84,733}{235,739} \times 100 ≒ 35.9(\%)$

직권말소 : $\frac{7,300}{235,739} \times 100 ≒ 3.1(\%)$

• 경기

영업 중 : $\frac{77,934}{115,379} \times 100 ≒ 67.5(\%)$

휴업 중 : $\frac{414}{115,379} \times 100 ≒ 0.4(\%)$

폐업 : $\frac{33,478}{115,379} \times 100 ≒ 29.0(\%)$

직권말소 : $\frac{3,553}{115,379} \times 100 ≒ 3.1(\%)$

따라서 경기의 비중이 일치하지 않으므로 적절하지 않은 그래프이다.

|오답풀이|

① 경기와 서울의 영업 중인 통판매업체의 비중은 다음과 같다.

• 경기 : $\frac{77,934}{346,582} \times 100 ≒ 22.5(\%)$

• 서울 : $\frac{142,981}{346,582} \times 100 ≒ 41.3(\%)$

④ 비수도권 도지역의 폐업과 직권말소 통신판매업체 수는 다음과 같다.

• 강원 : 1,845+689=2,534(개)
• 충북 : 2,472+577=3,049(개)
• 충남 : 2,503+377=2,880(개)
• 전북 : 1,294+197=1,491(개)
• 전남 : 1,436+381=1,817(개)
• 경북 : 2,893+605=3,498(개)
• 경남 : 3,792+388=4,180(개)
• 제주 : 988+125=1,113(개)

30

|정답| ②

|해설| ⓒ (나) 품목의 중국, 인도, 미국 수출액의 합은 13,463-9,431=4,032(천 달러)이고, 일본 수출액은 9,431천 달러이므로 일본으로의 수출액이 더 크다.
(마) 품목도 중국, 인도, 미국 수출액의 합은 103,740-68,494=35,246(천 달러), 일본 수출액은 68,494천 달러로 일본으로의 수출액이 더 크다.

ⓒ (가) 품목과 (나) 품목의 수출액을 보면, 미국으로 수출하는 (가) 품목의 금액이 눈에 띄게 큰 것을 알 수 있다. 따라서 계산을 하지 않아도 수출액의 합이 가장 큰 국가는 미국이라고 예상할 수 있다.
정확한 수치를 계산하면 다음과 같다.

• 중국 : 21,489+1,665=23,154(천 달러)
• 일본 : 24,858+9,431=34,289(천 달러)
• 인도 : 24,533+2,061=26,594(천 달러)
• 미국 : 90,870+306=91,176(천 달러)

|오답풀이|

㉠ (가) 품목에서 수출액이 큰 국가부터 순서대로 나열하면 미국(90,870)>일본(24,858)>인도(24,533)>중국(21,489)이고, (다) 품목에서 수출액이 큰 국가부터 순서대로 나열하면 중국(281,330)>일본(248,580)>미국(138,238)>인도(103,093)이다.

㉣ (나), (마) 품목은 미국, (다) 품목은 인도로 수출하는 금액이 가장 작다.

31

|정답| ③

|해설| 맨 왼쪽 행렬이 ♠ 버튼을 거치면 정중앙 칸만 0이 적히고 그 외 모든 칸에 1이 적힌 모양이 된다. ♠의 결과가 "?"를 거치면서 C 행과 D 열이 빈칸이 되었으므로 "?"는 C 행과 D 열의 모든 1을 지우는 ♠ 버튼임을 알 수 있다.

	D 열	E 열	F 열
A 행	1	0	1
B 행	0	1	0
C 행	1	0	1

→ ♠ →

	D 열	E 열	F 열
A 행	1	1	1
B 행	1	0	1
C 행	1	1	1

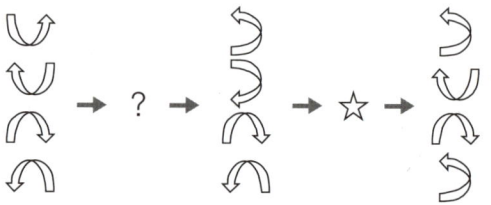

따라서 '?'에 1번, 2번 도형을 반시계 방향으로 90° 회전시키는 ▲ 버튼이 들어가야 적절하다.

32

|정답| ②

|해설| 역순으로 모양의 변화를 추론해본다. ▲ 버튼은 1번, 2번 도형을 반시계 방향으로 90° 회전시키므로, ▲ 버튼을 누르기 전의 모양은 마지막 상태의 1번, 2번 도형이 시계 방향으로 90° 회전되어 있는 것이다.

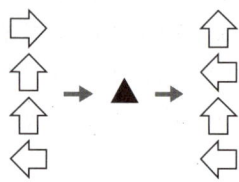

다음으로 문제의 처음 상태에서 위 그림의 가장 왼쪽 상태로 변화하기 위해서는 2번, 4번 도형이 시계 방향으로 90° 회전해야 하므로, '?'에는 ☆ 버튼이 적절하다.

34

|정답| ②

|해설| '?'에 들어갈 버튼을 알기 위해서 ◆의 결과와 ♣를 누르기 이전 모양을 비교한다. ◆를 누르면 왼쪽 모양에서 2, 3, 4번은 켜지고 1, 5번은 꺼진 모양이 된다. ♣는 3번 스위치를 반대로 바꾸는 버튼이므로 ♣를 누르기 이전에는 1, 2번만이 꺼진 모양이 된다. ◆의 결과와 ♣를 누르기 이전 모양을 비교할 때, 2, 5번 스위치가 반대로 바뀌었음을 알 수 있다. 따라서 '?'에는 2, 5번 스위치를 반대로 바꾸는 ◐ 버튼이 들어가야 한다.

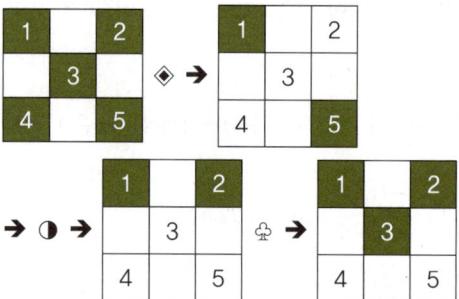

33

|정답| ④

|해설| 문제의 처음 상태에서 ☆ 버튼을 누르면 다음과 같이 변화한다.

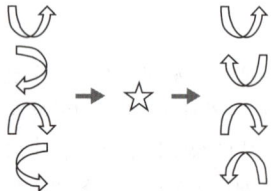

세 번째로 눌렀던 버튼인 ☆을 누르기 전의 상태는 문제의 마지막 상태에서 2번, 4번 도형을 반시계 방향으로 90° 회전시킨 것으로, 다음과 같이 정리할 수 있다.

35

|정답| ①

|해설| 물류센터에서 B 배송지를 처음 들른 후 나머지 배송지로 이동할 때 거쳐야 하는 구간별 이동 소요 시간을 구하여 정리하면 다음과 같다. '시간 = $\frac{거리}{속력}$'를 활용한다.

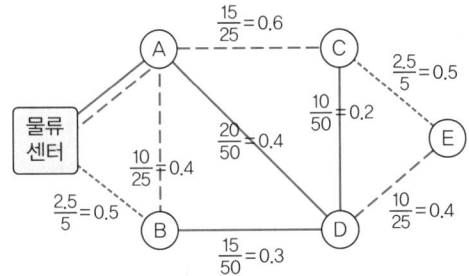

(단위 : 시간)

다음으로 가능한 경로별 소요 시간을 정리하면 다음과 같다.

- 물류센터 – B – A – C – E – D : $(0.5+0.4+0.6+0.5+0.4) \times 60 = 144(분)$
- 물류센터 – B – A – C – D – E : $(0.5+0.4+0.6+0.2+0.4) \times 60 = 126(분)$
- 물류센터 – B – A – D – C – E : $(0.5+0.4+0.4+0.2+0.5) \times 60 = 120(분)$
- 물류센터 – B – A – D – E – C : $(0.5+0.4+0.4+0.4+0.5) \times 60 = 132(분)$
- 물류센터 – B – D – A – C – E : $(0.5+0.3+0.4+0.6+0.5) \times 60 = 138(분)$
- 물류센터 – B – D – E – C – A : $(0.5+0.3+0.4+0.5+0.6) \times 60 = 138(분)$

따라서 배달을 위해 이동할 때 최소 120분이 소요된다.

36

|정답| ④

|해설| 회사에서 최단 시간으로 갈 수 있는 우체국을 찾아야 하므로 동일하게 버스를 이용하지만 이동거리가 더 긴 A 우체국과 동일하게 택시를 이용하지만 이동거리가 더 긴 C 우체국은 제외하고 각 우체국까지의 이동시간을 구하면 다음과 같다. 이때, '시간 = $\frac{거리}{속력}$'를 활용한다.

- B 우체국 : $\frac{1.5}{3} = 0.5(시간)$
- D 우체국 : $\frac{2}{20} = 0.1(시간)$

- E 우체국 : $\frac{2.5}{30} ≒ 0.083(시간)$

따라서 회사에서 최단 시간으로 갈 수 있는 우체국은 E 우체국이다.

37

|정답| ③

|해설| 회사에서 최단 시간으로 왕복할 수 있는 우체국을 찾아야 하므로 우체국으로 이동할 때 동일하게 버스를 이용하지만 이동거리가 더 긴 A 우체국과 동일하게 택시를 이용하지만 이동거리 더 긴 C 우체국은 제외한다. 회사에서 B, D, E 우체국까지 가는 이동 시간과 각 우체국에서 회사까지 도보로 돌아오는 이동 시간을 합하면 다음과 같다. 이때, '시간 = $\frac{거리}{속력}$'를 활용한다.

- B 우체국 : $\frac{1.5}{3} + \frac{1.5}{3} = 1(시간)$
- D 우체국 : $\frac{2}{20} + \frac{2}{3} ≒ 0.77(시간)$
- E 우체국 : $\frac{2.5}{30} + \frac{2.5}{3} ≒ 0.92(시간)$

따라서 회사에서 최단 시간으로 왕복할 수 있는 우체국은 D 우체국이다.

38

|정답| ②

|해설| 먼저 〈보기〉에 있는 두 명령어와 그래프를 통해 명령어에 있는 각 알파벳과 숫자의 의미를 파악해야 한다. 이때, 그래프의 특성상 명령어 안에 있는 괄호 안의 숫자가 좌표일 것이라고 추측할 수 있고, 그 위치에 있는 도형을 보면 다음과 같다.

〈왼쪽 그래프〉

명령어	도형
S(2,2)	★
D(-2,3)	◆
P(3,1)	⬟

〈오른쪽 그래프〉

명령어	도형
S(1,3)	★
D(4,3)	◆
P(3,1)	⬟

이를 통해 괄호 안의 숫자는 도형의 좌표, 괄호 앞에 있는 알파벳은 도형의 모양을 의미함을 알 수 있다. 따라서 S는 별, D는 마름모, P는 오각형이다. 그리고 왼쪽 그래프는 세로축이 0에서 4까지, 가로축이 −3에서 3까지 있고, 오른쪽 그래프는 세로축이 0에서 5까지, 가로축이 1에서 5까지 있어 H는 세로축, W는 가로축을 의미함을 알 수 있다. 즉, A는 그래프의 가로와 세로축을, B는 도형의 모양과 위치를 나타낸다.

위 규칙을 통해 제시된 그래프를 명령어로 나타내면 다음과 같다.

A : H(0,4) / W(0,3)
B : S(3,4) / D(1,1) / P(2,3)

39

| 정답 | ②

| 해설 | 38 해설의 규칙을 참고한다. 제시된 그래프는 세로축은 −1부터 3까지를 표시하므로 이에 해당하는 명령어는 H(−1,3), 가로축은 −2부터 5까지를 표시하므로 이에 해당하는 명령어는 W(−2,5)이다. 따라서 명령어의 첫 번째 줄은 A : H(−1,3) / W(−2,5)가 된다.

또한 해당 그래프에서 별의 위치 좌표는 (−2,2), 마름모의 위치 좌표는 (3,3), 오각형의 위치 좌표는 (0,0)이므로 명령어의 두 번째 줄은 B : S(−2,2) / D(3,3) / P(0,0)이 된다.

40

| 정답 | ③

| 해설 | 38 해설의 규칙을 참고한다. 〈명령문〉에 따라 출력한 그래프는 다음과 같다.

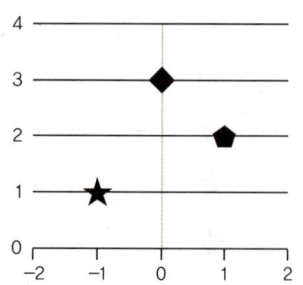

따라서 마름모의 위치인 D(0,3)이 잘못 작성되었다.

41

| 정답 | ④

| 해설 | 38 해설의 규칙을 참고한다. 〈명령문〉에 따라 출력한 그래프는 다음과 같다.

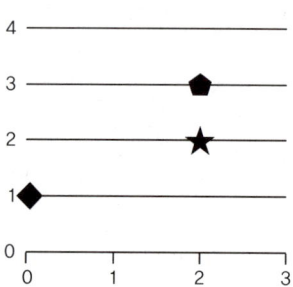

따라서 오각형의 위치인 P(2,3)이 잘못 작성되었다.

42

| 정답 | ③

| 해설 | 메모리 용량이 큰 제품을 원한다고 하였으므로 메모리 용량이 8GB로 가장 작은 B는 제외한다. A, C, D 중에서 배터리 지속시간이 5시간으로 가장 짧은 D도 제외하고 A와 C 중에 가격이 더 저렴한 C를 선택하는 것이 가장 적절하다.

43

| 정답 | ③

| 해설 | 기능이 같다고 했으므로 D와 같이 냉방, 난방, 제습의 기능을 가진 E와 F를 함께 살펴본다. 평균 소비 전력이 낮은 상품이 좋겠다고 하였으므로 D가 아닌 세 상품 중 평균 소비 전력이 2.2kw로 가장 낮은 F를 선택하는 것이 적절하다.

| 오답풀이 |

① 제습 기능을 포함한 상품은 D, E, F이고, 이 중에 가장 저렴한 것은 D이다.
② D는 블랙 색상이므로 어두운 계열의 색상을 원하는 김 과장의 선호에 부합한다.
④ D의 높이는 180cm로 상품들 중에 가장 높지만 가로는 30cm로 가장 짧고, 세로는 35cm로 중간 정도이므로 작은 편이라고 할 수 있다.

44

|정답| ③

|해설| 순서도의 흐름에 따라 구매 여부를 결정한다. 먼저, H 씨는 올해 수능을 치른 대입 수험생이므로 10% 할인을 받을 수 있고, 디스플레이는 40mm 이상인 44mm이므로 모두 '예'로 이동한다. 그런데 소재가 알루미늄으로 스테인리스 소재가 아니기 때문에 '아니오'로 이동하여 케이스가 있는지 검색해 보아야 한다.

45

|정답| ③

|해설| 순서도의 흐름에 따라 민주가 C 빵을 구매할 때 적용되는 할인율을 파악한다. C 빵의 유통기한은 30일이 남아 5일 이하로 남은 것이 아니므로 '아니오' 방향으로 이동한다. 그리고 C 빵이 이달의 인기 상품이고, 민주는 멤버십 적립을 하므로 모두 '예'로 이동한다. 그 결과 10% 할인을 받게 되므로 민주는 빵을 $5,600 \times \dfrac{90}{100} = 5,040$(원)에 구입하게 된다.

46

|정답| ③

|해설| ⓐ 연주자는 오케스트라에서 실력과 기량을 갖춘 전문가이고, ⓑ 청중은 그러한 연주자들의 연주를 듣는 일반 대중이나 관객을 뜻하므로, 교수와 학생 관계가 가장 비슷하다고 볼 수 있다.

|오답풀이|

② 반의 관계이다.

④ 동종 관계이다. 서로 유사한 성질을 가지거나 같은 범주에 포함되는 관계를 뜻한다.

47

|정답| ①

|해설| ⓑ 디마케팅은 ⓐ 마케팅 전략의 한 종류로, 상위어와 그에 속하는 하위어의 관계인 상하 관계를 이루고 있다. 이와 같이 상하 관계를 이루는 것으로 문학과 희곡이 적절하다.

|오답풀이|

② 반의 관계에 해당한다.

③ 상호 관계에 해당한다. 한 단어가 존재할 때 그에 대응하는 단어도 필연적으로 존재해야 하는 관계이다.

④ 전체와 부분의 관계에 해당한다. 어떤 개념이 더 큰 개념의 일부로 포함되는 관계이다.

48

|정답| ②

|해설| 위의 단어와 아래의 두 단어는 상하 관계를 이룬다. 따라서 A, B에는 현악기에 포함되는 '하프'와 '비올라'가 들어가는 것이 적절하다.

|오답풀이|

① 장구는 타악기, 베이스는 현악기이다.

③ 기타는 현악기, 꽹과리는 타악기이다.

④ 단소와 플루트는 관악기이다.

49

|정답| ③

|해설| 아래의 두 단어는 서로 유의 관계를 이루고 있으며, 위의 단어는 아래 단어들과 반의 관계를 이루고 있다. 따라서 '?'에는 직면의 유의어이자 회피의 반의어인 '당면'이 들어가는 것이 적절하다.

50

|정답| ④

|해설| 제시된 조건(명제)을 다음과 같이 정리한다.

- 장남 → S대 졸업
- H 회사 안 다님. → 외국어 잘함.
- 외국어 잘함. → 장남
- H 회사 다님. → S대 졸업자 있음.

④는 두 번째 명제의 이에 해당하므로 항상 참이 되지는 않는다.

| 오답풀이 |
① 두 번째, 세 번째 명제를 삼단논법으로 연결하여 도출된 결론으로 항상 참이다.
② 세 번째, 첫 번째 명제를 삼단논법으로 연결하여 도출된 결론으로 항상 참이다.
③ 첫 번째 명제의 대우이므로 항상 참인 결론이다.

51

| 정답 | ②

| 해설 | 제시된 명제를 다음과 같이 정리한다.
- p : 영어를 잘한다.
- q : 수학을 잘한다.
- r : 과학을 잘한다.
- s : 윤서

기호에 따라 주어진 명제와 그 대우를 정리하면 다음과 같다.
- p → q(~q → ~p)
- p → r(~r → ~p)
- s → ~q(q → ~s)

따라서 s → ~q와 ~q → ~p의 삼단논법에 의해 s → ~p도 성립한다. 즉, '윤서는 영어를 잘하지 못한다'는 참이다.

| 오답풀이 |
①, ③, ④ 주어진 명제로는 알 수 없다.

52

| 정답 | ④

| 해설 | 주어진 정보를 정리하면 A는 ㉠에 의해 독일은 반드시 여행한다. ㉡의 대우에 의하면 '독일에 가면 영국에는 가지 않는다'가 성립하는데, ㉠에 따라 독일은 반드시 가므로 영국은 가지 않는다. ㉢과 ㉣에 의해 A는 이탈리아와 프랑스를 여행하게 되며, ㉤의 대우는 '이탈리아에 가면 스위스에도 간다'이므로 A는 스위스도 여행한다. 따라서 A는 독일, 이탈리아, 스위스, 프랑스로 여행을 갈 것이다.

53

| 정답 | ③

| 해설 | 제시된 숫자들은 다음과 같은 규칙이 있다.

2 →(+3) 5 →(+9) 14 →(+27) 41 →(+81) (?)
    ×3   ×3   ×3

따라서 '?'에 들어갈 숫자는 41+81=122이다.

54

| 정답 | ③

| 해설 | 제시된 숫자들은 다음과 같은 규칙이 있다.

2 →(+4) (?) →(+6) 12 →(+8) 20 →(+10) 30
       +2   +2   +2

따라서 '?'에 들어갈 숫자는 2+4=6이다.

55

| 정답 | ②

| 해설 | 왼쪽 칸의 숫자를 세제곱하면 오른쪽 칸의 숫자가 된다.
- $3^3 = 27$
- $4^3 = 64$
- $5^3 = 125$

따라서 '?'에 들어갈 숫자는 $6^3 = 216$이다.

56

| 정답 | ④

| 해설 | 왼쪽 사각형의 숫자는 왼쪽 아래부터 시계 방향으로 7의 1배, 3배, 5배, 7배에서 각각 1을 뺀 숫자들이다.
오른쪽 사각형의 숫자는 왼쪽 아래부터 시계 방향으로 7의 2배, 4배, 6배, 8배에서 각각 1을 뺀 숫자들이 되므로 '?'에 들어갈 숫자는 7×8-1=55이다.

20 (=7×3-1)	34 (=7×5-1)
6 (=7×1-1)	48 (=7×7-1)

→

27 (=7×4-1)	41 (=7×6-1)
13 (=7×2-1)	(?) (=7×8-1)

57

|정답| ③

|해설| 위의 숫자와 왼쪽 아래 숫자를 곱하면 오른쪽 아래 숫자가 된다.
- $6 \times 3 = 18$
- $7 \times 5 = 35$
- $9 \times 8 = (\ ?\ )$

따라서 '?'에 들어갈 숫자는 $9 \times 8 = 72$이다.

58

|정답| ④

|해설| 첫 번째 배열에서는 숫자가 '오른쪽 아래 – 위 – 왼쪽 아래' 순으로 1씩 커지며, 두 번째 배열에서는 2씩 커지고 있다. 그러므로 '?'가 있는 세 번째 배열에서는 숫자가 3씩 커지게 된다.

- $3 \xrightarrow{+1} 4 \xrightarrow{+1} 5$
- $16 \xrightarrow{+2} 18 \xrightarrow{+2} 20$
- $36 \xrightarrow{+3} (\ ?\ ) \xrightarrow{+3} 42$

따라서 '?'에 들어갈 숫자는 $36 + 3 = 39$이다.

59

|정답| ④

|해설| 제시된 숫자들은 다음과 같은 규칙이 있다.
- $15 + 34 - 10 = 39$
- $37 + 64 - 20 = 81$
- $55 + (\ ?\ ) - 30 = 48$

따라서 '?'에 들어갈 숫자는 $48 + 30 - 55 = 23$이다.

60

|정답| ④

|해설| 한 사각형을 기준으로 보았을 때, 그 사각형 속 숫자는 아래쪽 두 사각형 중 왼쪽의 숫자에서 오른쪽의 숫자를 뺀 값이다.
- $27 = 25 - (-2)$
- $25 = 20 - (-5)$
- $-2 = -5 - (-3)$

이 규칙을 이용하면 $30 - 10 = 20$, $10 - 15 = -5$, $15 - 18 = -3$이므로 맨 아래에 들어갈 숫자는 (30, 10, 15, 18)이 된다.

61

|정답| ②

|해설| 포스코는 1995년 대한민국 최초로 '환경보고서'를 발간한 이후 '지속가능성보고서', '포스코보고서', '기업시민보고서' 등의 이름으로 매년 지속가능성과 관련한 기업 성과보고서를 발간하고 있다.

|오답풀이|
④ 포스코는 2021년부터 책임광물 보고서를 발간하여 책임광물과 관련된 모든 활동을 공개하고 있으며 지속가능경영보고서에 책임광물 보고서가 함께 수록되어 있다.

62

|정답| ④

|해설| 포스코가 개발에 나선 수소환원제철 기술의 이름은 HyREX이나 2060년이 아닌 2050년까지 탄소중립을 달성하는 것을 목표로 한다. 포스코그룹은 2020년 12월에 '2050 탄소중립'을 선언하고, 2021년 12월에 '2050 탄소중립 기본 로드맵'을 발표하였다.

|오답풀이|
① 포스코 기업실무형 일경험 프로그램(취업아카데미)은 2019년부터 진행 중인 청년 취업지원 사업이다.
② 포항제철소 1기 설비는 1973년 7월 3일 준공되었으며 2023년 7월 3일 준공 50주년을 맞았다.
③ 포스코1%나눔재단은 2013년에 설립한 비영리 재단으로 포스코그룹 및 협력사 임직원이 자신의 급여에서 1%를 기부하고, 회사가 매칭 그랜트로 같은 금액을 출연해 운영한다.

63

| 정답 | ③

| 해설 | 우리나라 최초의 일관제철소인 포항제철소 1기는 1973년 7월 3일에 종합준공식을 가졌다. 1958년에 수립된 종합제철 건설계획은 여섯 번의 시도 끝에 1970년에 착공되어 1973년 포항제철소 1기 설비 종합준공으로 이루어졌다.

64

| 정답 | ①

| 해설 | 책임광물(Responsible minerals)은 분쟁의 자금줄이 되지 않으며, 인권과 환경을 존중하고 사회적 책임을 다하는 방식으로 채굴된 광물을 의미한다. 포스코그룹은 국내 철강업계 최초로 '책임감 있는 광물 구매연합(RMI)'에 가입하여 책임광물로 인증을 받은 제련소에서의 주석, 텅스텐 등의 원료를 구매하고, 그 외에도 분쟁, 아동 노동, 인권 유린 등 사회적 윤리 리스크가 빈번히 발생하는 28개 국가 263개 지역을 위험지역 관리 대상으로 지정·관리(2024년 3월 기준)한다. 포스코그룹에 책임광물을 공급하는 공급사, 제련소 및 광산이 해당 지역과 연관되어 있을 경우, 위험평가를 실시한 후 고위험군 공급사로 선정하여 리스크 대응 메커니즘에 따라 관리하고 있다.

65

| 정답 | ①

| 해설 | 연속 주조기에서 생산된 슬래브(Slab)를 고객이 요구하는 치수로 압연 및 냉각한 후 최종 제품 크기로 절단해 만들어지는 제품은 선재 제품이 아닌 후판 제품이다. 후판 제품은 일반적으로 두께 4.5mm 이상의 열간 압연 강판을 뜻한다.

파트2 기출유형모의고사

1회 기출유형문제

▶ 문제 120쪽

01	②	02	②	03	②	04	②	05	①
06	②	07	④	08	③	09	④	10	④
11	③	12	②	13	③	14	③	15	②
16	③	17	④	18	④	19	①	20	①
21	②	22	③	23	④	24	②	25	①
26	③	27	③	28	③	29	①	30	①
31	③	32	④	33	②	34	②	35	④
36	④	37	④	38	③	39	②	40	④
41	④	42	②	43	②	44	③	45	③
46	④	47	④	48	④	49	⑤	50	④
51	①	52	③	53	②	54	②	55	④
56	④	57	③	58	③	59	③	60	④
61	④	62	③	63	②	64	③	65	④

01

| 정답 | ②

| 해설 | 대화의 흐름으로 보아 빈칸에는 고령화의 사회적 비용과 경제적 문제 이외의 다른 문제가 언급되어야 한다. 따라서 세대 간의 갈등 증폭이라는 사회 문제를 언급하는 것이 가장 적절한 대화의 흐름이라고 볼 수 있다.

| 오답풀이 |

①, ③ 경제적 문제에 대한 언급으로, 마지막 B 씨의 말을 유도해 낼 수 없다.

④ 고령화의 진행 속도를 언급하는 것은 빈칸 다음에 이어지는 말과 자연스럽게 연결되지 않는다.

02

| 정답 | ②

| 해설 | (가)와 (나)는 각각 티리언퍼플의 색깔과 아피아 가도를 예로 들며 설명하고 있다.

03

| 정답 | ②

| 해설 | (다)의 앎은 자기성찰적인 앎이므로 (가)와 (나)에서 설명하고 있는 기술적인 앎이 올바르게 나아갈 수 있도록 방향을 제시해 줄 수는 있지만, 자기성찰적인 앎이 기술적인 앎보다 중요하다고는 언급되어 있지 않다.

| 오답풀이 |
① 친절, 근엄함, 마음씨, 관대함 등은 인격과 관련되고, (다)는 섹스투스로부터 이러한 인격을 배웠다는 내용이다. 따라서 (다)의 내용을 보다 더 나은 인격체와 연결 짓는 것은 적절하다.
③ (가)는 사회 발전에 기여한 과학의 지식추구 방식, (나)는 로마의 도로 기술에 대한 내용이다. 따라서 (가), (나)와 같은 앎이 오늘날의 과학기술의 발달에 큰 기여를 했다는 것은 적절하다.
④ (가)는 '과학의 핵심은 자연은 물론 자연에 대한 인간의 간섭을 주의 깊게 관찰하는 것'이라 하였고, (다)는 '자연에 순응하는 사상'에 대해 언급하였으므로 서로 자연에 대한 시각에 다소 차이가 있음을 알 수 있다.

04

| 정답 | ②

| 해설 | 이번 육아휴직을 신청할 수 있는 근로자는 여성만을 요하지 않고 그 영아의 생부모만을 요하지 않는다.

| 오답풀이 |
① 육아휴직 기간은 근속기간에 포함된다.
③ 파견근로자의 육아휴직 기간은 파견기간에 산입되지 않는다.
④ 육아휴직을 마친 후에는 육아휴직 전과 동일한 업무로 복귀시켜야 한다.

05

| 정답 | ①

| 해설 | 제시된 글은 이동통신에 사용되는 주파수 대역의 전자파가 성인에 비해 어린이들에게 더 많이 흡수되며, 이러한 전자파가 어린이들에게 안 좋은 영향을 미칠 수 있다는 내용을 담고 있다. 따라서 '휴대폰 전자파는 성인보다 어린이들에게 더 해로울 수 있다'로 요약할 수 있다.

| 오답풀이 |
② 휴대폰의 전자파가 어린이에게 좋지 않은 영향을 미친다고 하였지만, 어린이에게 휴대폰을 사용하게 해서는 안 된다는 내용이 나타나 있지는 않다.

06

| 정답 | ②

| 해설 | 빈칸은 '왜냐하면'으로 이어지는 내용이므로, 영혼이 몸을 떠나면 몸은 더 이상 감각을 소유하지 않는다는 앞 문장에 대한 이유를 설명하는 내용이 들어가야 한다. 이와 관련하여 글을 살펴보면 영혼과 몸의 관계에 대해 몸은 영혼에 감각의 원인을 제공하고, 영혼으로부터 감각 속성의 몫을 얻는다고 하였다. 즉, 몸은 스스로 감각 능력을 가지는 것이 아니라 영혼을 통해 감각 능력을 얻게 되는 것이므로 이러한 내용이 담긴 ②가 가장 적절하다.

07

| 정답 | ④

| 해설 | 두 번째 문단에서 정치세계라고 요구되는 리더십이 다 같은 것도 아니며, 그 나라의 상황에 따라 필요한 리더십이 달라진다고 하였으므로 ④는 글쓴이의 견해와 일치하지 않는다.

08

| 정답 | ③

| 해설 | 후지필름은 필름을 만들던 기술을 활용하여 노화방지 화장품을 만들었고, 필름 개발 과정에서 얻은 화학 합성물질 데이터베이스와 노하우를 활용하여 '아비간'을 만들어냈다. 또한 3M은 광산업에서 익힌 고유 역량을 활용하여 스카치테이프와 포스트잇을 개발함으로써 사업다각화를 이루었다. 따라서 제시된 두 회사는 고유역량의 잠재적 가능성을 재해석하여 사업다각화로 혁신에 성공하였음을 알 수 있다.

| 오답풀이 |
① 실패한 분야를 포기한 것은 두 회사의 공통점이 아니다. 새로운 사업 분야가 아닌 보유한 기술과 역량을 활용하여 새로운 사업을 확장하였다.

② 두 회사는 기존 주력 사업을 통해 얻은 기술과 경험을 활용할 수 있는 분야로 진출한 것이지, 각기 다른 분야의 기술융합을 시도한 것이 아니다.
④ 3M이 다른 회사와의 합병을 통해 위기를 극복했다는 내용은 제시되어 있지 않다.

② 생산의 측면에서 볼 때, 외부불경제는 사적 비용이 사회적 비용보다 작다.
④ 외부효과는 금전적 거래 없이 개인이나 기업과 같은 경제주체의 행위가 다른 경제주체에 예상치 못한 혜택이나 손해를 발생시키는 효과를 의미한다.

09

|정답| ④

|해설| ⓒ 노화방지 화장품, ⓒ 아비간은 후지필름이 필름을 만들던 기술과 노하우를 활용하여 새롭게 개발한 제품이며, ⓜ 포스트잇은 3M이 광산업에서 쌓은 기술을 바탕으로 스카치테이프를 만들고 그 후 접착제에 대한 연구를 바탕으로 개발한 것이다. 따라서 ⓒ, ⓒ, ⓜ은 모두 기존의 기술을 바탕으로 새롭게 개발된 제품이므로 성격이 같다고 볼 수 있다.

10

|정답| ④

|해설| (가)는 저소득층 가정에 보급한 정보통신기기가 아이들의 성적향상에 별다른 영향을 미치지 못한다는 것을, (나)는 정보통신기기의 활용에 대한 부모들의 관리와 통제가 학업성적에 영향을 준다는 것을 설명하고 있다. 따라서 아이들의 학업성적에는 정보통신기기의 보급보다 기기 활용에 대한 관리와 통제가 더 중요하다는 결론을 도출할 수 있다.

11

|정답| ③

|해설| 외부경제는 소비의 측면에서 볼 때 사적 비용이 사회적 비용보다 작고, 생산의 측면에서 볼 때 외부경제는 사적 비용이 사회적 비용보다 크다.
|오답풀이|
① 긍정적 외부효과는 외부경제, 부정적 외부효과는 외부불경제와 개념을 같이한다.

12

|정답| ②

|해설| 금전적 거래 없이, 한 경제주체가 다른 경제주체에게 손해를 입히는 부정적 외부효과의 사례로는 흡연자와 비흡연자의 관계가 적절하다. 흡연자의 담배 연기로 인해 비흡연자는 간접흡연 피해를 입고, 비흡연자의 금연구역 확대 요구로 인해 흡연자는 흡연할 공간이 줄어드는 것이 그 예이다.
|오답풀이|
① 양봉업자는 과수원의 꽃으로부터 꿀을 얻을 수 있고, 과수농가는 양봉자의 벌이 꽃의 수정을 도와주므로 긍정적 외부효과 관계를 가진다.
③ 금전적 거래가 오가므로 외부효과에 해당하지 않는다.
④ 대학 동아리가 기술을 활용하였을 때 특허를 등록하지 않은 업체에게 생기는 경제효과가 없으므로 해당하지 않는다.

13

|정답| ③

|해설| 첫 번째 문단을 보면 관객은 영화가 현실의 복잡성을 똑같이 모방하기를 원하지 않고, 영화 역시 그러기 위해 애쓰지 않는다고 하였다. 즉, 사실적이라는 평가를 받는 영화란 영화적 관습에 의해 관객들이 영화 속 내용을 현실처럼 보는 데에 동의했기 때문이지 현실을 그대로 모방해서가 아님을 알 수 있다.
|오답풀이|
② 프랑스의 누벨바그 감독들은 고전적인 영화 관습을 파괴하며 영화의 현대성을 주도하였는데, 이들은 자기만족적이고 독창적인 미학적 성취를 위해 관습을 파괴하였다고 설명하고 있다.

④ 영화적 관습을 파괴한 프랑스의 누벨바그 감독들이 영화를 만들 때 극의 시간적 순서를 뒤섞기도 하였다는 내용을 통해 시간적 순서대로 영화의 내용이 재현되는 방식이 영화적 관습의 예가 됨을 알 수 있다.

14

|정답| ③

|해설| 제시된 글은 홍수와 가뭄을 비교하면서, 가뭄의 경우 사회경제적 요소에 의해 피해 규모를 줄이거나 키울 수 있으므로 홍수에 비해 극복이 쉬운 재해임을 밝히고 있다. 글에 따르면, 가뭄이 심각한 지역일지라도 경제적 능력이 있으면 그 피해를 타지역으로 전가시킬 수 있다.
하지만 이는 가뭄의 특성 중 하나인 피해 전가가능성에 관한 설명이지, 실제로 이러한 일이 의도적으로 진행되고 있다는 내용은 아니다.

|오답풀이|
① 가뭄이 다른 재해에 비해 피해계층 간 불평등이 심하다는 주장의 근거로, 심각한 가뭄에도 도시인의 생활용수 공급이 중단되는 사례는 극히 드물다는 사실을 들고 있다. 이를 통해 도시인들이 가뭄에 비교적 무감각할 것임을 유추할 수 있다.
② 가뭄이 홍수에 비해 시작 시점을 파악하기 수월하고, 문헌에 의하면 일정한 주기를 가지고 반복되는 현상이라고 나와 있다. 또한, 글의 후반에 가뭄의 극복 가능성이 높은 이유 중 하나로 반복성을 언급한다. 이로 인해 가뭄이 예측 가능성이 높은 재해임을 유추할 수 있다.
④ 저자는 홍수를 발생주기가 불규칙하고 가뭄에 비해 예측이 어려운 현상으로 여기며, '확률에 의한 재해'라고 정의하고 있다.

15

|정답| ②

|해설| 제시된 글은 가뭄의 특징을 계급 간 불평등이 두드러지는 피해양상과 일정한 주기를 띄는 반복성 위주로 설명하고, 예방과 사회경제적 조정을 통해 피해 규모 축소가 가능함을 설파하고 있다. 따라서 글의 주제로 ②가 가장 적절하다.

|오답풀이|
① 제시된 글은 홍수와의 비교를 통해 가뭄 피해의 계급 간 불평등을 읽어내는 것이지, 불평등을 나타내는 재해들에 대해 포괄적으로 서술하는 내용이 아니다.
③ 제시된 글에는 여러 자연재해 중 홍수와 가뭄만이 언급된다. 두 재해는 물과 관련된 재해라는 공통점 때문에 비교 대상이 된 것이지 지구온난화로 인한 재해라서 선택된 소재는 아니다. 또한, 지구온난화로 인한 기후변화로 자연재해가 급증하고 있다는 첫 번째 문장은 독자의 관심을 환기하고자 하는 목적의 서두로서, 글에서 중점적으로 다루는 내용은 아니다.
④ 가뭄의 특성을 강조하기 위해 홍수와 비교하는 방식으로 서술하였지만, 두 재해로 인한 피해의 원인과 결과를 중심적으로 서술하지는 않았다.

16

|정답| ③

|해설| ○○시의 세입 중 가장 큰 비중을 차지하는 것은 지방세로, 20X0년에 31%, 20X1년에 28%, 20X2년에 25%를 차지하였다.

|오답풀이|
① 세외수입의 액수는 20X1년에 감소하였다가 20X2년에 증가하였다.
② 전년 대비 세입 증가액은 20X1년이 466,597−381,989 =84,608(억 원), 20X2년이 540,435−466,597= 73,838(억 원)으로 20X1년이 20X2년보다 많다.
④ 20X1년 지방교부세의 전년 대비 증가액은 70,000− 52,000=18,000(억 원)으로 20X1년 국고보조금의 전년 대비 증가액인 109,430−93,514=15,916(억 원)보다 많다.

17

|정답| ④

|해설| 법인의 판매량은 2월에 627+12+6=645(호), 3월에 536+3+9=548(호), 4월에 585+9+6=600(호)이다.

| 오답풀이 |
③ 2월의 거래 중 판매자가 개인인 경우는 9,152+68+78 =9,298(호)이고, 법인인 경우는 627+12+6=645(호) 이고, 기타인 경우는 106+0+36=142(호)이다.

18

| 정답 | ④

| 해설 | 20X1년 상반기 애니메이션 산업 매출액은 전년 동기 대비 $\frac{324{,}644-311{,}088}{311{,}088}\times 100 ≒ 4.4(\%)$ 증가했다.

| 오답풀이 |
① 20X0년 게임 산업의 매출액은 7,072,792+6,860,742 =13,933,534(백만 원)으로 13.9조 원 이상이다.
② 20X0년 콘텐츠 산업 총 매출액은 상반기가 56,370,929 백만 원, 하반기가 62,739,373백만 원으로 하반기에 더 높았다.
③ 20X1년 상반기 음악 산업 매출액은 전반기 대비 $\frac{3{,}586{,}648-3{,}065{,}949}{3{,}586{,}648}\times 100 ≒ 14.5(\%)$ 감소했다.

19

| 정답 | ①

| 해설 | 영화 산업은 매출액이 증가-증가의 추이를 보인다. 이와 동일한 증감 추이를 보이는 산업은 만화이다.

| 오답풀이 |
② 감소-증가의 추이를 보인다.
③, ④ 증가-감소의 추이를 보인다.

20

| 정답 | ①

| 해설 | 인천의 남성 고용률은 71.6%로 69.1%인 서울보다 높으나 인천의 여성 고용률은 47.4%로 서울의 49.2%보다 낮다.

| 오답풀이 |
② 6대 광역시 중 여성의 고용률이 가장 낮은 도시는 44.2% 의 울산이다.
③ 그래프를 보면 6대 광역시 모두 여성의 고용률이 50% 미만인 것을 확인할 수 있다.
④ 남녀 간 경제활동참가율 그래프 사이의 간격이 가장 넓은 것을 찾으면 된다. 직접 계산해보면 다음과 같다.
• 부산광역시 : 67.7-45.6=22.1
• 대구광역시 : 70.2-49.3=20.9
• 인천광역시 : 75.4-49.9=25.5
• 광주광역시 : 68.9-49.8=19.1
• 대전광역시 : 71.5-47.2=24.3
• 울산광역시 : 75.0-45.7=29.3
따라서 남녀 간의 경제활동참가율 차이가 가장 큰 도시는 울산이다.

21

| 정답 | ②

| 해설 | 여성 경제활동참가율이 전국보다 높고 서울보다 낮은 수치는 49.4~51.2의 값이고 여기에 해당하는 도시는 인천, 광주이다.

22

| 정답 | ③

| 해설 | 두 해의 평균 점수 차이와 순위를 구하여 정리하면 다음과 같다.

항목	평균 점수(순위) 201X년	평균 점수(순위) 202X년	평균차
복리후생	2.66(5)	2.59(8)	-0.07
조직문화	2.83(3)	2.92(4)	0.09
근무 지역	1.53(8)	2.79(6)	1.26
회사 규모	1.55(7)	2.97(3)	1.42
직무 적합성	2.98(2)	3.08(2)	0.10
고용 안정성	3.27(1)	3.40(1)	0.13
대외적 인지도	2.77(4)	2.87(5)	0.10
기업의 성장 가능성	2.66(5)	2.66(7)	0

따라서 순위가 하락한 항목은 '복리후생', '조직문화', '대외적 인지도', '기업의 성장 가능성'으로 총 4개이다.

| 오답풀이 |
① 두 해 모두 1위를 차지한 항목은 '고용 안정성', 2위를 차지한 항목은 '직무 적합성'이다.
② 두 해의 평균 점수가 동일한 항목은 2.66점인 '기업의 성장 가능성' 1개이다.
④ '복리후생' 항목과 '기업의 성장 가능성' 항목을 제외한 나머지 6개 항목은 평균 점수가 올랐다.

23

| 정답 | ④

| 해설 | 대출 A의 금리는 4%대, 가계대출의 금리는 7%대를 계속 유지하면서 매년 2%p 이상의 차이를 계속 유지한다.
| 오답풀이 |
① 대출 A의 상반기 공급액은 2022년에 처음으로 연간 목표액의 50%를 초과했으나, 제시된 자료만으로는 2022년 하반기를 포함한 대출 A의 연간 공급액을 알 수는 없다.
② 2016년 대출 A의 연간 목표액은 20,000천만 원을 초과하고, 2024년 대출 A의 상반기 공급액은 20,000천만 원 미만이다.
③ 2019년 대출 A의 연 목표액은 약 30,000천만 원이며, 2019년 대출 A의 금리가 5% 미만이므로 2019년 대출 A의 연 목표 대출이자수익은 30,000×0.05=1,500(천만 원) 미만이었다.

24

| 정답 | ②

| 해설 | 먼저 빈칸에 들어갈 숫자를 구하면, 2017년의 고령인구 구성비는 100−(13.5+72.7)=13.8(%), 2050년의 고령인구 구성비는 100−(9.9+52.7)=37.4(%)이다.
각주의 분류 기준에 따라 분류해 보면 2017년에는 13.8%로 아직 고령사회에 진입하지 않았고, 2020년에 14%를 초과하였으므로 고령사회는 2020년에 진입했다.

25

| 정답 | ①

| 해설 | ⓐ 한국의 1인당 알코올음료 소비량은 20X0 ~ 20X4년 내내 다른 여섯 국가보다 많았다.
ⓑ 중국의 1인당 알코올음료 소비량은 20X0 ~ 20X4년 내내 인도네시아와 이스라엘의 1인당 알코올음료 소비량의 합보다 더 많다.
ⓒ 일본의 1인당 알코올음료 소비량은 20X0 ~ 20X4년 내내 중국의 1인당 알코올음료 소비량보다 많다.
| 오답풀이 |
ⓓ 제시된 자료를 통해서는 증류주 소비량을 비교할 수 없다.
ⓔ 이스라엘의 1인당 알코올음료 소비량은 20X0 ~ 20X1년에 튀르키예의 1인당 알코올음료 소비량의 2배보다 적다.

26

| 정답 | ③

| 해설 | 먼저 빈칸에 들어갈 숫자를 구한다.
(A) 5,520−2,817=2,703(천 명)
(B) 6,720−3,103=3,617(천 명)
(C) 3,010+3,900=6,910(천 명)
따라서 유입인원이 8월 361만 7천 명에서 9월 348만 명으로 13만 7천 명 줄어들었다.
| 오답풀이 |
① 분기별 수송인원은 다음과 같다.
- 1분기(1 ~ 3월) : 5,822+5,520+6,331=17,673(천 명)
- 2분기(4 ~ 6월) : 6,237+6,533+6,361=19,131(천 명)
- 3분기(7 ~ 9월) : 6,431+6,720+6,333=19,484(천 명)
- 4분기(10 ~ 12월) : 6,875+6,717+6,910=20,502(천 명)

따라서 매 분기 증가하고 있다.
② 2분기의 유입인원은 3,228+3,383+3,259=9,870(천 명), 즉 987만 명으로 1천만 명보다 적다.
④ 유입인원이 가장 많았던 달은 3,900천 명인 12월, 수송인원이 가장 많았던 달은 6,910천 명인 12월로 달이 일치한다.

27

|정답| ③

|해설| 노르웨이와 한국을 비교해 보면 한국이 노르웨이보다 아빠전속 육아휴직 기간이 5배 이상 길지만 노르웨이의 소득대체율이 더 높은 것을 알 수 있다. 따라서 육아휴직 기간이 길수록 소득대체율이 높은 것은 아니다.

|오답풀이|

① 육아휴직 사용자 중 남성의 비중이 가장 큰 국가는 아이슬란드로 45.6%이고, 가장 작은 국가는 일본으로 2.3%이다. 두 국가의 차이는 45.6−2.3=43.3(%p)이다.

② 아이슬란드 남성의 육아휴직 사용 비중은 45.6%로 가장 높지만 아빠전속 육아휴직 기간은 13주로 일본, 포르투갈, 한국 등에 비해 짧다.

④ 아빠전속 육아휴직 기간이 가장 긴 국가는 52주인 일본과 한국이고 가장 짧은 국가는 6주인 핀란드이며, 그 차이는 46주이다.

28

|정답| ③

|해설| 중소기업 CEO 400명 중 경공업 분야의 해외경기가 부진하다고 응답한 CEO는 37%이므로 $400 \times \frac{37}{100} = 148$(명)이다.

29

|정답| ①

|해설| 먼저 농수산업 분야의 해외경기가 부진하다고 응답한 CEO의 수를 구하면 $400 \times \frac{31}{100} = 124$(명)이다. 이 중에서 7%가 중남미 지역의 응답자이므로 $124 \times \frac{7}{100} ≒ 9$(명)이다.

30

|정답| ①

|해설| 각 지역의 사서 수는 다음과 같다.

- A 지역 : $35,200 \times \frac{19.1}{100} = 6,723.2$(명)
- B 지역 : $32,000 \times \frac{22.8}{100} = 7,296$(명)
- C 지역 : $28,000 \times \frac{20.4}{100} = 5,712$(명)

따라서 A~C 지역의 사서 수의 합은 6,723.2+7,296+5,712=19,731.2(명)으로 21,000명 미만이다.

|오답풀이|

② 각 지역의 조리실무사 수는 다음과 같다.

- A 지역 : $35,200 \times \frac{22.2}{100} = 7,814.4$(명)
- B 지역 : $32,000 \times \frac{13.1}{100} = 4,192$(명)
- C 지역 : $28,000 \times \frac{23.4}{100} = 6,552$(명)

따라서 A 지역이 가장 많다.

③ A 지역과 B 지역의 교육실무사 비중은 18.6%로 동일하므로, 공무직 근로자 수가 더 많은 A 지역의 교육실무사 수가 더 많다.

④ 각 지역별 교육실무사와 전산실무사의 비중을 비교하면 A 지역과 B 지역은 전산실무사의 비중이 교육실무사의 비중보다 더 높으나, C 지역은 교육실무사의 비중이 전산실무사의 비중보다 더 높다. 따라서 C 지역의 전산실무사 대비 교육실무사 비중이 A, B 지역보다 더 높다.

31

|정답| ③

|해설| 〈대화〉에서 김 사원은 비전공자들에게 적합한 모델로 동시발음수와 음색 수 100 이하인 제품을 추천받았다. 또한 총 300만 원 이하, 즉 한 대에 100만 원 이하이며 블루투스 연결이 가능한 피아노를 구매하고자 한다. 따라서 SS−110이 가장 적합하다.

32

|정답| ④

|해설| 연수원의 위치에 해당하는 지역의 날씨와 기온은 다음과 같다.

지역	강릉	청주	전주	부산	제주
날씨	구름 조금	구름 조금/ 안개	구름 조금	맑음	구름 조금
최저기온/ 최고기온(℃)	-5/9	-9/3	-7/5	-2/10	4/11

따라서 연찬회는 낮 최고기온이 11℃로 가장 높은 제주에서 진행한다.

33

|정답| ②

|해설| 연료를 가장 적게 쓰기 위해서는 적어도 같은 유적지를 두 번 이상 들르지 않아야 한다. 집에서 출발하여 같은 유적지를 두 번 들르지 않고 모든 유적지를 둘러보는 경우의 수와 그에 필요한 연료를 구하면 다음과 같다(연료는 거리를 연비로 나눈 값이다).

- 집-가-라-마-다-나 : 7.5+5+2.5+5+5=25(L)
- 집-나-다-마-라-가 : 3.5+5+5+2.5+5=21(L)
- 집-나-다-마-가-라 : 3.5+5+5+5+5=23.5(L)
- 집-라-가-마-다-나 : 4.5+5+5+5+5=24.5(L)

따라서 연료가 가장 적게 드는 방법은 '집-나-다-마-라-가'로 이동하는 것이며, 총 연료비는 21×1,500=31,500(원)이다.

34

|정답| ②

|해설| 〈보기〉의 명령어를 보고 그래프를 분석하면 다음과 같다.

위쪽 그래프		아래쪽 그래프	
명령어	도형	명령어	도형
T(2, 2) : W1		T'(6, 2) : G3	
P(4, 1) : W3		P'(3, 2) : W2	
H(2, 4) : G2		H(2, 3) : G1	

이를 통해 괄호 앞에 있는 알파벳은 도형의 모양, 그 뒤에 있는 ' 표시는 도형의 회전, 괄호 뒤에 있는 알파벳은 도형의 색깔, 그 뒤에 있는 숫자는 도형의 크기를 의미함을 알 수 있다. 또한 규칙을 통해 괄호 안의 숫자가 좌표와 일치한다는 사실도 알 수 있다.

따라서 T는 사각형, P는 육각형, H는 하트 모양이며, ' 표시는 시계 방향으로 90° 회전, G는 회색, W는 흰색이고, 숫자가 작을수록 큰 도형이다. 그리고 위쪽 그래프는 가로축이 4, 세로축이 4까지 있고, 아래쪽 그래프는 가로축이 6, 세로축이 4까지 있어 W는 가로축, H는 세로축을 의미하는 것임을 알 수 있다.

위 규칙을 통해 제시된 그래프를 명령어로 나타내면, W4 / H4 / T'(1, 1) : W2 / P(3, 3) : G1 / H'(2, 2) : W3이 된다.

35

|정답| ④

|해설| 34 해설의 규칙을 참고할 때, 명령어 W5 / H4 / T(3, 3) : G1 / P'(1, 3) : G2 / H(3, 1) : W1이 오류가 발생하지 않았다면 다음과 같은 그래프가 나오게 된다. 따라서 하트 모양의 크기에서 오류가 발생한 것을 알 수 있으며, 그 오류 값은 H(3, 1) : W1이다.

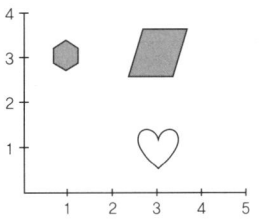

36

|정답| ③

|해설| 〈보기〉의 예시를 통해 x좌표가 클수록, x좌표가 같다면 y좌표가 클수록 부등호가 그 큰 값을 가리킴을 알 수 있다. 따라서 x좌표가 가장 큰 ③이 제시된 명령어 중 가장 큰 값이다.

[생산기술직] 인적성검사

37

| 정답 | ④

| 해설 | 36 해설의 규칙을 참고한다. 또한 〈보기〉를 통해 O는 원, M은 마름모, a는 흰색, b는 빗금, c는 녹색임을 알 수 있다. 따라서 다음과 같은 부등식이 성립한다.
M(3,−1)b>O(2,1)a>M(2,−2)c>O(1,2)b
따라서 부등식이 적절하지 않은 것은 ④이다.

38

| 정답 | ③

| 해설 | 먼저, 밤 10시 이후가 아닌 저녁 6시 30분에 케이크를 구매하였으므로 마감 세일은 적용되지 않는다. 통신사 할인과 신상품 할인을 모두 받을 수 있는데, 가장 큰 할인율 하나만 적용되고 순서도상에 따라서도 통신사 할인만 받을 수 있다. 따라서 정가 15,000원에 10% 할인을 받아 구입 금액은 15,000×0.9=13,500(원)이다.

39

| 정답 | ②

| 해설 | K 기사가 각각의 집에 방문하고 에어컨 설치를 끝내는 시각은 다음과 같다.

방문 순서	방문 시각	설치 완료 시각
첫 번째 집	오전 9시 30분	오전 11시
두 번째 집	오전 11시 15분	오후 12시 45분
세 번째 집	오후 1시	오후 2시 30분
네 번째 집	오후 2시 45분	오후 4시 15분
다섯 번째 집	오후 4시 30분	6시

오전 9시 30분에 방문할 수 있는 고객은 D와 E다. 오전 11시 15분에 방문할 수 있는 고객은 E 한 명이기 때문에 첫 번째로 D 고객의 집을 방문하고 두 번째로 E 고객의 집을 방문한다. 오후 1시에 방문을 희망하는 고객은 A와 C이고, 오후 2시 45분에 방문을 희망하는 고객도 A와 C지만 C는 오후 4시 이전에 설치가 완료되기를 요청했기 때문에 K 기사는 세 번째로 C 고객의 집을 방문하고 네 번째로 A 고객의 집을 방문한다.

따라서 K 기사는 D → E → C → A → B의 순서대로 고객의 집을 방문한다.

40

| 정답 | ④

| 해설 | 39의 해설을 참고하면 세 번째 방문고객은 C 고객이며 도착 시각은 오후 1시이므로 2시간 전에 문자를 발송하기 위해서는 오전 11시에 발송해야 한다.

41

| 정답 | ④

| 해설 | A는 긍정적인 성격에 영업 경험이 있으므로 국내영업팀에 배치되는 것이 바람직하다. 논리적인 성격이고 경영학을 전공한 B는 기획팀에 어울리고, 침착하며 회계 자격증을 보유한 C는 회계팀에 적합하다. D의 경우 외국어가 뛰어나고 해외근무를 희망하므로 총무팀이 아니라 해외영업팀이 더 적합하다.

42

| 정답 | ②

| 해설 | 오른쪽 그림으로 바꾸기 위해서는 1, 2열과 3, 4행이 바뀌어야 한다. 이를 실행하는 버튼은 B 버튼이다.

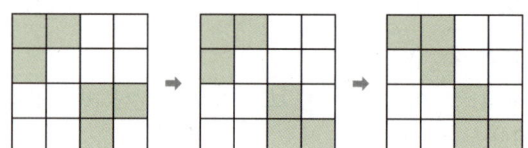

43

| 정답 | ②

| 해설 | 처음 그림이 결과 그림으로 바뀐 것을 확인하기 위해서는 선택지의 순서를 대입해 보아야 한다. 먼저 ①을 적용해 보면 다음과 같다.

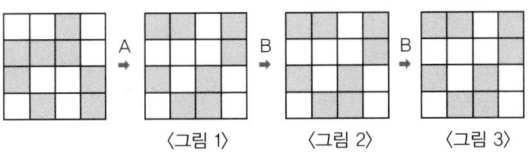

최종 그림이 다르므로 ①과 유사한 순서인 ②를 알아본다. 〈그림 2〉에서 D 버튼을 누르면 〈그림 4〉의 결과가 나타나고 주어진 결과와 같으므로 ②가 답이 된다.

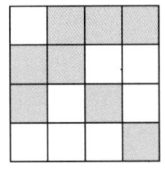

〈그림 4〉

| 오답풀이 |
③
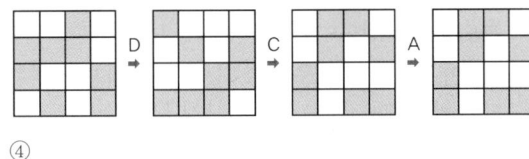

④
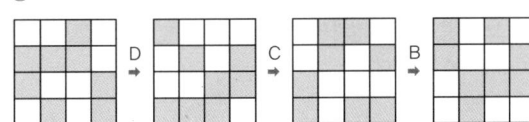

44

| 정답 | ①

| 해설 | ①과 같이 버튼을 누르면 결과는 다음과 같다.

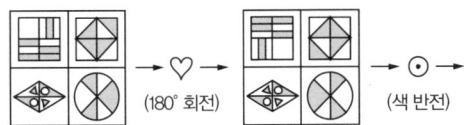

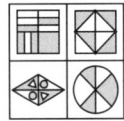

45

| 정답 | ③

| 해설 | ③과 같이 버튼을 누르면 결과는 다음과 같다.

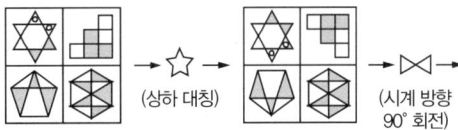

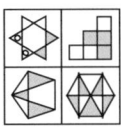

46

| 정답 | ④

| 해설 | 제시된 ㉠, ㉡은 과학의 과거 명칭과 현재 명칭의 관계이다. 따라서 제주의 옛 명칭과 현재 명칭을 나타낸 ④가 가장 적절하다.

47

| 정답 | ④

| 해설 | 중력이 커질수록 공기저항도 커진다고 설명하고 있으므로 ㉠과 ㉡의 관계는 습기와 곰팡이의 관계와 가장 유사하다.

48

| 정답 | ④

| 해설 | 알짜와 껍데기, 실질과 명분은 서로 반의 관계이다.
| 오답풀이 |
①, ② 실질과 유의 관계이다.

49

| 정답 | ①

| 해설 | 큰 원의 단어가 작은 원의 단어를 포함하고 있는 상하 관계의 단어들로 짝지어져 있다. 그러므로 A에는 꽃의 하위 개념인 '장미'가, B에는 천왕성의 상위 개념인 '행성'이 들어가야 한다.

50

|정답| ④

|해설| 각 〈조건〉에 기호를 붙여 정리하면 다음과 같다.
- a : 다이빙을 좋아한다.
- b : 서핑을 좋아한다.
- c : 요트를 좋아한다.
- d : 낚시를 좋아한다.
- e : 카누를 좋아한다.

기호에 따라 주어진 명제와 그 대우 명제를 정리하면 다음과 같다.
- a → b(~b → ~a)
- c → d(~d → ~c)
- ~b → ~d(d → b)
- ~e → ~b(b → e)

따라서 'a → b'와 'b → e' 두 명제의 삼단논법에 의해 'a → e'는 반드시 참이 된다. 따라서 다이빙을 좋아하는 사람은 카누도 좋아한다.

|오답풀이|

①, ③ 주어진 명제로는 알 수 없다.

② 'c → d'와 'd → b' 두 명제의 삼단논법에 의해 'c → b'는 반드시 참이 된다. 따라서 요트를 좋아하는 사람은 서핑도 좋아한다.

51

|정답| ①

|해설| 각 전제에 기호를 붙여 정리하면 다음과 같다.
- p : 종합비타민제를 챙겨 먹음.
- q : 건강에 관심 많음.
- r : 규칙적인 운동을 함.

제시된 두 전제는 각각 '~q → ~p', 'q → r'이고, 전제와 결론 모두 참이므로 첫 번째 전제의 대우인 'p → q'도 참이다. 이를 정리하면 '종합비타민제를 챙겨 먹음(p) → 건강에 관심 많음(q) → 규칙적인 운동을 함(r)'이므로 'p → r'이 성립한다. 결론 '~p'를 얻기 위해 추가로 필요한 전제를 혼합가언 삼단논법(후건 부정식)을 적용하여 구할 수 있다.
- 종합비타민제를 챙겨 먹는 사람은 규칙적으로 운동을 한다(p이면 r이다).
- (r이 아니다).
- (그러므로) A는 종합비타민제를 챙겨 먹지 않는다(p가 아니다).

따라서 'A는 규칙적으로 운동을 하지 않는다'가 (가)에 들어간다.

52

|정답| ③

|해설| 동일이 가위를 낼 경우 보라는 보를 내게 되며, 은혁은 항상 보라에게 지므로 바위를 내게 된다.

|오답풀이|

① 동일이 주먹을 낼 경우 보라는 가위를 내게 된다. 보라와 태현은 항상 서로 다른 모양을 내므로 태현은 바위 혹은 보만을 낼 수 있다.

② 태현이 가위를 낼 경우 민정이는 바위를 내며, 은혁은 항상 민정에게 지므로 가위를 내게 된다.

④ 민정이는 바위와 보만을 내고 은혁은 항상 민정에게 지므로 은혁이 민정과의 내기에서 낼 수 있는 모양은 가위와 바위뿐이다.

53

|정답| ④

|해설| 제시된 숫자들은 다음과 같은 규칙이 있다.

$4 \xrightarrow{-1} 3 \xrightarrow{\times 2} 6 \xrightarrow{+3} 9 \xrightarrow{-1} 8 \xrightarrow{\times 2} 16 \xrightarrow{+3} 19 \xrightarrow{-1} 18 \xrightarrow{\times 2} (\ ?\ )$

따라서 '?'에 들어갈 숫자는 $18 \times 2 = 36$이다.

54

|정답| ②

|해설| 제시된 숫자들은 다음과 같은 규칙이 있다.

$6 \xrightarrow{\times 1+2} 8 \xrightarrow{\times 2+3} 19 \xrightarrow{\times 3+4} (\ ?\ ) \xrightarrow{\times 4+5} 249$

따라서 '?'에 들어갈 숫자는 $19 \times 3 + 4 = 61$이다.

55

|정답| ④

|해설| 삼각형 안의 숫자는 위 꼭짓점 숫자와 왼쪽 꼭짓점 숫자를 곱한 후 오른쪽 꼭짓점 숫자를 더한 값이다.
- $4 \times 8 + 6 = 38$
- $2 \times 9 + 4 = 22$

따라서 '?'에 들어갈 숫자는 $4 \times 4 + 8 = 24$이다.

56

|정답| ④

|해설| 첫 번째 수는 두 번째 수와 세 번째 수를 곱한 값이다.
- $104 = 8 \times 13$
- $228 = 12 \times 19$
- $98 = (\ ?\ ) \times 7$

따라서 '?'에 들어갈 숫자는 $98 \div 7 = 14$이다.

57

|정답| ③

|해설| 제시된 숫자들은 다음과 같은 규칙이 있다.

$1 \xrightarrow{+3} 4 \xrightarrow{+5} 9 \xrightarrow{+7} 16 \xrightarrow{+9} (\ ?\ )$

따라서 '?'에 들어갈 숫자는 $16 + 9 = 25$이다.

58

|정답| ③

|해설| 제시된 숫자들은 다음과 같은 규칙이 있다.

| A | B | C | A+B=C |

따라서 '?'에 들어갈 숫자는 $14 - 4 = 10$이다.

59

|정답| ③

|해설| 제시된 숫자들은 다음과 같은 규칙이 있다.

| −73 | −66 |
| −50 | −42 |

각 숫자에 ×(−2)+3

| 149 | 135 |
| 103 | ? |

따라서 '?'에 들어갈 숫자는 $(-42) \times (-2) + 3 = 87$이다.

60

|정답| ④

|해설| 세 칸 중 윗줄에 위치한 칸의 숫자는 아랫줄 왼쪽 칸 숫자의 지수이고 아랫줄 오른쪽 칸의 숫자는 그 값이다.
- $8^1 = 8$
- $6^2 = 36$

따라서 '?'에 들어갈 숫자는 $4^3 = 64$이다.

61

|정답| ④

|해설| PARK 1538은 포스코의 역사, 현재, 미래를 경험할 수 있는 복합 문화 공간으로, 홍보관, 역사박물관, 명예의 전당, 구름다리, 수변공원 등 다양한 시설이 포함되어 있다.

|오답풀이|

① PARK 1538은 포스코의 역사와 문화를 체험하는 공간이지, 실시간 철강 생산 공정을 직접 관람하는 산업 시설은 아니다.

② 포스코홍보관은 철강 산업의 발전사뿐만 아니라 포스코의 최신 기술, 예술 작품, 미디어 전시 등을 통해 미래 비전을 조망하는 공간이다.

③ 구름다리는 포스코홍보관과 명예의 전당을 연결하는 234m의 Sky Walk이며, 포항제철소의 풍경을 조망할 수 있다.

62

|정답| ③

|해설| 2002년 말레이시아에는 코일센터가 출범하였다.

63

|정답| ②

|해설| H-SOLUTION은 현대제철의 초고강도 경량차체 실현을 위한 자동차 기술 사업 브랜드로 포스코의 주요 사업에 해당하지 않는다.

|오답풀이|

① e Autopos : 전기차 차체·샤시·구동모터·배터리 등의 개발을 주요 내용으로 하는 포스코의 친환경차용 강재 및 이용기술 솔루션 통합 브랜드이다.
③ Greenable : 포스코의 신재생에너지 설비용 강재 브랜드로, 친환경 에너지 설비기술과 저탄소 제철 기술을 결합한 저탄소 순환생산체제의 완성을 목표로 한다.
④ INNOVILT : 포스코의 우수강재를 활용하여 고객사에서 건설자재를 제작하는 구조의 포스코의 프리미엄 건설자재 브랜드이다.

64

|정답| ③

|해설| 포스코홀딩스 미래기술연구원(POSCO N.EX.T Hub)은 친환경 미래소재 연구를 위해 2022년에 설립된 포스코홀딩스 산하의 연구기관으로, AI로봇융합연구소, 에너지소재연구소, 수소저탄소연구소, 호주핵심자원연구소 중심으로 구성되어 있다.

|오답풀이|

① 포스코인재창조원 : 포스코그룹의 Off-JT를 위한 교육시설이다.
② 포스코스틸리온 : 표면처리강판을 주력으로 하는 포스코그룹 소속 철강회사이다.
④ 포스코이앤씨 : 에너지플랜트, 인프라, 도시건축을 주력으로 하는 포스코그룹 소속의 종합건설사이다.

65

|정답| ④

|해설| 해외출장 시 해외법인으로부터 선물을 요구하거나 받아서는 안 된다.

2회 기출유형문제

▶ 문제 162쪽

01	②	02	①	03	④	04	④	05	④
06	④	07	④	08	③	09	④	10	③
11	④	12	③	13	②	14	④	15	③
16	①	17	④	18	④	19	②	20	②
21	②	22	③	23	②	24	②	25	③
26	②	27	④	28	②	29	③	30	②
31	②	32	④	33	②	34	②	35	②
36	②	37	③	38	④	39	②	40	②
41	②	42	④	43	①	44	②	45	③
46	④	47	③	48	④	49	②	50	②
51	④	52	③	53	②	54	①	55	②
56	①	57	④	58	②	59	①	60	③
61	④	62	①	63	②	64	②	65	③

01

|정답| ②

|해설| 제시된 글은 제3자에게 의도하지 않게 이익이나 손해를 주는 '외부성'에 대해 설명하면서 이러한 '외부성'은 사회 전체로 볼 때 이익이 극대화되지 않는 비효율성을 초래할 수 있음을 말하고 있다. 또한 이러한 비효율성에 대한 해결책으로 보조금이나 벌금과 같은 정부의 개입이 있다고 설명하고 있다. 따라서 ②가 주제로 적절하다.

|오답풀이|

① 외부성이 초래하는 문제를 해결하기 위해 정부의 개입이 있을 수 있다고 설명하고 있지만 글의 주된 내용은 아니다.
③ 비효율성을 초래할 수 있는 이유로 개별 경제 주체가 제3자의 이익이나 손해까지 고려하여 행동하지 않는 점을 들고 있지만 글의 주된 내용은 아니다.
④ 비효율성 해결을 위한 정부의 개입이 초래하는 해악에 관해서는 언급되지 않았다.

02

| 정답 | ①

| 해설 | 기사의 첫 번째 문단에서 흑사병은 쥐에 기생하는 벼룩이 매개하는 페스트 균에 의해 발생하며, 페스트 균을 갖고 있는 쥐나 벼룩이 사람을 물 때나 페스트 환자의 기침이나 재채기, 분비물, 배설물에 의해 전염된다고 하였다. 따라서 흑사병 예방을 위해 페스트가 유행하는 지역에서 야생동물과의 접촉에 삼가고 개인 위생에 특별한 주의를 기울여야 한다는 말은 적절하다.

| 오답풀이 |

② 기사의 두 번째 문단에 최근 중국의 흑사병 발생이 발병 지역의 적은 강수량으로 심각한 사막화가 진행된 것과 관련이 있다는 분석이 제시되어 있다. 따라서 육식과 사막화, 흑사병 감염을 연관 짓는 것은 적절하지 않다.

03

| 정답 | ④

| 해설 | 첫 번째 문장에서 시에스타를 시행하는 나라들이 설명되어 있고, 이는 ④의 내용과 일치한다.

| 오답풀이 |

① 두 번째 문단에 따르면, 원래 시에스타 시간에는 관공서도 영업을 하지 않았으나 스페인에서는 예외적으로 2005년 12월부터 관공서의 시에스타 시행을 중지하였음을 알 수 있다.

② 시에스타 시간은 나라마다 1시간 내외의 차이가 있는데 주로 1시에서 4시 사이에 2시간 정도 이루어진다고 나와 있다.

③ 마지막 문장에서 시에스타가 생물학적 필요에 의한 것이라는 과학적 연구결과를 언급하고 있다.

04

| 정답 | ④

| 해설 | 〈보기〉의 문장은 시에스타의 긍정적 효과를 말하고 있다. 이 문장의 첫 단어인 '즉'은 앞의 내용을 다른 말로 바꾸어 말할 때나 앞의 내용에 대해 구체적인 설명을 덧붙일 때 쓰인다. 그러므로 〈보기〉의 문장은 앞 문장에 이어서 시에스타의 긍정적 효과를 재언급하거나 부연하는 역할임을 알 수 있고, 시에스타의 과학적 연구결과를 밝히는 마지막 문장 뒤에 위치할 때 가장 자연스러운 맥락을 이룰 수 있다.

05

| 정답 | ④

| 해설 | 제시된 글의 논지는 기후 변화의 원인이 인간이 발생시키는 온실가스 때문이 아니라 태양의 활동 때문이라는 것이며, 온실가스 배출을 낮추기 위한 인간의 노력은 사실상 도움이 되지 않는 낭비라는 주장이다. 따라서 이러한 논지를 반박하기 위한 근거로는 대기오염을 줄이기 위한 인간의 노력이 지구 온난화를 막는 데 효과가 있었다는 내용인 ④가 가장 적절하다.

06

| 정답 | ④

| 해설 | 우선 (마)에서 원하는 것을 이루기 위한 핵심비결로 명확한 목표 세우기를 말하고 있으므로 (마) 다음에는 목표 설정을 이야기하는 (라)가 와야 한다. 그다음으로는 꿈에 대한 이야기를 이어받아 더 자세히 설명하는 (다)가 올 수 있다. 이어서 꿈이 있는 사람과 없는 사람에 대한 이야기를 이어받은 (나), 마지막으로 글을 아우르며 자기 성찰로 마무리하는 (가)로 연결된다. 따라서 (마)-(라)-(다)-(나)-(가) 순이 가장 적절하다.

07

| 정답 | ④

| 해설 | 제시된 글은 출산율을 높이기 위한 지원금 액수의 많고 적음을 문제화하고 있는 글이 아니다. 지원금 액수가 증가하였음에도 불구하고 출산율이 오르지 않았다는 것을 강조하는 내용이며, 단순한 지원금 증액보다 출산을 유도하기 위한 근본적인 대책이 필요하다는 문제 제기를 엿볼 수 있는 내용이다.

[생산기술직] 인적성검사

08

| 정답 | ③

| 해설 | 첫 번째에서 세 번째 문단까지 온라인 쇼핑몰이 성장하면서 미국의 백화점이나 완구점, 중저가 의류업체들이 문을 닫게 되었다고 설명하며 이는 비단 미국에서뿐만 아니라 우리나라에서도 일어날 수 있음을 언급하고 있다. 또한 마지막 문단에서는 인구 구조의 변화와 지역인구 감소로 인해 일부 점포들이 문을 닫게 될 것이라 설명하고 있다. 따라서 오프라인 매장의 실패요인으로 적절하지 않은 것은 ③이다. 이는 제시된 글에서 '바니스뉴욕'에 국한된 분석이다.

09

| 정답 | ④

| 해설 | 지역인구 감소는 해당 지역을 근거지로 하는 오프라인 매장에 타격을 주는 요인으로 언급되었으며 온라인 쇼핑몰은 지역인구 감소와 연관성이 없다.

10

| 정답 | ③

| 해설 | 제시된 글에서는 몸과 마음을 분리하여 구분한 이원론적 관점에서 신체로부터 독립되어 존재할 수 있는 것을 '능동적 지성', '비물질적인 지성', '비물질적 영혼'과 같은 단어로 표현하고 있다. 반면 '심신의 유기체'는 몸과 마음을 분리하지 않고 하나로 보는 관점이다.

11

| 정답 | ④

| 해설 | (가)에서는 붕당과 당파의 원인에 대한 문제 제기를 하고 있고, (나)와 (다)에서는 (가)에 대한 예시를 들고 있으며, (라)는 이로부터 싸움의 원인을 제거해야 한다는 해결방법을 도출하여 제시하고 있다. 따라서 (나)와 (다)는 (가)의 예로서 병렬적 관계이다.

| 오답풀이 |

① (가)로부터 이끌어 낸 주장이 (라)이다.

② (나)에서 두 현상의 유사점이나 차이점을 비교하여 분석하고 있지 않다.

③ (라)는 (가)에서의 문제 제기에 대한 해결방법을 제시하고 있지, 반론을 제시하고 있지 않다.

12

| 정답 | ③

| 해설 | 인간이 인간답게 살기 위하여 물자를 소비한다고 언급하였으나, 이것이 곧 융합이라는 의미로 볼 수 없다. 융합은 인간의 문화가 복합 감각적으로 어우러지며 생겨난 사회적 현상으로 발전한 것이지 그 자체가 인간다운 삶을 위해 필요한 요소라고 연결시킬 수는 없다.

13

| 정답 | ②

| 해설 | ㉠ 앞부분에서, 융합은 분과의 전문을 충분히 기른 다음에 그것을 합침으로써 터득할 수 있는 간단한 합산이 아니라고 언급하며 이어서 우리 사회는 근본적으로 융합적이라고 이야기한다. 이것은 우리가 얼마나 '융합'의 가치 속에 살고 있는지를 강조하고 있는 대목이며, ㉠에는 강조 의미의 '더욱이'가 적절하다.

㉡ 가장 융합적이라고 주장하는 '문화'의 예가 뒤이어 제시되고 있으므로, '예컨대'가 들어가는 것이 적절하다.

14

| 정답 | ④

| 해설 | MBTI는 캐서린 쿡 브릭스와 이사벨 브릭스 마이어스의 이론을 바탕으로 만들어진 것이 아니라 융의 심리유형론을 바탕으로 캐서린 쿡 브릭스와 이사벨 브릭스 마이어스가 고안한 자기보고서 성격유형 자료이다.

| 오답풀이 |

① 세 번째 문단을 통해 코로나19로 집에 머무는 시간이 많아지는 사회적 상황의 변화에 따라 MBTI가 유행한 것을 알 수 있다.

② 두 번째 문단에서 MBTI는 자기를 이해하는 도구라고 하였고, 세 번째 문단에서 '나'라는 사람의 본질에 집중하려는 흐름에서 MBTI가 유행했다고 하였다.

③ 두 번째 문단에서 인터넷 등을 통한 간이 테스트가 아닌 MBTI 전문 기관에서 검사를 받고 전문가의 해석을 듣는 것이 가장 좋다고 하였다.

15

| 정답 | ③

| 해설 | 에너지의 방향과 주의 초점에 따라 외향형(E), 내향형(I), 정보를 수집하는 인지기능에 따라 감각형(S), 직관형(N), 판단기능에 따라 사고형(T), 감정형(F), 이행/생활양식에 따라 판단형(J), 인식형(P)으로 나눌 수 있으므로 $2 \times 2 \times 2 \times 2 = 16$(개)이다.

16

| 정답 | ①

| 해설 | 2000 ~ 2020년 중 나라 전체 연구비의 전년 대비 증가율이 음수인 연도는 2017년, 2018년으로 2개지만 회사, 연구기관, 대학의 증가율이 모두 음수인 연도는 2018년 1개뿐이다.

| 오답풀이 |

② 2006년과 2010년의 전년 대비 증가율은 양수이므로 총 연구비는 전년보다 많다.

③ 2012년 대학의 전년 대비 증가율이 양수이지만, 회사의 전년 대비 증가율은 음수이므로 대학의 증가율이 더 높다.

④ 제시된 그래프는 조직별 전년 대비 연구비 증가율만 제시하므로 연구비에 대해서는 판단할 수 없다.

17

| 정답 | ④

| 해설 | ㉠ 20X3년 입국자 수가 20X2년에 비해 늘어난 곳은 중국과 미국, 캐나다이다. 중국은 20X2년에 비해 14.2% 증가하였고 미국은 13.5%, 캐나다는 7.4% 증가하였기 때문에 가장 많이 늘어난 국가는 중국이다.

㉢ 중국인 입국자 수는 20X2년에 비해 20X3년에 증가했지만 20X4년도 자료가 없기 때문에 확인할 수 없다.

㉣ 매년 입국자 수가 꾸준히 늘어난 국가는 중국, 미국, 캐나다로 총 3곳이다.

| 오답풀이 |

㉡ 각 해별로 일본과 중국의 입국자 수를 합하면 다음과 같다.
- 20X1년 : 201,489 + 517,031 = 718,520(명)
- 20X2년 : 188,420 + 618,083 = 806,503(명)
- 20X3년 : 178,735 + 705,844 = 884,579(명)

따라서 매년 아시아주의 50% 이상을 차지한다.

18

| 정답 | ④

| 해설 | 토요일에 방문한 30세 미만 고객은 2+14=16(%)이므로 $1,500 \times 0.16 = 240$(명)이고, 일요일에 방문한 30세 미만 고객은 19+50=69(%)이므로 $2,000 \times 0.69 = 1,380$(명)이다. 따라서 1,380 - 240 = 1,140(명)이다.

19

| 정답 | ②

| 해설 | 금요일에 방문 비율이 가장 낮은 연령대는 10대로 $2,500 \times 0.08 = 200$(명)이고, 토요일에 방문 비율이 세 번째로 낮은 연령대는 30대로 $1,500 \times 0.21 = 315$(명)이고, 일요일에 방문 비율이 가장 낮은 연령대는 50세 이상으로 $2,000 \times 0.01 = 20$(명)이다. 따라서 이를 모두 합하면 200 + 315 + 20 = 535(명)이다.

20

| 정답 | ②

| 해설 | 업종별 종사자 수의 구성비는 남성의 경우 $\frac{50}{250} \times 100 = 20$(%)로 숙박업이 가장 낮은 반면, 여성의 경우 $\frac{50}{350} \times 100 ≒ 14.3$(%)로 건설업이 가장 낮다.

| 오답풀이 |

① 제조업과 도매업은 사업체당 평균 종사자 수가 각각 3,300÷900≒3.7(명)과 1,100÷300≒3.7(명)으로 가장 많다.

③ 숙박업은 $\frac{200}{250} \times 100 = 80(\%)$로 여성의 구성비가 가장 높은 업종이다.

④ B 지역의 사업체 1개당 평균 남자 종사자의 수는 3,285 ÷2,000≒1.64(명)으로 도매업종 사업체 1개당 평균 여자 종사자의 수인 450÷300=1.5(명)보다 많다.

21

| 정답 | ②

| 해설 | • A 생산점의 배 생산량 : 1,280상자
• C 생산점의 배 생산량 : 800상자
따라서 1,280−800=480(상자) 줄어든다.

| 오답풀이 |

① 배를 생산하지 않을 경우 최대 2,000상자의 사과 생산이 가능하다.

③ • B 생산점의 사과 생산량 : 1,600상자
• A 생산점의 사과 생산량 : 1,400상자
따라서 1,600−1,400=200(상자) 줄어든다.

④ 사과와 배의 합계 생산량을 구하면 다음과 같다.
• A 생산점의 합계 생산량 : 1,280+1,400=2,680(상자)
• B 생산점의 합계 생산량 : 1,120+1,600=2,720(상자)
• C 생산점의 합계 생산량 : 800+1,800=2,600(상자)
따라서 B 생산점이 가장 많다.

22

| 정답 | ③

| 해설 | • A 생산점의 판매이윤 : 1,280×6,000+1,400× 10,000=21,680,000(원)
• B 생산점의 판매이윤 : 1,120×6,000+1,600×10,000 =22,720,000(원)

• C 생산점의 판매이윤 : 800×6,000+1,800×10,000= 22,800,000(원)
따라서 C 생산점의 이윤이 가장 많다.

23

| 정답 | ②

| 해설 | 2022년 4분기 자동차 수입액 2,475억 원의 5배는 2,475×5=12,375(억 원)으로 4분기 수출액 13,310억 원보다 적다. 따라서 2022년 4분기 자동차 수출액은 수입액의 5배 이상이다.

| 오답풀이 |

① 2023년 하반기 자동차 수출액은 11,467.5+11,247.5 =22,715(억 원)이므로 2조 2천억 원 이상이다.

③ 분기별 수출액과 수입액의 차이가 가장 작은 때는 2023년 4분기로 그 차이는 11,247.5−3,327.5=7,920(억 원)이며, 8천억 원 미만을 기록하였다.

④ 자동차 수출액이 가장 많았던 분기는 2022년 4분기이고, 자동차 수출 대수가 가장 많았던 분기는 2022년 1분기이다.

24

| 정답 | ④

| 해설 | 서울특별시에서 유기된 고양이는 10,798마리, 대구광역시에서 유기된 고양이는 2,641마리이므로 $\frac{10,798}{2,641}$ ≒ 4.1(배)이다.

| 오답풀이 |

① 유기된 고양이가 유기된 개보다 많은 지역은 서울특별시, 대구광역시 두 곳이다.

② 유기동물의 수가 두 번째로 적은 지역은 울산광역시이다.

③ 인천광역시 유기동물의 수는 5,314마리이고, 광주광역시와 울산광역시 유기동물의 수의 합은 1,942+3,418 =5,360(마리)이므로 인천광역시 유기동물의 수가 더 적다.

25

| 정답 | ③

| 해설 | 연령대별 202X년 2/4분기 대비 3/4분기 증감률을 계산해 보면 다음과 같다.

구분	증감률
20대 이하	$\frac{37,549-38,597}{38,597}\times 100 ≒ -2.7(\%)$
30대	$\frac{49,613-51,589}{51,589}\times 100 ≒ -3.8(\%)$
40대	$\frac{47,005-47,181}{47,181}\times 100 ≒ -0.4(\%)$
50대	$\frac{49,770-48,787}{48,787}\times 100 ≒ 2.0(\%)$
60대 이상	$\frac{35,423-32,513}{32,513}\times 100 ≒ 9.0(\%)$

따라서 구직급여 신청 증가율은 60대 이상이 가장 높다.

| 오답풀이 |

①, ② 제시된 자료로 알 수 없는 내용이다.

④ 20대 이하와 30대 모두 구직급여 신청자 수가 줄었다.

26

| 정답 | ②

| 해설 | 2020년 B 회사와 C 회사의 자금을 비교해 보면 20~24세, 25~29세 두 연령대에서만 C 회사의 자금이 크다.

| 오답풀이 |

①, ③, ④ 제시된 자료는 3개년도에서 A 회사의 자금을 100으로 하여 B, C 회사의 자금을 지수로 나타낸 것이므로, A 회사의 자금에 대해 동일한 시점, 동일한 연령대에 대해서만 B 회사와 C 회사의 자금을 비교할 수 있다.

27

| 정답 | ④

| 해설 | 20X8년 소비자 피해 구제 접수의 총합 건수인 507건에 대한 각 유형별 비율은 다음과 같다.

• 방문·전화 권유 판매 : $\frac{91}{507}\times 100 ≒ 17.9(\%)$

• 다단계 판매 : $\frac{51}{507}\times 100 ≒ 10.1(\%)$

• 사업 권유 거래 : $\frac{18}{507}\times 100 ≒ 3.6(\%)$

• 전자상거래 : $\frac{140}{507}\times 100 ≒ 27.6(\%)$

• 기타 : $\frac{207}{507}\times 100 ≒ 40.8(\%)$

28

| 정답 | ④

| 해설 | 지난 10년간 재산범죄의 비율은 감소하지 않고 0.3%p 증가했음을 알 수 있다.

29

| 정답 | ③

| 해설 | 20X5 ~ 20X9년 동안 사교육 참여율의 변동폭은 중학교가 20X8년 63.8%, 20X5년 69.5%로 5.7%p이고, 초등학교가 20X8년 80.0%, 20X9년 82.3%로 2.3%p로 초등학교가 가장 작다.

| 오답풀이 |

① 〈사교육 참여율〉 자료에서 전년 대비 증감의 값이 초·중·고 모두 양수인 해는 20X9년이 유일하다.

② 20X9년 학생 1인당 월평균 사교육비의 전년 대비 증가율은 고등학교(8.4%)>중학교(5.7%)>초등학교(4.8%) 순으로 높다.

④ 〈사교육 참여 학생 1인당 월평균 사교육비〉의 전년 대비 증감률이 모두 양수이므로 초·중·고 모두 지속적으로 증가하였다.

30

| 정답 | ②

| 해설 | 중학교의 학생 1인당 월평균 사교육비는 20X8년에 전년보다 감소한 반면, 나머지 항목들은 모두 20X9년까지 지속적으로 증가하고 있다.

31

|정답| ②

|해설| 먼저 〈보기〉에 있는 두 명령어와 그래프를 통해 명령어에 있는 각 알파벳 숫자의 의미를 파악해야 한다. 이때 그래프의 특성상 명령어 안에 있는 괄호 안의 숫자가 좌표일 것이라고 추측할 수 있고, 그 위치에 있는 도형을 보면 다음과 같다.

〈위쪽 그래프〉

명령어	도형
Q(1, 3) : A2	■
P(2, 1) : B1	○
R(3, 2) : A3	◣

〈아래쪽 그래프〉

명령어	도형
Q(3, 1) : B3	□
P(1, 4) : A2	●
R(1, 2) : B1	◹

이를 통해 괄호 안의 숫자는 도형의 좌표, 괄호 앞에 있는 알파벳은 도형의 모양, 괄호 뒤에 있는 알파벳은 도형의 색깔, 그 뒤에 있는 숫자는 도형의 크기를 의미함을 알 수 있다. 따라서 Q는 사각형, P는 원, R은 삼각형이며 A는 검정색, B는 흰색이고 숫자가 작을수록 작은 도형이다. 그리고 위쪽 그래프는 가로축이 4, 세로축이 4까지 있고, 아래쪽 그래프는 가로축이 5, 세로축이 4까지 있어 W는 가로축, L은 세로축을 의미함을 알 수 있다.

위 규칙을 통해 제시된 그래프를 명령어로 나타내면 W5 / L4 / P(3, 4) : A3 / Q(2, 1) : B2 / R(1, 4) : B2이다.

32

|정답| ④

|해설| 31 해설의 규칙에 따라 W6 / L4 / P(4, 3) : B3, Q(1, 1) : A3, R(6, 1) : A1을 나타내면 다음과 같은 그래프가 나오게 된다.

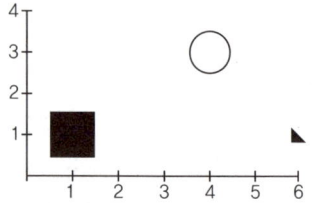

따라서 삼각형의 크기가 들어 있는 R(6, 1) : A1에서 오류가 발생하였다.

33

|정답| ③

|해설| 주어진 〈보기〉를 통해 알 수 있는 명령어의 의미는 다음과 같다.

- 가로축 : H, 세로축 : V
- 사각형 : E, 삼각형 : J, 타원 : W
- 내부 채색 : N, 내부 무채색 : R
- 소 : 1, 중 : 2, 대 : 3

따라서 제시된 그래프를 명령어로 나타내면 H5 / V5, J(2,1): R1 / W(3,2): N3 / E(5,2): R2가 된다.

34

|정답| ③

|해설| 33 해설에서 도출해 낸 명령어의 의미를 바탕으로 그래프를 그려보면 내부 채색 삼각형의 크기 값에 오류가 발생한 것을 알 수 있다. N2가 N3로 잘못 산출된 것이다. 그러므로 오류가 발생한 값은 J(3,4): N2이다.

35

|정답| ②

|해설| 숙소에서 출발하여 최단거리로 세 곳의 여행지를 둘러보고 다시 숙소로 돌아오는 방법은 숙소-A-B-C-숙소(반대도 동일)로, 60+30+60+90=240(km)를 이동해야 한다.

36

|정답| ②

|해설| 숙소에서 출발하여 최단 시간으로 모든 여행지를 둘러보고 숙소로 돌아오는 방법은 다음과 같다.

- 숙소 → A(자가용) : 60(km)÷60(km/h)=1(h)
- A → B(자가용) : 30(km)÷60(km/h)=0.5(h)
- B → C(자전거) : 60(km)÷15(km/h)=4(h)
- C → D(버스) : 45(km)÷45(km/h)=1(h)

- D → E(자가용) : 150(km)÷60(km/h)=2.5(h)
- E → 숙소(버스) : 90(km)÷45(km/h)=2(h)

따라서 성진이가 이동할 시간은 1+0.5+4+1+2.5+2=11(시간)이다(반대도 동일).

37

| 정답 | ③

| 해설 | 디자인의 경우 A, L, S사가 동률이고 B사가 최하이므로 B사를 제외한다. 카메라 해상도와 가격의 경우 A, L, S사가 동률이므로 어떠한 회사도 제외되지 않는다. A/S의 편리성의 경우 최하인 A사가 제외된다. L사와 S사 중 L사의 방수 평점이 더 높으므로 최종적으로 L사 제품을 선택하게 된다.

38

| 정답 | ④

| 해설 | 디자인에서 좋은 평가를 받은 C, D, E, F 핸드폰의 무게는 C>D=F>E이므로 F 핸드폰을 구매했다면 E 핸드폰을 선택했을 때보다 좋지 않은 선택을 한 것이다.

39

| 정답 | ②

| 해설 | 나영이는 큰 화면을 원하므로 F 핸드폰보다 B 또는 C 핸드폰을 구매하는 것이 더욱 적절하다.

| 오답풀이 |

① D 핸드폰은 성능과 디자인에서 가장 좋은 평가인 '좋음'을 받았으므로 진솔은 적절한 선택을 했다.
③ A 핸드폰은 성능이 좋고, 무게가 가벼우므로 가은은 적절한 선택을 했다.
④ 다른 핸드폰에 비해 화면이 큰 B, C 핸드폰 중에서 무게가 더 가벼운 것은 B 핸드폰이므로 홍주는 적절한 선택을 했다.

40

| 정답 | ③

| 해설 | ▭은 항상 True를 출력하므로 모든 값을 다음 명령으로 전달한다. ◇의 조건을 모든 값이 만족하지는 않으므로 False가 되어 조건을 만족하는 값 {3, 4, 10, 12, 13}만 다음 명령으로 전달한다. ⬡은 앞 명령어가 False이므로 True가 되어 조건 (가)를 만족하는 값만 다음 명령으로 전달한다. 이때 만약 (가)가 'if $x^2<100$'일 경우, 조건을 만족하는 값 {3, 4}를 다음 명령으로 전달하고 ◯에 따라 소수는 홀수 개(1개)이므로 조건을 만족하는 값만 출력하면 출력값은 3이 된다.

| 오답풀이 |

① 조건을 만족하는 {3, 13}이 다음 명령으로 전달되고 소수는 짝수 개(2개)이므로 모든 값을 출력하면 출력값은 3, 13이다.
② 조건을 만족하는 {12, 13}이 다음 명령으로 전달되고 소수는 홀수 개(1개)이므로 소수만 출력하면 출력값은 13이다.
④ 조건을 만족하는 {10, 12, 13}이 다음 명령으로 전달되고 소수는 홀수 개(3개)이므로 소수만 출력하면 출력값은 13이다.

41

| 정답 | ②

| 해설 | 제시된 도형을 변환 조건에 따라 각 보기 ①~④를 변환시키면 다음과 같다.

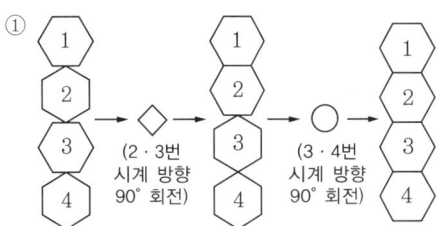

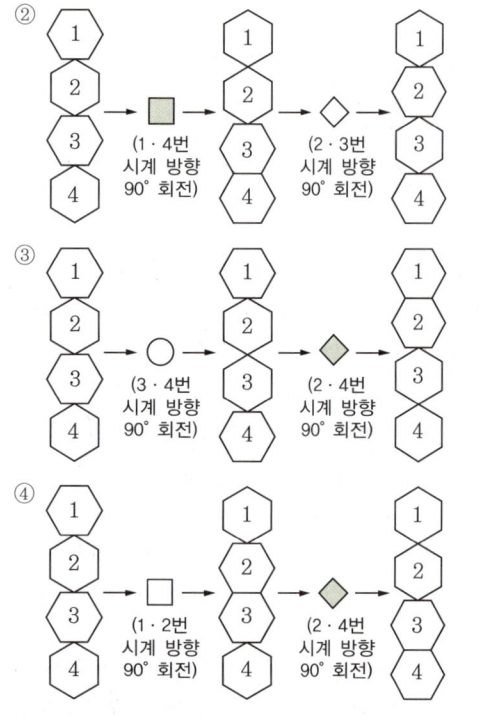

따라서 화살표 후 도형이 나오기 위해서는 ②와 같은 과정을 거쳐야 한다.

42

| 정답 | ④

| 해설 | 제시된 도형을 변환 조건에 따라 각 보기 ①~④를 변환시키면 다음과 같다.

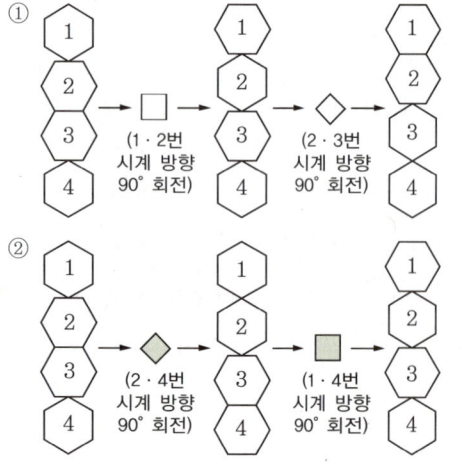

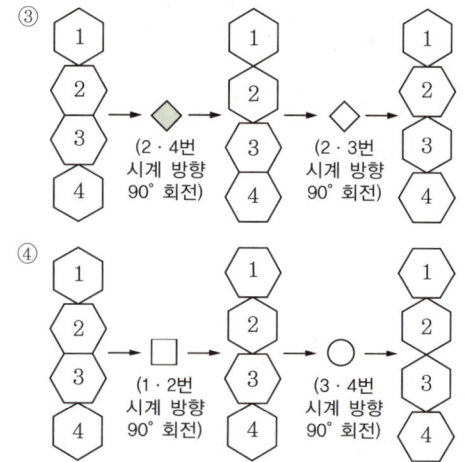

따라서 화살표 후 도형이 나오기 위해서는 ④와 같은 과정을 거쳐야 한다.

43

| 정답 | ①

| 해설 | 제시된 도형을 변환 조건에 따라 각 보기 ①~④를 변환시키면 다음과 같다.

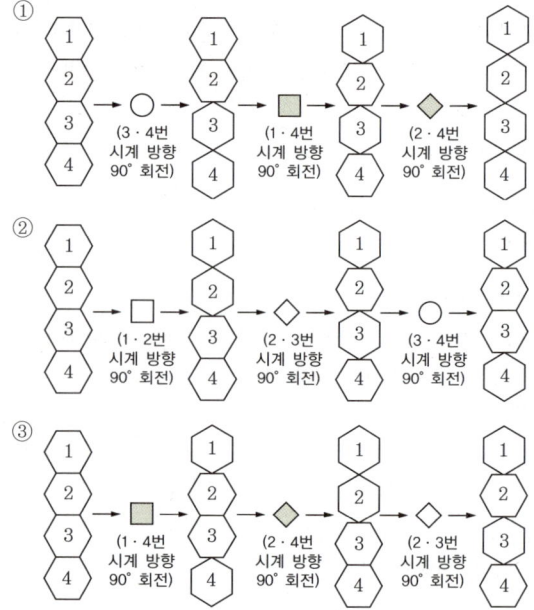

④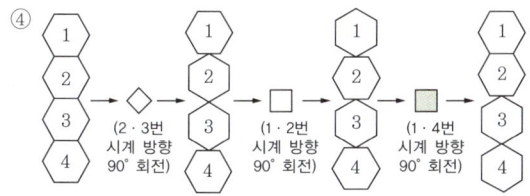

따라서 화살표 후 도형이 나오기 위해서는 ①과 같은 과정을 거쳐야 한다.

44

|정답| ③

|해설| 먼저 더하기와 빼기의 색 반전이 있으므로 버튼 5가 사용된 것을 알 수 있다. 또한 기호의 위치가 시계 방향으로 세 칸 이동하였으므로 버튼 3도 사용되었다.

45

|정답| ③

|해설| 기호가 시계 방향으로 세 칸 이동하였으므로 버튼 3이, 더하기는 그대로지만 곱하기와 나누기의 색이 달라진 것으로 보아 버튼 4가 사용된 것을 알 수 있다.

46

|정답| ④

|해설| '절실'은 매우 시급하고 긴요하다는 뜻으로, 매우 중요하다는 뜻의 '긴요'와 유의어 관계이다. 따라서 많은 가운데서 골라 뽑는다는 뜻의 '선발'과 유의어 관계인 것은 필요하거나 중요한 부분을 가려 뽑는다는 뜻을 지닌 '발췌'이다.

47

|정답| ①

|해설| 재료와 그것으로 만들 수 있는 결과물의 관계로 우유는 버터의 재료이고, 밀가루는 만두의 재료이다.

48

|정답| ④

|해설| 왼쪽 아래의 단어는 위의 단어와 유의 관계, 오른쪽 아래의 단어는 위의 단어와 반의 관계이다. 따라서 A에는 '개선'과 유의 관계인 '개량', B에는 '개선'과 반의 관계인 '개악'이 들어가는 것이 적절하다.
- 개선 : 잘못된 것이나 부족한 것, 나쁜 것 따위를 고쳐 더 좋게 만듦.
- 개량 : 나쁜 점을 보완하여 더 좋게 고침.
- 개악 : 고치어 도리어 나빠지게 함.

|오답풀이|
① 수정 : 바로잡아 고침.
　정정 : 글자나 글 따위의 잘못을 고쳐서 바로잡음.
② 개수 : 고쳐서 바로잡거나 다시 만듦.
　개환 : 고치고 바꾸어 놓음.
③ 발선 : 배가 떠남.
　출선 : 배가 항구를 떠나감.

49

|정답| ③

|해설| 제시된 ㉠, ㉡의 관계는 상하 관계이다. 가장 유사한 관계는 ③이다.

50

|정답| ②

|해설| 팀은 회계팀, 경영지원팀, 개발팀, 총무팀으로 총 네 개다. 그리고 세 번째 조건에서 회계팀은 다른 세 팀과 다른 층을 사용한다고 했으므로 ②는 항상 참이다.

|오답풀이|
①, ④ 회계팀은 다른 세 팀과 다른 층을 사용한다고 했으므로 항상 거짓이다.
③ 개발팀이 경영지원팀과 같은 층을 사용하는지 아닌지에 대해서는 알 수 없다.

51

|정답| ④

|해설| 주어진 명제와 각각의 대우 명제를 정리하면 다음과 같다.

장갑 ○ → 운동화 ×	운동화 ○ → 장갑 ×
양말 ○ → 운동화 ○	대우 운동화 × → 양말 ×
운동화 ○ → 모자 ○	⇔ 모자 × → 운동화 ×
장갑 × → 목도리 ×	목도리 ○ → 장갑 ○

(가) 첫 번째 명제에서 장갑을 낀 사람은 운동화를 신지 않고, 두 번째 명제의 대우에서 운동화를 신지 않은 사람은 양말을 신지 않는다고 하였으므로 '장갑을 낀 사람은 양말을 신지 않는다'는 참이다.

(다) 두 번째 명제에서 양말을 신은 사람은 운동화를 신고, 첫 번째 명제의 대우에서 운동화를 신은 사람은 장갑을 끼지 않으며, 네 번째 명제에서 장갑을 끼지 않은 사람은 목도리를 하지 않는다고 하였으므로, '양말을 신은 사람은 목도리를 하지 않는다'는 참이다.

따라서 (가), (다) 모두 항상 옳다.

|오답풀이|

(나) 다섯 번째 명제에서 수민이는 목도리를 하고 있고, 네 번째 명제의 대우에서 목도리를 한 사람은 장갑을 끼며, 첫 번째 명제에서 장갑을 낀 사람은 운동화를 신지 않는다고 하였으므로 '수민이는 운동화를 신고 있다'는 거짓이다.

52

|정답| ④

|해설| 각 조건에 기호를 붙여 정리하면 다음과 같다.

- a : 피자를 먹었다.
- b : 샐러드를 먹었다.
- c : 리소토를 먹었다.
- d : 스파게티를 먹었다.
- e : 김밥을 먹었다.

기호에 따라 주어진 명제와 그 대우 명제를 정리하면 다음과 같다.

- a → b(~b → ~a)
- c → ~d(d → ~c)
- a → ~e(e → ~a)
- c → ~a(a → ~c)

참인 명제의 대우 명제는 참이므로 '~b → ~a' 명제는 참이다. 따라서 샐러드를 먹지 않은 사람은 피자를 먹지 않은 사람이다.

|오답풀이|

①, ②, ③ 주어진 명제로는 알 수 없다.

53

|정답| ②

|해설| 제시된 숫자들은 다음과 같은 규칙이 있다.

2.2　4.3　6.6　9.1　11.8　14.7　(?)
　　+2.1　+2.3　+2.5　+2.7　+2.9　+3.1

따라서 '?'에 들어갈 숫자는 14.7+3.1=17.8이다.

54

|정답| ①

|해설| 제시된 숫자들은 다음과 같은 규칙이 있다.

6 → 8 → 11 → 16 → 24 → 36 → 53 → (?)
　+2　+3　+5　+8　+12　+17　+23
　+1　+2　+3　+4　+5　+6

따라서 '?'에 들어갈 숫자는 53+23=76이다.

55

|정답| ②

|해설| 제시된 숫자들은 다음과 같은 규칙이 있다.

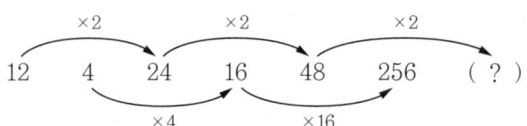

따라서 '?'에 들어갈 숫자는 48×2=96이다.

56

| 정답 | ①

| 해설 | 아랫줄 왼쪽 칸의 숫자는 아랫줄 오른쪽 칸의 숫자에서 윗줄의 숫자를 빼 2로 나눈 값이다.

- $(36-2) \div 2 = 17$
- $(55-9) \div 2 = 23$
- $(?-13) \div 2 = 39$

따라서 '?'에 들어갈 숫자는 $39 \times 2 + 13 = 91$이다.

57

| 정답 | ④

| 해설 | 왼쪽 변의 수와 아래 변의 수를 곱하고 오른쪽 변의 수를 뺀 값이 삼각형 내부의 숫자가 된다.

- $3 \times 5 - 1 = 14$
- $4 \times 6 - 4 = 20$
- $5 \times 7 - 9 = (?)$

따라서 '?'에 들어갈 숫자는 $5 \times 7 - 9 = 26$이다.

58

| 정답 | ②

| 해설 | 전개도를 보이는 모양대로 접어 직육면체를 만들었을 때, 좌우 둘레 네 면에 있는 숫자의 합과 상하 둘레 네 면에 있는 숫자의 합이 동일하다. 따라서 $4+3+3+1=2+3+5+1$, $2+7+3+6=4+7+1+6$, $(?)+9+3+2=5+9+4+2$가 되어 '?'에 들어갈 수는 6이다.

59

| 정답 | ①

| 해설 | 두 번째 수를 세 번째 수로 나누고 2를 더한 값이 첫 번째 숫자가 된다.

- $4\ 4\ 2 \to 4 \div 2 + 2 = 4$
- $6\ 8\ (?) \to 8 \div (?) + 2 = 6$
- $7\ 10\ 2 \to 10 \div 2 + 2 = 7$

따라서 '?'에 들어갈 숫자는 $\dfrac{8}{6-2} = 2$이다.

60

| 정답 | ③

| 해설 | 제시된 숫자들은 다음과 같은 규칙이 있다.

$7 \xrightarrow[7 \times 1 + 1]{} 8 \xrightarrow[8 \times 2 + 2]{} 18 \xrightarrow[18 \times 3 + 3]{} 57 \xrightarrow[57 \times 4 + 4]{} 232 \xrightarrow[232 \times 5 + 5]{} (\ ?\ )$

따라서 '?'에 들어갈 숫자는 $232 \times 5 + 5 = 1,165$이다.

61

| 정답 | ④

| 해설 | 포스코그룹의 핵심가치는 다음과 같다.

- 안전 : 행복한 일터의 기본
- 윤리 : 건강한 공존의 원칙
- 신뢰 : 소통과 화합의 토대
- 창의 : 더 나은 성과의 원천
- 도전 : 성장과 성취의 열정

62

| 정답 | ①

| 해설 | 포스코홀딩스의 전문위원회는 ESG위원회, 이사후보추천위원회, 평가보상위원회, 재정위원회, 감사위원회, 회장 보군관리위원회로 총 6개로 구성된다. ESG위원회는 사외이사 3인, 사내이사 2인으로 구성되며, 감사위원회는 사외이사 3인으로 구성된다.

| 오답풀이 |

② 포스코는 철강 공정 내 발전 효율 향상 활동 등 에너지 효율 증진에 힘쓰고 있다. 2023년에는 철강 공정에서 발생하는 부생가스를 철강 공정 및 발전소의 연료로 활용하여 제철소 사용 전력의 86.4%를 자체 생산하였다.

[생산기술직] 인적성검사

63

|정답| ②

|해설| 주식회사 포스코로 사명이 변경된 것은 2002년이다.

64

|정답| ②

|해설| 포스코의 FINEX 기반 브릿지 기술은 이산화탄소 포집 및 전환(CCU) 기술을 활용하여 탄소 배출을 줄이는 것이 핵심이다. 포집된 이산화탄소를 코크스 오븐에 주입하면 부생가스의 열량이 약 7% 증가하며, 이는 제철소 내 에너지 효율을 높이는 역할을 한다. 또한, 중순도 CO_2를 활용한 액체탄산 제조를 통해 산업가스 제품 포트폴리오를 확장하고 있다.

|오답풀이|

① CCU 기술은 탄소 배출을 감축하는 역할을 하지만, 완전히 없앨 수는 없다.

③ 포스코는 고로뿐만 아니라 전로, 파이넥스 공정에서도 이산화탄소 포집 기술을 적용하고 있다.

④ FINEX 공법은 철광석과 저급 유연탄을 주원료로 사용하는 기술이며, 스크랩(고철)을 주원료로 활용하지 않는다.

65

|정답| ③

|해설| 포스코는 2013년 6월에 광양 1고로를 세계 최대 고로로 재탄생시켰다.

3회 기출유형문제

▶ 문제 202쪽

01	③	02	③	03	②	04	③	05	②
06	①	07	④	08	③	09	④	10	①
11	④	12	③	13	③	14	③	15	①
16	②	17	②	18	③	19	④	20	①
21	④	22	④	23	③	24	③	25	②
26	②	27	④	28	②	29	③	30	②
31	④	32	④	33	①	34	③	35	①
36	①	37	②	38	①	39	③	40	②
41	①	42	②	43	①	44	③	45	④
46	④	47	③	48	③	49	②	50	①
51	①	52	②	53	②	54	②	55	④
56	④	57	③	58	③	59	④	60	②
61	④	62	③	63	②	64	③	65	①

01

|정답| ③

|해설| 영국에서 사회주의 혁명이 일어나지 않았던 배경에 대한 설명이 들어가야 한다. 그 이유는 영국의 청교도 정신과 신자들의 사례에서 알 수 있듯이 높은 윤리의식으로 사회적 책무를 감당한 사람이 많았기 때문이다.

|오답풀이|

①, ② 영국은 마르크스 이론을 무르익게 한 현장이었으므로 사회주의의 사회적 배경이 형성되지 않았거나 사회주의 혁명이 일어났던 러시아와 사회적 배경이 다르다고 보기 어렵다.

④ 제시된 글에 언급되지 않은 내용이다.

02

|정답| ③

|해설| ○○발전은 '지진 발생 후 건축물 긴급 안정성평가 소프트웨어'를 자체 기술이 아닌, 사외전문가와의 협업을 통해 국내 최초로 개발했다.

03

| 정답 | ②

| 해설 | 제시된 글은 이분법적 사고와 부분만을 보고 전체를 판단하는 것의 위험성을 설명하기 위해 예시를 열거하고 있다. 특히 세 번째 문단에서는 '으스댔다', '우겼다', '푸념했다', '넋두리했다', '뇌까렸다', '잡아뗐다' 등의 서술어를 열거해 주관적 서술로 감정적 심리 반응을 유발하는 것이 극단적인 이분법적 사고로 이어질 수 있음을 경계하고 있다.

04

| 정답 | ③

| 해설 | 제시된 글은 음료를 통해 카페인을 섭취하고자 할 때 커피보다 녹차가 더 나은 선택임을 설명하는 내용이다. 녹차에 들어 있는 성분들에 대해 설명하면서 녹차에 함유된 카페인이 커피에 함유된 카페인보다 신체에 유익한 이유를 여러 근거를 들어 입증하고 있다. 따라서 주제로는 ③이 적절하다.

05

| 정답 | ②

| 해설 | 첫 번째 문단의 다섯 번째 줄에서 녹차는 커피에 비해 낮은 온도의 물에서 우려내므로 카페인 성분이 60~70%만 용출된다고 설명하고 있다.

| 오답풀이 |

①, ④ 첫 번째 문단 첫 번째 줄에 나와 있다.
③ 두 번째 문단의 두 번째 줄에 나와 있다.

06

| 정답 | ①

| 해설 | 저자는 고대 한국의 문자라 불리는 가림토 문자의 존재에 대해 일본의 신대 문자와 같이 존재 근거가 불충분하여 언어학적으로 큰 의미가 없다고 하였다. 따라서 훈민정음이 가림토 문자의 영향을 받아 만들어졌다는 주장은 저자의 견해와 일치하지 않는다.

07

| 정답 | ④

| 해설 | 국가 성립 이전에는 교역이 활성화될 수 있는 국가적 역할이 없었음을 언급하고 있으므로 국가가 성립되면서 경제발전에 유리한 환경이 조성되었음을 알 수 있다. 즉, 공식적 제도의 출현으로 교역의 범위가 넓어지면서, 국가 간에도 교역을 하게 되었다고 추론할 수 있다. 따라서 경제발전에 있어 국가의 기여도가 줄었다는 추론은 적절하지 않다.

| 오답풀이 |

①, ②, ③ 두 번째 문단에서 국가 성립 이전에는 교역의 지역적 범위가 아주 좁고, 약탈을 막기 위해 많은 자원이 투입되며(안전 문제), 기술의 미발달로 거래비용이 과다했을 것이라고 하였으므로, 국가 성립 이후에는 이와 반대되었을 것이라 추론할 수 있다.

08

| 정답 | ③

| 해설 | 제시된 문단의 핵심은 '고대국가 제도의 폐해인 강력한 왕권으로 인한 국민들의 재산권 피해의 극복'이라 할 수 있다. 따라서 앞에 올 내용은 고대국가 제도의 경제발전에 있어서의 저해 요소와 비효율적인 측면에 대한 언급이라고 볼 수 있다. 그러나 ③은 고대국가 성립 초기에 있어 이전 원시공동체사회 시스템보다 효과적인 점을 언급하고 있으므로 적절하지 않다.

09

| 정답 | ④

| 해설 | 먼저 (다)에서는 예전의 과학자들이 태양 에너지를 무엇이라 생각했는지에 대해 소개한 뒤, 시간이 흐르며 밝혀진 정설에 대해 설명한다. 그리고 (나)에서는 어떤 현상을 거치며 태양의 에너지를 생성하는지에 대해 정설대로 설명한다. 마지막으로 화두에 제시했던 태양이 공급하는 에너지가 어떻게 끊임없이 생산될 수 있는지에 대한 결론을 (가)에서 제시한다.

각각의 글이 담고 있는 내용의 맥락 외에도 각 문단의 처음과 끝을 통해 순서를 유추해 볼 수 있다. (나)는 '시간이 더

지난 후'로 시작되므로 시간이 더 지나기 전에 관한 내용 다음으로 이어지는 것이 자연스럽다. (가)의 '이러한 방식으로 태양은 항상 적절한 온도를 유지해 왔고, 앞으로도 오랫동안 지구에 적절한 에너지를 제공할 것이다'라는 마지막 문장은 글의 주제에 대한 답을 제시하고 있기 때문에 마지막 순서에 놓이는 것이 자연스럽다.
따라서 (다)-(나)-(가) 순이 적절하다.

10

| 정답 | ①

| 해설 | (다)를 통해 방사능 물질은 핵융합이 아닌 핵분열 과정에서 생겨나는 것임을 알 수 있다. 또한 태양의 스펙트럼에서는 방사능 물질이 아닌 수소와 헬륨이 발견되었다고 하였으므로 핵융합 과정에서는 방사능 물질이 나오지 않음을 추론할 수 있다.

| 오답풀이 |

② (다)의 '하지만 태양의 스펙트럼을 분석해 본 결과 방사능은 태양의 에너지원이 아니라는 사실을 발견하였다'라는 문장을 통해 광선의 스펙트럼을 분석하면 광선을 발산하는 물체의 구성 성분을 어느 정도 알 수 있음을 추론할 수 있다.

③ (나)의 '즉, 원자들이 자체적으로 가지는 반발력보다 운동에너지가 더 높아져 비교적 낮은 온도일 때보다 더 가까워짐으로 인해 핵융합이 가능해진다'라는 문장을 통해 원자들이 자체적으로 반발력을 가지고는 있지만 높은 운동에너지가 반발력을 무력화시킬 수 있음을 추론할 수 있다.

④ (나)의 '이때 수소와 헬륨의 핵융합으로 줄어드는 질량은 질량에너지보존법칙에 따라 에너지로 바뀐다'라는 문장을 통해 핵융합이 일어나면서 수소와 헬륨의 질량이 줄어든다는 것을 추론할 수 있다.

11

| 정답 | ④

| 해설 | 제시된 글의 마지막 문장을 통해 사료 고증에만 존재하는 것에 대한 드로이젠의 부정적 견해를 알 수 있다.

| 오답풀이 |

① 랑케와 드로이젠의 상반된 주장에 대해 소개하고 있으므로 필자의 개인적인 주관 또는 어떤 의견에 대한 절대적인 입장에 대해서는 알 수 없다.

12

| 정답 | ③

| 해설 | 버팀세포는 혈관 속의 해로운 물질이 세관으로 들어와 발달 중인 정자에게 해를 끼치는 것을 막는 장벽인 혈액고환장벽을 형성한다고 언급되어 있다. 따라서 난자를 보호하는 보호용 덮개의 기능을 하는 난포와 가장 유사하다고 볼 수 있다.

13

| 정답 | ③

| 해설 | 언급된 내용을 도식화하면 다음과 같다.
정조세포라는 미성숙한 남성 생식세포 → 생식세포가 정상적인 세포분열인 유사분열로 만든 정모세포 → 정모세포의 감수분열로 만들어진 홑배수체 → 홑배수체의 분열에 의한 정자세포 → 정자

14

| 정답 | ③

| 해설 | 제시된 글은 과거의 아파트에서는 복층 구조를 보기 힘들었지만 최근 부동산 시장이 점점 침체됨에 따라 소비자의 수요를 유도할 목적으로 아파트에서도 복층 구조의 바람이 일고 있다는 내용이다. 따라서 (가)에는 부동산 침체와 불황에 점점 더 속도가 붙고 있다는 의미의 '가속화', (나)에는 현재의 수직인 구조로 변화되기 이전에는 한 층으로만 구성되어 있었다는 의미의 '수평적', (다)에는 단층 구조에서는 이용할 수 없었던 공간 활용으로서 '창조적'이 들어가는 것이 가장 적절하다.

15

|정답| ①

|해설| 빈칸의 앞에서 삼림면적이 줄어들었음을 설명하고 이에 더하여 빈칸의 뒤에서는 삼림의 질까지 저하되었음을 기술하고 있으므로, 빈칸에는 첨가의 접속어인 '게다가'가 들어가는 것이 적절하다.

16

|정답| ②

|해설| '동의'를 선택한 사람의 비율이 가장 높은 나라는 미국, ㉠, ㉡, 네덜란드로 4개국이며, 이는 전체 조사국 수인 8의 절반을 넘지 않는다.

|오답풀이|

① '동의'와 '강하게 동의' 응답자가 86.3%에서 47.1%로 급감했으며, '반대'와 '강하게 반대' 응답자는 11.3%에서 50.9%로 급증했다. 따라서 무급노동인 전업주부가 되는 것보다 유급 직장 생활을 중시하는 풍토가 급격히 확산되었다고 볼 수 있다.

③ 2010년에 '전업주부가 되는 것은 소득이 있는 직장을 갖는 것만큼 값지다.'라는 질문에 '강하게 동의'와 '동의'라고 응답한 사람의 비율은 8.9+38.2=47.1(%)로 절반에 못 미친다.

④ '강하게 동의', '동의'라고 응답한 사람의 비율이 높은 순서대로 나열하면 미국(74.5%), ㉠(65.5%), ㉡(60%), ㉢(52.4%), 한국(47.1%), ㉣(44.3%), 네덜란드(40.3%), 스웨덴(35.3%) 순이다.

17

|정답| ②

|해설| 가. 한국의 '동의' 응답자는 38.2%이므로 ㉢과 ㉣이 독일과 스페인임을 알 수 있다.

나. ㉢과 ㉣의 '모름'의 비율의 합은 4.6+7.8=12.4(%)이므로 그 두 배인 24.8%보다 높은 '모름'의 비율을 보인 ㉠이 일본이 된다. 따라서 ㉡은 중국이 된다.

다. 유급노동을 중시한다는 것은 조사 내용에 반대하는 의견이 많다는 의미이므로 '반대'와 '강하게 반대'의 의견이 더 높은 비율을 보이는 ㉣이 스페인이며, 이에 따라 ㉢은 독일이 됨을 알 수 있다.

따라서 ㉠ ~ ㉣에 들어갈 국가명은 순서대로 일본-중국-독일-스페인이다.

18

|정답| ③

|해설| 한국의 25 ~ 29세의 고용률은 2005년에 증가한 이후 계속 감소하였다. 이와 같은 고용률 변동 추이는 프랑스에서 나타나고 있다.

한국의 30 ~ 34세의 고용률은 계속 감소하다가 2020년에 증가하였다. 이와 같은 고용률 변동 추이는 일본에서 나타나고 있다.

19

|정답| ④

|해설| ㄴ. 전체 매출 중 동민이 차지하는 비율은 40×0.25 =10(%)로 10% 이상이다.

ㄹ. 전체 매출 중 성수가 차지하는 비율은 40×0.4=16(%)로 13%인 대구보다 많다.

|오답풀이|

ㄱ. 전체 매출 중 광현이 차지하는 비율은 40×0.35=14(%)로 13% 이상이다.

ㄷ. 전체 매출 중 광현과 동민이 차지하는 비율은 40×(0.35+0.25)=24(%)로 대구와 대전의 매출 비율 합인 13+11=24(%)와 같다.

20

|정답| ①

|해설| 주어진 자료는 업무 편의상 교역 국가 수가 10개 미만인 기업과 20개 이상인 기업으로 구분한 것이며, 전체 기업 수와 비교해도 이들 이외의 교역 국가 수를 가진 기업이 있음을 알 수 있다. 따라서 이 두 가지 기준으로만 구분된다고 볼 수는 없다.

| 오답풀이 |

② 전체 기업 수에서 차지하는 비율로 확인할 수 있다.

③ 중소기업이 두 가지 기준 모두에서 대기업, 중견기업보다 월등히 많음을 알 수 있다.

④ 비율의 합이 100을 나타내는 지표가 어느 것인지를 확인해 보면 알 수 있다. 따라서 괄호 안의 비율은 해당 교역 국가 수를 가진 기업 내에서의 비율이다.

21

| 정답 | ④

| 해설 | $\frac{74.0-66.0}{66.0} \times 100 ≒ 12(\%)$

따라서 2023년 손해보험 자산은 2022년에 비해 약 12% 증가했다.

22

| 정답 | ④

| 해설 |
• 2022년 생명보험 자산 : 371.4-66.0=305.4(조 원)
• 2020년 생명보험 자산 : 288.8-49.4=239.4(조 원)

따라서 $\frac{305.4}{239.4} ≒ 1.28$(배)이다.

23

| 정답 | ③

| 해설 | 20X2년 중소기업 부설 연구소의 전년 대비 증가율은 $\frac{12,398-10,894}{10,894} \times 100 ≒ 14(\%)$이다.

| 오답풀이 |

② • 20X7년 대기업 부설 연구소 1개당 평균 연구원 수 :

$\frac{257,510}{24,291} ≒ 11$(명)

• 20X0년 대기업 부설 연구소 1개당 평균 연구원 수 :

$\frac{145,490}{10,270} ≒ 14$(명)

따라서 20X7년이 20X0년보다 약 3명이 적다.

④ 20X7년 중소기업 연구원 가운데 학사 학위를 가진 연구원의 비율은 $\frac{89,657}{147,406} \times 100 ≒ 61(\%)$로 60% 이상이다.

24

| 정답 | ③

| 해설 | ㉠ 2017~2024년 중 안타 수가 가장 많은 해는 2020년이고, 4사구 수가 가장 적은 해는 2019년이다.

㉡ 2014~2024년 중 타율이 0.310 이하인 해는 2019년, 2022년, 2023년으로 3번 있었다.

㉣ 2014~2020년 중 출전경기 수가 가장 많은 해인 2020년에 홈런 수가 가장 많았으나, 타점은 2016년에 가장 높았다.

| 오답풀이 |

㉢ K 선수가 C 구단에 소속되어 있었던 2017년과 2018년의 평균 타점은 92타점이고, 나머지 A 구단과 B 구단 시절의 평균 타점은 약 82타점이다.

25

| 정답 | ②

| 해설 | 불법체류 외국인의 수가 2015년에 최고치를 기록한 것은 사실이지만, 처음으로 등록 외국인 수보다 많아진 것은 2014년이다.

| 오답풀이 |

• 미애 : 등록 외국인 수는 꾸준히 증가하고 있지만 변수가 발생하면 그 증가폭이 감소할 수도 있다.

• 혜수 : 2016년도에 불법체류 외국인의 수가 급격히 감소하면서 등록 외국인의 수가 급격히 늘어났으므로 서로 관련이 있을 것이라 예상할 수 있다.

• 예진 : 2017년 이후 큰 증감 없이 유지되고 있으므로 옳다.

26

| 정답 | ②

| 해설 | 모든 주택형태에서 도시가스 에너지가 가장 많이 소비되고 있다.

| 오답풀이 |

① 전체 에너지 소비량의 30%는 7,354×0.3=2,206.2 (천 TOE)로 단독주택에서 소비한 전력 에너지량인 2,118천 TOE보다 많다.
③ 제시된 자료에 가구 수는 나와 있지 않으므로 가구당 에너지 소비량은 알 수 없다.
④ 모든 주택형태에서 소비되는 에너지 유형은 석유, 도시가스, 전력으로 3가지이다.

27

| 정답 | ④

| 해설 | 아파트 전체 에너지 소비량 중 도시가스 에너지 소비량이 차지하는 비율은 $\frac{5,609.3}{10,125} \times 100 ≒ 55.4(\%)$이다.

28

| 정답 | ④

| 해설 | 해당 표의 국가별 순위는 20XX년 1~3분기 수출액의 총합을 기준으로 했기 때문에, 1분기에 벨기에가 11위임을 의미하는 것이 아니다. 바로 아래 칸의 캐나다의 경우만 고려해도 벨기에보다 수출액이 많음을 알 수 있다. 따라서 1분기의 수치만을 비교하면 벨기에보다 수출액이 많은 국가는 11개국이다.

| 오답풀이 |

② 4~6순위인 일본, 네덜란드, 한국의 1~3분기 수출액 합계는 5,130+4,727+4,302=14,159(억 달러)로 1위인 중국의 합계 수출액인 16,324억 달러에 못 미친다.
③ 단위가 억 달러이므로 1조 달러를 초과하는 국가는 중국, 미국, 독일 3개국이다.

29

| 정답 | ②

| 해설 | 20X6년 표본감리의 결과 위반 비율은 $\frac{43}{222} \times 100 ≒ 19.37(\%)$이다.

| 오답풀이 |

① 20X5년 회계감리 결과 위반 비율은 약 $\frac{54}{245} \times 100 ≒ 22(\%)$이므로 나머지 결과인 종결 비율은 약 100-22=78(%)가 된다.
③ 20X7년 회계감리 종류별 비율은 다음과 같다.

• 표본감리 : $\frac{99}{137} \times 100 ≒ 72(\%)$

• 혐의감리 : $\frac{20}{137} \times 100 ≒ 15(\%)$

• 위탁감리 : $\frac{18}{137} \times 100 ≒ 13(\%)$

④ 20X9년 회계감리 위반 종류별 비율은 다음과 같다.

• 표본감리 : $\frac{10}{52} \times 100 ≒ 19(\%)$

• 혐의감리 : $\frac{14}{52} \times 100 ≒ 27(\%)$

• 위탁감리 : $\frac{28}{52} \times 100 ≒ 54(\%)$

30

| 정답 | ②

| 해설 | ㉠ A 기업과 국내 기업평균을 나타내는 점이 노동시장 이용성 부문에서는 같고 복지 부문에서는 한 칸보다 조금 더 떨어져 있으므로 옳은 설명이다.
㉢ 12개 부문 중 A 기업을 나타내는 점이 가장 안쪽에 위치하는 것은 혁신이므로 옳은 설명이다.

| 오답풀이 |

㉡ 7단계가 가장 높다고 하였으므로 점이 바깥쪽일수록 수준이 높은 것이다. 시장확보 부문에서는 A 기업의 점이 더 바깥쪽에 있으므로 옳지 않은 설명이다.
㉣ 시설 부문에서는 국내 기업평균이 더 바깥쪽에 위치하며, 기초교육과 노동시장 이용성 부문은 동일한 수준이므로 옳지 않은 설명이다.

31

| 정답 | ④

| 해설 | ▭는 항상 True를 출력하므로 모든 값을 다음 명령으로 전달한다. ◯의 조건을 만족하는 값은 25, 100, 30, 5로 짝수 개(4개)이므로 True가 되어 명령을 하나 건너뛰고 그 다음 명령으로 모든 값을 전달한다. ◇에서 100과 56이 조건을 만족하지 않으므로 False가 되어 조건을 만족하는 값만 다음 명령으로 전달한다. 따라서 2, 25, 30, 48, 5가 출력된다.

32

| 정답 | ④

| 해설 | 부서장의 요구사항 중 최우선사항인 최대 대기 시간과 충전 소요시간을 비교했을 때 상대적으로 최대 대기 시간이 짧은 B와 완전 충전에 소요되는 시간이 긴 A를 제외한 C, D를 비교한다. 여기에 두 번째 요구사항으로 RAM과 SSD의 용량이 넉넉한 제품을 요구하고 있으므로, C와 D 중 RAM 용량이 16GB로 더 큰 D를 최종적으로 선택하는 것이 가장 적절하다.

33

| 정답 | ①

| 해설 | 최대 대기 시간과 충전 소요시간을 고려 대상에서 제외하고, RAM과 SSD 용량이 가장 크고 무게가 가벼운 A 제품을 선택하는 것이 가장 적절하다.

34

| 정답 | ④

| 해설 | 〈자료 2〉에 따르면 건강식품 사업부의 고객층은 장년층이며, 저렴한 비용을 우선적으로 고려한다고 나와 있다. 따라서 건강식품 사업부의 홍보 방안으로는 비용이 4등급으로 평가되면서 주요 소비층의 50~60대인 '신문 광고'가 가장 적합하다.

35

| 정답 | ①

| 해설 | 전자기기 사업부에서는 빠른 시장 장악을 중요시 여기므로 전파속도가 빠른 '동영상 전문 사이트 광고'와 '웹페이지 배너 광고' 중에서 선택해야 한다. 또한 스마트폰은 순환주기가 빠르고 신제품은 스마트폰 게임에 적합하다고 하였으므로, 홍보 지속 기간이 1주일이며 주요 소비층이 20대인 '동영상 전문 사이트 광고'가 가장 적합한 홍보 방안이 된다.

36

| 정답 | ①

| 해설 | 먼저 〈보기〉에 있는 두 명령어와 그래프를 통해 명령어에 있는 각 알파벳 및 숫자의 의미를 파악해야 한다. 이때 그래프의 특성상 명령어 안에 있는 괄호 안의 숫자가 좌표일 것으로 추측할 수 있고, 그 위치에 있는 도형을 보면 다음과 같다.

〈위쪽 그래프〉

명령어	도형
R(5, 2) : A3	○
T(1, 1) : A1	△
P(3, 4) : B2	▱

〈아래쪽 그래프〉

명령어	도형
R(3, 1) : B2	●
T(2, 2) : B3	▲
P(5, 3) : A1	▱

이를 통해 괄호 안의 숫자는 도형의 좌표, 괄호 앞에 있는 알파벳은 도형의 모양, 괄호 뒤에 있는 알파벳은 도형의 색깔, 그 뒤에 있는 숫자는 도형의 크기를 의미함을 알 수 있다. 따라서 R은 원, T는 삼각형, P는 평행사변형이며, A는 흰색, B는 회색이고, 숫자가 작을수록 큰 도형이다. 그리고 위쪽 그래프는 가로축이 5, 세로축이 4까지 있고, 아래쪽 그래프는 가로축이 6, 세로축이 4까지 있어 W는 가로축, H는 세로축을 의미함을 알 수 있다.
위 규칙을 통해 제시된 그래프를 명령어로 나타내면 W5 / H4 / R(3, 2) : B3 / T(4, 1) : A2 / P(1, 3) : A1이다.

37

| 정답 | ②

| 해설 | 36 해설의 규칙을 참고하여 명령어 W3 / H5 / R(1, 1) : A1 / T(2, 4) : B1 / P(3, 5) : A2를 나타내면 다음과 같다.

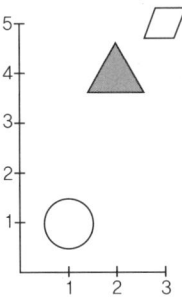

따라서 원의 크기가 들어 있는 R(1, 1) : A1에서 오류가 발생하였다.

38

| 정답 | ①

| 해설 | 〈보기〉로 A=○, B=△, C=□, D=⬠, 1=색 없음, 2=색 채움, 3=빗금무늬의 규칙을 알 수 있다. 또한, 도형의 모양을 나타내는 알파벳이 연속하여 두 번 제시된 경우 해당 좌표에 도형이 두 개 출력된다.
DD(−, +)1, A(+, −)3은 상단 왼쪽에 ⬠ 두 개에 색이 없고, 하단 오른쪽에 빗금무늬의 ○가 있는 것이다. 따라서 ①이 적절하다.

39

| 정답 | ③

| 해설 | 38 해설의 규칙을 참고할 때, 그래프에 나타난 명령어는 각각 다음과 같다.
(+, +) 위치 : ⬠, 빗금무늬 → D(+, +)3
(−, +) 위치 : □□, 색 채움 → CC(−, +)2
(−, −) 위치 : △, 색 없음 → B(−, −)1
(+, −) 위치 : △, 색 채움 → B(+, −)2

40

| 정답 | ④

| 해설 | 다음 그림과 같이 A 지점에서 D 지점, E 지점을 거쳐 G 지점으로 이동하는 것이 최단경로이다.

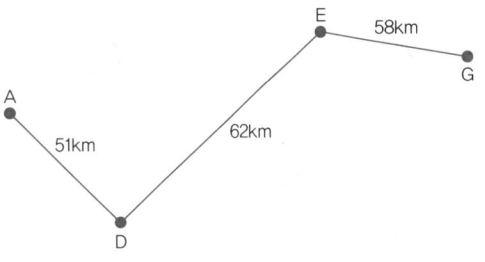

이때의 이동 거리는 총 171km이다.

41

| 정답 | ①

| 해설 | 버튼을 누르면 도형이 회전하여 모양이 변하거나 이동하여 위치가 변하게 된다. 원래 모양에서 왼쪽으로 한 칸 이동 후 오른쪽 대각선 위로 이동하면 바뀐 모양의 위치가 된다.
이에 해당하는 버튼은 B와 C이다. 그러나 화살표의 끝이 왼쪽 대각선을 가리키다가 오른쪽 대각선으로 바뀌어 있다. 따라서 시계 방향으로 90° 회전했으므로 D 버튼도 눌렀음을 알 수 있다.

42

| 정답 | ②

| 해설 | 도형의 모양 변화 양상을 살펴보면, 시계 방향(D)으로 움직인 것으로 보이고, 위치는 오른쪽 대각선(C)으로 옮겨진 것을 알 수 있다. 그러나 버튼을 3번 눌렀다고 했기 때문에 180° 회전(A) 후 반시계 방향(E)으로 90° 회전했을 것임을 추론할 수 있다. 따라서 A, C, E 버튼을 눌렀음을 알 수 있다.

[생산기술직] 인적성검사

43

|정답| ①

|해설| 각 선택지 ①~④를 변환 조건에 따라 변환시키면 다음과 같다.

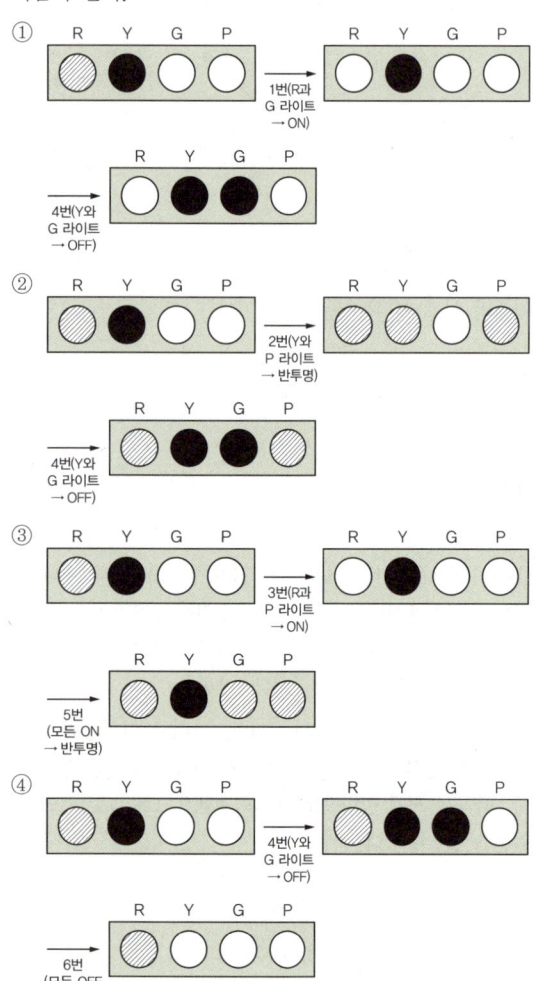

따라서 화살표 후 도형이 나오기 위해서는 ①과 같은 과정을 거쳐야 한다.

44

|정답| ④

|해설| 각 선택지 ①~④를 변환 조건에 따라 변환시키면 다음과 같다.

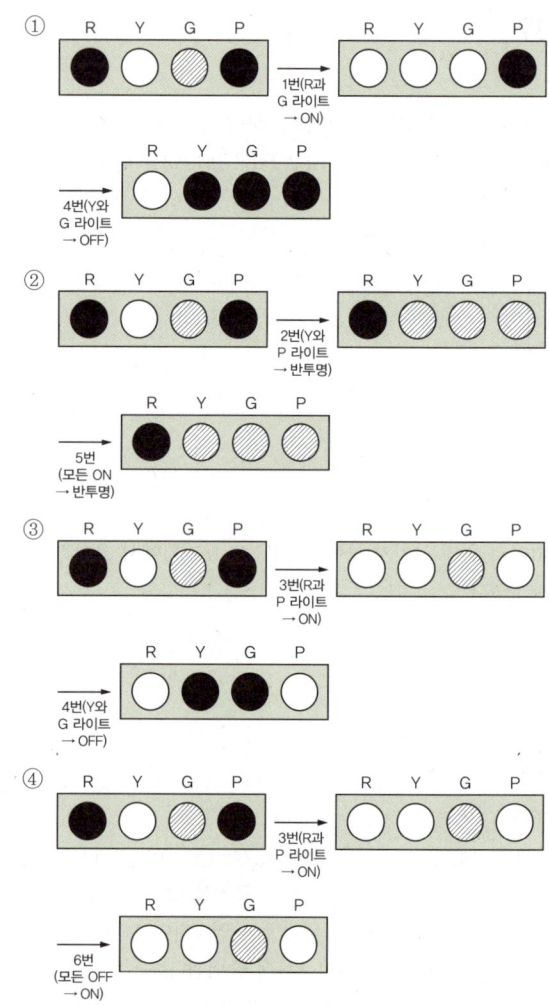

따라서 화살표 후 도형이 나오기 위해서는 ④와 같은 과정을 거쳐야 한다.

45

|정답| ④

|해설| 각 선택지 ①~④를 변환 조건에 따라 변환시키면 다음과 같다.

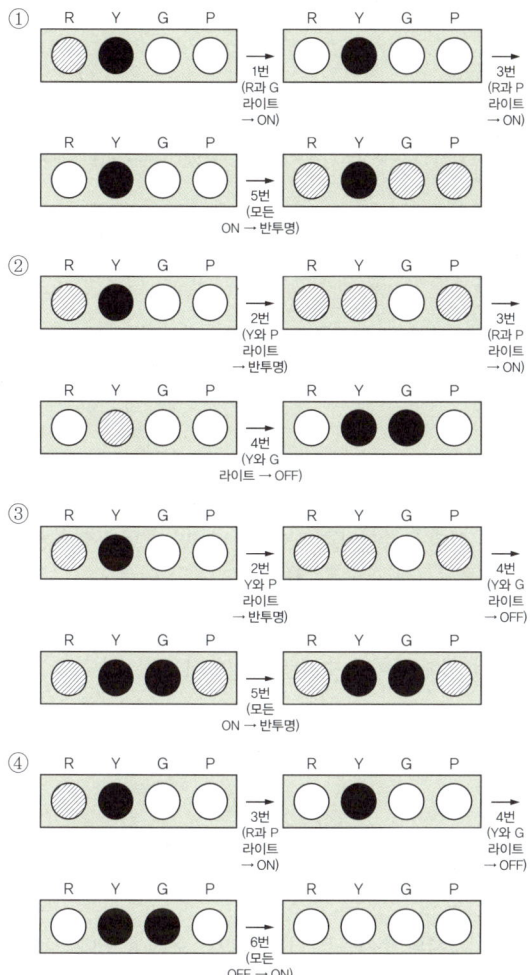

따라서 화살표 후 도형이 나오기 위해서는 ④와 같은 과정을 거쳐야 한다.

46

| 정답 | ④

| 해설 | 연산군이 흥청을 설치하였고 이로 인해 생겨난 말이 흥청망청이므로 ㉠과 ㉡의 관계는 아수라와 그로부터 생겨난 말인 아수라장의 관계와 가장 유사하다.

47

| 정답 | ③

| 해설 | 외부효과에 의해 일어난 문제를 해결하기 위한 방법이 조세이므로 ㉠과 ㉡의 관계는 범죄와 CCTV의 관계와 가장 유사하다.

48

| 정답 | ③

| 해설 | 제품·서비스 등을 제작·제공하는 전문가가 만든 것을 이용하는 사람의 관계를 파악해야 한다. 즉, 대장장이가 만든 가위를 엿장수가 이용하고, 기술자가 만든 경운기를 농부가 이용하며, 디자이너가 만든 드레스를 모델이 이용하고, 프로그래머가 만든 게임을 프로게이머가 이용하는 관계이다. 그러나 ③은 스테이크를 만든 요리사가 아닌 장소인 레스토랑이 처음에 나왔으므로 나머지와 관계가 다르다.

49

| 정답 | ②

| 해설 | 오동나무로 가야금을 만들고 흙으로 뚝배기를 만들 수 있다.

| 오답풀이 |

①, ④ 서까래와 책의 재료는 나무이다.

③ 거울의 재료는 유리이다.

50

| 정답 | ①

| 해설 | ㉠을 보면 A는 새우 알레르기를 가지고 있음을 알 수 있다. 이때 ㉡에서 A가 새우와 복숭아를 먹고 두드러기가 난 것이 새우 알레르기 때문인지, 복숭아 알레르기도 함께 가지고 있어 두 가지 이유로 두드러기가 난 것인지 알 수 없다. 따라서 A가 새우와 복숭아 알레르기를 모두 가지고 있다는 진술은 참인지 거짓인지 알 수 없다.

| 오답풀이 |

② ㉣을 통해 C는 땅콩 알레르기를 가지고 있음을 알 수 있으며, ㉤에서 C가 알레르기 약을 먹고 난 뒤 두드러

기가 나지 않았다고 했으므로 알레르기 약은 땅콩 알레르기에 효과가 있다.

③ ⓒ에서 복숭아 알레르기가 있는 B는 알레르기 약을 먹고 두드러기가 가라앉았다고 했으므로 약은 복숭아 알레르기에 효과가 있다. 그러나 새우 알레르기가 있는 A는 ⓒ에서 새우와 복숭아를 먹고 알레르기 약을 먹었으나 여전히 두드러기가 났다고 했으므로 알레르기 약이 새우 알레르기에는 효과가 없음을 알 수 있다.

④ B는 복숭아 알레르기를 가지고 있고, C는 땅콩 알레르기를 가지고 있다. 둘은 알레르기 약을 먹고 두드러기가 가라앉았으므로 알레르기 약은 복숭아와 땅콩 알레르기 모두에 효과가 있다.

51

|정답| ①

|해설| 각 조건에 기호를 붙여 정리하면 다음과 같다.
- p : 영화를 좋아한다.
- q : 감수성이 풍부하다.
- r : 편집을 잘한다.
- s : 꼼꼼한 성격이다.

기호에 따라 주어진 명제와 그 대우 명제를 정리하면 다음과 같다.
- p → q(~q → ~p)
- s → r(~r → ~s)
- p → s(~s → ~p)

따라서 '~r → ~s'와 '~s → ~p'의 삼단논법에 의해 '~r → ~p'도 참으로 성립된다. 즉, '편집을 잘하지 못하면 영화를 좋아하지 않는다'는 참이다.

|오답풀이|
②, ③, ④ 주어진 명제로는 알 수 없다.

52

|정답| ②

|해설| 첫 번째 명제와 두 번째 명제의 대우인 '불면증을 겪는 사람은 생과일주스를 좋아하지 않는다'를 연결하면 삼단논법에 따라 '아침에 커피를 한 잔씩 마시는 사람은 생과일주스를 좋아하지 않는다'가 성립한다.

53

|정답| ③

|해설| 제시된 숫자들은 다음과 같은 규칙이 있다.

$10 \xrightarrow{+1} 11 \xrightarrow{\times 2} 22 \xrightarrow{-3} 19 \xrightarrow{+1} 20 \xrightarrow{\times 2} 40 \xrightarrow{-3} 37 \xrightarrow{+1} (\ ?\ )$

따라서 '?'에 들어갈 숫자는 37+1=38이다.

54

|정답| ④

|해설| 앞의 두 수를 곱한 값에 1을 더하면 세 번째 수가 된다.
- 2 5 11 → (2×5)+1=11
- 3 9 28 → (3×9)+1=28

따라서 '?'에 들어갈 숫자는 (6×7)+1=43이다.

55

|정답| ④

|해설| 제시된 숫자들은 다음과 같은 규칙이 있다.

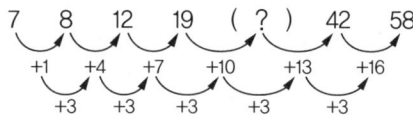

따라서 '?'에 들어갈 숫자는 19+10=29이다.

56

|정답| ④

|해설| 그림을 보면 맨 아래부터 인접해 있는 두 블록의 숫자를 합한 값이 그 위에 있는 블록의 숫자임을 알 수 있다. 따라서 '?'에 들어갈 숫자는 18+19=37이다.

57

|정답| ③

|해설| 왼쪽 두 수를 곱한 값을 두 수를 더한 값으로 나누면 오른쪽 값이 된다.
- $(10 \times 10) \div (10+10) = 100 \div 20 = 5$
- $(3 \times 6) \div (3+6) = 18 \div 9 = 2$
- $(6 \times 12) \div (6+12) = 72 \div 18 = 4$

따라서 '?'에 들어갈 숫자는 $(10 \times 15) \div (10+15) = 150 \div 25 = 6$이다.

58

|정답| ③

|해설| 각 행에서 1열에 있는 숫자는 2~4열에 있는 숫자를 더해서 구한 값이다.
$40 = 21 + 16 + (?)$
$40 = 37 + (?)$
따라서 '?'에 들어갈 숫자는 $40 - 37 = 3$이다.

59

|정답| ④

|해설| 제시된 숫자들은 다음과 같은 규칙이 있다.

$2 \xrightarrow{\times 2} 4 \xrightarrow{\times 3} 12 \xrightarrow{\times 4} 48 \xrightarrow{\times 5} (?)$

따라서 '?'에 들어갈 숫자는 $48 \times 5 = 240$이다.

60

|정답| ②

|해설| 삼각형 안의 숫자는 대각변의 두 수의 합에 밑변의 수를 곱한 값이다.
- $(3+8) \times 4 = 44$
- $(4+5) \times 3 = 27$

따라서 '?'에 들어갈 숫자는 $(5+7) \times 2 = 24$이다.

61

|정답| ④

|해설| 수소연료전지는 e Autopos 브랜드에서 다루는 전기 생산 장치이다. 수소연료전지자동차(수소차)에서 엔진 역할을 하며, 셀(Cell)을 쌓은 스택(Stack)으로 구성된다.

|오답풀이|
① INNOVILT는 Innovation(혁신), Value(가치), Built(건설)의 합성어로 포스코의 우수강재를 활용하여 고객사에서 제작하는 프리미엄 건설자재 브랜드이다.
② e Autopos(Eco-friendly & electrified AUTOmotive Solution of POSco)는 친환경성, 협업 시너지, 미래 지향을 담은 혁신을 통해 친환경차 시장을 선도하겠다는 의미를 담고 있다.
③ Greenable은 '철은 신재생 에너지를 만드는 설비 제작에 사용되고, 그 에너지는 다시 철을 만드는 데 사용되어 지속가능한 미래를 가능하게 한다'는 신념을 바탕으로 하는 브랜드이다.

62

|정답| ②

|해설| 포스코그룹의 핵심가치는 안전(행복한 일터의 기본), 윤리(건강한 공존의 원칙), 신뢰(소통과 화합의 토대), 창의(더 나은 성과의 원천), 도전(성장과 성취의 열정)이다.

63

|정답| ②

|해설| 포스코그룹의 지속가능경영 5대 브랜드는 "함께 하고 싶은 회사"를 목표로 설정되었으며, 각각의 브랜드는 특정한 지속가능경영 목표를 가지고 있다.
- Together : 함께 거래하고 싶은 회사
- Challenge : 함께 성장하고 싶은 회사
- Green(Signature Brand) : 함께 환경을 지키는 회사
- Life : 함께 미래를 만드는 회사
- Community : 지역과 함께 하는 회사

이 중 'Green' 브랜드는 포스코그룹의 지속가능경영 시그니처 브랜드로, 환경 보호와 탄소중립 실현을 위한 활동을 강조하고 있다.

| 오답풀이 |

① 포스코그룹의 지속가능경영 5대 브랜드는 단순한 기업 성장이 아니라, 환경 보호, 지역사회와의 협력, 미래지향적인 성장 등을 포함하는 종합적인 지속가능경영 전략과 관련된다. 따라서 경제적 가치 창출 전략으로서 기업 성장을 최우선 목표로 한다는 설명은 적절하지 않다.

③ 'Community' 브랜드는 지역사회와의 협력을 중심으로 하는 브랜드이다. 기업과 지역사회가 함께 발전하는 모델을 제시하는 것이 목표이므로, 글로벌 네트워크 구축보다는 지역사회 발전에 초점을 맞추고 있다.

④ 'Challenge' 브랜드는 신성장사업 발굴 및 벤처 플랫폼 구축을 주요 목표로 한다. 기존 사업의 운영 안정성도 중요하지만, 혁신적인 성장과 도전을 핵심 가치로 삼기 때문에 기존 사업의 지속적인 개선이나 운영 안정성을 주된 방향으로 본다는 설명은 적절하지 않다.

64

| 정답 | ③

| 해설 | 포스코의 HyREX(Hydrogen Reduction Ironmaking)는 가루 상태의 철광석을 환원하여 직접환원철(DRI)을 생산하는 과정에서 사용되는 천연가스 등의 화석연료를 수소로 대체하는 기술이다. 화석연료가 철광석과 화학반응하면 이산화탄소가 발생하나, 이를 수소로 대체할 경우 이산화탄소가 아닌 물이 발생하여 철강 제조과정에서의 탄소 배출을 혁신적으로 줄일 수 있다는 점에서 2050년 포스코그룹의 탄소중립 실현에 있어서 핵심이 되는 기술로 꼽힌다.

65

| 정답 | ①

| 해설 | 포스코는 1960년대 종합제철 건설 계획 수립으로 구체화되어 1967년 포항을 종합제철 입지로 확정하면서 그 다음 해인 1968년 4월 1일에 포항종합제철주식회사 창립으로 탄생하였다.

4회 기출유형문제

▶ 문제 244쪽

01	②	02	④	03	①	04	②	05	④
06	②	07	③	08	②	09	④	10	④
11	①	12	④	13	③	14	①	15	③
16	②	17	③	18	②	19	①	20	④
21	④	22	④	23	②	24	①	25	③
26	②	27	④	28	②	29	③	30	②
31	②	32	③	33	④	34	②	35	①
36	④	37	②	38	②	39	①	40	④
41	②	42	④	43	③	44	①	45	②
46	②	47	③	48	②	49	①	50	④
51	②	52	③	53	②	54	③	55	②
56	③	57	③	58	④	59	③	60	③
61	③	62	①	63	①	64	②	65	④

01

| 정답 | ②

| 해설 | 사원들은 해외사업부의 성과에 대해 언급하고 있으며, 최 사원은 '해외사업부가 세계적인 산업 흐름을 제대로 파악'한 것에 대해 강조한다. 따라서 빈칸에 들어갈 말로 ②가 적절하다.

02

| 정답 | ④

| 해설 | 제시된 글에서는 간접 광고의 도입 과정과 그에 따라 제기된 비판, 간접 광고의 영향력에 대응하기 위한 방안을 차례로 소개하고 있고, 주제는 가장 마지막 문장에 나와 있는 '미디어 교육의 필요성'이다. 따라서 ④가 적절하다.

03

| 정답 | ①

| 해설 | ㉠은 개인으로 하여금 '흉측한 것'으로 인식되어진

죽음이다. 하지만 나머지는 삶보다 더한 양지를 누린, 영·육의 이원법에서 절대적 지배권을 향유한 것인 죽음이다. 따라서 문맥적 의미가 다른 하나는 ㉠이다.

04

| 정답 | ②

| 해설 | 두 번째 문단을 보면 죽음은 삶보다 더한 양지를 누려왔으며 인간 구원이 영혼의 몫이 되고 덩달아서 죽음의 몫이 되었으며 영·육의 이원법에서 절대적 지배권을 향유한 것은 죽음이지 삶이 아니었다고 하였으므로 적절하다.

| 오답풀이 |

① 첫 번째 문단에서 한국적인 장례식에서는 죽음을 기억하기 위해서가 아니라, 망각하기 위해 장례 절차가 진행되고 있다고 하였다.

③ 원시 신앙 시대 이후 중세기에 이르기까지는 죽음을 현대에서처럼 소거해 가야하는 것으로 여기지 않았다고 이해할 수 있으나, 중세인이 죽음을 전혀 무서워하지 않았거나 죽음을 영혼이 소멸하는 일로 여겼는지는 제시된 글에서 명확히 언급하지 않고 있다.

④ 첫 번째 문단에서 우리들의 시대는 죽음을 삶의 동기로 인식하지 않는다고 하였다.

05

| 정답 | ④

| 해설 | 첫 번째 문단을 보면 현재 하나의 사건이나 이슈에 대해 수많은 뉴스 생산 주체들이 다르게 보도하고 있다는 것을 알 수 있다. 이후 두 번째 문단을 보면 미디어 환경 및 뉴스 산업 구조로 인해 뉴스 생산환경이 급속하게 변화했으며 기자, 블로거, 시민기자, 팟캐스터 등 다양한 사람들이 뉴스 생산에 기여한다고 이야기하고 있다. 마지막 문장에서는 '뉴스를 바르게 이해하기 위해서는 뉴스 생산자의 역할과 임무에 대한 이해가 선행되어야 한다'라고 말하고 있다. 이를 모두 종합하면 올바른 뉴스를 소비하기 위해서는 뉴스 생산자의 역할과 임무에 대해 소비자가 능동적으로 판단하고 이해해야 한다는 것을 알 수 있다.

06

| 정답 | ②

| 해설 | 제시된 글에 '어려운 전문용어보다는 가급적 쉬운 말을 사용해야 합니다'라고 명시되어 있다. 그러므로 전문용어의 활용이 부족한지 체크하는 것은 적절하지 않다.

07

| 정답 | ③

| 해설 | ㉠의 앞에서는 비도덕적이라고 비난 받는 식인 풍습이 나름의 이유와 목적을 지니고 있음을 언급하고, ㉠의 뒤에서는 어느 것이 더 낫다고 말하기 어렵다고 서술되어 있다. 따라서 ㉠에는 앞의 내용이 뒤의 내용의 근거가 될 때 사용하는 접속사, '그러므로'가 들어가는 것이 적절하다. 또한 ㉡의 앞에서는 식인종들의 풍습과 해부학실습이 차이가 없음을 견지하고, ㉡의 뒤에는 그에 대한 결론이 이어지고 있으므로 ㉡에 들어갈 접속사로는 '따라서'가 적합하다.

08

| 정답 | ②

| 해설 | 제시된 글의 내용은 '모든 문화에는 저마다의 합리성이 있으므로 특정 문화를 기준으로 다른 문화를 판단하는 것을 피해야 한다.'로 정리할 수 있다. ②는 범죄자들을 감옥에 격리시키는 것이 누군가에게는 살인보다 가벼운 형벌일 수 있지만, 다른 누군가에게는 사형보다 더 잔인한 것일 수 있다는 내용이다. 이는 국제 문화에 대한 태도의 내용이 아닌 형벌로서의 수감에 대한 인식의 상대성을 보이는 것으로, 저자가 지양하는 태도라고 볼 수 없다.

| 오답풀이 |

①, ③, ④ 특정 인식이나 문화적 관점에 따라 타문화나 그에 속한 사람들을 판단하는 내용으로, 문화 상대주의적 관점에 어긋나는 태도이다. 이는 저자가 지양하는 태도에 해당한다.

09

| 정답 | ④

| 해설 | 첫 번째 문단에서 자연 현상에 대한 의문을 나열하며 대상을 이해하는 것이 어떤 식으로 이뤄지는지에 대해 설명하고 있다. 이후 두 번째 문단에서 낯설고 익숙하지 않은 '이해'에 대한 개념을 친숙한 대상인 '체스 게임'에 빗대어 설명하고 있다.

10

| 정답 | ④

| 해설 | 정부의 감축 계획은 언급하고 있지만, 구체적인 규제 방법에 대해서는 제시하고 있지 않다.

| 오답풀이 |

① NOAA의 기후현황보고서, 기상청 자료 등을 통해 지구온난화가 심화되고 있다는 주장의 근거 내용을 제시하고 있다.

② '지구온난화 대책으로 무엇이 있을까?'라는 질문을 던져 주의를 환기시키고 있다.

③ 첫 번째 문단에서 열돔이 원인임을 제시했다.

11

| 정답 | ①

| 해설 | 제시된 글의 중심이 되는 소재는 지구온난화와 온실가스 배출 감소 등의 대책 마련이다. 따라서 화력발전량의 일정비율을 신재생에너지로 공급하는 기관에서 회의 자료로 사용하기에 가장 적절하다.

12

| 정답 | ④

| 해설 | 마지막 문단을 보면 '바이오시밀러는 고가의 오리지널 바이오의약품에 비해 상대적으로 저렴한 장점이 있으며'라고 하였으나 바이오시밀러와 제네릭의 개발 비용을 비교한 내용은 찾을 수 없다.

13

| 정답 | ③

| 해설 | 두 번째 문단에 따르면 바이오시밀러는 오리지널 바이오의약품과 동등한 품목·품질을 지니며, 비임상·임상적 비교동등성이 입증된 의약품이라고 하였다.

14

| 정답 | ①

| 해설 | 우리나라와 미국의 예시에서 우리나라가 일정액의 수수료를 부담하고 달러를 공급받는다고 설명하는 내용을 통해 추론할 수 있다.

| 오답풀이 |

② 변제할 때에도 변동금리가 아닌 계약 당시의 환시세를 적용한다.

③ 다국적 기업이 통화 스와프를 적극 활용한다고 해서 필수적으로 활용한다고 볼 수 없다.

④ 자국의 통화를 맡기면서 일정액의 수수료를 부담하고 상대국의 외환을 공급받으며 변제 시에는 예치 당시의 환시세를 적용한다고 하였으므로, 추가적으로 드는 수수료에 의해 변제 당시보다는 예치 당시의 금액이 더 많이 소요된다.

15

| 정답 | ③

| 해설 | 0~5세 아동 대상의 무상보육 재원을 마련하기 위하여 ○○시의 지방채 발행 정책을 수립함을 알리고, 필요한 이유와 앞으로의 촉구 사항을 밝히고 있다. 따라서 제시된 글은 새로운 정책을 알리고 이에 대한 이유와 방향성을 밝힘으로써 시민들을 설득해 동의를 구하기 위해 쓰여진 글이다.

16

| 정답 | ②

| 해설 | 2월 9일과 2월 11일 사이에 완치자는 3명에서 4명

으로 1명 늘어났는데 치료 중인 환자 수는 동일하므로 1명의 추가 확진자가 발생했음을 알 수 있다.

|오답풀이|
① 2월 12일에 치료 중인 환자 수는 21명, 누적 완치자 수는 7명이므로 2월 12일까지 총 28명의 환자가 발생했음을 알 수 있다.
④ 2월 11일에 치료 중인 환자 수는 24명, 누적 완치자 수는 4명으로 누적 확진자 수는 24+4=28(명)이다. 다음날인 2월 12일에는 완치자가 3명 증가하고 치료 중인 환자 수는 3명 감소했으므로 추가로 확진자가 발생하지 않았다.

17

|정답| ③

|해설| 2014년에 한 달에 1회 이상 음주한 여성의 수는 $1,160 \times \frac{45}{100} = 522$(만 명)이다.

|오답풀이|
① 2020~2022년 남성의 월간음주율은 지속적으로 증가하였다.
② 2023년 남성의 월간음주율은 지난해에 비해 1.3%p 감소하였다.
④ 2016년 만 19세 이상 남성인구 중 $1,390 \times \frac{100-77.8}{100} ≒ 309$(만 명)은 한 번도 음주하지 않은 달이 있는 남성이다. 그러나 매달 한 번도 음주하지 않은 남성의 수는 알 수 없다.

18

|정답| ②

|해설| 연구 인력과 지원 인력의 평균연령 차이를 살펴보면 20X5년 1.7세, 20X6년 2세, 20X7년 4.9세, 20X8년 4.9세, 20X9년 5.7세이므로 20X7년과 20X8년의 차이가 같아 전년 대비 계속 커진다고 볼 수 없다.

|오답풀이|
① 20X8년의 지원 인력 정원은 20명이고 현원은 21명이므로 충원율은 $\frac{21}{20} \times 100 = 105(\%)$로 100%를 넘는다.
③ 매년 지원 인력은 늘어나지만 박사학위 소지자 수는 3명으로 동일하므로 그 비율은 줄어든다.
④ 20X6년 이후 지원 인력의 평균 연봉 지급액은 20X9년까지 계속 연구 인력보다 매년 적었다.

19

|정답| ①

|해설| '전 산업'과 '숙박 및 음식점업'의 20X2년 1월 근로자 1인당 월평균 임금총액이 각각 전년 동월 대비 15.6%와 15.1% 증가한 것을 의미하므로 이를 이용하여 20X1년 1월의 근로자 1인당 월평균 임금총액을 계산할 수 있다.

• 전 산업 : 20X1년 1월의 전 산업 근로자 1인당 월평균 임금총액을 x천 원이라 하면 다음과 같다.

$x \times 1.156 = 4,118$

$x = \frac{4,118}{1.156} ≒ 3,562$(천 원)

• 숙박 및 음식점업 : 20X1년 1월의 숙박 및 음식점업 근로자 1인당 월평균 임금총액을 y천 원이라고 하면 다음과 같다.

$y \times 1.151 = 2,144$

$y = \frac{2,144}{1.151} ≒ 1,863$(천 원)

20

|정답| ④

|해설| '전 산업'부터 순서대로 월평균 임금은 각각 27천 원, 127천 원, -41천 원, -530천 원 증가하였으나, 월평균 근로시간은 각각 11.9시간, 8.9시간, 7.2시간, 4.9시간의 증가를 보였다. 따라서 월평균 임금은 월평균 근로시간의 증가에 비례하여 증가하지 않았다.

|오답풀이|
① 제시된 3개 분야의 월평균 근로시간은 모두 '전 산업'의 증가분인 176.7-164.8=11.9(시간)보다 적게 증가하였다.
② '숙박 및 음식점업'의 월평균 임금 증가분은 2,181-2,054=127(천 원)으로 '전 산업'의 월평균 임금 증가분인 4,024-3,997=27(천 원)보다 많이 증가하였다.

③ 20X2년 12월의 근로시간당 평균 임금은 '숙박 및 음식점업'이 $\frac{2,054}{169.2} ≒ 12.1$(천 원/시간)이며, '사업시설관리 및 사업지원 서비스업'이 $\frac{2,247}{167.3} ≒ 13.4$(천 원/시간)이다.

21

|정답| ④

|해설| E 병원의 의사 1인당 의료이익은 $\frac{399}{830} ≒ 0.48$(억 원)으로, A 병원의 의사 1인당 의료이익인 $\frac{825}{1,625} ≒ 0.51$(억 원)보다 적다.

22

|정답| ④

|해설| 20X5년에는 20X4년에 비교하여 내수만 증가하고 생산·수출·수입은 감소하였다.

|오답풀이|
① 20X2 ~ 20X9년 모두 수출이 수입보다 많으므로 무역적자를 달성한 연도는 없다.
② 20X7년에 4,657천 대로 가장 높은 자동차 생산 수치를 기록하고 있다.
③ 20X6년부터 20X9년까지 수출이 544.0억 불→684.0억 불→718.0억 불→747.0억 불로 꾸준히 증가하였다.

23

|정답| ②

|해설| (가) : 27, (나) : 65, (다) : 93, (라) : 85, (마) : 136, (바) : 169, (사) : 555

ⓒ, ⑩ 출발지를 기준으로 할 때 중국으로 표류한 횟수의 합이 많은 곳부터 나열해 보면 C>A>B>E>D>G>F로, 그 횟수가 가장 적은 출발지는 F이고 가장 많은 출발지는 C이다.

|오답풀이|
㉠ 목적지를 기준으로 할 때 중국으로 표류한 횟수의 합이 많은 곳부터 나열해 보면 B>C>D>A>E>F>G이므로, 세 번째로 많은 곳은 D이다.
㉡ 출발지와 목적지가 같은 선박이 중국으로 표류한 횟수를 모두 합하면 183회이고 출발지가 C인 선박이 중국으로 표류한 횟수는 169회이므로 옳다.

24

|정답| ①

|해설| 월 1 ~ 3회와 월 4 ~ 6회의 그래프는 동일하게 해당 기간 동안 지속적인 증가 추이를 보이고 있다.

25

|정답| ③

|해설| 월 1 ~ 3회, 월 7 ~ 9회, 월 10 ~ 12회의 3개 항목이 응답자 수가 증가하였다.

|오답풀이|
① 월 1 ~ 3회 1개 항목만 매년 증가하였다.
② 5개 빈도 항목 모두 응답자 수가 전년보다 감소한 시기는 없다.
④ 월 1 ~ 3회, 월 4 ~ 6회의 2개 항목이다.

26

|정답| ②

|해설| 각 연도에서 전년에 비해 증가한 전체 진료비 액수는 다음과 같다.
• 20X2년 : 394,296−350,366=43,930(억 원)
• 20X3년 : 436,570−394,296=42,274(억 원)
• 20X4년 : 460,760−436,570=24,190(억 원)
• 20X5년 : 482,349−460,760=21,589(억 원)
• 20X6년 : 507,426−482,349=25,077(억 원)
따라서 전체 진료비의 액수가 전년에 비해 가장 많이 증가한 연도는 20X2년이다.

| 오답풀이 |

① 고령자 1인당 평균 진료비는 오른쪽 축에 해당된다. 오른쪽 축의 단위는 '천 원'이므로, 20X6년의 고령자 1인당 평균 진료비는 3,054천 원이다.

③ 20X1년과 20X6년의 전체 진료비 중 고령자 진료비가 차지하는 비율을 구하면 다음과 같다.

- 20X1년 : $\dfrac{104,904}{350,366} \times 100 ≒ 29.94(\%)$

- 20X6년 : $\dfrac{175,283}{507,426} \times 100 ≒ 34.54(\%)$

따라서 전체 진료비 중 고령자 진료비가 차지하는 비율은 20X1년보다 20X6년이 더 높다.

④ 고령자 진료비 또한 조사기간 동안 지속적으로 증가했다.

27

| 정답 | ④

| 해설 | '고령자 1인당 평균 진료비 = $\dfrac{\text{고령자 진료비}}{\text{고령자 수}}$'

이므로 '고령자 수 = $\dfrac{\text{고령자 진료비}}{\text{고령자 1인당 평균 진료비}}$'임을 알 수 있다. 이를 이용하여 20X3 ~ 20X6년의 고령자 수를 구하면 다음과 같다.

- 20X3년 : $\dfrac{137,847}{2,769} ≒ 49.78$(십만 명)

- 20X4년 : $\dfrac{148,384}{2,862} ≒ 51.85$(십만 명)

- 20X5년 : $\dfrac{160,387}{2,933} ≒ 54.68$(십만 명)

- 20X6년 : $\dfrac{175,283}{3,054} ≒ 57.39$(십만 명)

따라서 20X6년이 고령자의 수가 가장 많았던 해이다.

28

| 정답 | ②

| 해설 | 품목별 20X1년 대비 20X9년 수입액 증가율을 계산하면 다음과 같다.

- 농산물 : $\dfrac{19,876 - 18,362}{18,362} \times 100 ≒ 8.2(\%)$

- 축산물 : $\dfrac{7,786 - 5,071}{5,071} \times 100 ≒ 53.5(\%)$

- 임산물 : $\dfrac{6,642 - 5,561}{5,561} \times 100 ≒ 19.4(\%)$

따라서 20X1년 대비 20X9년에 수입액의 증가율이 가장 작은 품목은 농산물이다.

| 오답풀이 |

③ 전체 농림축산식품 수출액은 20X1년 대비 20X9년에 $\dfrac{7,024 - 5,383}{5,383} \times 100 ≒ 30.5(\%)$ 증가하였다.

④ 20X2년 대비 20X8년 임산물의 수출액 증가율은 $\dfrac{524 - 465}{465} \times 100 ≒ 12.7(\%)$로 축산물의 수출액 증가율인 $\dfrac{417 - 395}{395} \times 100 ≒ 5.6(\%)$의 $\dfrac{12.7}{5.6} ≒ 2.3$(배)이다.

29

| 정답 | ①

| 해설 | 가로축이 20X9 ~ 20X1년이 아닌, 20X1 ~ 20X9년 순으로 변경되어야 한다.

30

| 정답 | ④

| 해설 | 비취업자에서는 개인유지(10:35)>교제 및 여가활동(7:15) >학습(5:17)>가정관리(3:11) 순으로 많은 시간을 차지한다.

| 오답풀이 |

① 취업자는 개인유지보다 일이 더 많은 시간을 차지한다.

② 취업자 전체가 일에 11시간으로 가장 집중된 것은 옳으나, 비취업자들은 교제 및 여가활동에 7:15, 학습에 5:17로 약 2시간 차이가 난다.

③ 취업자 전체의 참여 및 봉사활동 시간인 2:03보다 교제 및 여가활동이 2:58로 더 많은 시간을 차지한다.

[생산기술직] 인적성검사

31

|정답| ②

|해설| 〈의사결정 기준〉에 따라 총점수를 구하면 다음과 같다.

(단위 : 점)

구분	베트남 다낭	태국 푸켓	제주도	미국령 괌
맛	5	3	4	2
1인 교통비	9.6	9.7	9.8	9.2
분위기	2	5	1	4
거리	4	2	5	1
방문횟수	3	2	1	4
가산점	1+2	1+5	2	3
총점	26.6	27.7	22.8	23.2

따라서 최종으로 선택되는 휴가지는 태국 푸켓이다.

32

|정답| ③

|해설| 사용기간과 기능을 중요하게 보고 있으므로 사용기간에서 5점, 기능에서 4점을 얻은 제품 C가 적절하다.

33

|정답| ④

|해설| 장 과장은 디자인과 기능을 중요시한다. 따라서 디자인에서 3점, 기능에서 4점을 얻은 제품 D가 적합하다.

34

|정답| ②

|해설| 어린이 영어 강사가 되기 위해서는 '영어 교사 자격이 있다'가 YES, '영어를 가르친 경험이 있다'가 NO, '아이를 좋아한다'가 YES여야 한다. 또는 '영어 교사 자격이 있다'가 NO, '아이를 좋아한다'가 YES인 경우도 가능하다. 따라서 (가) ~ (라) 중 어린이 영어 강사가 되기 위해 꼭 필요한 조건은 '아이를 좋아한다'이다.

35

|정답| ①

|해설| 주어진 〈보기〉를 통해 알 수 있는 명령어의 의미는 다음과 같다.

- 가로축 : H, 세로축 : V
- 육각형 : S, 타원 : W, 사다리꼴 : K
- 내부 채색 : N, 내부 무채색 : R
- 소 : 1, 중 : 2, 대 : 3

따라서 제시된 그래프를 명령어로 나타내면 H4 / V5, S(1,1) : N2 / W(2,3) : N3 / K(4,4) : R3이 된다.

36

|정답| ④

|해설| 35 해설의 규칙을 바탕으로 그래프를 그려 보면 대형 사다리꼴의 내부 채색 유무 값에 오류가 발생해 N3가 R3로 잘못 산출된 것을 알 수 있다. 그러므로 오류 값은 K(5,2) : N3이다.

제시된 그래프에 맞는 명령어는 H5 / V5, S(1,4) : R3 / W(2,1) : N2 / W(3,1) : N1 / K(5,2) : R3이다.

37

|정답| ②

|해설| 〈보기〉의 그래프를 바탕으로 명령어를 해석해 보면 알파벳은 도형의 모양, 괄호 뒤에 있는 숫자는 색, 괄호 안에 +, -는 도형의 위치를 나타냄을 알 수 있다. 따라서 A는 사각형, B는 삼각형, C는 오각형임을 알 수 있다. 그리고 1은 검정색, 2는 흰색, 3은 빗금무늬인 것을 알 수 있다. (+, -)은 (x, y)이다.

이 규칙에 따르면 제시된 그래프의 명령어는 C(+,+) 3 / B(-,+) 3 / A(-,-) 1 / B(+,-) 2가 된다.

(+, +) 위치	(-, +) 위치	(-, -) 위치	(+, -) 위치
C(+, +) 3	B(-, +) 3	A(-, -) 1	B(+, -) 2

38

| 정답 | ②

| 해설 | 37 해설의 규칙을 참고하면 C(-, +) 1 / B(-, -) 3은 왼쪽 상단에 ●이 있고, 왼쪽 하단에 △이 있어야 한다. 따라서 ②가 적절하다.

39

| 정답 | ①

| 해설 | A 역에 정차하지 않는 '라' 노선은 소거하고 노선별 배송시간을 구한다. A 역에서 대전역까지의 거리는 모든 노선이 270km이다.

- 가 노선 : 평균 속력이 90km/h이므로 $\frac{270}{90} = 3$(시간)을 이동하며, B와 C 역을 거쳐 총 20분 정차하므로 가 노선의 배송시간은 3시간 20분이다.

- 나 노선 : 평균 속력이 120km/h이므로 $\frac{270}{120} = 2.25$(시간)을 이동하며, C 역을 거쳐 총 10분 정차하므로 나 노선의 배송시간은 2시간 25분이다.

- 다 노선 : 평균 속력이 180km/h이므로 $\frac{270}{180} = 1.5$(시간)을 이동하며, B 역을 거쳐 총 10분 정차하므로 다 노선의 배송시간은 1시간 40분이다.

따라서 가장 빨리 도착하는 노선인 다 노선과 가장 늦게 도착하는 노선인 가 노선의 배송시간 차이는 1시간 40분이다.

40

| 정답 | ④

| 해설 | 회사를 출발하여 5곳의 협력사를 모두 방문하는 최단 거리는 지나간 도로를 두 번 거치지 않고 이동하는 경로가 될 것이고, 회사로의 복귀는 고려하지 않으므로 가능한 경로는 다음의 8가지가 있다.

1) 회사-E-A-B-C-D → 5+7+8+4+5=29(km)
2) 회사-E-D-C-B-A → 5+6+5+4+8=28(km)
3) 회사-B-A-E-D-C → 3+8+7+6+5=29(km)
4) 회사-B-C-D-E-A → 3+4+5+6+7=25(km)
5) 회사-D-E-A-B-C → 2+6+7+8+4=27(km)
6) 회사-D-C-B-A-E → 2+5+4+8+7=26(km)
7) 회사-C-D-E-A-B → 6+5+6+7+8=32(km)
8) 회사-C-B-A-E-D → 6+4+8+7+6=31(km)

따라서 4) 경로로 이동한 경우 25km로 최단 이동 경로가 된다.

41

| 정답 | ②

| 해설 | 버튼의 변환 기능을 적용하면 다음과 같다.

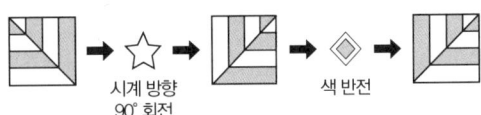

42

| 정답 | ④

| 해설 | 버튼의 변환 기능을 적용하면 다음과 같다.

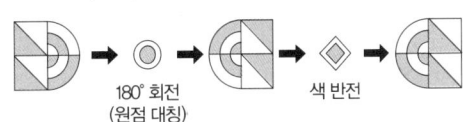

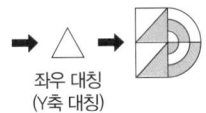

43

| 정답 | ③

| 해설 | 제시된 도형을 변환 조건에 따라 변환시키면 다음과 같다.

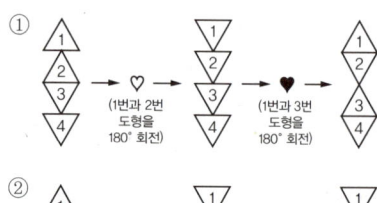
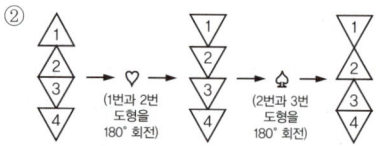
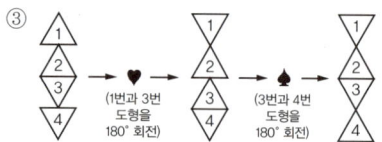
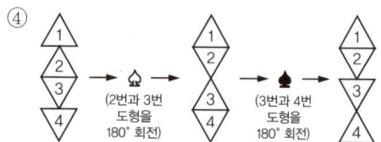

따라서 ③과 같은 과정을 거쳐야 한다.

44

|정답| ①

|해설| 제시된 도형을 변환 조건에 따라 변환시키면 다음과 같다.

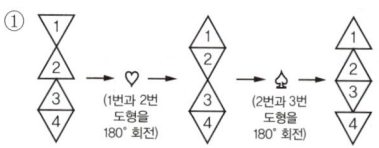
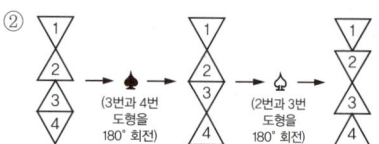
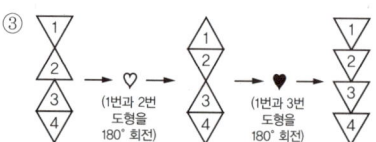

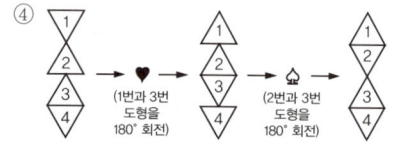

따라서 ①과 같은 과정을 거쳐야 한다.

45

|정답| ④

|해설| 제시된 도형을 변환 조건에 따라 변환시키면 다음과 같다.

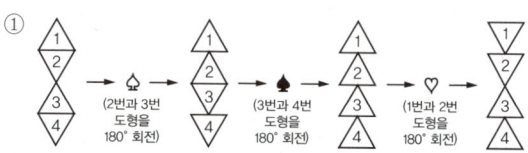
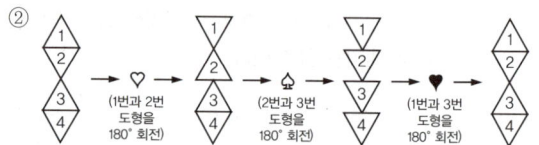
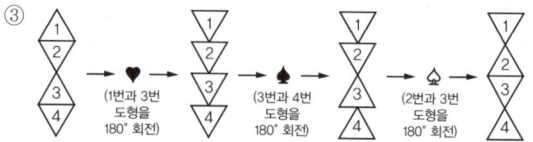
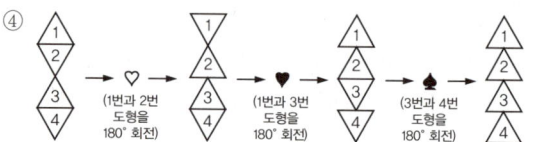

따라서 ④와 같은 과정을 거쳐야 한다.

46

|정답| ③

|해설| 지진은 지구의 자전 속도에 영향을 미친다고 하였으므로 ㉠과 ㉡의 관계는 달리기와 심박수의 관계와 가장 유사하다.

47

| 정답 | ③

| 해설 | 소음은 자동차에서 발생한 시끄럽고 불쾌한 소리이므로, ⓒ은 ㉠에서 유발되는 유해한 것을 나타낸다고 볼 수 있다. 폐수는 액체성 또는 고체성 폐기물이 혼입되어 그대로 사용할 수 없는 물을 말하며, 이는 공장에서 발생하는 유해한 것으로 볼 수 있다. 따라서 ㉠과 ⓒ의 관계는 공장과 폐수의 관계와 가장 유사하다.

48

| 정답 | ②

| 해설 | 쌀의 주성분은 탄수화물이고, 두부의 주성분은 단백질이다.

49

| 정답 | ①

| 해설 | 싹은 식물의 씨·줄기·뿌리·가지 끝 등에서 돋아나는 눈이나 어린잎·줄기 따위를 말하는데, 이것이 자라 꽃이 피고 최종적으로 번식을 위해 열매를 맺게 된다. 샘은 땅에서 물(지하수)이 솟아 나오는 곳으로, 용출 형태에 따라 여러 종류의 천(泉)으로 구분되며 이들이 지표로 흘러 형성된 지류가 강으로 유입되고 최종적으로 바다로 흘러간다.

50

| 정답 | ④

| 해설 | A와 D의 조건에 따라 A는 피자, D는 도넛을 좋아한다는 것을 알 수 있다. 그리고 B와 C의 조건에 따라 B는 치킨, C는 떡볶이를 좋아한다는 것을 알 수 있다. 이를 표로 정리하면 다음과 같다.

A	B	C	D
피자	치킨	떡볶이	도넛

따라서 ④는 옳지 않은 설명이다.

51

| 정답 | ②

| 해설 | 각 조건에 기호를 붙여 정리하면 다음과 같다.
- p : 전기장판 사용
- q : 열풍기 사용
- r : 전기히터 사용
- s : 전기밥솥 사용
- t : 전기스토브 사용

기호에 따라 제시된 조건과 그 대우를 정리하면 다음과 같다.
- p → q(~q → ~p)
- p → r(~r → ~p), s → r(~r → ~s)
- t → q(~q → ~t)
- ~s → ~q(q → s)

전기장판과 전기스토브의 직접적인 인과 관계를 찾아볼 수 없으므로 ②는 참이라고 할 수 없다.

| 오답풀이 |

① 첫 번째 명제와 네 번째 명제의 대우를 연결하면 p → q → s가 되므로 참이다.

③ 네 번째 명제와 세 번째 명제의 대우를 연결하면 ~s → ~q → ~t가 되므로 참이다.

④ 두 번째 명제 뒷부분의 대우와 네 번째 명제를 연결하면 ~r → ~s → ~q가 되므로 참이다.

52

| 정답 | ③

| 해설 | 'p : 회의 장소를 정한다, q : 회의록을 작성한다, r : 발표한다, s : 신입사원이다'라고 정의한다. 제시된 명제와 그 대우를 다음과 같이 나타낼 수 있다.
- p → ~q(q → ~p)
- r → ~p(p → ~r)
- p → s(~s → ~p)
- q → ~s(s → ~q)
- A는 ~s, B는 s이다.

참인 명제의 대우는 항상 참이므로 '~s → ~p', 's → ~q'의 두 명제 역시 항상 참이 된다. 따라서 ③은 항상 참이다.

53

|정답| ②

|해설| 제시된 숫자들은 다음과 같은 규칙이 있다.

$2 \xrightarrow{+4} 6 \xrightarrow{+5} 11 \xrightarrow{+6} 17 \xrightarrow{+7} 24 \xrightarrow{+8} (\ ?\ )$

따라서 '?'에 들어갈 숫자는 $24+8=32$이다.

54

|정답| ③

|해설| 제시된 숫자들은 다음과 같은 규칙이 있다.

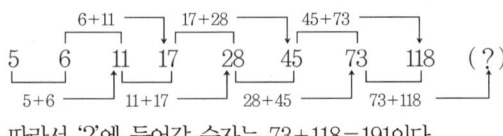

따라서 '?'에 들어갈 숫자는 $73+118=191$이다.

55

|정답| ②

|해설| 제시된 숫자들은 다음과 같은 규칙이 있다.

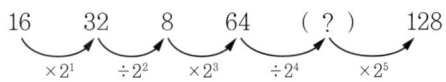

따라서 '?'에 들어갈 숫자는 $64 \div 16 = 4$이다.

56

|정답| ③

|해설| 첫 번째 수와 두 번째 수를 곱하고 그 수의 각 자릿수를 더한 값이 세 번째 숫자가 된다.

- $2\ 7\ 5 \rightarrow 2 \times 7 = 14,\ 1+4=5$
- $8\ 9\ 9 \rightarrow 8 \times 9 = 72,\ 7+2=9$
- $13\ 3\ (?) \rightarrow 13 \times 3 = 39,\ 3+9=(?)$

따라서 '?'에 들어갈 숫자는 $3+9=12$이다.

57

|정답| ③

|해설| 주어진 숫자들은 다음과 같은 규칙이 있다.

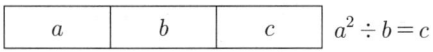

- $1^2 \div 2 = \dfrac{1}{2}$
- $10^2 \div 5 = 20$
- $6^2 \div 18 = 2$

따라서 '?'에 들어갈 숫자는 $12^2 \div 18 = 8$이다.

58

|정답| ④

|해설| 주어진 숫자들은 다음과 같은 규칙이 있다.

$205 \xrightarrow{-2} 203 \xrightarrow{+8} 211 \xrightarrow{-32} 179 \xrightarrow{+128} (\ ?\ )$
$\quad\quad \times(-4) \quad \times(-4) \quad \times(-4)$

따라서 '?'에 들어갈 숫자는 $179+128=307$이다.

59

|정답| ②

|해설| 'ㄴ'자를 이루는 세 개의 네모 칸의 수들을 보면 모두 왼쪽 위의 숫자와 오른쪽 아래의 숫자를 더한 값이 왼쪽 아래 네모 안의 숫자가 된다.

$3+5=8,\ 8+7=15,\ 5+2=7,\ 15+11=26$

따라서 $2+(?)=4$이므로 '?'에 들어갈 숫자는 2이다.

60

|정답| ③

|해설| 제시된 숫자들은 다음과 같은 규칙이 있다.

- $2 \times 8 - 8 = 8$
- $3 \times 9 - 9 = 18$
- $4 \times 10 - 10 = (\ ?\ )$

따라서 '?'에 들어갈 숫자는 $4 \times 10 - 10 = 30$이다.

61

|정답| ③

|해설| 포스코는 아직 HyREX 기반의 수소환원제철 공장을 운영하고 있지 않다. 포항제철소에 HyREX 데모플랜트(시험 설비)를 건설 중이며, 연산 30만 톤 규모의 시험 설비 구축을 추진하고 있으며, 2030년까지 HyREX 핵심 기술을 개발하는 것이 목표이다. 따라서 포스코가 이미 HyREX 기반 공장을 가동 중이라는 설명은 적절하지 않다.

|오답풀이|

② 해외 철강사들이 적용하는 샤프트환원로 방식은 철광석을 일정한 크기의 구형(펠렛, Pellet)으로 가공해야 하는 단점이 있다. 반면, HyREX는 철광석 분광을 그대로 사용할 수 있어 원료를 가공하는 추가 공정이 필요하지 않으며, 이로 인해 원료 확보가 용이하고 생산원가가 경제적이다.

62

|정답| ①

|해설| 포스코그룹의 ESG 경영 5대 전략인 'GREEN'은 Green Competency, Responsible Value Chain, Employee Happiness, Ethics & Integrity, New Governance로 구성되어 있다. 안전 및 보건, 근로 환경, 다양성 및 포용성은 포스코의 사업장 안전보건과 행복한 일터를 구현하는 Employee Happiness에 해당한다. 한편 에너지·사업장·생물다양성의 환경영향 최소화는 포스코의 친환경 사업에 관한 전략인 Green Competency에 해당한다.

보충 플러스+

포스코그룹의 ESG 5대 전략
- Green Competency : 기후변화, 친환경 기술 및 제품, 환경영향 최소화(에너지/사업장/생물다양성)
- Responsible Value Chain : 공급망 ESG 관리(인권/안전/탄소), 벤처 생태계 강건화, 전략적 CSR
- Employee Happiness : 안전 및 보건, 근로 환경, 다양성 및 포용성
- Ethics & Integrity : 컴플라이언스, 공정거래, 조세 리스크 관리
- New Governance : 이사회 운영(독립성/다양성/전문성), 주주 권리 보호, ESG 커뮤니케이션 강화

63

|정답| ①

|해설| 내화물, 탄소화학 등의 기초소재를 주력으로 하는 포스코케미칼은 국내 유일 양·음극재 생산체제 구축과 함께 2023년에는 경쟁력 있는 소재(Materials)로 세상의 변화(Movement)를 이끌며 풍요로운 미래(Future)를 만들어내는 데 주도적인 역할을 담당(Management)하겠다는 의미의 포스코퓨처엠(POSCO FUTURE M)으로 사명을 변경하였다.

64

|정답| ②

|해설| 포스코그룹의 신사업(이차전지 소재, 친환경 에너지, 신모빌리티, 탄소 저감 등)은 철강산업과 연계된 형태로 추진되고 있으며, 철강 부문에서 확보한 소재 가공 기술, 대규모 공정 운영 역량, 글로벌 네트워크 등이 신사업 성장에 직접적으로 기여하고 있다. 예를 들어, 철강 사업에서 축적한 기술을 활용해 이차전지 소재를 개발하거나, 수소환원제철과 같은 친환경 기술을 적용하여 미래 신사업과의 연계를 강화하고 있다.

|오답풀이|

① 포스코그룹은 국내(포항제철소, 광양제철소)뿐만 아니라 해외 생산 법인(인도네시아, 중국, 베트남 등)을 운영하며, 글로벌 철강 시장에서 경쟁력을 유지하고 있다.

65

|정답| ④

|해설| '포석호'는 2021년 10월 탄생한 포스코의 대표 캐릭터로, 포스코 뉴미디어그룹 사원으로 근무한다는 세계관에서 SNS를 통해 포스코를 홍보하는 캐릭터이다. 2023년에는 크라우드 펀딩을 통해 새해맞이 굿즈를 선보이고, 12월에는 포스코센터 1층에서 포석호의 첫 팝업스토어인 '포석호의 윈터랜드'를 운영하였다.

Memo

미래를 창조하기에 꿈만큼 좋은 것은 없다.
오늘의 유토피아가 내일 현실이 될 수 있다.
There is nothing like dream to create the future.
Utopia today, flesh and blood tomorrow.
빅토르 위고 Victor Hugo

최신 대기업 인적성검사

20대기업
온·오프라인 인적성검사
통합기본서

핵심정리_핸드북 제공

최신기출유형+실전문제

파트 1 언어능력

파트 2 수리능력

파트 3 추리능력

파트 4 공간지각능력

파트 5 사무지각능력

파트 6 인성검사

- 핵심정리[핸드북]

www.gosinet.co.kr

3년 연속
베스트셀러
1위*

실제 시험과
동일한 구성의
모의고사

2025
고시넷
대기업

포스코 생산기술직
온라인 인적성검사 PAT
최신 기출유형 모의고사

공기업_NCS

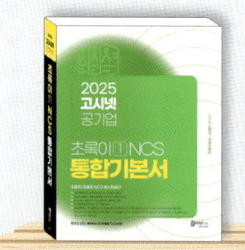